U0919291

科学发展观视域中的“以人为本”

李 青 著

时事出版社

目 录

导 论

“以人为本”是科学发展观的核心

2003年10月，党的十六届三中全会正式提出了以人为本的科学发展观。胡锦涛在中共十六届三中全会第二次全体会议的讲话中要求全党“树立和落实科学发展观”，指出：“树立和落实全面发展、协调发展和可持续发展的科学发展观，对于我们更好地坚持发展才是硬道理的战略思想具有重要意义。”树立和落实科学发展观，“是二十多年改革开放实践的总结”，“是推近全面建设小康社会的迫切要求”。① 2007年10月党的十七大报告庄严指出：“科学发展观，是对党的三代中央领导集体关于发展的重要思想的继承和发展，是马克思主义关于发展的世界观和方法论的集中体现，是同马克思列宁主义、毛泽东思想、邓小平理论和‘三个代表’重要思想既一脉相承又与时俱进的科学理论，是我国经济社会发展的重要指导方针，是发展中国特色社会主义必须坚持和贯彻的重大战略思想。”②

---

① 《十六大以来重要文献选编》(上)，中央文献出版社2005年版，第483页。

② 胡锦涛：《高举中国特色社会主义伟大旗帜为夺取全面建设小康社会新胜利而奋斗》，人民出版社2007年版，第12—13页。

科学发展观是一个理论体系，是一个系统的理论。我们知道，理论之所以为理论，必然有其内核，这是一个理论创新性的本质，是理论实现飞跃的标志。对于科学发展观的理论内核，温家宝于 2004 年 2 月指出：“坚持以人为本”，“这是科学发展观的本质和核心。”[①] 这是我们党在正式场合首次公开提出以人为本是科学发展观的核心这一命题。紧接着，2004 年 3 月，胡锦涛指出：科学发展观的核心是以人为本。在 2007 年 6 月 25 日中央党校发表的重要讲话和党的第十七次全国代表大会上所作的报告中，胡锦涛不仅系统阐述了科学发展观的历史地位、产生背景、理论体系的基本内容，以及贯彻落实科学发展观的基本要求，而且又一次着重强调：科学发展观“核心是以人为本”。[②] 这样，以人为本作为科学发展观的核心这一观点便以党的决议的形式明确下来了。由此可见，以人为本是科学发展观的理论内核。

我们知道，作为理论体系的本质和核心的范畴或观点必须满足以下条件：第一，它揭示了理论所研究事物的本质和根本内容；第二，它是这个理论体系其他范畴和观点的中心，是理解其他范畴和观点的钥匙；第三，它是该理论区别于其他理论的根本所在；第四，它揭示了该理论所研究领域最根本的思想和认识方法。那么，“以人为本”在科学发展观这个理论体系中能否满足这些条件呢？

一、“以人为本”揭示了社会发展的本质和最根本内容

“以人为本”的科学发展观是我们党根据辩证唯物主义和历史唯物主义的基本原理，总结国内外在发展问题上的经验教训，针对当前我国发展中存在的突出问题和实际工作中存在的种种片面的、不科学的发展

① 《十六大以来重要文献选编》（上），中央文献出版社 2005 年版，第 768 页。

② 胡锦涛：《高举中国特色社会主义伟大旗帜为夺取全面建设小康社会新胜利而奋斗》，人民出版社 2007 年版，第 15 页。

观，吸收人类社会文明进步的新成果，扬弃中国传统哲学的“民本”观念和西方人本主义思想而提出来的。

“以人为本，体现了马克思主义的基本观点。”[①] 马克思主义认为，有生命的个人是社会存在和发展的第一个前提。“全部人类历史的第一个前提无疑是有生命的个人的存在。第一个需要确认的事实就是这些个人的肉体组织以及由此产生的个人对其他自然的关系。”因此，“任何历史记载都应当从这些自然基础以及他们在历史进程中由于人们的活动而发生的变更出发”。[②] 人是构成社会最基本的单元，没有人，也就没有社会。“以人为本”，其要旨就在于充分肯定人是社会的前提和根本，就是要求一切社会活动都应该且必须以“人”这个前提为根本出发点，并且把人及其自由全面发展作为社会实践的最高目的。

人不仅是社会的第一个前提，而且是社会的主体，是历史发展的主体。马克思主义从社会的物质条件出发，“在劳动发展史中找到了理解全部社会史的钥匙”，[③] 由此揭示了人类社会发展的基本规律、根本动力。马克思认为，“全部社会生活在本质上是实践的”。[④] 实践不仅是促使物质世界分化为自然界和人类世界的历史前提，而且又是促使自然界与人类世界实现有机统一的现实基础，而任何实践都是人的实践。实践不仅是人的本质力量的根源，而且是人的本质力量的表现。社会是人的实践的创造物。没有人及其实践活动，就没有社会。恩格斯曾经认为，历史是一些充满激情的人的创造物。毛泽东也说，人民，只有人民，才是历史发展的真正力量。所以，从根本上说，人类社会是人的实践活动的对象化，是人的对象世界。因此，马克思认为：“自然界的人的本质只有对社会的人来说才是存在的。”[⑤] 马克思主义把实践作为社会生活的本质，确认社会本质的实践性，就是从人的实践活动出发去理解社会、去把握历史，就是把社会生活“当作实践去理解”，当作人的活动去把

① 《十六大以来重要文献选编》(上)，中央文献出版社 2005 年版，第 768 页。

② 《马克思恩格斯选集》第 1 卷，人民出版社 1995 年版，第 67 页。

③ 《马克思恩格斯选集》第 4 卷，人民出版社 1995 年版，第 258 页。

④ 《马克思恩格斯选集》第 1 卷，人民出版社 1995 年版，第 60 页。

⑤ 《马克思恩格斯全集》第 3 卷，人民出版社 2002 年版，第 301 页。

握。构成社会的人是从事实践活动的人，推动社会运动发展的根本力量是千千万万的人的社会实践活动。实践的社会本质决定了人的社会主体地位，决定了人是社会历史的真正创造者的地位和作用，同时也决定了人的生命表现和本质特征。

科学发展观进一步继承了马克思主义的观点，认为人民群众不仅是社会成果的创造者，而且是社会财富的享有者。人民群众不仅是创造社会的主体，而且是拥有社会成果的主体。胡锦涛说：坚持以人为本，就是要“从人民群众的根本利益出发谋发展、促发展，不断满足群众日益增长的物质文化需要，切实保障人民群众的经济、政治和文化权益，让发展的成果惠及全体人民”。“以人为本”，就是承认和坚持人的主体地位，发展必须依靠人、为了人。

物质生活资料的生产是人和人类社会存在和发展的基础，而生产的目的在于满足人的生活本身和实现人的发展。“有生命的个人”为了能够存在，为了能够“创造历史”，“必须能够生活”。“但是为了生活，首先就需要吃喝住穿以及其他一些东西。因此第一个历史活动就是生产能够满足这些需要的资料，即生产物质生活本身，而且这是这样的历史活动，一切历史的一种基本条件，人们单是为了能够生活就必须每日每时去完成它，现在和几千年前都是这样。”① 同时，“已经得到满足的第一个需要本身、满足需要的活动和已经获得的为满足需要而用的工具又引起新的需要，而这种新的需要的产生是第一个历史活动。”② 因此，马克思、恩格斯在《共产党宣言》中指出：未来社会，无产阶级一掌握政权，就必须发展生产，“尽可能快地增加生产力的总量”。③ 恩格斯把这一发现看作是马克思的最伟大的发现之一，是构成历史唯物主义的一个基石。

人是社会发展的最高目的。社会是由人构成的有机整体，是人的联合体。社会的存在和发展不能离开人的存在和发展。从本质上说，社会不是作为人的对立物存在的，而是人存在和发展的母体；人在这个母体

① 《马克思恩格斯选集》第 1 卷，人民出版社 1995 年版，第 78—79 页。
② 《马克思恩格斯选集》第 1 卷，人民出版社 1995 年版，第 79 页。
③ 《马克思恩格斯选集》第 1 卷，人民出版社 1995 年版，第 293 页。

中孕育和成长。社会的进步靠人来推动，也直接或间接地为人的发展服务。因此，社会发展必须从人出发，并把人作为最终的归宿。由于阶级社会是少数人统治、压迫和剥削绝大多数人的社会，它不可能做到“以人为本”。社会主义和共产主义社会是人自由全面发展的“联合体”，促进人的自由全面发展就是社会主义的根本出发点和目标。而“以人为本，就是要以实现人的全面发展为目标”,①“以人为本，就是要把人民的利益作为一切工作的出发点和落脚点，不断满足人们的多方面需求和促进人的全面发展”。②

科学发展观的“以人为本”，既不同于中国传统的“民本”思想和西方的人本主义思想，也不同于企业管理活动中的“以人为本”，与这些思想有着本质的区别。

中国的“民本”观，虽然有爱民、惜民、为民的主张，但它是站在统治者的角度来对待“民”的，“民”是作为统治者的对立面存在的，而不是平等的社会主体。统治者坚持以“民”为本，根本目的不是为了“民”本身，而是为了安抚民心，维护其统治地位，使其王朝能“万岁万万岁”。科学发展观的“以人为本”，要求在整个社会彻底清除封建专制主义的“权力本位”、“官本位”的遗毒，强调人民的利益高于一切，坚持立党为公、执政为民，切实保障最广大人民的政治、经济、文化和社会权益，促进人的全面发展。可见，科学发展观的“以人为本”与中国传统哲学的“民本”思想有着根本的不同。

人本主义是针对西方中世纪神学和经院哲学而产生的。它认为人的本质是人的理性、意志和爱，意识形态的批评或者精神体验，是实现人的价值的基本途径。人本主义在摧毁封建主义统治、建立资本主义制度等方面有着重要意义，对促进资本主义社会保障和改善人权、提高人的生活水平、尊重人的价值和自由起到了积极作用。但是，人本主义的“人”是抽象的人，而不是具体的现实的人；人本主义关于“以人为本”的内容也是抽象的，是以人的“非理性”因素为根本的，而不是以具体的历史的人的“全面性”的社会内容为本位的。同时，人本主义本身缺

① 《十六大以来重要文献选编》(上)，中央文献出版社 2005 年版，第 850 页。
② 《十六大以来重要文献选编》(上)，中央文献出版社 2005 年版，第 768 页。

乏社会实践性，无力对社会生活实施整体的、根本性的改造。而科学发展观的“以人为本”，坚持了马克思主义的人学思想，扬弃了狭隘的人本主义的人学立场，认为人是在一定社会关系下从事社会实践的现实的具体的人，人的民主、自由和幸福的获得不能脱离具体的社会制度、社会条件，人的本质和价值是在社会实践活动中实现的。人的发展不是在孤立的社会关系中进行的，不是人的“单向度”的发展，而是在全面的社会关系中，并以丰富的社会关系为条件的、作为“整体性”的人的发展，人的改造和社会的改革、人的解放和社会制度的变革是辩证统一的，人的全面发展与丰富的社会关系是一致的。因此，在当代中国，以人为本是与全面建设小康社会、发展中国特色社会主义的伟大实践紧密联系在一起的。以人为本，必须实现人民当家作主的政治地位和社会权利，必须把解放人、发展人作为发展中国特色社会主义的根本动力，必须深化改革，破除一切不利于以人为本和科学发展的思想观念、体制机制、社会习气，建立充满活力的社会环境，充分发挥人的主观能动性和创造力，实现社会公平正义，始终坚持人民群众的利益高于一切，实现好、维护好、发展好最广大人民群众的根本利益，使人民群众真正成为一切发展成果的享有者。

管理领域中的“以人为本”，虽然有很大的历史意义，但从本质上讲，它并没有把人作为社会经济活动的根本目的，人主要是作为工具而存在的。在管理领域中尊重人，改善人的工作环境，提高人的待遇，在一定程度上就像给机器加油一样，主要是为了提高人的劳动积极性，从而提高整个企业的工作效率，为企业创造更多的利润。在这里，人不是被关注的中心和最终目标，利润才是最重要的，人是为利润服务的，人是创造利润的“机器”。而科学发展观强调的“以人为本”，不仅把人看作是社会发展的主体、社会物质财富和精神财富的创造者，而且是一切社会成果的享有者，要求在共建中共享、在共享中共建；强调人的发展是社会的根本目的，必须把人的全面发展作为社会进步的最高价值和根本动力，充分调动起积极因素，建设一个人人发挥自身创造力、积极创造社会财富和人人公平享有社会财富的和谐社会。由此可见，科学发展观的“以人为本”同管理领域中的“以人为本”有着本质的区别。

总而言之，“以人为本”充分体现了马克思主义关于人是社会存在的首要前提和人是社会的根本的伟大思想，充分体现和发展了马克思主义关于人是社会主体、人是社会发展的根本动力的观点，充分体现和发展了马克思主义关于社会发展的最高目的是实现人的自由全面发展的观点。“以人为本”进一步揭示了社会生活的本质，更加深刻地反映了社会发展的根本规律，既符合社会发展的基本事实，又体现了社会发展最高价值目标的要求。

二、“以人为本”是理解科学发展观的中心线索和钥匙

“科学发展观，第一要义是发展，核心是以人为本，基本要求是全面协调可持续，根本方法是统筹兼顾。”① 这是科学发展观最基本的内容。

以人为本与科学发展观的第一要义、基本要求和根本方法之间是什么关系呢？以人为本是贯通科学发展观的中心线索吗？

科学发展观是关于发展的科学世界观和方法论，是马克思主义关于发展的世界观和方法论的集中体现。胡锦涛指出：“科学发展观，是用来指导发展的，不能离开发展这个主题，离开发展这个主题就没有意义了。”② 发展，尤其是经济发展对于中国，自有其特殊的意义。党的十七大报告认为：“发展，对于全面建设小康社会、加快推进社会主义现代化，具有决定性意义。”为什么发展具有“决定性意义”呢？正如温家宝详细阐发的那样：不断提高人们的生活水平，解决经济和社会生活中的各种矛盾，维护社会稳定，实现全面建设小康社会和现代化建设的第三步目标，要靠发展；增强国防实力，维护国家安全，要靠发展；履行

① 胡锦涛：《高举中国特色社会主义伟大旗帜为夺取全面建设小康社会新胜利而奋斗》，人民出版社2007年版，第15页。

② 《十六大以来重要文献选编》（上），中央文献出版社2005年版，第850—851页。

维护世界和平与促进共同发展的责任，在风云变幻的国际局势中立于不败之地，也要靠发展。现在各国都在发展，形势逼人，如果我们不加快发展，就会落后，甚至会处于被动挨打的地位。因此，“全党全国都要增强发展的紧迫感，在任何时候任何情况下都紧紧扭住经济建设这个中心不放松，充分调动和切实保护广大干部群众加快发展的积极性，坚定不移地推动经济持续快速协调健康发展”。①“要牢牢扭住经济建设这个中心，坚持聚精会神搞建设、一心一意谋发展，不断解放和发展社会生产力。更好实施科教兴国战略、人才强国战略、可持续发展战略，着力把握发展规律、创新发展理念、转变发展方式、破解发展难题，提高发展质量和效益，实现又好又快发展，为发展中国特色社会主义打下坚实基础。”② 正因如此，无论在理论上还是在实践中，“发展观的第一要义是发展。离开发展，就无所谓发展观”。③

发展，是任何发展观都必须首先回答的问题。但是，为什么发展、发展什么、怎样发展、发展为了什么等问题，并不是一般的发展观所能正确回答的。而对依靠什么实现发展、发展的根本目的是什么等问题的不同回答，是衡量发展观性质的重要标尺。

科学发展观对这些关于发展的根本问题作出了符合实际的回答，进行了规律性的总结，揭示了人类社会发展的必然趋势和内在规律。这种科学的“回答”、“总结”和“揭示”，集中体现在党的十七大报告的有关论述之中：坚持发展的这个“第一要义”，必须“努力实现以人为本、全面协调可持续的科学发展，实现各方面事业有机统一、社会成员团结和睦的和谐发展，实现既通过维护世界和平发展自己、又通过自身发展维护世界和平的和平发展”。“要始终把实现好、维护好、发展好最广大人民的根本利益作为党和国家一切工作的出发点和落脚点，尊重人民主体地位，发挥人民首创精神，保障人民各项权益，走共同富裕道路，促进人的全面发展，做到发展为了人民、发展依靠人民、发展成果由人民

---

① 《十六大以来重要文献选编》(上)，中央文献出版社 2005 年版，第 851 页。

② 胡锦涛：《高举中国特色社会主义伟大旗帜为夺取全面建设小康社会新胜利而奋斗》，人民出版社 2007 年版，第 15 页。

③ 《十六大以来重要文献选编》(上)，中央文献出版社 2005 年版，第 758 页。

共享。”①

由此可见，科学发展观强调的发展不是过去那种高投入、高消耗、低效益的粗放式的发展，不是那种片面依靠大量人力、大量资金投入、消耗大量能源、损害环境换来的发展，而是依靠科技进步、科技创新、依靠提高人的素质和优化人力资源及其结构、与环境的承受力相协调的又好又快的发展；不是那种只追求片面的GDP增长、损害人的安居条件、甚至牺牲人民群众生存利益的发展，而是经济发展与人自身的发展相一致、更加注重社会公平、经济发展成果由人民群众共享的发展；不是那种一切为了经济建设、一切为了经济快速增长，而与民生息息相关的社会建设却停滞不前甚至萎缩萧条的发展，而是经济发展与社会事业的发展协调一致，人们的生活质量、幸福指数与经济发展水平基本同步的发展；不是西方世界那种以掠夺他国资源、给他国人民带来无穷不幸和灾难的所谓发展，而是与世界各国人民和平共处、互利共赢的发展。从这个角度讲，科学发展观的发展是人与自然的和谐发展，是中国人民与世界人民的和平发展、共同发展，是经济和社会整体的协调发展。概言之，是以人为本的科学发展。以人为本既是发展的根本目的，也是实现国民经济又好又快发展的根本条件。如果发展不以人为本，那么，社会进步不仅缺乏动力，而且没有根基，更不可能持续恒久，并且必然使整个社会出现倒退，甚至崩溃。由此，我们完全可以认为，发展作为科学发展观的第一要义，不仅与以人为本是一致的，而且必须把以人为本作为统领。以人为本是发展必须坚持的根本指导原则。用以人为本指导发展、统领发展、规范发展、促进发展是科学发展观第一要义的真谛。所以，“坚持以人为本，既是经济社会发展的长远指导思想，也是实际工作中必须坚持的重要原则”。②

科学发展观，“基本要求是全面协调可持续”。科学发展观所强调的发展必须是全面协调可持续的发展。具体而言，就是“按照中国特色社会主义事业总体布局，全面推进经济建设、政治建设、文化建设、社会

① 胡锦涛：《高举中国特色社会主义伟大旗帜为夺取全面建设小康社会新胜利而奋斗》，人民出版社2007年版，第15页。

② 《十六大以来重要文献选编》（上），中央文献出版社2005年版，第768页。

建设，促进现代化建设各个环节、各个方面相协调，促进生产关系与生产力、上层建筑与经济基础相协调。坚持走生产发展、生活富裕、生态良好的文明发展道路，建设资源节约型、环境友好型社会，实现速度和结构质量效益相统一、经济发展与人口资源环境相协调，使人民在良好生态环境中生产生活，实现经济社会永续发展”。[①] 从此段关于全面协调可持续发展的论述看，全面协调可持续发展，要求实现物质文明、精神文明、政治文明、社会文明和生态文明建设的统一，要求实现社会基本矛盾运动的具体的历史的统一，要求实现经济社会同人口、资源、环境的辩证统一，要求实现经济发展、社会发展和人的发展的有机统一，其中心和落脚点是人，其根本是人。可以说，全面协调可持续发展是“以人为本”的发展。

从最基本构成而言，世界就是人和物的联合体。人与物，是世界最基本的要素。世界的发展是人和物的共同发展，是人的全面发展和物的全面丰富，是二者的共同全面发展。在人和物的发展中，人的发展价值要高于物的发展。物的发展是人的发展的基础，人的发展是物的发展的根本目的，物的发展是为人的发展服务的。因为，在人类世界，人不仅是最基本的要素，而且是最主要的元素。人是社会发展最基本、最根本、最具创造力的元素。人是世界历史的创造者。人类世界、社会历史的发展不能没有人和人的发展。没有人的发展就不是全面的发展。同时，人的发展也包含着全面发展的问题，没有人的全面发展，就根本谈不上全面发展。全面发展，在本质上讲是人自身的全面发展，其根本目的是实现人的全面发展。因此，人以及人自身的全面发展是全面发展的本质。由此观之，全面发展是以人为本的发展。

在人和物的全面发展中，二者在任何时候都不能偏废，更不能以一方的发展代替另一方的发展。人和物是世界的统一体，二者相互依赖、相互作用和相互促进。所以，在协调发展中，不仅包括物的协调发展、人本身发展的协调，而且包括人和物的协调发展。如果人与物的发展不能协调，必然会影响人自身的发展，也制约物的发展。但是，由于人是

① 胡锦涛：《高举中国特色社会主义伟大旗帜为夺取全面建设小康社会新胜利而奋斗》，人民出版社 2007 年，第 15—16 页。

发展的主体，物是客体，人的发展决定物的发展，规定物的发展方向和水平。再者，人与自然不和谐、人的发展与物的增长不协调，根本在人；同样，人与自然的和谐共处，人与人之制造物的协调发展，根本不在自然和物，而在于人。可见，人是协调发展的主体和根本。从不协调发展的表现及其根源看，不协调的发展主要在于没有处理好人与自然的关系，没有处理好人的发展与物的发展的关系，没有处理好经济发展、社会发展与人的发展的关系，没有把人的发展作为物的发展的根本动力和根本目的，最终是发展偏离了人，偏离了人的发展目标。而协调发展，就是要摆正人与自然、人的发展与物的发展、社会发展同经济的发展的关系，使经济社会的发展与人自身的发展统一起来，并把促进人的全面发展作为发展的根本和目标。毫无疑问，协调发展及其实现，完全在于人调整和规划自身的欲望和需求，在于人自觉合理调整人的欲望和需求的实现方式，决定于人的理性、道德、情感、创造力和想象力。因此，要实现协调发展就必须把发展转移到以人为本的科学发展道路上来。总之，以人为本既是协调发展的动力，也是协调发展的根本目标。

持续发展是相对于人和社会而言的，只有人和人类社会才有持续发展的问题。就单纯的自然而言，大自然的运动变化无所谓持续不持续，它完全是一个“自然”的过程。不管天灾与人祸，自然永远以其固有的方式运动变化着。人类社会却不具有自然界的这个运动特点，更不能改变大自然这种“铁”的运动规律。人来源于自然、依赖于自然，自然是人生存和发展之母。人与自然的和谐，社会发展与大自然运动的协调，是人生存和发展的基本条件。但是，这并不意味着人在自然面前是无能为力的、完全被动的奴隶。人类的发展，人与自然的和谐发展，最根本、最终的力量在于人自身。人与自然关系的处理，人与自然的一切问题的解决，都是由人来完成的，自然并不会主动为人做什么。当今世界，能源短缺、资源枯竭、环境污染、生态危机，人的生存和发展遇到了前所未有的挑战。有些悲观主义者把希望寄托在自然力上面，看不到人自身的伟力；有些狂热的人类中心主义者，却过分夸大人的力量，看不到人对自然的依赖性。这都是形而上学之见。科学的态度应该是：既要肯定人对自然的主动性，又要承认人对自然的依赖性，既要肯定人对自然主体力量，又要正视自然的无穷威力，人类必须借助于自然的力量，合理发挥和利用人的主体力量，而不能不顾自然的客观规律片面夸大人的力量。在实现持续发展的进程中，人是持续发展的根本动力。离开人，发展就失去了原动力，发展就不可能持续。人以及人的发展是持续发展的决定性力量。为此，发展必须依靠人，以人为目的；只有依靠人的发展，满足人的需要、实现人的本质力量，发展才会有永不枯竭的源泉和动力，发展才能永远持续。可见，可持续的发展必然是以人为本的发展，只有坚持以人为本，经济社会的发展才能持续，才能实现人类社会的永续发展。以人为本，既是可持续发展的基本条件，也是可持续发展的不竭动力。经济社会的全面、协调和可持续发展是以人为本的基础，以人为本是经济社会全面协调可持续发展的根本动力和归宿。

统筹兼顾是科学发展观的根本方法。贯彻科学发展观，“要正确认识和妥善处理中国特色社会主义事业中的重大关系，统筹城乡发展、区域发展、经济社会发展、人与自然和谐发展、国内发展和对外开放，统筹中央和地方关系，统筹个人利益和集体利益、局部利益和整体利益、当前利益和长远利益，充分调动各方面积极性。统筹国内国际两个大局，树立世界眼光，加强战略思维，善于从国际形势发展变化中把握发展机遇、应对风险挑战，营造良好国际环境。既要总揽全局、统筹规划，又要抓住牵动全局的主要工作、事关群众利益的突出问题，着力推进、重点突破”。①

城乡发展、区域发展、经济社会发展、人与自然和谐发展、国内发展和对外开放、个人利益和集体利益、局部利益和整体利益、长远利益和眼前利益等，是我国发展中事关全局、影响巨大的问题。这些重大问题的处理和解决，不仅是全面协调可持续发展的重要内容，而且在很大程度上影响科学发展观的真正落实，影响中国特色社会主义伟大事业的进程。因此，必须采取新的科学方法加以有效解决。贯彻落实科学发展观，根本方法就是坚持统筹兼顾。统筹兼顾，就是“正确处理好涉及全局的重大关系”。“统筹兼顾”是实现我国经济社会全面、协调、可持续

① 胡锦涛：《高举中国特色社会主义伟大旗帜为夺取全面建设小康社会新胜利而奋斗》，人民出版社2007年版，第16页。

发展的必然要求和根本方法。“统筹城乡发展、统筹区域发展、统筹经济社会发展、统筹人与自然和谐发展、统筹国内发展和对外开放”，“统筹中央和地方关系，统筹个人利益和集体利益、局部利益和整体利益、当前利益和长远利益”，“统筹国内国际两个大局”，“实质上就是统筹兼顾。”① 统筹就是为了整合，统筹就是为了协调。统筹兼顾就是最大限度地兼顾到各个方面，促进中国特色社会主义各项事业全面协调可持续发展。统筹兼顾，就是着眼整体和长远，协调各个方面的利益，最大限度地满足各种需求，实现各种利益主体的合理诉求，调动一切积极因素，促使各个方面协调共进，共同发展。但是，统筹兼顾必然有尺度和标准。就是说，我们用什么尺度来统筹，用什么标准来兼顾各方。在马克思主义的理论视野中，一个是物的尺度，一个是人的尺度。物的尺度是合规律性，人的尺度是合目的性。统筹兼顾必须是在合乎社会发展的客观规律基础上而进行的活动，为的是使人自身的社会活动更加遵循社会发展的客观实际和规律要求，促进经济社会发展更加符合客观规律。因为只有符合规律的发展才能说是科学发展。不符合社会实际、不尊重客观规律的活动，对人和自然的发展而言，绝对是灾难。因此，科学发展必须是遵循客观规律的发展。但是，在合规律性与合目的性之间，有对立也有统一，合规律性制约合目的性，合目的性统摄着合规律性，合目的性为根本。就发展而言，符合客观规律的发展是为人服务的，是为了满足全体人民群众物质文化生活需要的。如果发展不是为了人自身，这种发展无论如何符合自然规律，无论社会财富创造如何地多，也是与人的目的和发展背道而驰的。资本主义社会的经济活动，尤其是当前发达资本主义国家的经济发展活动，我们不能说是没有遵循自然发展规律的，试想，如果不遵循规律，怎么可能取得如此巨大的成功呢。但是，资本主义经济活动的本性不是为了人民的利益，而是为了获取剩余价值或利润，因此便导致了马克思所揭示的那种劳动异化现象。我国改革开放以来的经济建设也不能说没有遵循经济发展的客观规律，不然，就不可能出现这种持续高增长的世界经济发展史上的奇迹，取得如此巨大的成绩。但是，经济发展快、社会发展缓慢，二者的发展极不一致，一条

① 《十六大以来重要文献选编》（上），中央文献出版社 2005 年版，第 769 页。

腿长、一条腿短，致使经济社会发展不协调，由此出现了前所未有的制约社会持续发展的严重问题，甚至影响中国社会主义事业发展的全局。因此，统筹兼顾的最根本的标准和目的就是人及其全面发展，就是以人为本。就是说，必须坚持以人为本作为最高标准来进行统筹，来实行兼顾。如果不能坚持以人为本这一原则、这一标准，不是为了实现以人为本这一目标，就不可能科学统筹，就不可能合理兼顾，更不可能实现科学发展，也不可能实现人和经济社会的全面发展、协调发展和可持续发展。

从以上简要分析可知，科学发展观的第一要义、基本要求、根本方法是围绕以人为本进行与展开的。离开“以人为本”，发展就必然会失去方向和动力，就不可能全面协调可持续；离开以人为本，就不能做到统筹兼顾。所以，一切发展都是为了人的、为了人的全面协调持续发展的，或者说都是以“人”和“人的自由全面发展”为根本的。全面发展、协调发展、可持续发展也都是为了人和人的发展的；统筹兼顾也同样是为了实现社会经济全面协调可持续发展，最终目的还是为了实现人的自由全面发展。

三、“以人为本”是科学发展观与其他发展理论相区别的焦点

发展观有两种，一是作为哲学意义的发展观，二是作为经济学意义的发展观。作为哲学范畴的发展观是指人们对世界发展的基本观点和根本看法，包括对自然和社会历史发展的根本看法；作为经济学范畴的发展观主要是指人们对经济、社会发展的主要问题的理论认识和看法。

哲学意义的发展观，按照毛泽东的看法，可分为唯物辩证的发展观和形而上学的发展观。唯物辩证的发展观认为世界发展的根本动力在于世界的内部矛盾，发展是新事物的产生和旧事物的消亡，是存在与非存在的统一、连续和非连续的统一，以及前进性和曲折性的统一。发展具有客观性、整体性、规律性和过程性。形而上学的发展观否认矛盾是事

物发展的动力，否认事物的自我否定和自我运动。

科学发展观是马克思主义的发展观，是辩证的发展观。发展、以人为本、全面协调可持续和统筹兼顾，相互联系、相互作用、相互促进，共同构成一个有机整体，体现了物的增长和人的发展的统一、经济发展和社会发展的统一、当前发展和未来发展的统一。

全面发展、协调发展、可持续发展等，作为单独的概念和思想早已提出。全面发展、协调发展首先主要是强调经济方面的发展，可持续发展首先是从生态环境的角度提出和强调的。尽管经济学和生态学所主张的全面、协调和可持续发展，为人类探讨发展问题提供了许多新的思路，对促进人的发展有很大的帮助，但它们毕竟只是强调经济或生态发展本身，没有把全面、协调和可持续发展统一起来作为一个整体来强调，也没有把“以人为本”作为发展的最高目的，并上升为治国的理念。科学发展观把全面发展、协调发展和可持续发展作为一个相互联系的统一整体提出来，并使之建立在坚持以人为本的基础上，成功地回答了为什么“要发展”、“为什么发展”、“发展为了什么”等重大问题，特别是站在当代人类社会的高度，回答了人类社会应该“如何发展”的问题，找到了人类应“怎样发展”的新道路，是解决当前社会发展问题的新的世界观和方法论。

经济学意义的发展观在现代社会主要表现为以下不同观点：

一是以经济增长为基本标志的发展观。最初，经济学家把发展定义为“经济增长”。如著名发展经济学家迈克尔·托达罗把传统发展观的“发展”含义概括为：“按照严格的经济定义，‘发展’一词习惯上是指一国经济（其最初的经济状况在长时期内或多或少地是静止不变的）获得或保持 GNP 以每年大约 5%—7%或者更高的速度增长的能力。”① 这是一种典型的、传统的发展观，重物不重人的特点十分鲜明。这种发展观在西方世界长期存在，二战以后，在许多发展中国家成为公认的发展模式。这种发展观及其实践，虽然在一定时期内，国民生产总值得到了增长，人们的物质生活也有一定的提高。但是，在总体上，它忽视了人

① 迈克尔·托达罗著：《经济发展与第三世界》，中国经济出版社 1992 年版，第 77 页。

与人、人与自然之间的辩证关系，忽视了发展的根本目的，从而使发展难以持续，并伴随着许多社会问题，最终使经济、社会发展陷入停滞或倒退。

二是多维价值发展观。片面地把经济增长等同于发展的发展观，在长期实践中出现了许多种社会问题，引起了人们对发展的深入反思，从多维度对发展进行了新的概括。如著名经济学家迈克尔·托达罗、丹尼斯·古雷特等人一致认为，要理解发展的含义，必须明白发展的三个主要的价值标准：维持生存、自我尊重和自由。因此，所有社会的发展至少必须具备以下三个基本目标：（1）增加能够得到的，比如食物、住房、卫生保健、安全等基本生活必需品的供给，并扩大这些必需品的分配范围；（2）提高生活水平，包括提供更高的收入、更多的就业机会、更好的教育条件，并给予文化和人类价值更多的关注；（3）不断摆脱各种依附和束缚，扩大个人和国家在经济、社会方面选择的范围。这种多维价值发展观把发展看作是以民族、文化、资源等内在条件为基础，包括经济增长、政治民主、生活福利等各种要素的协调发展过程。尽管这种发展观突出了发展的人文特征和全面性，但它忽视了人与物，特别是人与自然之间的协调关系，没有认识到人与自然关系的协调对人的发展和经济社会发展的基础作用，忽视了物的发展对人的发展的制约作用。

三是可持续的发展观。随着世界生态环境问题的加剧，人类致力于寻求一种有利于人类长期持续进步的发展模式。经过不懈的探索，1987年，国际环境和发展委员会在其学术报告《我们共同的明天》中广泛使用“可持续的发展”概念，提出了可持续的发展观。可持续发展观认为：经济发展必须建立在生态可承受能力的基础之上，保护生态环境是人类在发展进程中的基本义务，必须大力加强可持续发展能力建设。可持续发展观突破了传统发展观的限制，特别强调了人与人、人与物，特别是人与自然之间关系的重要性。但它从一个极端走入了另一个极端，在强调自然界对人类发展的约束作用的同时，忽视了人自身的发展及其作用。

四是以佩鲁、阿马蒂亚·森为代表的新发展观。佩鲁在1983年发表的《新发展观》中提出了以人为中心的新发展观：发展是具有能动性的人的活动过程和结果；其核心思想是：发展要从人出发，以人为中心；发展的动力和目标在于人的发展。佩鲁认为：“个人的发展、个人的自由，是所有发展形式的主要动力之一。这种个人的发展和自由能够在每个人所赞成的和在其各种活动中所感受到的各种价值范围内充分实现他们的潜力。”“发展的目的……是要通过共同的努力，使人们能够自己养活自己，有意识地自己教育自己，并且不用暴力来实现自己的解放。”① 1998 年诺贝尔经济学奖获得者阿马蒂亚·森提出了以自由为基本内涵的发展观，认为：“发展可以看作是开展人们享有的真实自由的一个过程。”“自由不仅是发展的首要目的，也是发展的主要手段。”②

以佩鲁、阿马蒂亚·森为代表的新发展观把人及其发展置于发展的首要位置，认为人的发展是目的，经济增长只是手段，为人们理解发展提供了新的视角。但是，这种新发展观在重视人及其发展、重视自由在发展中的作用的同时，对人和物、人的发展和社会发展客观规律之间的关系缺乏辩证认识，忽视了社会发展规律、自然发展规律、经济发展规律对人的发展的制约作用，从而使新发展观缺乏坚实的基础，难以做到合目的性与合规律性的具体的历史的统一。

我国在一段比较长的时期内，为了迅速改变长期以来物质匮乏、经济基础薄弱、物质生活水平低的落后面貌，实现的是优先发展物质生产、以物质生产、经济建设为中心的发展思路和发展战略，坚持效率优先、兼顾公平的发展观指导经济社会建设。从总体上看，这种整体的发展思路和发展战略，是符合中国社会发展世界和规律的。但是，由于我们对马克思主义基本原理的教条式、形而上学和主观主义的理解，加之受西方经济增长理论的影响，对于发展，无论是在思想认识方面，还是在实践方面都存在着一定的片面性。我们过于强调物质、经济的发展，而忽视政治、文化和社会等其他方面的发展，甚至走上了唯国内生产总值（GDP）至上的畸形发展之路。这种经济至上、唯 GDP 是瞻的发展观认为，经济增长就是一切，经济指标压倒一切，经济发展统帅一切发展，经济上去了，其他的一切就会随之而上。只要经济总量能扩大，

① 佩鲁：《新发展观》，华夏出版社 1987 年版，第 17 页、第 117 页。

② 阿马蒂亚·森：《以自由看待发展》，人民大学出版社 2002 年版，第 2 页、第 7 页。

GDP 总量能增加，政治文明建设可以不顾及，文化建设事业可以不管，社会建设可以置之不理，环境的承受力可以不顾，人的发展问题可以撇在一边。这种非科学的发展观及其指导下的发展实践具有很大的片面性，经济建设和社会建设严重失衡，政治文明建设和精神文明建设落后于经济发展，经济发展与人的发展很不同步，社会整体发展面临新的矛盾和威胁，严重制约了我国改革开放和社会主义现代化事业的健康顺利发展。

上述经济学上的发展观都在不同程度上存在这样和那样的理论缺陷，具有这样或那样的片面性，在本质上是形而上学的发展观，其共同的不足在于没有真正把握人和物、人的发展和物的发展、社会发展规律和自然发展规律、经济发展和社会发展、人的发展之间的辩证关系，在强调发展一方的同时忽视了另一方的发展。科学发展观摒弃了人本主义等思想局限和各种发展观的理论缺陷，把“以人为本”建立在马克思主义的理论基石之上，赋予了丰富的科学内容和时代特征。科学发展观坚持“以人为本”为目标和最高原则，认为发展是全面的、协调的和可持续的发展，经济建设、政治建设、文化建设、社会建设、生态建设以及人自身的建设发展是相互联系的整体，必须相互依存、相互促进，共同发展；人的发展和物的发展互为前提，经济建设是中心，但并不是目的；人以及人的发展才是真正的、最高的目的；物的发展是人的发展的基础，人的发展是物的发展的动力和归宿；经济的发展和社会的发展是相互协调的，不能偏废；人的发展和社会的发展是一致的，社会发展是人的发展的条件，人的发展是社会发展的最终落脚点。这样，科学发展观就用系统的思路、整体的安排、统筹的方法、协调的机制来思考和解决我国社会发展的问题，是指导我国经济社会和人的发展的世界观和方法论。

四、“以人为本”是一种崭新的思想认识方法和实践原则

以人为本的科学发展观不仅实现了我国社会发展观念的根本转变，确立了新的发展理念和思路，而且为人们提供了崭新的思想和认识方法。科学发展观提供的思想认识方法很多，如全面的、协调的、可持续的、统筹兼顾的、系统的观点和方法等，但最根本的思想和认识方法是“以人为本”。“以人为本”是科学发展观提供给人们认识、改造世界和人类社会的最为重要、最为根本的思维方式和思想方法，是当代中国社会实践和人类社会活动必须尊重和坚持的最根本、最重要的一般方法论原则和实践原则。

以人为本，无疑是对过去的以“神”为本、以上帝为本的否定。尽管神、上帝等在人类的一些成员中占有至高无上的地位，认为人应该为“神”而存在，也应该为“神”而牺牲。宗教中的“神本观”对于普通人而言，作为一种宗教信仰，是人的一种自由，我们应该尊重人的宗教信仰自由的权利。以人为本，也包含这方面的内容。然而，这种信仰自由仅仅只能作为自由的一种，不能因为这种自由而侵蚀人的其他自由，也不能因为信仰这种宗教而压制他人信仰其他宗教的自由。但是，我们必须强调的是：在当代中国，作为共产党员、共青团员、党政人员，特别是领导干部，就不能享有信教的权利；如果没有马克思主义的信仰，就必须从党团组织中清除出去。虽然“神本观”在许多党员、团员的世界观中已经没有了什么市场，但不能否认，我们有些人，甚至一些领导干部，仍然信神信佛，把人世间的事情寄希望于上帝、神灵。近年来，这种现象在一些地方有所蔓延，在一定程度上影响了马克思主义在我国意识形态的指导地位，影响着我国社会主义精神文明建设。从这个角度看，我们党提出以人为本，就是否定“神本”观，树立“人本”观。以人为本，就是要求我们坚持马克思主义的唯物主义立场，坚持唯物主义的世界观和方法论，坚持无产阶级的世界观和方法论。马克思主义认

为，世界不为“神”所创造，人是历史的主人、社会的创造者。《国际歌》早就唱道：“从来就没有什么救世主”，一切都要靠我们自己。在当代中国，我们要坚持马克思主义的指导地位，扩大马克思主义的阵地，教育广大人民信仰马克思主义，树立共产主义的伟大理想，树立和坚定中国特色社会主义的共同理想，在发展社会主义和全面建设小康社会的伟大事业中，不能祈求于任何神灵，只能依靠每一个中国人，依靠全体中华儿女的团结和奋斗，靠世界上一切爱好和平的友善人们的帮助。

以人为本，是对“官本”的直接否定。官本位，产生并盛行于中国古代社会。官本位，从实质上讲，就是权力本位。官本位是唯心史观——英雄史观的产物。英雄史观认为，社会的主人是个别历史人物，群众则是社会的仆从；历史的真正创造者不是人民群众，而是历史人物，即统治者。统治者是真正的英雄，历史是统治者的伴生物。统治者是“1”，群众是“1”后面的“0”，离开了“1”，“0”再多也是枉然。在这种英雄史观指导下所建立的社会政治制度，必然是没有人民群众的主体地位的制度。于是，人民群众的主体地位或不被承认或被剥夺，人民群众的主体地位和社会创造性在社会生活的各个领域必然受到严重压制。由此，人民群众的历史创造性不能发挥，劳动者的劳动积极性下降，社会财富则必然增长缓慢，同时缓慢增长的有限的社会财富却被统治者所占用，人民受压迫受剥削，生活艰难。可见，官本位，不仅是只承认或肯定统治者的社会主体地位、历史创造作用，而彻底否定人民群众的历史主体地位和历史创造作用的历史观、社会观，而且是一种只强调发挥统治者的能动作用，而压制或剥夺人民群众历史创造性的社会管理制度。崇尚官本位的社会，必然是一个人们没有什么创造力，发展缓慢，财富贫瘠且集中在统治者手中，人民生活困苦的社会。中国传统社会几千年来一直发展缓慢，没有像西欧那样在近代实现科学和社会生活的实质性的飞跃，封建专制的官本位制度是一个很重要的、甚至是根本原因。

今天的中国，官本位依然有比较广的市场容量和比较深厚的民族心理基础。这是中国社会主义社会有机体的一个“毒瘤”，是发展我国社会主义民主政治的一大障碍，是以人为本付诸实践的一大阻难。如果不能彻底根除官本位及其影响，民主政治建设就难以顺利进行，以人为本就难以积极推进，我国社会的发展就难以实现全面协调持续。以人为本，就是要彻底否定“官本位”，树立“人本位”、“人民本位”。中国特色社会主义的伟大事业，是全体中国人民的共同事业。坚持以人为本，实现科学发展，必须在国家法律上牢固确立人民当家作主的政治地位，在政治活动和整个社会生活中真正确立和尊重，人民的主人翁地位，充分发挥人民的历史创造性，积极引导和引领人民为实现自己的利益与幸福生活而奋斗。人民，只有人民，才是历史的真正创造者。发展中国特色社会主义不是一个人、不是一部分人的事情，而是全体中国人民的事业，中国的发展必须依靠最广大中国人民群众。“发展依靠人民”，是以人为本的根本内容之一；“发展依靠人民”，是以人为本的一个重要方法论。

以人为本，与人类中心主义和非人类中心主义也有本质区别。

人是这个世界上的一种生灵，不管其如何的精致、智慧和神奇，也只能占据这个世界的一个位置。地球上还有千千万万个有生命的物体。人如何处理与之朝夕相处的各种生灵呢？在这个问题上，存在着人类中心主义和非人类中心主义之争。

人类中心主义和非人类中心主义都是一种关于人类应该如何对待非人类存在物的理论。人类中心主义认为，只有人类才是目的，才拥有内在价值和目的价值，才有自己的利益；而人以外的一切存在物都不过是手段——实现人类利益的手段，只具有工具价值。因此，人类所进行的一切活动都只是为了人类自身的利益，而不应该关心其他存在物的利益，人自身是唯一的目的。可见，人类中心主义是一种以人类利益为目的、为标准的理论。这样一来，每个人只关心人自身的利益，而不应该关心和照顾其他物的利益，为了人自身的利益，则可以侵害、剥夺其他物的利益。与此相反，非人类中心主义则认为，在这个世界上，不只是人是目的，一切动物、甚至植物、乃至一切生命体都有目的性，都具有目的价值，都有其自身的利益。人类不仅要追求自身的利益，而且要维护非人类存在物的一切利益。维护人类和其他一切存在物的利益是衡量人类一切活动的根本价值尺度。可见，非人类中心主义则是一种以所有生命体（人类和非人类）的利益为目的、为标准的理论。①

以人为本，既维护人的利益，又坚持人与自然的和谐相处，维护人和非人类存在物的利益。以人为本的理论，是否既是人类中心主义，又是非人类中心主义呢？或者说是二者的折中呢？答案是否定的。以人为本，既不是人类中心主义或非人类中心主义，也不是二者的折中。

毫无疑问，以人为本，坚持了二者的“相对真理”。人类中心主义和非人类中心主义，并非完全谬误，都有其真理性。从非终极的目的和标准而言，非人类中心主义是正确的。当人类的利益和非人类存在物的利益没有根本冲突时，人类必须处理好二者的关系，维护二者共同的利益，增进双方的利益。但非人类中心主义的标准却是终极意义的，可见是谬误。难道人类为了盖房子、制造纸张，就不能砍伐树木了么？难道人们为了增加人体所需要的维他命，就不能吃水果和蔬菜了吗？难道人们为了获取维持生命力的蛋白质，人就不能宰杀牛羊了吗？……同样，从非终极的意义上看，人类中心主义则是谬误。人是自然界的一部分，人类与非人类存在物，有许多共同的利益，同时，人类的存在和发展也离不开非人类存在物的利益。如果只把人当作目的，不保护其他存在物的利益，人类的生存和发展便难以为继。可以说，当代人类的发展困境、生态危机，与人类中心主义在近代以来的兴起有直接的关联。正确的态度应该是：当人类和非人类存在物的利益没有根本的冲突时，则必须处理好二者的关系，维护双方的利益，实现二者的和谐发展。但是，从终极的目的和标准上看，人类中心主义则是真理。因为，人的利益是最高利益，人的价值是最大价值。当人类的利益和非人类的利益发生根本冲突时，必然是维护人类的利益和价值。人类不能身处寒冷之境而不燃烧树木，人类不能牺牲自身而去保护牛羊，……以人为本，是从终极的意义、最高价值的视角而言的，也只有在这个意义上，才有意义。它既要高扬人的价值，实现人的利益，又要坚持人与自然的和谐相处，统筹人与自然的协调发展，从而实现人类的可持续和永续发展。

在我国的发展进程中，在对待人的利益的满足和自然生态、环境资

---

① 参见王海明：《新伦理学》（上册），商务印书馆2008年版，第435—446页。

源的保护上，我们不顾自然环境的承受力，过于强调自身利益的实现，造成了环境恶化、资源浪费、生态失衡、人口膨胀等问题。目前，人口资源、环境工作面临着许多问题和严峻挑战，成为制约我国经济社会实现科学发展的最大瓶颈。以人为本，就是要求我们认真对待人与自然的关系，保护环境、节约资源，实现人与自然的和谐共存、协调发展。人与自然、人与环境，从根本上讲是没有根本的利益冲突的，人类和非人类生物，有共同的利益，都是“道德共同体”的成员。人类需要关心自己的利益，也需要关心非人类存在物的需要。人的许多需要和利益是从自然、非人类存在物中得以满足和实现的，从某种意义上讲，是以“牺牲”非人类存在物的利益而实现的。如为了吃牛肉、羊肉，就得宰杀牛羊。但是，人的需要的满足必须建立在非人类存在物所能承载的限度之内，同时，不能为满足一种需要和利益，而牺牲能够满足人类根本利益的非人类存在物的利益。比如说，汽车可以满足人的“行”的需要，但我们不能因为制造汽车而对空气、水源、生态环境造成严重的污染。因为，水、空气等相对于汽车而言，前者更能具有根本价值，也就是说对人的价值更为根本，所以，就更为重要。当建立一个汽车厂或推动汽车产业发展而对水、环境、空气的破坏超出了自然环境大系统所不能承受的限度时，我们就必须减少或停止汽车的生产，而保护好水资源和大气资源。当然，如果二者能够“兼得”时，即既能造出好的汽车，又不污染空气和水源，我们为何要舍弃另一种需要的满足呢？何不“两全其美”呢？

以人为本的科学发展观提出以来，以人为本与以经济建设为中心，便成为了人们纷纷议论的热门话题。从以人为本和以经济建设为中心的关系来看，经济建设是中心，以人为本是核心。那么，在理论和实践活动中，“中心”与“核心”是怎样的关系，又如何处理和把握好呢？有人认为，这是一个“两难”问题——理论上的两难和实践上的两难。理论上不好解决，实践中难以把握和处理好。有人甚至认为，发展经济和以人为本是完全对立的，坚持以经济建设为中心，就不可能坚持以人为本；坚持以人为本，势必不能以经济建设为中心，经济势必不可能又好又快发展。这种认识依然坚持两极思维，是不正确的。实际上，在科学发展观中，“中心”与“核心”是一致的，以发展经济为中心与以人为本在本质上是协调统一的。①

不可否认，我国目前处于“人的依赖性”、“物的依赖性”以及“人的个性发展”相并存，但以“物的依赖性”为主的特殊的历史阶段。既有“人的依赖性”社会中人的物质生活水平贫乏、人的能力发展不协调、综合素质较差等特点，又有“物的依赖性”社会中人的发展片面化、“异化”的特征；同时也有“人的个性”发展的需要及其实现的部分社会条件。在这样特殊的历史阶段，既要解除“人的依赖性”时期阻碍人的发展的经济基础、制度障碍和文化桎梏；又要解决“物的依赖性”时期限制人的发展的经济政治和文化方面的问题，真正促进人的全面发展、实现人的自由全面发展的目标，的确是一项十分艰巨而伟大的事业。

20 世纪 60 年代和 70 年代，我们坚持以阶级斗争为纲，搞“文化革命”、思想改造，说什么越穷越革命，不重视物质生产、经济建设，社会经济停滞不前，社会财富贫乏，生活资料严重短缺，人们生活水平几十年几乎没有什么提高和改善。70 年代末，我们对那种非马克思主义的理论和非社会主义的实践进行了深刻反思和全面颠覆，恢复了唯物主义的权威，实现了历史唯物主义的回归，充分肯定了人作为“经济人”的人性的“合理性”，极大地调动了人的物质财富的创造和占有欲望，经济社会得到了飞速发展，也极大地满足了人的物质文化生活需要。然而，我国经济社会发展又出现了新的矛盾和问题。过去相当长的一段时期，我们对历史唯物主义的理解不够全面，过于强调社会发展的动力在于生产力中的物质因素，把作为社会主义社会手段的因素当作目的进行强调和建设，结果使社会主义建设偏离了为“人”的轨迹，出现了“以物为本”的非科学发展道路：生产的现代化程度提高了，人的素质没有得以整体的改观；物质的积累增加了，人们的生活水平没有改善多少；人们的腰包越来越鼓了，精神却越来越空虚；房屋越来越漂亮美观了，环境却越来越恶化了；社会财富越来越多了，贫富差距却拉得越来越大；学校越建越多、校舍越来越大了，上学却越来越难；医疗卫生设施

① 对这个问题的认识，详见李青与许小主：“对‘以人为本’和‘以经济为中心’及其关系的理解”，《湖南文理学院学报》，2008 年第 6 期。

越来越先进了，人们看病却越来越看不起；食品日益丰富，人们却不知道吃什么才安全健康；人们越吃越精细了，身体素质却不见有多大提高；……经济发展与社会发展不协调，经济发展和人的发展不协调，人的发展与自然的进化不协调。发展的不全面性、不协调性，在一定程度上偏离了社会主义的本质要求和价值目标，制约了社会主义优越性的发挥。

历史发展到一定阶段必然会转向。科学发展观，从根本上或者从终极意义上讲，就是对这种非科学发展观的否定，以人为本，就是对这种以“物”为本的颠覆。

科学发展观强调，发展必须既坚持全面协调可持续，又坚持“以人为本”；同时，全面协调可持续的发展必须是为了实现经济社会和人的自由全面发展。这样，科学发展观就从根本上克服了旧的社会发展观的局限，紧紧把握住了人是社会发展的根本动力和最终目的。把“以人为本”作为经济社会发展的根本指针，指导和规范经济社会发展的各个方面和环节，使经济社会发展的方方面面围绕“人”这个根本来进行，坚持经济建设这个中心不动摇，不断增加社会物质财富来满足人的需要，把改善和提高人的生活质量、水平作为首要落脚点，不断促进社会全面协调发展来促进人的自由全面发展，从而在理论和实践上实现了以经济建设为中心和以人为本为核心的统一、实现了经济社会全面协调可持续进步和人的自由全面发展的统一。

人是有生命的存在，人必须生活，而要生活，首先要解决吃、喝、穿、住等基本需求问题，人一刻也离不开物质生活资料的生产。“以人为本”就是要以现实的、有血有肉的人为根本、为目的；社会的一切活动必须是以人的现实的需要和利益为出发点。而要满足和实现人的现实需要，根本在于发展经济，坚持经济建设这个中心不动摇。从邓小平的发展是硬道理、江泽民的发展是执政兴国的第一要务，到科学发展观的第一要义是发展，这里所提到的“发展”都是着重强调发展经济，坚持以经济建设为中心。胡锦涛指出：“发展首先要抓好经济发展。我国正处于并将长期处于社会主义初级阶段，在综合国力竞争日益激烈的形势下，坚持以经济建设为中心，紧紧抓住和切实利用好战略机遇期，大力解放和发展社会生产力，对我们这样一个发展中大国加快实现现代化具有重大战略意义。”① 在党的十七大，他再一次郑重指出：“发展，对于全面建设小康社会、加快推进社会主义现代化，具有决定性意义。”因此，全党必须“牢牢扭住经济建设这个中心，坚持聚精会神搞建设、一心一意谋发展，不断解放和发展社会生产力”。② 我们完全可以认为，在当代中国，发展、发展经济、提高国民经济总量和经济实力是解决中国所有问题的基础和前提。所以说，要坚持以人为本，就必须坚持发展这个第一要义，坚持以经济建设为中心不动摇，努力实现国民经济又好又快发展。

科学发展观关于发展是第一要义的思想，不仅解决了为什么发展的问题，而且还回答了怎么发展、依靠什么发展等问题。十七大报告指出，必须要“更好实施科教兴国战略、人才强国战略、可持续发展战略，着力把握发展规律、创新发展理念、转变发展方式、破解发展难题，提高发展质量和效益，实现又好又快发展，为发展中国特色社会主义打下坚实基础”。“努力实现以人为本、全面协调可持续的科学发展，实现各方面事业有机统一、社会成员团结和睦的和谐发展，实现既通过维护世界和平发展自己、又通过自身发展维护世界和平的和平发展。”③因此，以人为本的科学发展、和谐发展与和平发展，既是当代中国发展的新模式和新途径，也是发展要实现的目标。

在发展中国特色社会主义的伟大事业中，以人为本和经济社会建设以及其他方面建设在整体上是长期统一、协调一致的。但有的时候在全局上或在局部上也会发生矛盾甚至冲突。经济的发展和人的发展，总体上是一致的，但有时可能会出现矛盾。发生矛盾和冲突时，怎么办呢？这时“本”的地位就必须要显现出来，即必须凸显人及其发展的优先地位和最高价值。物的增长必须服从、服务于人的发展，而不是相反。也就是说，“物”必须让位于“人”，物的发展要为人的发展开路，社会利

① 《十六大以来重要文献选编》（上），中央文献出版社 2005 年版，第 851 页。

② 胡锦涛：《高举中国特色社会主义伟大旗帜为夺取全面建设小康社会新胜利而奋斗》，人民出版社 2007 年版，第 15 页。

③ 胡锦涛：《高举中国特色社会主义伟大旗帜为夺取全面建设小康社会新胜利而奋斗》，人民出版社 2007 年版，第 16 页。

益要高于经济利益。局部的经济活动必须让位于人的实际生活、现实利益和人的发展需要的满足和实现。环境、生态的承受力与经济建设相冲突时，首先是生态、环境的保护，而不是增加经济项目、扩大生产规模；当生产效率和社会公平发生冲突时，不应该是效率优先，而应该是社会公平为重。文化事业、社会建设也必须以社会效益为先、为重，不能不顾社会效益而片面追求经济效益。教育、卫生医疗是发展人的事业，大力发展教育和卫生医疗事业，不能片面追求经济效益，必须以社会效益为重；所以，党的十七大明确地把教育和卫生医疗定位为社会公益性事业。关于教育，报告认为：“教育是民族振兴的基石，教育公平是社会公平的重要基础。要全面贯彻党的教育方针，坚持育人为本、德育为先，实施素质教育，提高教育现代化水平，培养德智体美全面发展的社会主义建设者和接班人，办好人民满意的教育。”① 关于医疗卫生，报告认为：“健康是人全面发展的基础，关系千家万户的幸福。要坚持公共医疗卫生的公益性质，……为群众提供安全、有效、方便、价廉的医疗卫生服务。”② 这些论述坚持了以“人”为“本”及其核心地位，体现了科学发展观的思想精髓，为我们处理实际问题，特别是处理“人”和“物”的关系等问题，提供了科学的方法论。同时，也为我们的各级政府及其部门制订发展规划、确立发展方针、制定发展政策和措施、行使政治权力、处理社会公共事务，以及树立正确的政绩观，提供了科学方法论，既是我们确立一切工作的出发点和落脚点，又是我们处理各种关系、协调各类事务最重要、最根本的价值标准。

总之，以人为本作为一种思想方法和思维方式，始终把人看作是社会发展的主体、社会的根本，人和人的自由全面发展被确定为社会发展的根本目标和最高价值。坚持以人为本，是科学发展观最根本的思想方法和思维特点。社会是人的社会，人是社会的人，二者统一于人的社会实践活动之中。社会的发展从根本上说是人自身发展的结果，社会是人

---

① 胡锦涛：《高举中国特色社会主义伟大旗帜为夺取全面建设小康社会新胜利而奋斗》，人民出版社 2007 年版，第 37 页。

② 胡锦涛：《高举中国特色社会主义伟大旗帜为夺取全面建设小康社会新胜利而奋斗》，人民出版社 2007 年版，第 40 页。

的本质力量的显现。人是什么样的，社会也就是什么样的；社会不在于它生产什么，而在于它怎么生产。人及其发展具有终极价值，必须始终坚持“以人为本”，切实维护好、实现好和发展好最广大人民群众的根本利益，不断促进人的自由全面发展。

第一章

何谓“以人为本”

“以人为本”，并非是今日才有的新提法，古已有之，其含义众说纷纭，纷繁复杂，莫衷一是。自当代中国共产党人提出“以人为本”的科学发展观以来，人们对“以人为本”的认识、理解和解释也很不一致。在科学发展观中，“以人为本”究竟是何涵义呢？如何把握以人为本的实质呢？在此，谈谈我们的看法。

一、“以人为本”思想的源流

以人为本的思想源远流长，丰富博大，是人类思想宝库中最璀璨的宝藏之一。古今以人为本的思想不仅是科学发展观以人为本的思想源泉，也是我们把握以人为本深刻内涵和实质的理论基础。

(一) 中国古代的“民本”思想

中华文明历来注重以民为本，尊重人的价值和尊严。“以人为本”，是中国春秋时期的齐国政治家管仲最早提出来的，并看作是治国和成就霸业的一个基本原则。他说：“夫霸王之所始也，以人为本。本理则国固，本乱则国危。”① 有人认为，管仲这里以人为本的人，就是指普通意义上的“民”；有人认为，这里以人为本的人，是指一般意义上的人。如有学者说，管仲把以人为本看作是建立和巩固霸主之业的根本原则，表明了管仲对人的价值和作用的肯定和重视。这些观点是值得商榷的。我们认为，管仲的意思并不是以普遍意义上的“人”为本，也不是以“民”为本，而是以“人才”为本。管仲是最早论及人才问题的思想家。他在《权修》篇中说：“一年之际，莫如树谷；十年之际，莫如树木，终身之计，莫如树人。一树一获者，谷也；一树十获者，木也；一树百获者，人也。”② 国家的安定在于人心，国家的兴旺在于人才。所以，为君者、统治者要重视人才的选用、培养和使用。在《立政》篇说：“凡孝悌忠信，贤良俊材，若在长家子弟臣妾属役宾客，则什五一复于游宗，游宗复于里尉，里尉以复于州长，州长以复于乡师，乡师以复于士师。”用人要不拘一格，又要谨慎从事。统治者用人要认真考虑以下三个方面：“一曰德不当其位，二曰功不当其禄，三曰能不当其官。”他还说，统治者必须根据不同的岗位要求选用人才，不然就会用人不当。为此，要注意以下四个方面：“一曰大德不至仁，不可以授国柄；二曰见贤不能让，不可以尊位；三曰罚避亲贵，不可使主兵；四曰不好本事，不务地利，而轻赋敛，不可与都邑。”③ 春秋战国时期，各路诸侯纷争，各类人才纷纷出场，大批谋士到处游说。诸侯为了成就霸业，想方设法招揽天下群英到其麾下服务，“揽才”、“养士”成风。管仲作为齐桓公成就霸业的得力功臣，深知人才对于一个国家在诸侯争霸中的极端重要性，因此，提出了“霸王之所始也，以人为本”的思想。同时，管仲区分了“人”和“民”。从《管子》的各篇看，其中就有《牧民》。《牧民》之“民”才是劳苦大众。从“牧民”的标题看，就能窥见管仲对待民的态度。管仲提出了统治者要“顺民”的思想。因为“政之所兴，在顺民

① 《管子·立政》。

② 《管子·权修》。

③ 《管子·立政》。

心；政之所废，在逆民心。民恶忧劳，我佚乐之；民恶贫贱，我富贵之；民恶危坠，我存安之；民恶灭绝，我生育之”。[①] 管仲还提出，民有“四欲”，即“欲知、欲利、欲勇、欲贵”，统治者要因势利导，做到“欲知者知之，欲利者利之，欲勇者勇之，欲贵者贵之”。[②] 由此可见，管仲所说的以人为本的人，绝不是一般意义上的“人”或者“民”，而是“人才”之人。当然，人才毕竟也是人，也属于“民”的范畴，更何况后人对此也可以有不同的解读。所以，管仲的这一观点是中国传统文化“民本”思想的重要组成部分，其“以人为本”成就“霸业”的主张对后世的政治统治产生了重要而深远的影响。

中国古代有丰富的“民本”思想，而且博大精深。《书经》上说：“民惟邦本，本固邦宁。”意指“民”是一个国家的根本。孔子认为，一个好的统治者，要“爱人”，即所谓“仁者，爱人”，对“民”要“庶之”、“富之”和“教之”；统治人要用“礼”，而非“刑”，主张行“德政”。孟子认为“民为贵，社稷次之，君为轻”。“诸侯之宝三，土地，人民，政事。”除此之外，我国古代还有诸如：“兼相利，交相爱。”[③]“国将兴，听于民；国将亡，听于神。”[④]“民者，君之本也。”[⑤]“与政也，民无不为本也。国以为本，君以为本，吏以为本”；“国以民为本，君以民为本，吏以民为本”。[⑥]“凡事皆须务本，国以人为本，人以衣食为本，凡务衣食，以不失时为本”；“民可以载舟，亦可以覆舟”；“可爱非君，可畏非民，天子者，有道则人推而为主，无道则人弃而不用，诚可畏也”。[⑦]“民之所归，天之所右也；民之所去，天之所左也，天明不易哉！民心可畏哉！”[⑧]“天下之务莫大于恤民。”[⑨]“为政之道，以顺民

---

① 《管子·牧民》。

② 《管子·枢言》。

③ 《墨子》。

④ 《左传》。

⑤ 《谷染传》。

⑥ 贾谊：《新书》。

⑦ 李世民：《民可畏也》；《贞观政要》。

⑧ 《李觏集》。

⑨ 《宋史·朱熹传》。

心为本，以厚民生为本，以安而不扰为本。”“安民之道，在于足衣食。”[1]“君以民为基”、“吾民则君不立”（王夫之）。有人甚至提出“不以天下易一民之命”[2] 等思想，很是难得。这些思想和主张经过历朝历代思想家和开明统治者的解释、阐发，形成了我国传统文化的“民本”思想和国家治理理念，在中国古代政治思想史上有重要地位，也对中国历史的发展起了一定的积极作用，在一定程度上促使了一些开明君主和官吏施行“国以人为本”的施政理念，实行比较开明的专制政治，在很有限的范围内存有对人的生存权的尊重和保护，使我国封建社会史上出现了一些“繁荣”时期——“文景之治”、“贞观之治”等。[3] 虽然这些思想和统治者“休养生息”的开明统治，最终是为统治者服务，但这在客观上也推动了中国传统社会的发展，有利于劳动人民的生产和生活。

中国古代丰富精深的“民本”思想，体现了思想家、政治家们在探讨国家治理、执政规律过程中对民众的认识，特别是对民众在国家社会生活中的地位、民众的力量以及基本权利在一定程度上的关注和重视，对缓和阶级矛盾，减轻人民的负担，促进社会进步起了一定的积极作用。我国古代的民本思想，体现了朴素的重民价值取向，是我们今天探讨“以人为本”思想、坚持以人为本的宝贵财富，对我们党探索执政规律、社会主义建设规律和人类社会发展规律具有重要的借鉴意义。

科学发展观强调的以人为本，继承了中国古代思想家、开明政治家的“爱民”、“爱人”、“为政以德”、“行仁政”等观念，具有深厚的中华传统文化根基，但又与“民本”思想有着本质的区别。正如《科学发展观学习读本》所说：“民本思想中的‘民’，是相对于‘君’、相对于统治者而言的，其本质是为了维护封建统治阶级的统治地位，是实现‘得民心、存社稷、固君位、达邦宁’的‘驭民’、‘治民’之术，其价值取向是君本位而非民本位。”中国古代的民本思想，“站在唯心史观的立场

---

① 《河南程氏文集》卷5。

② 王通：《中说》。

③ 以上引文和内容主要参见韩斌、孟宪平：《以人为本的理论和实践问题研究》，中央党校出版社2007年版，第3—4页；祁志祥：《中国人学史》，上海大学出版社2002年版，第27—33页。

上，体现了剥削阶级维护自身统治地位的需要”。[①] 科学发展观的以人为本坚持了历史唯物主义的基本立场和基本观点，尤其是马克思主义关于人的自由全面发展思想，把全体人民群众的根本利益作为发展的出发点和落脚点，坚持确立和体现人民群众当家作主的历史地位，体现了我们党立党为公、执政为民的执政理念和根本要求。所以说，科学发展观的以人为本，“既有着中华文明的深厚根基，又体现了时代发展的进步精神”[②]；既坚持了中国古代民本思想的积极因素，又与它有着根本的区别。

（二）西方文化中的人本思想

西方文化中的人本思想源远流长。古希腊时期的人本思想很丰富，为西方人本主义的发展奠定了基础。荷马时代的思想家在神话、戏剧中表达了丰富的人文思想。早期自然哲学家们通过对自然的探问，体现了对人事的关注。智者普洛泰戈拉认为：“人是万物的尺度，是存在者存在的尺度，也是不存在者不存在的尺度。”[③] “人是万物的尺度”这一名言，经常被引用，并被赋予不同的理解。例如，如果“人”被理解为与世间万物相对立的人类，那么这句话表达了人类中心主义的观点；如果“人”被理解为与其他人相对立的个人，那么这句话表达的是个人主义、乃至唯我主义的观点；也有人认为，这是西方人本思想的明确表达。苏格拉底不满意自然哲学家对自然界的探求，要求把目光转向人类世界，认为哲学家、思想家要关心人类自身的德行、幸福和自由，提出了“认识你自己”的命题。他认为，人的本质是灵魂，而灵魂的特点就是精神和理性。真理不在自然之中，也不在人的感性之中，而在人的理性之中，所以，认识自己就是认识真理。“认识你自己”，标志着西方人本思想的重大突破，它既是对人的本质的内在性的挖掘，也是对人生目的之

① 《科学发展观学习读本》，学习出版社 2008 年版，第 27—28 页。

② 《科学发展观学习读本》，学习出版社 2008 年版，第 27 页。

③ 北京大学哲学系：《西方哲学原著选读》，商务印书馆 1981 年版，第 54—55 页。

德性的阐发。柏拉图也认为人的本质是灵魂，灵魂向善的活动在现实生活中表现为追求幸福生活。“国家是大写的人。”社会起源于经济需要，一个人与另一些人合作的目的是为了获得更多更好的生活必需品。社会的构成原则是分工原则：每个人都按照自己的自然禀赋从事一门职业劳动。因此，社会正义就是每个人都只做适合他的本性的事。正义是管辖所有人的普遍的德性。按正义治理国家就是善，反之便是恶。亚里士多德提出了“人是天生的政治动物”的著名命题。他认为，人生的目的是幸福；每个人都有追求幸福的自然倾向，也就是说，幸福是生命的自然目的。人的幸福也是古希腊后期哲学的中心。斯多亚派提出“按照自然生活”的口号，肯定了人的自由和自主性。他们认为，每个人都有自己的命运，人不能改变或控制命运，但可以改变对命运的态度，在命运面前人人平等。这在一定程度上也肯定了人的独立和人的平等。斯多亚派还提出了“世界公民”的思想，具有划时代意义，推动了人们对普遍人性的认识和理解。伊壁鸠鲁的快乐主义强调，个人高于国家和社会，个人享有独立于社会政治的自由。国家、社会如果不能保证个人过快乐的生活，个人就可以不服从它。伊壁鸠鲁的快乐主义虽然不同于近代社会的享乐主义和个人主义，但是，它关心的只是个人快乐，而不是社会的普遍福利，实现个人快乐的途径也与社会服务和利他行为无关，所以，依然有着个人主义和享乐主义的倾向。罗马帝国时期，个人本位主义开始复苏。西塞罗认为，应当把“人”当作“人”看待，应当尊重人的权利。人民一直渴望在法律面前有平等的权利，法律应该满足人民的平等要求，保障人民的权利平等，如果不能对每个人都一视同仁，那么法律就是一纸空文。

文艺复兴运动吹散了中世纪神学的迷雾，打破了神学和经院哲学对人的压制，发现了世界，发现了人，复兴了人文主义思想。文艺复兴时期的人文主义，反对封建专制和禁欲主义，强调人的自然本性、人的价值、人的个性、人的自由、人的世俗生活的幸福。人文主义者以人对抗神、以人道反抗神道，并在此名义下高扬人本身、人的自然本性、人的自由、人的解放和人的发展。诗人但丁第一次使用“人权”一词，成为人文主义思想的先锋。彼特拉克最早恢复古希腊思想家提出的“人是最宝贵的”的思想，他响亮地说道：“我是人，凡是人的一切我都具有。”

库萨的尼古拉提出了人文主义的人类中心论，认为人是宇宙的一面镜子，高度评价人的形体和精神。他说：“人既是有限、又是无限的生物”。“人是极大与极小的对立面统一的体现者”，人的构造集宇宙的各种要素和精微力量于一身。正因如此，人是宇宙的一面镜子。[①]“人是上帝，尽管不是绝对意义上的上帝，因为他是人。人是小宇宙，或是某种人形世界，因此，人性领域潜在地包含着上帝、宇宙和世界。人能够是人的上帝，或者以人的方式成为上帝。人也能够以人的方式成为人形天使、人形动物、人形狮子、人形熊或其他任何一种东西。”[②] 皮科认为，人与动物的区别在于有理性的人能够自由发展。他借上帝之口说：“人是本性不定的生物。”[③] 拉伯雷塑造了一个巨人形象，强调人的自然本性，主张人应该有全面的、完善的发展。蒙太涅认为：“每个人都包含人类的整个形式。首先，我通过普通自我与世界沟通”，“在一切形式中，最完美的形式是人的形式”。因此，人是现实生活的主体，每个人自己创造自己的命运，从而也是自己幸福的主人。

兴起于 17—18 世纪的古典自然法学派，从自然权利出发，高扬人的自由个性。“天赋人权论”的创始人、法学家格劳秀斯认为，人类理性是自然权利的源泉，自然权利是永恒不变的。斯宾诺莎认为，自由比任何东西都重要。霍布斯认为，每个人都拥有生存权，人的生命权是人最基本的权利，不可转让。洛克把自然权利理解为人的生存权、财产权、自由权等方面，对自由权更为推崇，认为人的“自由是其余一切的基础”。启蒙时期的思想家的人本思想在深刻性、丰富性和革命性等方面超出了前人。他们提出的“自由”、“平等”、“博爱”等思想成为了资产阶级革命的理论旗帜。孟德斯鸠认为，人人都是平等的。他还比较了专制制度和共和制度下人的平等。他说：“在共和国，人人平等是因为

---

① 库萨的尼古拉：《论有学识的无知》，商务印书馆 1998 年版，第 128 页；转引自赵敦华主编：《西方人学观念史》，北京出版社 2005 年版，第 135 页。

② 库萨的尼古拉：《与门外汉的三篇对话》；转引自赵敦华：《西方哲学通史》，北京大学出版社 1996 年版，第 607 页。

③ 周辅成编：《从文艺复兴到十九世纪资产阶级哲学家政治思想家有关人道主义人性论选辑》，商务印书馆 1965 年版，第 33 页；转引自王海明：《伦理学原理》，北京大学出版社 2005 年版，第 254 页。

每个人‘什么都是’，在专制国家，人人平等是因为每个人‘什么都不是’。”① 伏尔泰极力宣扬人的自由：个人自由、言论自由、出版自由、信仰自由、劳动自由，充分肯定自由国家的价值。他说：“在自由的国家里有一百金币比在专制国家里有一千金币更有价值。”霍尔巴赫认为，开明政府应该理智对待人的思想，公民应当享有想怎样思考就怎样思考的自由，思想、言论和写作的自由是一个好政府的支柱。可见，启蒙思想家并没有孤立地谈论人的自由、平等和权利，而是联系政治制度、社会环境进行探讨。正如马克思所指出的，他们看到了“人是环境和教育的产物”，只是他们忘记了“环境正是由人来改变的”。

德国古典哲学包含着丰富的人本主义思想，康德提出的“人是目的本身”的思想，意思深刻，影响深远；费尔巴哈的人本主义思想，包含着对人的唯物主义的理解。

现代西方哲学十分重视个人的自由和价值。这也是西方人本主义的传统。现代西方哲学一个重要分支就是人本主义思潮。人本主义思潮发端于德国哲学家叔本华和尼采的唯意志主义。之后，人本主义的各种流派，诸如柏格森的生命哲学、萨特的存在主义、弗洛伊德的精神分析学说、法兰克福学派，以及后现代主义等等，风起云涌、此起彼伏。人本主义思潮通过对人本身的反思，批判了资本主义世界对人的情感、精神、潜意识、自由和生命创造力的压制，批判了资本世界把人发展为“单向度的人”等等。人本主义思潮拒斥西方理性主义传统，提出人的意志、人的生命冲动、人的欲望、人的情感就是人的本性，人的非理性是支配人的生命活动乃至社会活动的决定力量。人的存在和自由受到前所未有的关注和深入研究。海德格尔认为“人的存在就是他的本质”。存在主义认为，自由是存在的应有自由，人是自由的存在者。弗洛姆认为：“人道主义伦理学的最高价值不是舍己，不是自私，而是自爱；不是否定个体，而是肯定真正的人自身。”② 克尔凯戈尔的思想焦点是人、人的存在、人的自由选择。他认为，只有个人才是存在的人。他说：“人类区别于动物，不在于他在种类上的一般优越性，而在于人类的特

① 孟德斯鸠：《论法的精神》上册，商务印书馆1982年版，第188页。

② 冯川：《弗洛姆文集》，改革出版社1997年版，第135页。

征是：这一种类的每一个单独的人（不是卓越的个人，而是每一个人）都具有比种类更多的东西。”① 他还认为，人的自我实现是人的个体化的实现过程，是不断脱离社会化的过程。个人的责任来自自我参与和自我选择。只有存在着的个人才能为自己选择和参与而产生的后果承担责任。所以，自我实现，实现的是个人意识以及与之相连的个人责任感。萨特早期关注的重点是个人自由。他认为：“人不是首先存在以便后来变成自由的，人的存在和他的自由两者没有区别。”②“因为他先天地是自由的。”③“人的自由先于人的本质，并且使人的本质成为可能。”④ 人的任何存在状态都是人的自由选择，存在的过程就是自由选择的过程。正因如此，人的自由选择造就人自身，人的自由就是人的存在。所以，人是绝对自由的。在《存在与虚无》中，他的存在主义就是个人主义。虽然，萨特后期决定放弃个人主义，但并不意味着萨特走向了集体主义，他关注的侧重点依然是个人及其自由。他在《自传》中说：“我放弃了战前的个人主义和纯粹个人的概念，转向社会里的个人和社会主义。”⑤ 萨特在《辩证理性批判》一书中表达了他的这种努力。“至于它是否真的由个人主义走向了社会主义，是否真正实现了存在主义与马克思主义的结合，那就另当别论了。”⑥

现代西方人本主义思潮对人的问题的关注和研究，尽管不能像萨特所说的那样填补了马克思主义理论中的“人学空场”，但都是马克思主义以人为本思想的理论来源，为丰富马克思主义的人学理论提供了新的思想材料，为深化和扩大马克思主义人学思想具有积极推动作用，也是我们理解以人为本的思想元素。

毫无疑问，西方人本主义思想具有积极的理论和实践价值。正如《科学发展观学习读本》所总结的：它“反对迷信、崇尚科学，反对专制、崇尚自由，反对神权、弘扬人性，对于反对封建主义、推动人的解

① 转引自赵敦华：《西方人学观念史》，北京出版社 2005 年版，第 481 页。
② 萨特：《存在与虚无》，三联书店 1987 年版，第 345 页。
③ 萨特：《影像论》，中国人民大学出版社 1987 年版，第 123 页。
④ 萨特：《存在与虚无》，三联书店 1987 年版，第 56 页。
⑤ 转引自赵敦华：《西方人学观念史》，北京出版社 2005 年版，第 476 页。
⑥ 赵敦华：《西方人学观念史》，北京出版社 2005 年版，第 477 页。

放起到过一定的积极作用”。但是，“西方人本主义，以个人为本位、以实现自我价值为基本追求，在处理人与人、个人与社会的关系上主张个人利益至上。同时，人本主义离开具体的历史条件，离开人的社会性，以抽象的、永恒的人性说明社会历史，在本质上是为资产阶级取得和维护统治地位服务的。马克思尖锐地批判了资产阶级人本主义，揭示了其唯心主义的本质，形成了历史唯物主义关于人的学说。我们今天强调的以人为本，坚持了历史唯物主义的基本立场和基本观点，体现了我们党立党为公、执政为民的本质要求”。① 这就是科学发展观的以人为本与西方人本主义思想的本质区别。

总之，一切非马克思主义的“人本”或“民本”观，是特定历史时期人的思想解放和人的自身解放运动的先导，对推动历史进步和人自身发展起了积极作用。但是，这些思想也存在着很大的缺陷，并没有达到真正科学的水平。首先，人，或是自然的生物，或是一般的、抽象的人，而不是生活在社会中的具体的人；其次，人本身并不是真正的目的，其主要目的在于维护统治阶级的政权，依然具有强烈的工具意义。马克思主义的以人为本思想正是在扬弃以往思想的基础上建立和发展起来的。科学发展观的以人为本也是坚持马克思主义以人为本思想、积极借鉴中国古代民本思想和西方人本主义思想的时代产物。

二、马克思主义的“以人为本”思想

马克思主义继承了以往思想家的“人本”思想的积极成果，科学地揭示了人的本质，从而使“以人为本”的思想达到科学的水平。

（一）人是现实的、具体的人

“以人为本”是以具体的、现实的人为前提和基础的。马克思主义

① 《科学发展观学习读本》，学习出版社 2008 年版，第 28 页。

认为，以人为本的“人”首先是现实的人。所谓现实的人是指在一定的生产关系中从事物质生产的具体的个人。马克思、恩格斯曾经明确指出：“这里所说的个人不是他们自己或别人想象中的那种个人，而是现实的个人，也就是说，这些个人是从事活动的，进行物质生产的，因而是在一定的物质的、不受他们任意支配的界限、前提和条件下活动着的。”① 现实的人是具体的人，是在一定物质的前提和条件下进行活动的人，因此，这个前提和条件是可以直接通过经验观察到的。于是，人们只要考察这个物质的前提和条件，就能够得知从事这些活动的人的状况，也就能够指导和理解从事这些活动的有血有肉的人。因此，“以人为本”就是要以现实的、有血有肉的人为根本、为目的，社会的一切必须是以现实的人的现实的需要、利益为出发点，而不是以抽象的人的虚幻的目的为起点。

“以人为本”是以从事生产活动的人为前提和基础的。马克思、恩格斯认为，人是自然长期发展的产物，人来源于自然又不断同自然界实现分离和统一，而实现这种分离和统一的纽带不是别的，而是生产自己生活资料的劳动。“当人开始生产自己的生活资料的时候，这一步是由他们的肉体组织所决定的，人本身就开始把自己和动物区别开来。”② 因为，生产生活资料的劳动“是一切人类生活的第一个基本条件，而且达到了这样的程度，以致我们在某种意义上不得不说：劳动创造了人本身”。③ 由此可见，确立人之为人的真正本质不是别的，而恰恰是劳动。马克思指出：“劳动这种生命活动、这种生产生活本身对人说来不过是满足一种需要即维持肉体生存的需要的一种手段。而生产生活就是类生活。这是产生生命的生活。一个种的整体特性、种的类特性就在于生命活动的性质，而自由的有意识的活动恰恰就是人的类特性。”④ 因此，“以人为本”就必须从人们进行物质生产的物质条件出发，不断改善人的状况、发展人的潜能，最为重要的是改善人的物质生产和生活条件，

---

① 《马克思恩格斯选集》第1卷，人民出版社1995年版，第71—72页。

② 《马克思恩格斯选集》第1卷，人民出版社1995年版，第67页。

③ 《马克思恩格斯选集》第3卷，人民出版社1995年版，第373—374页。

④ 《马克思恩格斯全集》第3卷，人民出版社2002年版，第273页。

创造有益于人不断发展的社会环境。

“以人为本”是以人的社会性为前提和基础的。劳动是在一定的社会关系中进行的，具有社会性。唯物史观作为“关于现实的人及其历史发展的科学”，是“从现实的前提出发”的，并且“一刻也不能离开这个前提”。“它的前提是人，但不是处在某种虚幻的离群索居和固定不变状态中的人，而是现实的、可以通过经验观察到的、在一定条件下进行的发展过程中的人。只要描绘出这个能动的生活过程，历史就不再像那些本身还是抽象的经验论者所认为的那样，是一些僵死的事实的汇集，也不再像唯心主义者所认为的那样，是想象的主体的想象活动。”① 就是说，对人的本质的认识不能从人的天性中去寻找，而应该从他们的生产活动中结成的社会关系中去寻找。人的本质是在后天的社会生活和社会实践中形成的，在其现实性上，它是一切社会关系的总和。既然社会性是人的最根本的特性，而社会是发展的，那么人及其本质也是随社会的变化而不断发展的。因此，“以人为本”就必须从变化着的人的社会本质出发，及时变革限制人的本质力量发挥的社会关系，实现人的解放和自由全面发展。

（二）人的价值和本体相统一

以人为本，既具有哲学价值论意义，也具有哲学本体论意义。在哲学上，“本”有两种理解：一是“本原”之本，一是“根本”之本。从作为世界“第一性”的本原，即作为整个世界（宇宙）产生的最初元素的“本原”而言，毫无疑问，以人为本之本，不具有世界最初起源的意义，不能构成本原之本。因为在人的存在之先，还有一个不依赖于人的意志而存在的自然界。但是，从作为事物的根本实体的意义上讲，在人类世界或“属人世界”的范围内，以人为本之本，则具有“本原”意义，因为它所要回答的是人在人类世界的地位、作用等问题。

在马克思主义的理论中，人具有崇高的地位。马克思认为：“人的

① 《马克思恩格斯选集》第1卷，人民出版社1995年版，第73页。

根本就是人本身”，“人是人的最高本质”。[①] 人勿需别的什么来肯定自身，更勿需借助人之外的、诸如神的力量来肯定自身，人自身是肯定人的唯一存在。人本身就是这个世界的主体、根本，因而，人也是这个世界存在的根本。马克思指出：“人就是人的世界，就是国家，社会。”“国家的职能和活动是人的职能……国家的职能不过是人的社会特质的存在和活动方式”；“社会本身，即处于社会关系中的人本身”。[②] 在本体论意义上，人的存在是人自身、人类社会和人化自然存在的前提，都是以人的存在和实践为本的；没有人的存在，既不会有人化的自然，也没有社会，更没有人的精神世界。因此，马克思关于“人就是人的世界”这一命题，就从最普遍、最一般的意义上指明了人与人的世界、社会的内在统一性以及人与人自身的内在同一性。可以说这是对以人为本最根本的规定和最彻底的说明。[③]

马克思主义第一次以科学的实践观为钥匙，揭开了人的问题这一千古之谜，阐明造成人的现实处境的经济社会根源以及彻底改变人的处境的科学方法和现实途径，为人的全面发展和彻底解放开辟了广阔道路。马克思在《关于费尔巴哈的提纲》中指出：“全部社会生活在本质上是实践的。凡是把理论引向神秘主义的神秘东西，都能在人的实践中以及对这个实践的理解中得到合理的解决。”[④] 人在世界中并不是一种单纯的存在，而是一种人创造自我的、人化的存在。实践、劳动是人之为人的根据。人在世界、社会中存在，不是以完全本能的、被动的方式实现的，也不是自然界“无为”的产物，而是通过人自身有意识的实践活动不断生产和创造的结果。“人的生存条件，并不是他一从狭义的动物中分化出来就现成具有的；这些条件只是通过以后的历史的发展才能造成。人是唯一能够由于劳动而摆脱纯粹的动物状态的动物——他的正常

① 《马克思恩格斯选集》第1卷，人民出版社1995年版，第9页。

② 转引自夏甄陶：《论以人为本》；丰子义主编：《树立和落实科学发展观专辑》第145页，中国人民大学出版社2005年版。

③ 参见夏甄陶：《论以人为本》；丰子义主编：《树立和落实科学发展观专辑》，中国人民大学出版社2005年版，第145页。

④ 《马克思恩格斯选集》第1卷，人民出版社1995年版，第56页。

状态是和他的意识相适应的而且是要由他自己创造出来的。”① 因此，人不是大自然所给予的一种单纯的自在存在，而是一种自主的、自觉的、自为的和自由的存在，即“自由个性”。在马克思看来，人的本质是自由自觉的活动。也就说，人作为自由的存在是通过人自己的自主、自觉、自由的活动创造出来的。当然，人不能凭空地创造人自身和人的世界。从本原的意义上说，人是自然界长期发展的产物，自然界是人类生存和发展的物质前提和基础，人离开大自然就等于失去了母亲，是不可能存在的。但这并不意味着人是一种单纯的自然存在，从本质上讲，人是一种社会性存在、一种实践性存在、主体性存在。人可以通过自身的活动、遵循自然界的客观规律，按照人的和任何物的方式——美的方式，能动地改造世界、创造世界，也创造人本身。实践，自由自觉的活动是实现人和自然、人和社会以及人和自身具体的历史的统一的根据。于此，马克思进而认为：人应当了解自己，使自己成为衡量一切生活的尺度，按照自己的本质去估价这些关系，真正按照人的方式，根据自己的本性的需要来安排世界。这样，马克思、恩格斯揭示了人存在自身、解放自身和发展自身——“以人为本”的实践根源。

从实践唯物主义的高度看，“以人为本”思想具有以下突出特点：第一，确立了社会实践主体论。马克思、恩格斯坚持把唯物史观称作“实证科学”、“实践的唯物主义”，并通过对人的对象性关系的分析，确立了实践主体论的科学内涵，使之成为“以人为本”思想的新灵魂。在人和自然界的对象性关系上，不仅肯定了“外部自然界的优先地位”，而且从人类实践主体论意义上把自然界区分为“先于人类历史而存在的自然界”和作为“历史的产物”的与人“生活在其中的自然界”；在人与人的对象性关系上，从现实的自然关系和社会关系的“双重关系”入手，揭示了生产方式和社会交往关系在主体实践基础上的发展变化；在人与自身的对象性关系上，强调了人对自身认识、改造的重要性、历史性。第二，确立了主体实践本质论。马克思、恩格斯在阐释社会生活的实践本质的基础上，又进一步深入阐述了劳动实践在人类从自然界分离

① 转引自夏甄陶：《论以人为本》，丰子义主编：《树立和落实科学发展观专辑》，中国人民大学出版社 2005 年版，第 145—146 页。

出来、以及形成以人为现实主体的属人世界中所具有的根本意义；强调了生产实践活动是“第一个历史活动”、“第一个前提”，是社会生存、发展的根基、动力；同时，还进一步认为，人类社会的一切矛盾只有通过主体实践活动加以解决。第三，确立了人类社会的“自然历史过程”（规律性）与主体活动的“合目的性”（价值性）的辩证统一观。马克思、恩格斯把历史看作是人们自己创造、自己选择的过程，提出了新的人的解放论。他们把实践的唯物主义与共产主义结合起来，揭示了实现人的解放的两大实际前提：“生产力的普遍发展”和“世界交往”；提出了只有在变革旧社会与改造主体（无产阶级）自己相结合的过程中才能实现人的解放；把最高的主体价值取向和社会基本矛盾运动紧密结合起来，揭示了人的发展的客观趋势和规律；把规律性维度与价值维度辩证统一起来，使“以人为本”真正具有了主体实践的现实性、可行性。①

人类社会的一切依赖于人的存在和创造，既是人为的，也是为人的。世界创造了人，人也创造着世界。人是世界的目的和根本，人创造的世界反过来必须为人的生存和发展服务。人在创造世界的同时，更要求创造人自身，实现自身的社会价值和自我价值。这样，在人的实践中，以人为本的本体论意义和价值论意义实现了统一。人的存在是具体的、现实的，人的价值及其实现也是具体的现实的。在社会主义以前的社会形态中，人不是工具，就是商品，不可能在人的价值关系中实现统一，不可能实现人作为目的和手段的统一，更不可能把人真正作为社会的目的和根本，也就是说，以人为本是不可能实现的。只有到了社会主义社会，才能真正实现人在价值论和本体论意义上的统一，实现人作为目的和手段的统一，才能真正实现以人为本。

（三）人的个体和群体相统一

马克思主义既充分肯定人民群众作为历史的主体和创造者的地位和作用，同时也十分明确地承认个人在历史中的地位和作用。人民群众创

① 参见刘本炬：《论实践社会主义》，中国社会科学出版社 2005 年版，第219—220 页。

造历史和肯定个人的历史作用，在马克思主义理论中并不是两个绝对对立的命题，而是两个相互统一的思想。因此，我们在分析和把握科学发展观的“以人为本”中的“人”这个范畴时，必须把个人和群众有机地统一起来，唯有如此，对以人为本的认识和把握才是真实和辩证的，才是符合马克思主义的。

人类社会是按照客观的运动规律发展的，但是，人类社会发展的规律不同于自然规律，它是通过无数的有意识、有目的、有激情的个人的实践活动构成的整体来实现的。社会发展的客观规律离不开社会主体，离不开历史个体的社会活动。这说明，历史唯物主义关于社会发展客观规律的原理是同人民群众和个人在历史发展过程中的作用的基本观点联系在一起的。因此，能否正确理解和把握人民群众和个人在历史中的作用，是能否正确理解马克思主义关于社会发展规律的一个关键，也是能否正确理解“以人为本”的一个关键。

历史唯物主义从社会存在决定社会意识出发，认为人类社会发展的历史，首先是生产发展的历史，物质生活的生产方式制约整个社会生活；生产力是社会发展的最终决定力量，人民群众是社会生产的主体，是社会历史的变革者和创造者。因此，人民群众的利益、意志和要求，从根本上代表了社会发展的方向。“人民群众是历史的创造者”，人民群众既是社会物质财富的创造者，也是社会精神产品的创造者，同时也是社会历史变革的决定力量。这是马克思主义新历史观的根本观点。

马克思主义在阐述群众史观的时候，从来没有忘记个人、把个人淹没在群众的大潮中，更没有漠视个人的地位和历史作用，而是在其理论体系中给了个人以浓墨重彩的描述。这一点，我们在后面还要详细介绍。恩格斯认为，在社会领域内进行活动的，全是具有意识的、经过思虑的或凭激情行动的、追求某种目的个人。马克思、恩格斯指出：“任何人类历史的第一个前提无疑是有生命的个人的存在。”“我们开始要谈的并不是任意提出的，它们不是教条，而是一些只有在想象中才能加以抛开的现实的前提。这是一些现实的个人，是他们的活动和他们的物质生活条件，包括他们现成的和由他们自己的活动所创造的物质生活条件。因此这些前提可以用纯粹经验的方法来确定。”① 因此，从最真实、最现实、最直观的意义上讲，能够用“纯粹经验的方法”确定的历史前提只能是在社会中生活着的具体的单个的个人，而不是任何抽象的、脱离个人而存在的“群众”集合体。

在马克思主义看来，个体和群众是统一的。个人是社会群体中的个人，个人离不开群体，孤立的个人是不存在的；群众又是由个人构成的，群众也离不开个人，群众不是抽象体，抽象的群众也是不存在的。人类社会是由无数的个人的活动构成的整体，而由绝大多数社会个体构成的整体——人民群众，则是社会活动的主体，他们的活动代表社会发展的方向、体现历史前进的潮流，共同构成了社会历史的实体性内容。个人和群众的历史作用是统一的，其统一的基础是社会实践。首先，个体的社会作用和群众的社会作用是相互依存、密切结合的。个体的作用离不开群众的作用，群众的作用也离不开个人的作用；个人的作用是群众作用的个别表现，群众的作用寓于个人的作用之中并通过个体的作用表现出来。其次，个人的作用和群众的作用相互制约、相互促进。个人的作用既渗透着群众的作用，又影响和制约着群众的作用的形成和发挥；同样，群众的作用也制约着个人的作用，任何个人的作用都要受到群众作用的深刻影响。再次，个人的作用和群众的作用在一定条件下可以相互转化。个人的作用可以转化为群众的作用，群众的作用也可以转化为个人的作用。从这个角度说，个人和群众是统一的，其历史作用是一致的。群众创造历史，也是构成群众的个人创造历史。历史唯物主义也正是从创造社会的实践中来研究和揭示群众和个人的历史统一性的。

（四）以人的自由全面发展为根本

实现人的自由全面发展是马克思主义确立的未来社会的本质，共产主义社会就是实现人的自由全面发展的社会形式；马克思主义以自由而全面的人为归宿，把努力促进人的自由而全面发展作为创造未来共产主

① 《马克思恩格斯选集》第1卷，人民出版社1995年版，第67页。

义社会的本质要求，把人的自由和全面发展作为社会发展的最终目标。人类文明的发展与进步是通过人的自由与解放体现出来的，人的自由与解放是人类文明发展与进步的标志。在未来社会，人们享有发展自己全面能力和提高自己全面素质的物质、文化条件和社会条件，人将在丰富、全面的社会关系中获得自由、全面的发展，从而真正实现人自由和全面的发展。促进人的全面发展是社会主义社会的本质要求和特征，社会主义的根本目的就是要促进人的自由全面发展，实现人由必然王国到自由王国的转变。共产党人的最高理想和奋斗目标，就是要实现人的自由全面发展的共产主义。因此，把促进、实现人的自由而全面发展作为创建共产主义社会的本质要求和社会发展的最终目标，是马克思主义的根本观点。这一观点正是以人为本的一个重要思想基础。所以说，以人为本，从本质上讲，或者从终极意义上讲，就是实现人的自由全面发展，就是以人的自由全面发展为本。

三、“以人为本”的新论述

科学发展观的以人为本，在马克思主义的指导下，舍弃了传统“人本”、“民本”观中的抽象意义和工具意识，使“人”具有现实性和具体性；把人作为社会发展的主体和目的，提出了人的发展的全面协调和可持续性的要求。同时，继承了传统“人本”观中对“神本”和“物本”的否定，强调对人的关注和重视，注重人的本性、利益、幸福等，赋予了以人为本以新的时代内涵和世界精神。

科学发展观自从 2003 年正式提出以来，无论是党的重要决议，还是党和国家领导人的重要讲话，特别是胡锦涛和温家宝等在许多重要场合对“以人为本”的科学内涵、实质、地位以及贯彻要求等等，都反复进行了阐述和强调。胡锦涛 2003 年 7 月 28 日“在全国防治非典工作会议上的讲话”中虽然没有正式提出“科学发展观”这一命题，但提出了科学发展观的基本思想。他说：“我们要更好地坚持全面发展、协调发展、可持续发展的发展观，更加自觉地坚持推动社会主义物质文明、政治文明和精神文明的协调发展，坚持在经济社会发展的基础上促进人的全面发展，坚持促进人与自然的和谐。在促进发展的进程中，我们不仅要关注经济指标，而且要关注人文指标、资源指标和环境指标；不仅要增加促进经济增长的投入，而且要增加促进社会发展的投入，增加保护资源和环境的投入。”① “维护好、实现好、发展好最广大人民的根本利益，是我们一切工作的根本出发点和落脚点，也是我们做好改革、发展、稳定各项工作的重要保障。”“要牢记群众利益无小事这个道理，始终把群众利益放在第一位，自觉增强为人民服务的意识，从人民群众最现实、最关心、最直接的问题入手，通过发展经济，不断让人民群众得到实实在在的利益。必须看到，我们的事业在发展，社会在进步，人民群众的利益需求也在发展。实现群众的愿望，满足群众的需要，维护群众的利益，是一个动态的不断发展的过程。我们要细心体察群众利益要求的变化，使我们的政策措施更加全面、更加准确地反映群众利益，使我们的工作更好地、更有力地体现群众的利益。同时，要加强思想政治工作，引导和帮助群众正确认识眼前利益和长远利益、自身利益和集体利益的关系。”上述观点与十七大报告关于以人为本的论述十分一致。这里明确提到的“人与自然的和谐”、“人文指标”，特别是“促进人的全面发展”、“反映群众利益”、“体现群众利益”等，就是“以人为本”的基本思想。党的十六届三中全会通过的《中共中央关于完善社会主义市场经济体制若干问题的决定》指出：“坚持以人为本，树立全面、协调、可持续的发展观，促进经济社会和人的全面发展。”② 以党的决议形式正式提出“以人为本”的命题，并作为科学发展观的首要内容。但是，“决定”没有对“以人为本”的内涵进行明确阐述，只有在第十部分“深化科技教育文化卫生体制改革，提高国家创新能力和国民整体素质”，对落实以人为本的主张提出了明确要求：建设学习型社会，全面推进素质教育，增强国民的就业、创新、创业等能力；深化文化体制改革，增强国民体质；搞好环境卫生建设，树立全面卫生意识；等等。胡

① 《十六大以来重要文献选编》（上），人民出版社 2005 年版，第 396—397 页。

② 《十六大以来重要文献选编》（上），人民出版社 2005 年版，第 465 页。

锦涛在党的十六届三中全会的讲话正式把“以人为本，全面协调可持续的发展观”称之为“科学发展观”。虽然讲话没有对以人为本的内涵进行阐述，但是，在这个讲话中反复强调人的问题，特别是“人的全面发展”问题，可见已经蕴含着了“以人为本”的基本思想。

2003 年 12 月 19 日，胡锦涛在全国人才工作会议上发表了《大力加强人才强国战略，不断开创人才工作新局面》的重要讲话。讲话通篇贯穿了以人为本的思想，通过对人才及人才工作的阐述，提出了许多关于人才建设的重要思想。人才建设，归根到底，其实就是一个人的建设、人的发展问题。胡锦涛指出：“人才问题是关系到党和国家事业发展的关键问题，人才工作在党和国家工作全局中具有十分重要的地位。”“实施人才强国战略，就是要努力造就数以亿计的高素质的劳动者、数以千万计的专门人才和一大批拔尖创新人才，建设规模宏大、结构合理、素质较高的人才队伍，充分发挥各类人才的积极性、主动性和创造性，开创人才辈出、人尽其才的新局面”。① 他指出，做好人才建设工作、落实人才强国战略，要树立适应新形势新任务要求的“科学人才观”。科学人才观包括以下三个观念：第一，人才资源是第一资源的观念。“人才是先进生产力和先进文化的重要创造者和传播者。人才资源是第一资源，人才优势是最大优势，人才开发是经济社会发展的重要推动力量。物质资源的开发利用是社会发展的基础，而人类智慧和能力的发展则决定着物质开发的深度和广度。”② 第二，人人可以成才的观念。胡锦涛指出：“中国特色社会主义伟大事业，为每个人的发展创造了广阔天地。要按照人的全面发展的要求，切实实行有利于人才成长的政策措施，大力营造有利于人才成长的体制、机制和环境，把每个人的潜能和价值都发挥出来。”③ 第三，以人为本的观念。人才工作就是做人的工作，必须把促进人才的健康发展和充分发挥人才的作用放在首要位置。要坚信人民群众是推动历史前进的根本力量，又要高度重视人才在促进历史发展中的重要作用，充分尊重人才的特殊禀赋和个性。要一视同仁地为各类

---

① 《十六大以来重要文献选编》（上），人民出版社 2005 年版，第 569 页。

② 《十六大以来重要文献选编》（上），人民出版社 2005 年版，第 575 页。

③ 《十六大以来重要文献选编》（上），人民出版社 2005 年版，第 575 页。

人才服务，努力营造鼓励人才干事业、支持人才干成事业、帮助人才干好事业的社会环境，放手让一切劳动、知识、技术、管理和资本的活力竞相迸发，让一切创造社会财富的源泉充分涌流，以造福于人民。胡锦涛对人才和人才建设工作的这些论述，既是对马克思主义人才思想的新发展，也是对以人为本的基本内涵的重要阐述。

2004年春，温家宝在省部级主要领导干部“树立和落实科学发展观”专题研究班结业式上发表了“提高认识，统一思想，牢固树立和认真落实科学发展观”的重要讲话。根据笔者对十六大以来党的重要文献的学习、认识和理解，我们认为，温家宝的这个讲话是我们党第一次比较系统地公开阐述科学发展观，也是第一次明确对“以人为本”的含义、本质及其在科学发展观的地位进行界定和论述。温家宝指出：坚持以人为本，“这是科学发展观的本质和核心”。他说：“以人为本，就是要把人民的利益作为一切工作的出发点和落脚点，不断满足人们的多方面需求和促进人的全面发展。具体地说，就是在经济发展的基础上，不断提高人民群众物质文化生活水平和健康水平；就是要尊重和保障人权，包括公民的政治、经济、文化权利；就是要不断提高人民的思想道德素质、科学文化素质和健康素质；就是要创造人们平等发展、充分发展聪明才智的社会环境。”他还认为：“以人为本，体现了马克思主义的基本观点。马克思说过，未来的新社会是‘以每个人的全面而自由的发展为基本原则的社会形式’。我们从事的是建设中国特色社会主义的伟大事业，理所当然地必须坚持以人为本，一切为了人民，一切依靠人民。”“坚持以人为本是贯彻‘三个代表’重要思想，坚持立党为公、执政为民的本质要求，也是进一步发扬党的优良传统和作风的具体体现。”①

2004年3月10日，胡锦涛在中央人口资源环境工作座谈会上发表重要讲话，对科学发展观的深刻内涵的基本要求做了明确阐述，这也是他首次公开对以人为本的内涵做了明确界说，他指出：“以人为本，就是要以实现人的全面发展为目标，从人民群众的根本利益出发谋发展、促发展，不断满足群众日益增长的物质文化需要，切实保障人民群众的

---

① 《十六大以来重要文献选编》(上)，人民出版社2005年版，第768页。

经济、政治和文化权益，让发展的成果惠及全体人民。”[①] 之后，胡锦涛在许多重要场合都明确地对“以人为本”进行了阐述，党的重大决议也对坚持以人为本做了明确要求。最明确、最典型的阐述当属党的十六届六中全会关于构建社会主义和谐社会的决定、胡锦涛2007年6月25日在中央党校发表的重要讲话、在党的十七大所做的政治报告，以及2008年9月19日在全党深入学习贯彻实践科学发展观活动动员大会暨省部级主要领导干部专题研讨班上的讲话。

《中共中央关于构建社会主义和谐社会若干重大问题的决定》指出，以人为本，是构建社会主义和谐社会必须遵循的首要原则。坚持以人为本，就是“始终把最广大人民的根本利益作为党和国家一切工作的出发点和落脚点，实现好、维护好、发展好最广大人民的根本利益，不断满足人民日益增长的物质文化需要，做到发展为了人民、发展依靠人民、发展成果由人民共享，促进人的全面发展”。[②] 党的十七大报告明确指出：以人为本，就是“要始终把实现好、维护好、发展好最广泛人民的根本利益作为党和国家一切工作的出发点和落脚点，尊重人民主体地位，发挥人民首创精神，保障人民各项权益，走共同富裕道路，促进人的全面发展，做到发展为了人民、发展依靠人民、发展成果由人民共享”。[③] “科学发展观核心是以人为本。我们党的一切奋斗和工作都是为了造福人民。我们推动科学发展，根本目的就是要坚持尊重社会发展规律与尊重人民历史主体地位的一致性，坚持为崇高理想奋斗与为最广大人民谋利益的一致性，坚持完成党的各项工作与实现人民利益的一致性，坚持保障人民权益与促进人的全面发展的一致性，做到发展为了人民、发展依靠人民、发展成果由人民共享。我们要着力把最广大人民的根本利益作为贯彻落实科学发展观的根本出发点和落脚点，尊重人民主体地位，发挥人民首创精神，保障人民各项权益，努力兴办人民群众希

① 《十六大以来重要文献选编》(上)，人民出版社2005年版，第850页。

② 《中共中央关于构建社会主义和谐社会若干重大问题的决定》，人民出版社2006年版，第6页。

③ 胡锦涛：《高举中国特色社会主义伟大旗帜为全面夺取建设小康社会新胜利而奋斗》，人民出版社2007年版，第15页。

望办的实事好事，使贯彻落实科学发展观的过程成为不断为民造福的过程，成为不断提高人民生活质量和水平的过程，成为不断提高人民思想道德素质、科学文化素质和健康素质的过程，成为不断保障人民经济、政治、文化、社会权益的过程，让发展成果惠及广大人民群众。”①

党和国家主要领导人关于以人为本的论述，党和国家重大会议通过的决议中有关以人为本的要求，是我们深刻全面理解以人为本的内涵的基本文献依据。我们要坚持马克思主义的基本立场，以新的文献作为依据，来理解和阐述以人为本的实质和内涵。

四、理解“以人为本”的基本理论视角

对问题的理解和把握有不同的层面。同一个概念和命题在不同的层面和视域中会有不一样的意蕴和意义。由此，要全面、正确把握作为科学发展观核心的以人为本的内涵和实质，就必须找准视角，掌握科学的方法。

《科学发展观学习读本》认为：“坚持以人为本，就要始终坚持人民在中国特色社会主义事业中的主体地位，尊重人民首创精神，发挥人民的积极性、主动性、创造性；就要坚持从人民的根本利益出发谋发展、促发展，不断满足人民日益增长的物质文化需要，不断实现好、维护好、发展好最广大人民的根本利益；就要坚持在全体人民根本利益一致的基础上，正确反映和兼顾不同地区、不同部门、不同方面群众的利益，妥善协调各方面的利益关系，走共同富裕道路；就要切实保障人民依法享有各项权益，维护社会公平正义，满足人们的发展愿望和多样性需求，关心人的价值、权益和自由，关注人们的生活质量、发展潜能和

① 胡锦涛：“努力把贯彻落实科学发展观提高到新水平”，《求是》，2009 年第 1 期，第 5 页。

幸福指数，体现社会主义的人道主义和人文关怀，促进人的全面发展。"①这一论述为我们深刻理解以人为本提供了基本的理论思路和实践向度。

（一）"以人为本"是个哲学命题

"以人为本"的科学发展观提出以后，理论界通过深入的研究讨论，一致认为，要准确把握和深刻理解以人为本的内涵和精神实质，必须以马克思主义科学方法论为指导，以马克思主义的经典文本和党的重要文献作为文本依据，以我国当前社会主义的伟大实践为基础。

温家宝明确指出："以人为本，体现了马克思主义的基本观点。"②因此，马克思主义是我们把握以人为本的首要的基本立场。然而，需要我们注意的是，马克思主义本身有不同的理论层面。从三大组成部分看，有哲学层面、政治经济学层面、科学社会主义层面；从学科上讲，除了有马克思主义哲学、马克思主义政治经济学之外，还有马克思主义人学、马克思主义伦理学、马克思主义政治学、美学、文学等；同时，在马克思等经典作家不同的理论著作中，都对人的问题进行过论述。那么，我们应该站在哪个层面来理解"以人为本"呢？

我们认为，应该从哲学理论的层次上来认识和把握以人为本，也就是说，应该把以人为本看作是一个哲学命题。

一切哲学都是世界观和方法论的统一。哲学是关于世界观的学问，是世界观的系统化和理论化。哲学是以整个世界为研究对象的，它所揭示的是世界总体的本质和发展规律，而且是世界最本质、最一般的规律。也就是说，哲学研究的规律适用于一切领域，为人类的一切活动提供指南。

胡锦涛2003年7月1日在"三个代表"重要思想理论研讨会上的讲话中指出："辩证唯物主义和历史唯物主义的世界观和方法论，是马

① 《科学发展观学习读本》，学习出版社2008年版，第27—28页。

② 《十六大以来重要文献选编》（上），中央文献出报社2005年版，第768页。

克思主义最根本的理论特征。”① 温家宝曾明确认为，科学发展观是“根据马克思主义辩证唯物主义和历史唯物主义的基本原理”而提出的。②我们十分清楚，在我国关于马克思主义哲学的理解中，辩证唯物主义和历史唯物主义同时铸成了马克思主义哲学这一“整块钢”。我们把辩证唯物主义和历史唯物主义叫做马克思主义哲学。既然以人为本的科学发展观是根据辩证唯物主义和历史唯物主义的基本原理提出的，那么，作为科学发展观实质和核心的以人为本，也是从马克思主义哲学的意义上来考虑和概说的，而不只是仅仅从社会政治、或政治学的意义上而言的。因此，以人为本，就是一个马克思主义的哲学命题。

以人为本，不仅仅是科学发展观的基本内容，而且是科学发展观的核心内容，在科学发展观这一理论体系中处于中心地位。那么，对以人为本的理解和把握，必然不能脱离科学发展观这个理论体系本身的理论层次。难道可以把科学发展观理解为只是一种像现代西方世界的经济学意义上的发展观吗？难道可以把它等同于弗朗索瓦·佩鲁的“新发展观”吗？显然不可以。

温家宝认为：“发展观是关于发展的本质、目的、内涵和要求的总体看法和根本观点。”科学发展观，“进一步明确了新世纪新阶段我国要发展、为什么发展和怎样发展的重大问题”。③ 习近平在中央党校 2008 年春季学期开学典礼上的讲话中认为：“科学发展观是指导发展的世界观和方法论的集中体现，创造性地回答了什么是发展、为什么发展、怎样发展、发展为了谁、发展依靠谁、发展的成果由谁享用等重大问题。科学发展观强调其核心是以人为本，就是强调和要求我国社会经济发展的出发点和落脚点必须是以人为本，必须坚持以人为本，推动社会全面进步和人的全面发展。”④ 党的十七大报告是对科学发展观进行明确阐述最具理论权威和政治权威的经典文献。报告明确指出：“科学发展观，是对党的三代中央领导集体关于发展的重要思想的继承和发展，是马克

① 《十六大以来重要文献选编》（上），中央文献出报社 2005 年版，第 362 页。
② 《十六大以来重要文献选编（上），中央文献出报社 2005 年版，第 758 页。
③ 《十六大以来重要文献选编》（上），中央文献出报社 2005 年版，第 756 页。
④ 《求是》，2008 年第 7 期。

思主义关于发展的世界观和方法论的集中体现，是同马克思列宁主义、毛泽东思想、邓小平理论和‘三个代表’重要思想既一脉相承又与时俱进的科学理论，是我国经济社会发展的重要指导方针，是发展中国特色社会主义必须坚持和贯彻的重大战略思想。”① 从关于发展的“总体看法和根本观点”、“关于发展的世界观和方法论的集中体现”等表述看，科学发展观可以被认为是“发展哲学”。以人为本，就是这个“发展哲学”的核心。而作为这个理论核心的“以人为本”，也必然可以成为一个哲学命题。

从最一般的意义上而言，人是我们这个世界的本体、源泉和根本。离开了人，便没有人类社会，就没有人类历史，这个世界就变得毫无意义。所以，人本身就是一个本体性的存在。存在主义思想家、特别是海德格尔对在、存在、人的存在的研究，对我们理解这一问题具有启发意义。因此，我们完全可以从哲学层面上讲，人就是人类世界的本原，以人为本是贯穿于人的世界的一个根本原则。正如我国有学者所指出的：“以人为本不应该被理解为某种凌驾于人的世界或外在于人的世界的超人主宰的对象意识，而应该理解为作为类存在物的人自我反思、自我觉醒所达到的自我意识。这种自我意识也就是人关于自己是自己作为人的人格主体的主体意识，是人关于自己独立人格的自觉理念。”②

（二）“以人为本”是个人道主义命题

人道主义作为一种理论，大致可分为三个阶段：第一阶段是 14—16 世纪文艺复兴运动时期的人道主义；第二阶段是 17—18 世纪启蒙时期的人道主义；第三阶段是 19—20 世纪的人道主义。马克思、恩格斯是伟大的人道主义者，马克思主义、科学社会主义是最伟大的人道主义思想。

什么是人道主义呢？至今还没有定论。《新大英百科全书》认为：

① 胡锦涛：《高举中国特色社会主义伟大旗帜为全面夺取建设小康社会新胜利而奋斗》，人民出版社 2007 年版，第 12—13 页。

② 夏甄陶：“论以人为本”，《杭州师范学院学报》，2003 年第 3 期。

人道主义是“一种把任何人的价值置于首位的概念”。德国《百科全书》认为：“人道主义一般指追求人道和合乎人的尊严的生存方式的一种努力。”苏联《百科全书》也认为：“人道主义的特征是捍卫个人尊严及其自由和全面发展，捍卫人道的社会关系。”彼特罗相认为：“人道主义是一种这样的学说，它研究作为最高价值的人，研究全体社会成员因而每个人获得充分的物质福利、自由、社会平等和全面发展的途径。”沙夫认为：“所谓人道主义，我们主要指的是以人作为思考对象的体系，这个体系认为人是最可贵的财产，它力图保证人在实践中享有幸福的最美满的条件。”我国学者也认为：“人道主义本质上是一种价值观念，它的基本原则是‘人的价值是第一位的’。”①

尽管对人道主义的定义因人而异、因不同的理论而异，但人道主义作为一个思想体系，其根本观点是：人本身是最高的价值，人的价值是第一位的。费尔巴哈认为：“如果人的本质就是人所以认为的最高本质，那么，在实践上，最高的和首要的原则，也必须是人对人的爱。”② 所以，人们将“把人当作人来对待”、“人本身是最高价值”等，作为人道主义的基本特征。正如有学者所说：“用一句话来简单地说，人道主义就是主张把人当作人来看待。人本身就是最高目的，人的价值也在于他本身。”“一般来说，人道主义总是努力恢复人的本质：它所关注的是把人作为人。”③

人道主义不仅是把人作为最高价值、把人当人看待的思想体系，而且是促进人的发展、实现人的自我、使人成其为人的思想体系。萨特对此讲得很明白，他说，“人道主义一辞，有两种大不相同的意义。一是用以指把人视为目的或高级价值的学说……人道主义还有另一种意义。它的基本意思是如此：人经常超越自己”。④ 培里也认为：“人道主义是那样一些抱负、活动和成就的名称，自然人由于他们而加上了超自然的

① 参见和转引自王海明：《伦理学原理》，北京大学出版社 2005 年版，第 250—251 页。

② 《费尔巴哈哲学著作选集》（下册），商务印书馆 1984 年版，第 315 页；转引自王海明：《新伦理学》（中册），商务印书馆 2008 年版，第 964 页。

③ 转引自王海明：《伦理学原理》，北京大学出版社 2005 年版，第 252 页。

④ 转引自王海明：《伦理学原理》，北京大学出版社 2005 年版，第 256 页。

东西。人道主义的范围既不是自然人，也不是超自然的替代物。精确地说，它是由自然人和他的超越的可能性所构成的一种二重性。自然人的命运就是发展他的种种可能性。”① 可见，人道主义也是把人本身的发展、自我实现作为最高价值的思想体系。

从马克思主义对人的认识，尤其是科学发展观对以人为本的阐释中我们可以看到，以人为本与人道主义的基本思想和特征是吻合的，以人为本包含了人道主义的基本精神，并结合我国的具体实践赋予了新的时代内涵。把人作为一切工作的出发点和归宿，尊重人的主体地位，关心人的价值、权益和自由，保障人的各项权益、促进人的自由全面发展等等，就是人道主义；在实践中，视人的生命高于一切，为人民群众办实事、解难事，实施人才强国战略，改革教育文化体制，大力推行医疗卫生体制改革等，都是人道精神的体现。因此，以人为本，不仅体现了人道主义的基本精神，是人道主义的命题，而且体现了人文关怀，是人道主义的新实践。

五、“以人为本”的内涵和实质

中共中央宣传部编发的《科学发展观学习读本》认为：“以人为本，就是以最广大人民群众的根本利益为本”。“以人为本的‘人’，是指人民群众。在当代中国，就是以工人、农民、知识分子等劳动者为主体，包括社会各阶层人民在内的中国最广大人民。以人为本的‘本’，就是本源，就是根本，就是出发点、落脚点，就是最广大人民的根本利益。”②

① 罗国杰主编：《人道主义思想论库》，华夏出版社 1993 年版，第 509 页。

② 《科学发展观学习读本》，学习出版社 2008 年版，第 26 页。

(一) 一般意义上的理解

以人为本作为一个哲学问题，就必须从最普遍的意义上来理解其内涵和实质。“人”和“本”是“以人为本”的两个基本概念，对以人为本的理解首先必须要在一般意义上把握“人”和“本”。

我们在这里重点不是要讨论“人”和“本”的含义，也就是说，不是讨论人是什么、人的本质是什么、人性是什么，及什么是本原、什么是本体、什么是根本等问题，而是讨论“以人为本”的“人”是相对于什么而言的，以人为本的“本”是从什么角度来要求的，即主要讨论“以人为本”中的作为“本”的人是针对什么而言的。

在最普遍的意义上，构成这个世界的无非就是人与物，与人相对的只有“物”。如果这个世界只有人，而没有人之外的任何东西，以人为本就是一个毫无意义的命题；如果在人和物的对立中，人从来就是作为“本”而存在，提出以人为本也同样没有任何意义。

人与物及其关系，既对立又统一。以人为本，根本在于确立人在物质世界中的地位，肯定人对于物而言所具有的高贵价值和能动作用，从根本上解决千百年来形成的人与物之间愈来愈难以弥合的对立关系，进而实现人与自然的和谐共处、人与物之间的统一和共同发展。简而言之，以人为本，就是一个从根本上解决人与世界矛盾关系的普遍命题。

人之外的物，可分为两类，一类是自然物，即所谓自在世界，另一类是人造物，即人通过实践活动对自然物施加影响，改变其存在的形态，使其朝着人的需要方向发生变化。人造物也可以分为两类，一类是以客观物质形态存在的“物”，一类是以主观形式而存在的“物”，这种划分类似于波普尔的“第二世界”和“第三世界”。

在中国思想史上，“人”一方面相对于“天、地”，如老子讲天大、地大，人亦大，把人和天地对等起来；董仲舒认为“天地之性人为贵”，在很大程度上肯定了人的地位和价值；另一方面相对于“禽兽”、“物体”而言，孟子认为，没有仁义之心的人，禽兽也。在传统中国社会中，人尽管有等级，除非失去道德心，人总是要高于禽兽的；相对天地，总体上讲，天地在先，人要依于天地；相对于权力，人总是依附权力的，古代中国长期的封建专制政治，形成了“官本位”的政治构架和政治文化，所谓草菅人命、“苛政猛于虎”、“权大一级压死人”，讲的就是这层意思。在西方，人主要是相对于“物”和“神”而言的。古希腊哲学家普罗泰戈拉认为“人是万物的尺度”，中世纪宗教神学则把人看作是上帝的奴婢或婢女，文艺复兴和近代思想家们，把人从神的奴役中解放出来，但他们把人看作同物、动物相等同的东西，甚至认为人是机器；康德则认为人高于物，人为自然立法，人本身就是目的；现代人类中心主义认为，人是宇宙万事万物的中心，人类所进行的一切活动只应该为了人类自身的目的；而非人类中心主义学派和生态中心论者则认为，动物甚至植物乃至一切生物都具有生命，都具有目的价值，都拥有自身的利益，因此，一切生命甚至整个生态系统都需要得到关怀，都要维护其利益。概而言之，在人与物及其关系的认识上，从价值论的意义看，大致可归为以下几类认识：一是人高于物，二是人等于物，三是人不如物。与此相联系，便形成不同的对待人和物的思想方法和实践原则：人高于物，则以人为本；人等同于物，则要么以人和物为本，要么人与物都不为本；物高于人，则以“物”为本。

人在世界上不仅要处理人与物之间的关系，而且还要处理人与人之间的关系。在人与人之间，存在个人和他人、个人和群体、群体和群体、个人和类、群体和类等诸多关系。如果以人为本，必然存在以“什么人”为本的问题。这个问题我们将在第二章单独讨论。这里我们只从最普遍的意义上，把人看作是与物相对立的存在，人是一般意义上的人，作为存在物的人。以人为本，在这里不是以某个、某类具体的人为本，也不是以作为某阶级而存在的人为本，而是以作为“人”的人为本，即以作为类的人为本。

“本”在哲学上可以有两种理解，一种是“本体”之本、世界的“本原”之本，一种是事物的“根本”之本，与“末”相对。从本体论上讲，物质第一性，世界的本原是物质，世界统一于物质。人是物质世界长期发展的产物。从发生论上看，物在先，人在后。所以，以人为本的本，在终极的意义上，不是“本原”的本。以人为本，不是要回答什么是世界的本原，人、神、物之间，谁产生谁，谁是第一性、谁是第二性的问题。但是，我们知道，物质的本原意义，物质第一性，物在人先，是在很有限的范围内才有意义的。以人为本，不能作为本原之本，不是哲学本体论概念，而是在一定范围内而言的，超出了关于世界谁是第一性的这个范围，就会变得无效。为此，在人的世界、人类社会这个范围内，我们则必须要回答、也必须回答什么是社会的本原，在人类历史上，在社会生活中，在社会实践中，什么是构成社会的基本单元，什么是社会的根源和本质，什么是第一位的等问题。

我们知道，人和人类社会的产生是同一个过程，人的发展和人类社会的发展也是同一过程，人是什么样的，社会就是什么样的。人是社会构成的最基本单元，没有人就没有人类社会，就没有人类历史。全部社会生活的本质是实践的。人是社会生活的创造者，社会是人的创造之物。可见，就人类世界、人类社会而言，人就是基本单元、就是本原；人是实践的主体，也是社会的主体；人是现实的主体，也是历史的主体。因此，人在社会历史中，就是一个本体论的概念。以人为本的本，在社会生活中，在历史哲学中，就具有本体论意义，是一个哲学本体论命题。

唯物史观被誉为马克思的两个重大发现之一。有学者甚至认为，马克思主义哲学主要是历史唯物主义。恩格斯把唯物史观定义为“现实的人及其历史发展的科学”。这充分说明社会归根结蒂是人的社会，历史归根到底是现实人的历史。社会是人的实践活动的产物，历史是人的活动的历史。理论界从实践本体的角度来看待马克思主义哲学与其它哲学的本质区别，在归根结底的意义上，就是从人的实践本体来看待历史。在人类社会中，毫无疑义，人是第一位的，历史存在的第一个前提就是现实的有生命的个人。不承认这一点，我们很难改变那种脱离人看社会，或者把社会看作是独立于人之外的存在，把历史看作没有人的历史的、“见物不见人”的“唯物主义”的社会历史观。

可见，以人为本之“本”，在一定范围内，是个本体论的概念，是本原之本。但是，以人为本之“本”，又是且主要是个哲学价值论的概念，是根本之本。所以，以人为本主要是个哲学价值论命题。以人为本，最主要的是必须回答在我们生活的这个属人世界，什么最重要、什么最根本、什么最值得关注，在人类发展的进程中，应该首先发展什么、发展的最终目的是什么、什么样的发展具有最高价值等问题。

人的价值主要生成和体现在三个方面：人与物的价值关系、人与人的价值关系以及人与自我的价值关系。

第一，人与物的价值关系。在人与物的价值关系中，由于人和物之间的主、客体地位是确定的，因此，人永远是价值主体，物始终是价值客体。以人为本是对人的价值主体地位的集中体现和充分肯定。以人为本，就是与神、与物、与权力等人之外的“他者”相比，人更重要、更根本，不能本末倒置，不能舍本求末；就是把人作为根本、作为主体、作为出发点、作为目的，作为最终归宿；就是把人的发展、而不是把物的增长作为社会发展的内在动力，作为检验社会发展的根本标准。

第二，人与人的价值关系。人是一种社会性的存在。在人确定人与物的价值关系中，人与人之间也要形成价值关系。由于人与人之间的社会关系十分复杂，人和人的价值关系也很复杂。简单地讲，人与人的价值关系可划分为三种：个人与个人之间的价值关系，个人与群体之间的价值关系，群体与群体之间的价值关系。在复杂的价值关系网络中，价值主体与价值客体总是汇集在同一个人或同一个群体身上。任何现实的个人和群体，都是社会价值关系网络中的一个纽结。正因为如此，在人与人的价值关系中，人的价值具有二重性，人是价值客体和价值主体的统一。一方面，人作为他人的价值客体而存在，以自身及其实践活动来满足他人的需要，实现他人的利益；另一方面，人也是作为价值主体而存在的，人具有满足自身需要的特性，要以他人及其劳动成果作为客体满足自身需要和实现自身利益。这种二重性是人的价值最显著的特点。这一特点是与人具有能动的创造性的劳动——自由自觉的活动的本质联系在一起的，或者说是由人的特有本质决定的。正是这一本质决定了人不仅是价值的享受者，而且是价值的创造者，并使人具有创造价值的价值。具有能够创造价值的价值是人的最宝贵之处。从这个意义上看，以人为本，不仅在于要确立人作为价值的创造者和享受者的地位，使人具有创造价值的价值；而且在于要极大地促使人成为价值的创造者，极大地保护和实现人作为价值创造者的价值。

第三，人与自我的价值关系。人不仅可以在社会中形成主客体统一关系，而且能够与自身建立主客体同一关系。人的这种自我价值关系是以自身的活动去满足、实现自身的需要为特点的。人的自我价值的实现包括两个方面的内容和方式，其一，自我的直接满足，即自己对自己的肯定——自我肯定。人作为存在，就必须要有人的尊严。人作为人自身，要自尊、自信、自立、自强、自励等，没有这一切，就无所谓人的存在，人的价值也是实现不了的。其二，自我的间接满足，即在社会对个人的肯定关系中使人反观自身，进而实现自我肯定。由于人的自我价值关系内在地渗透着人与人的价值关系，自我价值的实现是不能脱离社会的，而且在很大程度上要取决于社会关系和社会条件。可见，人的自我价值及其实现过程，不仅取决于人自身，而且取决于人与人的社会关系和价值关系，取决于人所存在的社会环境。因此，以人为本，就是要求社会和国家应该提供保障人的尊严、满足个人需要的物质的精神的客观条件和手段。没有这一切，人的尊严，人的价值、人的存在，同样是不真实的，也是不能实现的。①

从根源上讲，现代社会，作为发展观、历史观的以人为本主要是针对以“物”为本而提出的。科学发展观提出以人为本，也主要是针对我国经济社会发展进程中片面追求物质因素的发展，发展过分依靠投资、能源消耗等物质力量非科学发展的，是针对那种发展不是为了增进人民群众的利益而是为了实现“数字”增高增大的片面的政绩观等等而提出来的。那么，这是否意味着物与人、“物本”和“人本”是绝对对立的呢？

在哲学史上，人本主义用“人本”反对“君本”和“神本”，主张推翻以宗教神学为基础的封建统治，使人们的精神得到解放。康德提出人为自然立法、人是目的等观点，高扬人的主体性。费尔巴哈曾提出“人的绝对本质、上帝，其实就是他自己的本质”，人和自然是“哲学唯一的、普遍的、最高的对象”，人是思维和存在“统一的基础和主体”。人本主义反对宗教神学、黑格尔的精神本体论，反对机械论“见物不见人”的片面性。但是，费尔巴哈在社会历史领域，拒斥“物本”，把“物本”和“人本”绝对对立起来，结果在对社会和人的本质的认识上走向了“见人不见物”的极端。正如马克思所指出的那样：“当费尔巴哈是一个唯物主义者的时候，历史在他的视野之外；当他去探讨历史的

① 参见刘本炬：《论实践社会主义》，中国社会科学出版社 2005 年版。

时候，他决不是一个唯物主义者。在他那里，唯物主义和历史是彼此完全脱离的。”①

从本体论上讲，人是自然界长期发展的产物，是永恒运动着的特殊的物质形态，是地球上生命物质的最高形式。人是物质世界的一部分，而不是全部。人类赖以生存和发展的地理环境、物质生活条件，是不以人的意志为转移的客观存在，它们与人一起共同构成社会存在。人的存在和发展，一刻也离不开物质生活本身，而且人的全部思想和行动都要受到人所处的客观环境和社会历史条件的制约。为此，人们首先必须坚持世界的物质性，承认自然界的优先地位。从世界的物质统一性原理出发，坚持物质第一性，从实际出发，尊重客观规律，求真务实把一切思想、路线、方针、政策和行动建立在对客观事物的真实把握上，满足和实现人的现实需要和利益。在这方面，物本和人本是统一的。在这个物质世界中，人只不过是其中的“一物”罢了。没有了他物，人的存在便失去了基本的条件和根据，人也就不复存在了。因此，人必然依赖于他物才能存在和发展。人的这种依赖性决定了人必然需要尊重他物的存在和发展。人要维持自身的存在和发展，必须与人之外的物打交道。人在与他物的交流中，不仅要满足自身的需要，提高人的本质力量，发展人自身，而且要维护他物的利益，推动他物的发展，使世界变得更加丰富多彩。人与他物之间的互动关系是统一的。因此，在这一点上，人本和物本也是一致的。

但是，人毕竟是这个世界上唯一具有意识、思维和能动性的“物”，人的主体性决定了人与世界、人与他物之间的关系不仅具有一致性，而且具有对立性。人的存在和发展与他物的存在和发展之间的矛盾和对立应如何解决呢？

人是社会的主体，是历史创造者，是社会生产和社会生活中唯一能动的因素。物质世界是作为人的客体而存在的，是人认识和改造的对象，是满足人的需要、实现人的目的的对象。物质世界的客观性和人的能动性、规律的稳定性和人的活动的自由追求、环境的制约性和人的自主性、资源的有限性和人的需要的无限性等，构成了人与世界的矛盾。

① 《马克思恩格斯选集》第1卷，人民出版社1995年版，第68页。

正如列宁所说：“世界不能满足人，人决心改变世界以满足人的需要。”物与人之间的对立，必然促使人们思考如何解决这一问题。当物的存在和人的存在发生冲突时，人应该采取何种态度才是合适的？当物的发展与人的发展存在冲突时，人应该采取何种行动才是合理的呢？

由于在人类社会中，人的地位和价值无疑要远远大于物，人自身的生存和发展要高于物的发展，因此，在物的利益和人的利益发生冲突且不能两全时，必须把人放在第一位，舍弃物而为人，必须把人作为发展的指导思想和人们行动的根本原则，即必须把人作为一切工作的出发点和落脚点，把人和人的发展作为评价社会进步和一切工作的归宿、目的和标准，其实质就是实现好、维护好和发展好人的根本利益，也就是以人为本，而不是以物为本。当然，人与物，既对立又统一。科学发展观的以人为本并不是要否定“物”在人类社会的地位，更不是要否定社会物质生活对人的基础地位和物质生活资料生产的决定性作用，而是要求“见物又见人”、“见人又见物”。

概而言之，以人为本就是坚持马克思主义的世界观，既承认物质第一性，社会存在第一性，自然界的优先地位和物质生产方式的决定性作用，又把人看作是人类社会的本原、人类社会最初和最终的实体和社会最直接的创造者；就是既把人看作属人世界的根本和最高的价值实体，又把人看作是社会存在的主体、人类社会进步的内在动力；就是既把人的存在和发展看作是社会活动的中心，又把人的自由全面发展看作是社会发展的最终目的。

（二）发展观意义上的理解

以人为本作为科学发展观的核心，把握和理解其内涵和实质，必须在科学发展观的视域中进行，就是从发展观的意义上来理解以人为本。

在科学发展观中，以人为本就是始终把实现好、维护好、发展好最广大人民的根本利益作为党和国家一切工作的出发点和落脚点，尊重人民主体地位，发挥人民首创精神，保障人民各项权益，走向共同富裕道路，促进人的全面发展，做到发展为了人民、发展依靠人民、发展成果由人民共享。要把人作为社会的最高价值，以实现人的全面发展为目标。在发展观的意义上，以人为本，就是把人看作是发展的主体、发展的动力、发展的目标、发展的标准；发展，最高本的是人的发展、尤其是人的自由而全面的发展；人的自由全面发展是检验一切发展工作、发展实践的最根本的标准。

1. 人是发展的主体

人是社会存在的主体，也是发展的主体。马克思认为：“全部社会生活在本质上是实践的。”① 社会是人的活动及其成果的生成。社会的存在和发展依赖于人的存在和发展。现实的、具体的人是社会存在和发展的第一前提。马克思、恩格斯在《神圣家族》中指出：“人是全部人类活动和全部人类关系的本质、基础。”② 整个世界历史不过是人通过人的劳动而诞生的过程。“历史什么事情也没有做，它‘并不拥有任何无穷无尽的丰富性’，它‘并没有在任何战斗中作战’！创造这一切、拥有这一切并为这一切而斗争的，不是‘历史’，而正是人，现实的、活生生的人。‘历史’并不是把人当作达到自己目的的工具来利用的某种特殊的人格。历史不过是追求着自己目的的人的活动而已。”③ 正因如此，“全部人类历史的第一个前提无疑是有生命的个人的存在”，“任何历史记载都应当从这些自然基础以及它们在历史进程中由于人们活动而发生的变更出发”。④

人不仅是社会最基本最重要的构成者，而且是社会的直接创造者。人的存在状态决定社会的状态，人的发展程度决定社会发展的状况。社会的发展依赖于人的发展，社会进步是人自身进步发展的体现，整个社会发展史其实就是人自身发展的过程。人的世界实质上就是人的本质力量的对象化，社会财富以及社会本身其实就是人的主体力量的创造性成果。离开人的发展就谈不上社会的发展，社会的发展最终是为了人的发展。人既是历史的“剧中人”，又是“剧作者”。社会，是人的创造物；历史，是人的活动过程。一切社会关系和社会组织都是根据人的需要而

① 《马克思恩格斯选集》第1卷，人民出版社1995年版，第60页。
② 《马克思恩格斯全集》第2卷，人民出版社1957年版，第118页。
③ 《马克思恩格斯全集》第2卷，人民出版社1957年版，第118—119页。
④ 《马克思恩格斯选集）第1卷，人民出版社1995年版，第67页。

建立起来的，人本身就是一切社会关系和社会组织的承载者，社会是处于社会关系之中的人本身，是放大了的人，而人又在社会关系中获得自己的规定性，以社会关系的总和作为人的本质。实践作为人的存在方式，使人在不断实践中创造、发展和成就自身，并不断改造自然和社会。人作为自然存在物，必须要与自然进行物质、能量和信息交换，而人在这种交换中，不仅改变自然，确立人与自然之间的主客体关系，同时也改变人自身、建立和扩大人与人之间的关系。人作为社会存在物，必须在任何人之间建立技术的、经济的、政治的、文化的交往关系，并将这种交往关系制度化、规范化，形成生产的，经济的、政治的、文化的制度和意识形态，构成有结构、有层次的社会有机系统。如此说来人的发展状态决定着社会的发展形态。社会的发展其实就是人的发展；社会发展规律实质上就是人的活动规律。若离开人与人的活动，就无所谓社会及其发展，无所谓社会历史的发展趋势和发展规律。所以，中国特色社会主义建设是全体中国人的事业，必须尊重人的主体地位，发挥人的首创精神，珍惜人的创造成果，肯定人的创造价值，保障人们公平享有创造财富的各项权益。

2. 人是发展的内在动力

人是社会发展的内在动力。生产力是社会发展的最终决定力量。而人是世界上最宝贵的资源，是生产力最活跃最革命的因素，是创造社会财富的物质生产过程中唯一能动的因素。社会生产活动，如果没有人的参与，没有人与自然进行物质、能量和信息的交换，自然力不可能自动地转变为现实的社会生产力，自然界的物质运动也不可能成为服务人的力量。没有人的活动，就没有现实的社会生产，就没有社会赖以存在的物质条件，也就更谈不上社会的运动和发展了。人的天赋、创造性和主体能力的充分发展是社会财富中最本质的东西，社会生产力的水平最终取决于人的发展程度。从这个角度看，人是社会发展的最终的决定因素和最根本的能动力量。因此，发展必须依靠人，依靠人自身的发展。

社会发展的动力来源于人的需要，人的需要是推动社会进步的内在驱动力。人的需要是人的本性，是人的自然本性和社会本性的统一。人的需要首先是人的自然本性。自然本性、生存需要是人的发展的动力，也是社会发展的动力。人作为自然存在物，同地球上的其他生命体一样，具有保全生命存在和种族繁衍所具有的必需的普遍的自然本性。人要生存，首先要解决吃喝穿住等问题。由于生存需要的推动，人不得不从事物质生产活动，从自然界获取自身需要的满足。但是，人的自然本性不是抽象的纯粹的，而是社会化了的自然本性。马克思说过：“吃、喝、生殖等等，固然也是真正的人的机能。但是，如果加以抽象，使这些机能脱离人的其他活动领域并成为最后的和唯一的终极目的，那它们就是动物的机能。”① 人首先是自然存在物，但人在本质上是社会存在物。人的本质在其现实性上，是一切社会关系的总和。作为社会存在物，人有参与社会经济、政治、文化等社会生活的需要。人的社会需要或人的需要的社会本性，是发展性的需要，是生存需要的升华。人的自由全面发展的需要是人的社会本性的重要组成部分，是人的最高的、最终极的需要。

马克思、恩格斯认为，人的需要是人们“创造历史”的第一个前提，是“生产物质生活”的内在动力。人有了需要，就会产生行动，有了活动，就有了人的发展，也就有了人类社会的发展。社会的一切活动，都是由人的需要发动和促进的。没有人的需要，就没有人的活动，也就没有社会的进步和人自身的发展。

人的需要是一个等级式的系统整体，是一个丰富的、发展上升的系统。对于人的需要，有人将其分为物质需要和精神需要；有人将其分为生存需要、发展需要和自我实现的需要。美国人本主义心理学家马斯洛按照由低级到高级的顺序，将人的需要依次分为生理需要、安全需要、爱的需要、尊重的需要以及自我实现的需要。为了满足人的生存需要，就必须发展科学技术，促进生产力和经济的发展，保证人的基本生存需要的满足，使人们能够过一种体面的生活；随着科学技术、生产力和劳动生产率的提高，人逐步扬弃劳动时间和自由时间的对立，使生产不仅能满足人的生存需要，而且为满足人的更高层级的需要，为人的全面发展，奠定坚实的物质基础。为了满足人的安全需要、爱的需要和尊重的需要，就必须改革、调整、完善、优化人的各种社会关系，创造公正、平等、民主、有序、和谐的社会环境，提高社会成员的参与意识，增强

---

① 《马克思恩格斯全集》第 3 卷，人民出版社 2002 年第 2 版，第 271 页。

其尊严感、归属感和成就感。而人的自我实现是人的潜能的充分发挥，集中体现了超越给定性和有限性的能动创造本质，它的实现既以社会的高度发展为前提，同时也是社会发展的强大动力。人的不断变化和丰富的需要持续不断地驱动着人自身积极拓展活动的领域、扩大生活的空间，创造更加丰富多彩的缤纷世界，以满足人不断增长和扩大的需要，实现人的幸福和价值。社会、世界，在人的需要—活动—需要的满足—新的需要—新的活动的反复循环中，逐步由低级向高低发展、由落后向发达提升。人也正是在这样的链条中不断推动自身和社会共同发展的。

3. 人是发展的目的

人和物是社会的基本要素。社会发展包括人的发展和物的发展。“根据唯物主义观点，历史中的决定性因素，归根结底是直接生活的生产和再生产。但是，生产本身又有两种：一方面是生活资料即食物、衣服、住房以及为此所必需的工具的生产；另一方面是人自身的生产和蕃衍。”① 在人和物的发展中，由于人自身也是一种物，自然存在物，人的存在必须依赖物——物质生活资料。没有物质生活资料，人是无法生存下去的。因此，马克思、恩格斯认为，“人们为了能够‘创造历史’，必须能够生活。但是为了生活，首先就需要吃喝住穿以及其他一些东西，因此第一个历史活动就是生产满足这些需要的资料，既生产物质生活本身”。“第二个事实是，已经得到满足的第一个需要本身、满足需要的活动和已经获得的为满足需要而用的工具又引起新的需要，而这种新的需要的产生是第一个历史活动。”“因此任何历史观的第一件事情就是必须注意上述基本事实的全部意义和全部范围，并给予应有的重视。”② 历史唯物主义认为，物质资料的生产方式、物质生活资料的生产是社会发展的决定性力量，生产力的发展是社会发展的最终决定力量。因此，无产阶级一旦获得政权，首先必须增加生产总量。

由于无产阶级的国家政权、无产阶级政党领导的社会主义国家都是建立在物质生产不发达、甚至比较落后的基础上，发展生产、增加物质生活资料的总量的任务十分艰巨。人们日益增长的物质文化生活需要与

① 《马克思恩格斯选集》第 4 卷，人民出版社 1995 年版，第 2 页。

② 《马克思恩格斯选集》第 1 卷，人民出版社 1995 年版，第 79 页。

落后的社会生产之间的矛盾是社会主义国家的主要矛盾，所以，必须大力发展生产力，加快经济建设的步伐，增加社会财富的总量。然而，几乎所有的新生的社会主义国家都对马克思主义的历史观作了片面的理解。在重视物的生产的同时，一方面忽视了人自身的生产和再生产，另一方面忽视了社会生产的根本目的。世界社会主义发展史表明，无论是在发展的低潮期，还是在高潮期，都没有把提高人民的物质文化生活作为党和国家生活的最重要的内容和任务。在发展的困难时期，重积累、轻消费，甚至把人的享受、发展需要看作是不正当的需要，看作是资产阶级的生活作风而进行批评和打击。在经济快速发展的阶段，依然是人们生活水平增长的速度大大低于经济增长的速度，有的甚至为了物的增长、为了经济的增长而牺牲人的根本利益，为追求经济增长而以牺牲人们栖居的环境为代价，或者把经济增长率的提高建立在牺牲人的健康的基础之上，通俗地讲就是“要钱不要命”；再者，就是发展的成果只由部分人集中享有，而大部分人没有分到做大的“蛋糕”，社会分配不公，贫富差距拉大；有时甚至是社会财富的创造者没有成为社会财富的享有者。诸如此类，归结起来，就是实行一种见物不见人的“非科学”发展。

在我国，改革开放以来，我们在比较长的时期把发展的标准简单化，认为生产力标准是唯一标准，并且把生产力标准简单化，把生产力标准等同于社会财富的增长，等同于经济总量的增加；过于注重生产力中的物的因素及其增长，而忽视人的因素及其发展，经济增长成了社会发展的终极目的。在这种观点的作用下，GDP成为了人们膜拜和追逐的对象，为了实现经济的增长人们想方设法、不顾一切。为了扩大GDP，人们不顾生态环境的承受力；为了GDP指数的提高，人们以牺牲社会公平正义为代价，……为了GDP，人们把自己遗忘了，把提高生活质量的要求抛弃了，把人自己的发展给忘记了。GDP成了一切，在GDP面前，人变得如此的渺小和无奈。

科学发展观就是对一切非科学发展观的否定和扬弃。在科学发展观看来，物的发展和人的发展同是构成社会发展的决定性因素。在社会发展过程中，物的发展和人的发展必须保持协调一致。物的发展是人的发展的基础，人的发展是物的发展的动力和目的。因此，中国特色社会主义建设，必须实现人和物的统一。不仅发展要依靠人，而且必须坚持发展是为了人。人民是中国社会主义的建设者，是发展中国特色社会主义的生力军，更是中国特色社会主义发展成果的享有者。国家和社会必须保障人民的各项权益，走共同富裕道路，做到发展为了人民，发展成果由人民共享。

4. 人的自由全面发展是发展的最终目的

马克思主义从现实的人出发，以自由全面发展的人为归宿，把促进人的自由而全面发展作为创造未来共产主义社会的本质要求，把人的自由和全面发展作为社会发展的最终目标。马克思、恩格斯在《共产党宣言》中宣称，共产党人的最终目标是建立“每个人的自由发展”的“联合体”。马克思又强调说：“未来社会是以每个人全面而自由的发展为基本原则的社会形式。”① 恩格斯认为，共产主义者的目的，就是把社会变成一个使每一个社会成员都能完全自由地发展和发挥他们全部才能和力量的有机体。按照马克思、恩格斯的设想，共产主义社会是在高度发达的生产力基础上建立起来的，消灭了片面化和固定化的旧式分工，消灭了人剥削人和人压迫人的现象，形成丰富的、全面的社会关系的高级社会形态，是人类社会发展的最高阶段。在这个社会中人们享有发展自己全面能力和提高自己全面素质的物质、文化条件和社会条件，人们将在丰富、全面的社会关系中获得自由、全面的发展，从而真正实现人自由和全面的发展。共产主义社会是真正实现人的自由和全面发展的社会形态。实现人的自由而全面的发展是共产主义者的奋斗目标。

社会的发展历史是人的本质力量发展的历史，是人类改造客观世界和主观世界的主体能力以及人的主体素质的提升过程。马克思认为，再生产的行为本身，不但改变着客观条件，而且也改变着生产者自身——“炼出新的品质，通过生产而发展和改造着自身，造成新的力量和新的观念，造成新的交往方式，新的需要和新的语言”。②

人的发展促进社会的发展，社会的发展最终是为了人的发展。人是

---

① 《马克思恩格斯全集》第23卷，人民出版社1972年版，第95页、第649页。

② 《马克思恩格斯全集》第46卷（上），人民出版社1979年版，第494页。

经济社会发展的价值主体和目的。社会系统的建构、发展与人的生存发展具有深刻的内在一致性。人类的实践活动，是主体客体化和客体主体化相统一的过程。一方面，人根据自身的需要、本性等内在尺度和任何物种的尺度，影响、改变自然和社会的运动方式和存在形式，使其有利于人的生存与发展；另一方面，人在改造客体时，也不断改变自身，提升自身和发展自身，不断改变自身的生理与心理结构，提升自身的主体能力，优化自己的思维方式、行为方式和活动过程。人化的自然以及人通过交往活动而形成的社会，都是人按照客观事物的本性和人的内在本性建构起来的属人世界。人自身的全面发展是目的，人与自然的关系以及人与人的关系只是人为实现自身发展的中介和手段。社会是人们交互作用的产物，人也是社会的产物，社会性是人的本质属性。正如马克思所言：“人的实质也就是人的真正的共同体”，“人永远是这一切社会组织的本质”。①

人是发展的目的，人的自由而全面的发展是目的之目的。人的多层次需要的满足，人的各种潜能的发挥，人的整体素质的提高，人的自由全面发展，是发展的最高价值取向。经济社会发展是人的发展的手段，而人的发展则是经济社会发展的目的。现代化理论与实践所经历的由经济到社会、再到人自身的转变，发展的价值追求所经历的经济增长、社会变革以及人的需要的整体满足和全面发展的变化，历史地证明了满足人的自我实现的需要、谋求人的自由而全面的发展这一最高价值取向的必然性。

5. 人的自由全面发展是一切发展的最终检验标准

社会是在人的生产实践基础上衍生出来的有机体。社会有机体是一个囊括全部社会生活及其社会关系的总体性范畴。人类社会是以生产方式为基础的各种因素相互制约、相互联系的整体。物质生产、精神生产和人自身的生产的统一，构成社会的更新和发展。社会是全面的，是经济、政治、道德、文化和人自身的统一体；社会发展也是全面的，也是经济、政治、文化、人自身的全面发展。因此，衡量社会进步的标准就

① 《马克思恩格斯全集》第 1 卷，人民出版社 1956 年版，第 487 页、第 293 页。

不可能是单一的，而应该是综合的。既有经济的、政治的，也有文化的和人自身的标准。马克思主义认为，在衡量社会发展的多维标准中，生产力的发展是最根本的客观标准；人的全面而自由发展，是最高的、最终的标准。生产力标准和人的发展标准是统一的。

人是社会发展的本质和主体。人的自由全面发展不仅是社会发展的内在动力，而且是社会发展的最高标准，是检验经济社会发展的最高价值尺度。人是社会的目的，社会的一切都是为了人，为了人的自由全面发展。人的自由全面发展作为社会发展的最高目的，一方面是社会发展的价值导向，另一方面是检验社会活动的最终尺度。如果社会的运动是朝着推动人的全面自由发展这个目的进行的，那么，就说明社会的发展轨迹是正确的，构成社会运动的人的活动是符合社会发展规律的，也符合人的需要和目的。任何既合规律性又合目的性的社会实践活动是符合人的发展规律、有利于促进人的自由全面发展的。反过来说，任何有利于人的自由全面发展的活动，也是符合社会、自然发展客观规律的活动，是合规律性与合目的性相统一的活动。

人是由多种属性和活动构成的完整的、总体性的社会存在物，具有多重属性、多种需要和多重价值。人既是自然的、生物的和感性的存在物，也是经济的、政治的和社会的存在物，同时还是思维的、意志的、情感的、文化的存在物。人的本性、价值的实现是多方面的，人的需要的满足也是多方面的。人是自然属性、社会属性和精神属性的统一。人作为自然存在物，具有生物性的本能和需要，社会要保障人们基本生活的满足。人作为社会存在物，是一切社会关系的创造者和承担者，社会要保障人的社会性的实现。由于人在创造社会关系的同时，就处于一定的社会关系之中并受其影响和制约，人的思维、语言、能动创造、自我意识、意志情感等多方面的能力和属性都在多样的社会关系中生成和发展，从而使人的一切具有社会性。这样，一个人是什么样的，具有什么样的本质、品格等等，都取决于人的社会关系。正如马克思所说，人的本质不是人的胡子、血液、抽象的肉体的本性，而是人的真正的社会联系；不是一种内在的、无声的、把许多个人纯粹自然地联系起来的共同性，而是人的社会特质。因此，离开人的社会关系就没有人的存在，就没有现实的、具体的人。人作为文化存在物，具有精神、意志、情感等多方面的内容和特性。人的精神需求是人区别于其他生物的重要标志。人的精神需要比物质需要更复杂，弹性更大，要求更高。正是因为人的本质是一切社会关系的总和，人的社会性是人的最根本的属性，于是，人的自然需求和精神需要的满足、人的本质力量的发挥、人的价值的实现，都是在一定的社会关系之中展开和完成的。从人的社会本性看，人的发展状况取决于社会环境，取决于社会关系的性质、结构和发展状态。就人作为生产力的能动要素而言，人的潜能能否在生产活动中发挥出来，人的积极性和创造性能否调动起来，并不直接取决于现实生产力的发展水平，而主要取决于社会的经济基础和上层建筑。在历史上，处于大体相同的生产力水平和物质生产条件的民族或国度，由于有着不一样的经济基础和上层建筑，或不一样的社会制度和体制，社会生产的发展状况、人们的生活水平就不相同，甚至差距很大，人的发展水平和素质也不一致。先进的社会制度、经济基础和上层建筑因为适合了生产力发展的要求，就能够很好地调动劳动者的主观能动性，从而促进生产力的发展，促进人自身的发展；相反，落后的社会制度、经济基础和上层建筑，则会压制人的能动性的发挥，既阻碍生产力的发展，又限制人的素质的全面提高。例如，在新旧社会形态交替的历史阶段，生产力的水平基本处在同一条线上，可是在新旧两种不同的社会形态中，生产力的发展却出现截然相反的结果。在旧的社会形态中，生产力的发展几乎处于停滞不前、甚至倒退的状态，人们的生活水平急剧下降，人的发展条件日渐恶化；而在新的社会形态下，由于建立了新的经济基础和上层建筑，人们的生产积极性很快就得到了提高，对新生活的热情也不断高涨，人们在努力建设新社会的实践中积极锻炼和改造自身，把自己建设成为“新人”。

一般而言，从普遍的进程上说，生产力决定生产关系。但是，在一定的社会发展阶段，特别是在社会转型时期，社会制度、生产关系通过上层建筑不仅反作用于生产力的发展，而且对社会生产的发展起着决定性的作用。在社会产品的分配和交换中，制度等因素的作用似乎更大，尤其是对人的生活质量而言，更是如此。总体来说，生产决定消费。但在具体的社会阶段，从具体的制度来看，是分配决定消费。一个社会，无论生产力发展如何迅速，财富积累得如何富足，但是，分配制度不公正，让少部分人拥有社会绝大部分财富，而绝大多数人则只拥有社会财富的一小部分。那么，大部分人的生活水平必然难以提高。历史发展的进程已经证实，生活的质量、幸福指数等并不必然与社会财富的快速增长和丰富程度成正比。尤其是在社发展到一定阶段之后更是如此。当社会生产力水平达到一定阶段、社会财富积累到一定程度时，经济的增长、财富的增进对人的生活质量的提高并不具有必然的关联和极端重要性，更不是唯一的决定性条件。一些人均国内生产总值基本持平的国家，人们的生活质量指数是很不相同的。同时，人们并不是要等到社会财富极大丰富的时候才有对人权的要求、才有享有民主自由权利的愿望。人们宁愿在民主的国家过温饱的生活，而不愿在专制的国家过“富裕”生活；人们不要生态环境污染中的“富足”，而宁要青山绿水家园中的温饱，宁愿在基本温饱的满足中，享受更多新鲜的空气、洁净的水流、周到而公正的服务、民主自由的政治氛围、人文的终极关怀、和谐的人际关系和安全的社会环境。

新世纪新阶段，我国生活发展处在关键时期。总体而言，人的生存需要已基本上让位于享受和发展的需要，简单的需要让位于复杂的需要，片面发展的需要让位于全面协调发展的需要，杀鸡取卵的“自杀”式的增长被可持续发展的需要所代替。由此，社会发展的方向、评判社会发展的标准必须由简单、片面转向复杂多样、全面协调与综合。人作为社会的主体、社会发展的实际承担者和目的，必然构成检验社会进步的标准。人是一种全面性的存在物，人的发展也必须具有整体性。因此，我们就不能以人的某一、某些属性，或人的单方面的发展，即异化了的人作为衡量社会发展的标准。同时，人的自由全面发展是每个人的自由全面发展，而不是社会中某一部分人的自由全面发展，所以，社会发展的最终标准决不能以某些人、甚至少数人的发展状况作为尺度，而是以所有的个人，即每个人的自由全面发展作为标准。为此，就要在发展机会和权利问题上坚持公平正义原则，正确处理个体、群体以及人类整体利益之间的关系，既不能因强调和维护人类整体利益而漠视个体与群体的生存境遇和利益要求，也不能借口个体自身生存和发展的特殊利益而推卸对人类整体的生存和全面发展的责任。①

在科学发展观中，社会发展和人的发展得到了前所未有的有机统一，社会发展是围绕人、人的发展进行的；在处理物的发展和人的发展的关系问题上，物的发展是人的发展的基础，但物的发展必须以人的自由全面发展为出发点和归宿，人的自由全面发展是物的发展的最终目的。因此，在全面建设小康社会与社会主义和谐社会的过程中，我们必须坚持以人为本，改变“为物而物”的发展思路，积极推进“人”与“物”的协调发展，促进人的自由全面发展。

（三）以人为本的实质

《科学发展观学习读本》认为：“坚持以人为本，必须在治国理政的过程中充分体现和代表人民的利益，坚持发展为了人民、发展依靠人民、发展成果由人民共享，不断使人民群众得到更多的实惠，使全体人民朝着共同富裕的方向稳步前进。”② 从这一解释看，以人为本，是治国理政的实践要求，是治国理政的指导方针。正如有学者所说，以人为本，就是党和国家的理论、路线、方针、政策、决策和各项工作，必须符合人的发展的历史规律，体现人的全面发展的根本要求，不断促进社会全面进步和推动人的全面发展。以人为本，就是把促进人的自由全面发展作为党和国家一切工作的前提、目的、动力和标准。③ 所以，从本质上说，以人为本，不仅是马克思主义社会历史观的重要原则，是社会主义社会普遍的道德原则，而且是社会主义社会治理、全面建设必须遵循的最重要最根本的原则，是执政党执政兴国必须坚持的首要的根本原

---

① 以上内容参见杨信礼：“以人为本：理论内涵、观念态度与政策导向”，中共中央党校、浙江党委宣传部：《贯彻落实科学发展观建设社会主义和谐社会》，中央党校出版社 2005 年版。

② 《科学发展观学习读本》，学习出版社 2008 年版，第 30 页。

③ 参见杨信礼：“以人为本：理论内涵.观念态度与政策导向”，中共中央党校、浙江省委宣传部：《贯彻落实科学发展观建设社会主义和谐社会》，中央党校出版社 2005 年版。

则。简言之，以人为本是社会主义社会最重要最根本的治国理政原则。

以人为本治理社会，建立以人为本的“大同社会”，是历代新近思想家和开明政治家的一个社会理想。从历代思想家对民本、人本的阐发中，我们可以看到，他们追求的不仅仅是一般的纯粹的理论建构，而是在提出一种社会管理、社会统治和社会建设的理论和方案，为的是要建立一种理想社会。管仲是从成就霸业、实现国家稳固的目的而提出“以人为本”思想的。中国封建时期的思想家都希望最高统治者实行开明的专制统治，爱民保民，建立太平盛世，建设大同社会。西方文艺复兴时期的人本主义思想家，以人本反抗神本，主张恢复人的尊严，其根本目的在于推翻封建专制和神权统治，建立一个适合人的本性的新社会，促使人们享受人世间的快乐和幸福。启蒙时期的人本主义思想家提出人权、平等、自由等口号，目的是要推翻封建统治，建立一个生产发达、人人平等、自由的市民社会。19—20 世纪的人本主义思想，批判了资本主义社会的各种弊端，主张以人本消除或取代阶级对立，建立一个无阶级斗争的社会。空想社会主义同样主张以阶级平等、阶级和谐相处阶级对立，建立一个人人平等的理想社会。正如宫岛肇等思想家在评价人道主义思想时所说：人道主义是在人类社会某一特定时代，在“使人真正成其为人的东西或人的高贵的本性”极度被歪曲、被压迫而处于窒息时提出来的；它是“为了拯救人性、恢复其本来面目并使之发展，而与压迫人性的现实社会压力作斗争，并且因而成为人的解放和社会解放的思想武器”。[①] 克莱因也有同样的看法，他说：“人道主义一般指追求人道和合乎人的尊严的方式的一种努力。在人类历史上，人道主义是指这样一些思想和努力的总和，这些思想和努力是建立在相信人的可教化性和发展能力、尊重人的尊严和个性的基础上的，其目的在于全面地培养、自由地运用和发挥人的创造力和能力，最后，高度发展人的社会，使整个人类越来越完善、越来越自由。”[②] 尽管，这种美好的理想社会至

① 沈恒炎、燕宏远：《国外学者论人和人道主义》第 3 辑，第 735 页；转引自王海明：《新伦理学》（中册），商务印书馆 2008 年版，第 975 页。

② 沈恒炎、燕宏远：《国外学者论人和人道主义》第 3 辑，第 733—734 页；转引自王海明：《新伦理学》（中册），商务印书馆 2008 年版，第 975 页。

今还没有实现，"然而，人道主义确认自己的理智和努力是人的最好的而且实在是唯一的希望；人们拒绝承认这一点就是在全部历史中人们遭到失败的主要原因之一"。①

马克思主义继承了以往理论的积极成分，同时又克服了其中的不足，坚持从实际的社会运动出发，找到了推翻资本主义制度、建立未来新社会的现实道路和力量，并对未来新社会的本质和基本特征提出了符合历史发展趋势的设想。无论是在标志马克思主义、科学社会主义诞生的《共产党宣言》，还是标志着马克思主义政治经济学诞生的《资本论》等一系列重要著作中，马克思、恩格斯一直认为，工人阶级推翻资产阶级统治后建立的新社会，是一个自由人的联合体，是每个人自由全面发展的联合体。马克思曾经认为，未来社会，农业、矿业、工业，总之，一切生产部门都将逐渐地用最合理的方式组合起来，生产资料的全国性机制将成为自由平等的生产者的联合体所构成的生活的全国性基础，这些生产者将按照共同的合理的计划自觉地从事社会劳动。这就是资本主义生产关系产生以来的伟大经济运动所引向的人道目标。马克思还在《资本论》中宣布未来的社会主义和共产主义社会是"以每个人全面而自由发展为原则的社会形式"。这里，我们不仅要注意"每个人全面而自由发展"这一根本内容和目标，更要注意共产主义社会是"以每个人全面而自由发展为原则"的。"以每个人全面而自由发展为原则"是什么意思呢？从马克思、恩格斯关于未来社会的基本特征的论述看，因共产主义社会是建立在社会生产十分发达、社会财富极大丰裕的基础之上的社会，共产主义社会尽管还必须保持物质生产的基础发展，但社会发展的主要目标、中心工作决然不再是解决人的生存基本需要而进行的物质生活资料的生产了，而是发展人本身，或者说人本身的生产是社会的重心。所以，共产主义最根本的社会目标就是要促进每个人全面而自由的发展，社会治理、一切社会活动都必须把促进"每个人全面而自由发展"放在首位，成为"中心"。促进和实现每个人的自由全面发展是共产主义社会首要的根本原则。

---

① 拉蒙特：《作为哲学的人道主义》，商务印书馆1963年版，第25页；转引自王海明：《新伦理学》（中册），商务印书馆2008年版，第975—976页。

“以每个人全面而自由发展为原则”其实就是以人为本。以人为本，就是把人本身作为最高价值，把每一个人都作为人来对待，善待每一个人。不论贫富差异、不论信仰各异、不论民族特征、不论群体区分、不论阶级差别、不论能力高低、不论年龄大小，……只要其是人，就具有人的最高价值，就应该以“人”的方式和要求对待他（她）。哪怕他（她）是个罪犯或道德败坏者，也应该如此。当然，对于他（她）的恶行，社会固然要根据一定的法规和习俗对其进行惩罚。例如，对待一个罪犯，首先是把他（她）作为一个人，尊重和保障其作为人的基本权利，给其必要的衣食住行和一定的行动自由，不予虐待、不对其使用暴力；其次再把他（她）当作罪犯，依照法律程序剥夺其必要的权利，进行相应的惩罚。这就是以人为本，反之就不是以人为本。这可以看作是以人为本的最基本的、也是最初级的要求。反之，如果不把人看作是具有最高价值的存在，而把人之外的其他存在物作为最高价值，小“人”而重“物”，贬低人而抬高物，或者不把人当作人来对待，或者虐待人、残忍待人等行为，就不能看作是以人为本的行为。如果一个社会存在大量这样的不把人当人看的行为，或者这样的行为是社会的常态，具有普遍性、一般性，那么，这个社会就是一个不公正、非人道的社会，就不是个以人为本的社会。

以人为本，从最一般的意义讲，就是把人当人，以人的方式来对待人。这是以人为本的低级形式。以人为本的高级形式，或高级的以人为本，就是从人自身的发展出发，促使人充分挖掘自身的潜能，发挥自身的创造力，实现自身的人生价值，简言之，就是促使人成其为人。反之，阻碍人的潜能的发掘、抑制人的创造才能的发挥、扭曲人的发展志愿、使人成为“单向度的人”的一切做法，即任何不使人成其为人的思想和行为，都不是高级形式的以人为本。如果说一个社会只保障人的吃喝穿住、人身安全等方面的基本需要，而不能在人的选择、人的自由、人的自我价值实现等方面做出应有的努力，那么这个社会就只能是坚持低级形式的以人为本的社会。如果一个社会在保障人的基本需要的同时，更多地关注人的素质、能力的培养和提高，把人的发展作为社会发展的中心，社会是一个民主正义、充满活力的集合体，能够极大地从制度、体制、机制等方面尊重人的选择、尊重人的个性发展，那么，这个社会实现的就是高级的以人为本。就个体而言，也同样如此。举例说，假如一个家长极力满足孩子的衣食等方面的需要，但不能尊重孩子的个人选择，而是迫使孩子按照家长的意愿规划人生，这就是低级的以人为本。如果这位家长不仅能够保障孩子的基本的生活需要，而且更关注孩子的兴趣培养、性格养成、个性发展，那么，这就是高级的以人为本。①

共产主义以前的社会形态，都不是以人为本的社会，都没有把人当人，更没有使人成其为人，人或是人的依附、奴隶，或是神的奴婢，或是财富的仆人，绝大多数人在社会中没有取得人应具有的地位和权利，人被整体异化，成为“单向度的人”。共产主义社会是对人的依赖关系和物的依赖关系的“非人”社会的彻底扬弃，为的是建立一个以人为本的“自由人的联合体”。

以每个人的全面而自由发展为原则，无疑是以人为本的最高级的形式。由于人的自我实现、自由全面发展是人的最高需要，因此，以人为本，就是以每个人的全面自由发展为根本原则，就是要把人的自我实现、全面自由发展作为最高价值，就是一切社会活动都坚持把促进每个人的自由全面发展作为最高目标，作为社会生活的出发点和最终归宿，不断促进人的自由全面发展，最终使每个人都成为自由的、全面发展的人，建立自由全面发展的人的联合体——共产主义社会。

社会主义是共产主义的低级阶段。社会主义社会是对人压迫人、人剥削人的社会的彻底扬弃，解放人、发展人，消灭剥削和压迫，消除两极分化，实现共同富裕是社会主义的本质。建立社会主义，就是要消灭人对人的剥削、压迫，消除社会不公正，解放人和发展人。社会主义社会坚持以人为本，就是要创造一个把人从片面的、扭曲的发展中解放出来的条件，把人从压迫人、使人堕落的社会组织中解放出来，从毁灭和破坏人的天赋的环境中解放出来；就是要最大限度地扩大个人自由、创建一个每个人都拥有最大自主选择权的社会，使人过真正属于人的自由、幸福生活。社会主义社会，不仅要实现人们经济、政治、文化、社会生活的富裕和人人公正共享社会财富，而且要不断提高人们的健康素质、思想道德素质和科学文化素质，促进人全面而自由的发展。因此，

① 参见王海明著：《新伦理学》（中册），商务印书馆2008年版，第973页。

以人为本也是社会主义社会的本质属性。从这个意义上讲，社会主义既是以人为本的社会运动，也是一个以人为本的社会形态，一个把人当人、使人成为人的联合体。在社会主义社会，每个人都被真实地当作人来对待，每个人都是具有最高价值的存在实体，而不再是被当作某些人的依附、或物的附属物、或权力的仆从。在人的生命、荣誉等与物的价值发生冲突时，首先是维护人的利益、保护人的权利，而不是牺牲人的利益、或牺牲人本身，这是其一。其二，每个人能够按照自己的意愿生活，能够在必要的限制中最大限度地发挥主观能动性，实现自身价值、完善自我，成为一个价值最大化的人。社会主义要向更高级的社会形态发展，为实现人的自由全面发展的美好目标迈进，就必须坚持以人为本，把以人为本作为社会主义建设的首要的根本原则，一切为了人民，一切依靠人民，全心全意为人民服务，做到发展成果由人民共享。社会主义仅100年的实践充分证明，什么时候坚持了以人为本，人民的主体性、能动性就能够发挥好，社会主义事业就能取得新胜利，人民的生活水平和人自身的素质就有很大的提高；相反，什么时候我们的路线方针政策措施没有把最广大人民群众的根本利益作为出发点和落脚点，社会主义事业就要遭受挫折、倒退，甚至被葬送。

中国特色社会主义是社会主义的一种存在形式。在当代中国，发展中国特色社会主义，就是要坚定不移地高举中国特色社会主义的伟大旗帜，全面建设小康社会和构建和谐社会。而高举中国特色社会主义伟大旗帜，最根本的就是要坚持中国特色社会主义理论体系和中国特色社会主义道路。十七大报告指出：“中国特色社会主义理论体系，就是包括邓小平理论、‘三个代表’重要思想以及科学发展观等重大战略思想在内的科学理论体系。这个理论体系，坚持和发展了马克思列宁主义、毛泽东思想，凝结了几代中国共产党人带领人民不懈探索实践的智慧和心血，是马克思主义中国化最新成果，是党最可宝贵的政治和精神财富，是全国各族人民团结奋斗的共同思想基础。”“在当代中国，坚持中国特色社会主义理论体系，就是真正坚持马克思主义。”“中国特色社会主义道路，就是在中国共产党领导下，立足基本国情，以经济建设为中心，坚持四项基本原则，坚持改革开放，解放和发展社会生产力，巩固和完善社会主义制度，建设社会主义市场经济、社会主义民主政治、社会主义先进文化、社会主义和谐社会，建设富强民主文明和谐的社会主义现代化国家。中国特色社会主义道路之所以完全正确、之所以能够引领中国发展进步，关键在于我们既坚持了科学社会主义的基本原则，又根据我国实际和时代特征赋予其鲜明的中国特色。在当代中国，坚持中国特色社会主义道路，就是真正坚持社会主义。”①

当代中国，发展中国特色社会主义，必须坚定不移地坚持马克思主义，坚持科学社会主义的基本原则，这是中国特色社会主义不断取得新胜利的根本保证。而坚持马克思主义和科学社会主义的基本原则，最根本的就是坚持“以每个人全面而自由发展为原则”。为什么这么说呢？原因在于：马克思主义的理论核心是科学社会主义，科学社会主义的最终目标是实现共产主义。共产主义是人类最高理想。每个人自由而全面的发展，是人类从必然王国向自由王国的飞跃。实现人的自由而全面的发展，是马克思主义追求的根本价值目标，也是科学社会主义、共产主义社会的根本特征。在人的自由而全面发展的社会，人与人之间建立了事实上的平等与自由，社会发展和个人的发展实现了真正的有机统一。实现共产主义是中国共产党人始终不渝的奋斗目标，建立共产主义社会是中国社会主义的最终目标。而中华民族要实现人的彻底解放，必须坚定不移地高举中国特色社会主义的伟大旗帜。中国特色社会主义是中华民族走向共产主义的必由之路。实践已经证明并将继续证明，中国特色社会主义伟大旗帜，是当代中国发展进步的旗帜，是中华民族团结奋斗的旗帜。改革开放以来我们取得一切成绩和进步的根本原因，归结起来就是：开辟了中国特色社会主义道路，形成了中国特色社会主义理论体系。高举中国特色社会主义伟大旗帜，最根本的就是要坚持这条道路和这个理论体系。

全面建设小康社会和构建社会主义和谐社会是中国特色社会主义建设的重要目标。社会和谐是中国特色社会主义的本质属性。党的十七大报告指出：“构建社会主义和谐社会是贯穿中国特色社会主义事业全过程的长期历史任务，是在发展基础上正确处理各种社会矛盾的历史过程

---

①《中国共产党第十七次全国代表大会文件汇编》，人民出版社 2007 年版，第 11 页。

和社会结果。”“要通过发展增加社会物质财富、不断改善人民生活，又要通过发展保障社会公平正义、不断促进社会和谐。实现社会公平正义是中国共产党人的一贯主张，是发展中国特色社会主义的重大任务。要按照民主法治、公平正义、诚信友爱、充满活力、安定有序、人与自然和谐相处的总要求和共同建设、共同享有的原则，着力解决人民最关心、最直接、最现实的利益问题，努力形成全体人民各尽其能、各得其所而又和谐相处的局面。”①

民主法治、公平正义、诚信友爱、充满活力、安定有序、人与自然和谐相处，既是社会主义和谐社会的基本特征，也是和谐社会建设的总要求。这六个基本特征和要求，归结起来，主要包括人与自然的和谐、人与人的和谐、人与社会的和谐，就是要科学合理的处理好人与自然、人与人、人与社会之间的关系。人与自然、人与人、人与社会之间既对立又统一。和谐社会建设就是要解决它们之间的对立和冲突，促使它们的有机统一。在这三对矛盾中，人是主体，且处于核心地位。要解决好这些矛盾，关键在于解决人的问题。而解决人的问题，根本在于解决人在世界、社会中的地位问题。因为人的地位决定着对待人的态度和行为方式。

以人为本，是对人的地位、人的作用的最高肯定，是处理人与自然、人与人、人与社会矛盾关系的根本原则，是建设社会主义社会必需遵循的首要原则。中国特色社会主义建设、和谐社会建设的主体是人，根本力量是人，是全面和谐发展的人。离开人，社会不存在，社会主义社会更不能存在；离开全面发展的人，就没有中国特色社会主义事业的发展。

以人为本是贯穿中国特色社会主义建设的主线。人的生存和发展的需要及其实现的程度是社会发展的重要标尺。社会的发展归根结底是人的发展，人的发展水平决定社会发展的程度，当然，人的发展也离不开社会的发展。人的发展和社会发展的一致性、以及人在社会中的主体地位，决定了社会必须把人放在首位、放在最高位置，把人的价值看作是

---

① 《中国共产党第十七次全国代表大会文件汇编》，人民出版社 2007 年版，第 17 页。

社会的最大价值，也就是必须以人为本。因此，社会主义社会，不仅要重视人的权利的保障和实现，而且要重视人的培育和提高，把提高人的健康素质、思想道德素质和科学文化素质摆在首要位置，在大力发展经济的基础上，优先发展教育，保证每个人受教育的公平权利，帮助每个人最大限度地实现自身的社会价值，最终实现人的自由全面发展的社会目标。

中国特色社会主义社会是以人为本的必然产物。社会是人的创造物。一切社会财富都是人的活动的结果，也是满足人的一切需要的条件。人的素质越高，发展越全面，就越能为社会创造更多的物质财富和精神产品，社会也就越繁荣、越进步，人的需要就越能得到充分地满足，人的根本利益就越能得到更充分地实现，也就越能促进社会的和谐；反过来，社会财富越丰富、社会越进步，社会越和谐，促进人的发展的条件越好，就越能促进人的发展，人的发展就更充分、更全面。因此，人及其发展是社会最首要、最根本、最重要的资源和财富。以人为本，促进人的自由全面发展，不仅能够最大化地满足人的基本的需要，还能够满足人的最高的需要；同时，既能够促进社会财富的最大增长，又能够促进社会更加完善。可见，只有坚持以人为本，实行以人为本，中国特色社会主义建设事业才能不断发展，中国特色社会主义社会才能取得成功，中华民族才能最终走进共产主义社会。

总之，以人为本，“以人的全面而自由发展为原则”，不仅是共产主义社会的首要的、根本的和最高的原则，而且是社会主义社会的首要的、根本的和最高的实然原则。以人为本，“以人的全面而自由发展为原则”，不仅是发展社会主义最重要的理论原则，而且必须是中国特色社会主义建设首要的、普遍的根本的实践原则。

第二章

以"什么人"为本

"以人为本"，究竟是以"什么人"为本呢？"以人为本"中的"人"必然是现实的个人，是现实存在的个人。现实的个人首先是有血有肉、有精神世界的生命个体。现实的个人为了满足自身的生存和发展，必须进行生活资料的生产，而任何生产都是社会性活动，在生产中，现实的个人必然结成一定的社会共同体，即组成社会。在社会中，便出现个体和群体、个人和社会之间的矛盾——联系和冲突。现实个人的存在形态是个体的人还是群体的人呢？以人为本是以"每个人"为本还是以"人民群众"为本呢？有人认为，在当代中国，以"人"为本，其实就是以"民"为本；也有人认为，以人为本中的"人"，不仅包括人民群众，而且包括社会大多数成员；还有人认为，"以人为本"的人，不仅包括群体，而且包括个体和类。

根据马克思主义的基本观点和胡锦涛、温家宝等领导同志的讲话精神，我们发现，作为科学发展观核心的"以人为本"的"人"，从根本上讲，是指"每个人"，即"所有的个人"；但由于当代中国的现实和发展状况，以人为本中的"人"，着重是指最广大"人民群众"。每个人和人民群众是辩证统一的，以每个人为本和以人民群众为本是辩证统一的，能够在发展中国特色社会主义的伟大事业中、在党治国理政的实践中实现具体的历史的统一。坚持以“人民群众”和“每个人”为本的具体的历史的统一，对推动中国特色社会主义的发展具有重要的意义。

一、以现实的人为本

现实的人是马克思主义历史观和人本学十分重要的一个范畴，也是马克思主义研究的一个重要出发点。马克思、恩格斯在谈到他们创立的学说的出发点与德国哲学的区别时指出：“德国哲学从天国降到人间；和它完全相反，这里我们是从人间升到天国。这就是说，我们不是从人民所说的、所设想的、所想像的东西出发，也不是从口头说的、思考出来的、想象出来的人出发，去理解有血有肉的人。我们的出发点是从事实际活动的人，而且从他们的现实生活中还可以描绘出这一生活过程在意识形态上的反射和反响的发展。”就是说，马克思主义的方法是“符合现实生活的考察方法”，是“从现实的、有生命的个人出发”的。① 人直接是自然存在物，同时也是社会存在物。作为自然、社会存在物的人，总是作为感性的直观的存在，总是表现为个体的个人。个人是构成社会的基本单元，没有个人，就没有社会。社会是由众多不同的作为个体的个人构成的联合体。因此，马克思、恩格斯在《德意志意识形态》中指出：“社会结构和国家总是从一定的个人的生活过程中产生的。但是，这里所说的个人不是他们自己或别人想象中的那种个人，而是现实的个人，也就是说，这些个人是从事活动的、进行物质生产的，因而是在一定的物质的、不受他们任意支配的界限、前提和条件下活动着的。”② 所以，“全部人类历史的第一个前提无疑是有生命的个人的存在”。③ 为此，对历史发展的考察，社会历史观“只能从对每个时代的个

① 《马克思恩格斯选集》第1卷，人民出报社1995年版，第73页。

② 《马克思恩格斯选集》第1卷，人民出报社1995年版，第71—72页。

③ 《马克思恩格斯选集》第1卷，人民出报社1995年版，第67页。

人的现实生活过程和活动的研究中产生”。[①]

现实的个人是感性的存在。现实的个人首先是能够被经验感觉到的，是血肉之躯，直接是自然的存在物，是有生命的个人的存在。因此，马克思、恩格斯认为，第一个需要确认的事实就是个人的肉体组织以及由此产生的个人对其他自然的关系。作为感性的个人与自然的关系，从二者作用的方式看，大致可分为直接和间接两种。作为直接的自然存在物，人只是自然人，是一种自然存在物，有如古代智者把人定义为“两足无毛动物”一样。人的有生命的肉体组织的存在和发展，既是自然的产物，又是自然的构成，并且服从于自然普遍规律和生命运动的一般规律。因此，马克思认为：“人直接地是自然存在物。人作为自然存在物，而且作为有生命的自然存在物，一方面具有自然力、生命力，是能动的自然存在物；这些力量作为天赋和才能、作为欲望存在于人身上；另一方面，人作为自然的、肉体的、感性的、对象性的存在物，和植物一样，是受动的、受制约的和受限制的存在物，也就是说，他的欲望的对象是作为不依赖于它的对象而存在于他之外的；但是，这些对象是他的需要的对象；是表现和确证它的本质力量所不可缺少的、重要的对象。”[②] 在人与自然的间接关系中，人同自然的关系，即人对自然的作用不是通过人的肉体组织的直接作用，而是利用一定的中介进行的。这时，人被自身的创造物所武装，掌握了一定的技术和工具，并且在一定社会的社会关系中作用于自然，人与自然的关系便不再纯然是一种“天人不分”的状态，而成为了“天人相分”状态中的主客体关系。马克思因此认为：“人不仅仅是自然存在物，而且是人的自然存在物，就是说，是自为地存在着的存在物，因而是类存在物。他必须既在自己的存在中也在自己的知识中确证并表现自身。”“因此，正像人的对象不是直接呈现出来的自然对象一样，直接地存在着的、客观地存在着的人的感觉，也不是人的感性、人的对象性。”[③]

现实的人是社会性的存在。马克思、恩格斯所说的作为社会存在和

---

① 《马克思恩格斯选集》第1卷，人民出报社1995年版，第74页。

② 《马克思恩格斯全集》第3卷，人民出版社2002年第2版，第324页。

③ 《马克思恩格斯全集》第3卷，人民出版社2002年第2版，第326页。

发展前提的个人，“不是处在某种虚幻的离群索居和固定不变的人，而是处在现实的、可以经过经验观察到的、在一定条件下进行的发展过程中的人”。① 从本质上看，人是一种社会存在物。

现实的个人不仅是作为个体的人，而且是作为社会的、群体的人；现实的个人不仅具有个体性，而且更重要的是具有社会性。我国先秦时期的思想家荀子认为，人之所以为人，主要不在于人具有生物学意义上的形态和生理特征，而主要在于人具有能“群”的特性，因而人是一种“能群”的动物。荀子说：“水火有气而无生、草木有生而无知，禽兽有知而无义，人有气有生有知亦且有义，最为天下贵也。（人）力不若牛、走不若马，而牛马为用，何也？曰：分。何以能行？曰：义。故义以分则和，和则一，一则多力，多力则强，强则胜物。……故人生不能去群，群而无分则在争，争则乱，乱则离，离则弱，弱则不能胜物。”② “人之所以为人者，非特以二足而无毛也，以其有辨也。夫禽兽有父子而无父子之分，有牝牡而无男女之别。故人道莫不有辨。”③ 荀子把人看作是“能群”的动物，在很大程度上已经具有了“人是社会存在物”的意思。另外，荀子还把人的这种“能群”的社会性看作是“化性起伪”的结果，是“圣人”通过自己的作为“开化”人的原始本性的结果，还认为人是社会环境和社会习俗的产物。这在一定意义上包含着人是一定社会文化的产物的思想。④

在西方，亚里士多德明确肯定人是一种社会政治动物，人性在本质上是一种政治动物具有社会性。他说：“当一个人被隔离开时他就不再是自足的；就像部分之于整体。不能在社会中生存的东西或因为自足而无此需要的东西，就不是城邦的一部分，它要么是只野兽，要么是个神，人类天生就注入了社会本能。”⑤ 所以，“人是政治动物，天生要过

① 《马克思恩格斯选集》第1卷，人民出报社1995年版，第73页。

② 《荀子·王制》；转引自夏甄陶：《人是什么》，商务印书馆2002年版，第119页。

③ 《荀子·非相》；转引自夏甄陶：《人是什么》，商务印书馆2002年版，第119页。

④ 参见夏甄陶：《人是什么》，商务印书馆2002年版，第120页。

⑤ 《亚里士多德全集》第9卷，中国人民大学出版社1997年版，第7页。

共同的生活”。[①] 亚里士多德的关于人是政治动物的观点在西方人学思想史上产生了深远影响。黑格尔在《哲学史讲演录》中评述亚里士多德的人是政治动物时说道：“真的，他是那样重视国家，以致他的出发点乃是把人的定义规定为‘政治的动物，具有理性的动物’。”[②] 马克思也因此认为：“人即使不像亚里士多德所说的那样，天生是政治动物，无论如何也天生是社会动物。”[③]

中世纪的欧洲思想家尽管受宗教神学的绝对统治，但一些神学家，比如奥古斯丁等人，也认为人必须在社会中才能生活。托马斯·阿奎那直接继承了亚里士多德的思想，认为人是政治动物，必须过社会的生活。在资本主义早期，欧洲一些资产阶级的思想家也是直接从亚里士多德的上述思想出发，用人的理性反对神性，从人的自然本性引出人的自然权利，并且用自然权利、自然法来解释社会秩序和国家生活的产生。国家、社会是通过人们根据自然法缔结契约而建立起来的。这样，人从此由自然状态真正进入社会状态，人从自然存在物变成为社会存在物。法国的启蒙思想家们认为，人是社会环境的产物，人是社会的人，人的社会性是在社会中获得的。不仅如此，人的幸福和必需的一切都必须在社会中才能获得。正如霍尔巴赫索说：“社会对于人的幸福是有益和必需的；人不能独自使自己幸福；一个软弱而又充满各种需要的生物，在任何时候都需要他自己所不能提供的援助。只有依靠他的同类的帮助，……依靠别人的鼓励和支持，人的技巧才能得以发挥，人的理性才能得以发扬。”因此“人乃是自然中对人最需要的东西”。[④]

德国古典哲学继承了西方哲学的这一传统思想，认为人是理性的社会动物。康德认为人作为理性动物，必然处在社会中，并只有在社会生活中才能完善自身。他认为，“人由其理性而规定为与人们处在一个社

① 《亚里士多德全集》第8卷，中国人民大学出版社1997年版，第205页。

② 黑格尔：《哲学史讲演录》第2卷，第363页；转引自夏甄陶：《人是什么》，商务印书馆2002年版，第123页。

③ 马克思：《资本论》第1卷；转引自夏甄陶：《人是什么》，商务印书馆2002年版，第123页。

④ 《西方哲学原著选读》（下册），商务印书馆1981年版，第230页。

会之中，并在社会中通过艺术和科学而受到教化、文明化和道德化”。[①]这样，在康德看来，人作为类，应该在社会中并通过社会的进步不断使自身得以完善，不断追求自己的规定性。费希特认为，人要使自己成为善的、完整的人，就必须过社会生活。他说：“人注定是过社会生活的；他应该过社会生活；如果他与世隔绝，离群索居，他就不是一个完整、完善的人，而且会自相矛盾。”[②] 所以，他认为，每个人都应该把自己看作是从事劳动的成员。黑格尔认为自然、社会是绝对精神自我实现的表现，而人与自然的分离也是属于精神概念本身的一个必然环节。人只有在社会中、在国家中普遍地生活，才能摆脱自然姿态，摆脱个别性和主观性。他说：“个人本身只有成为国家成员才具有客观性、真理性、伦理性。……人是被规定着过普遍生活的；他们进一步的特殊满足、活动和行为方式，都是以这个实体的和普遍有效的东西为其出发点和结果。”[③] 而“这个实体的和普遍有效的东西”，则是国家。黑格尔特别强调国家的意义，在他看来，国家既是由家庭、社会发展起来的，国家又是整个社会生活的基础。他认为：“国家是伦理理念的现实”；“国家是绝对自在自为的理性的东西”；“国家是绝对精神”；“国家的力量在于它的普遍的最终目的与个人的特殊利益的统一”。在批判黑格尔唯心主义哲学的基础上，费尔巴哈认为，人是自然的一部分，是有血有肉的感性的对象。他说：“孤立的、个别的人，不管是作为道德实体或作为思维实体，都未具备人的本质。人的本质只是包含在团体之中，包含在人与人的统一之中。”[④] 因此，“人是人的作品，是文化、历史的产物”。但是，包括费尔巴哈在内的思想家们“都不能正确理解和解释人的社会存在和人的社会属性的真实内容和真正本质”。[⑤] 正如马克思评价费尔巴哈

---

① 《实用人类学》，第236页；转引自夏甄陶：《人是什么》，商务印书馆2002年版，第127页。

② 费希特：《论学者的使命》，商务印书馆1980年版，第16—17。

③ 《法哲学原理》，商务印书馆1961年，第254页；转引自夏甄陶：《人是什么》，商务印书馆2002年版，第129页。

④ 《费尔巴哈哲学著作选辑》上卷，第247页，第185页；转引自夏甄陶：《人是什么》，商务印书馆2002年版，第129—130页。

⑤ 夏甄陶：《人是什么》，商务印书馆2002年版，第131页。

的人本学说所指出的，费尔巴哈由于“没有从人们现有的社会联系、从那些使人们成为现在这种样子的周围生活条件来观察人们”，“没有看到现实存在着的活动的人，而是停留于抽象的‘人’”。因此，费尔巴哈“只能把人的本质理解为‘类’，理解为一种内在的、无声的、把许多个人纯粹自然地联系起来的普遍性”。因而“把宗教的本质归结于人的本质”。马克思进一步分析道，实际上，“费尔巴哈没有看到，‘宗教感情’本身是社会的产物，而他分析的抽象的个人，实际上是属于一定的社会形式的”。①

作为现实的个人，是人的社会性的存在。人只有作为社会性的存在，人的自然存在才是现实个人的存在。现实的人，“是从事活动的、进行物质生产的”，因而是在一定的物质的前提和条件下活动着的人。但从事活动的、进行物质生产的个人，并不是各自孤立地单独同自然界发生关系。人在物质生产中所展开和表现出来的对自然界的关系，不是一种生物学意义上的自然关系。人只有在相互直接接触一定的社会关系并在这种关系中才能进行物质生产。人们只有以一定的方式共同活动和互相交换其活动，才能进行生产。为了进行生产，人们相互之间便发生一定的联系和关系；只有在这些社会联系和社会关系的范围内，才会有他们对自然界的影响，才会有生产。因此，现实中的个人总是在一定社会关系中活动和存在着的个人。而“社会关系的含义在这里是指许多个人的共同活动，至于这种活动在什么条件下、用什么方式和为了什么目的而进行，则是无关紧要的”。社会关系作为个人的存在方式，实际上就是个人的共同活动。所以，马克思认为：“人是最名副其实的社会动物，不仅是一种合群的动物，而且是只有在社会中才能独立的动物。孤立的个人在社会之外进行生产——这是罕见的事，在已经内在地具有社会力量的文化人偶然落到荒野时，可能会发生的这种事情——就像许多个人不在一切生活和彼此交谈而有语言发展一样，是不可思议的。”② 由于人只有在一定的社会关系中才能存在，离开一定的社会关系，人就不可能生存，不仅如此，人还只能在一定社会关系中才能发展，并随着社

① 《马克思恩格斯选集》第1卷，人民出版社1995年版，第60页。
② 《马克思恩格斯选集》第2卷，人民出版社1995年版，第2页。

会关系的变革而不断改变和完善自身，使人成其为人。因此，“人的本质不是单个人所固有的抽象物，在其现实性上，它是一切社会关系的总和。”①

现实的个人是精神性的存在。人不是一种单纯的肉体存在，而是一种感性的有意识的精神存在，是精神存在物。人不仅是现实世界的现实存在物，而且是能够意识到自身与世界的存在。马克思认为，人之所以区别于动物，在于“他的生命活动是有意识的”；“有意识的生命活动把人同动物的生命活动区别开来”；人作为社会存在物，“是有意识的存在物”。人作为有意识的存在物，在社会中通过他的意识活动展开和渗透，使人的活动呈现出有意识、有目的、有计划等特点，并且在物质生产实践基础上，从事各种各样的思想、观念等精神生产和文化活动，形成和发展着自身丰富多彩的精神世界。因此，人作为自然性、社会性的存在，同时又是感性的存在、精神性的存在。

随着人类实践的不断深入和扩大，人的意识和思维能力不断发展，人越来越自觉地通过自己的意识和思维规划自身的活动，规定自身的行为，意识和思维的力量越来越明显和突出，于是人日益从思维和意识来解释人的存在和行动，人在本质上也被看作是一种纯粹的精神性存在。孟子认为，人性而有“四端”——“仁义礼智”的道德之心，“非由外铄也，我固有之也”。② 庄子认为，人的外形是次要的，只有精神的存在，才是人的真实存在。古希腊哲学家们也从人的理性方面来理解人，把理性看作是人的本质的特性和力量。从毕达哥拉斯学派以后，几乎所有的古希腊哲学家都探讨了人的“灵魂”问题。毕达哥拉斯学派认为，一切生物都有共同的灵魂，灵魂是不朽的，可由一个身体转移到另一个身体，重复过去的生活。灵魂是人的最有力的部分，理性是灵魂的核心。为了不失去灵魂，或死后重新获得灵魂，人就需要净化自己的灵魂。“灵魂是一种和谐”，而净化灵魂的手段则是音乐和哲学。柏拉图认为理性是灵魂的最高属性，人的意识根源于灵魂。柏拉图首次对灵魂作出理性、激情和欲望的三重区分，称它们为灵魂的三个部分。理性控制

① 《马克思恩格斯选集》第1卷，人民出报社1995年版，第60页。

② 《孟子·告子上》。

着思想活动，激情控制着合乎理性的情感，欲望支配着肉体趋乐避苦的倾向。理性把人与动物区别开来，是人的灵魂的最高原则，它是不朽的，与神圣的理念相通。灵魂既区分为三种，又统一于人的理性。灵魂的本性是理性，激情和欲望都应服从理性。按照亚里士多德的观点，灵魂只存在于有生命的事物之中，无生命的事物没有灵魂。灵魂根据事物的分类相应地分成植物灵魂、动物灵魂和人类灵魂，不同的灵魂执行不同的功能，人类灵魂除了具有植物灵魂和动物灵魂的功能外，还有理性思维的特殊功能，因此又被称作理性灵魂。因此，人是具有理性灵魂的生命。

西方近代哲学坚持了古希腊哲学的理性传统，用理性反对中世纪经院哲学的“神性”，高扬理性的地位，认为人是理性的存在、思想的存在和精神实体。笛卡尔提出著名的“我思故我在”命题。根据这个命题，人的存在的本质在于人的思想，只有思想才是人的本性。笛卡尔的这种思想在德国古典哲学中得以进一步光大。康德认为：“人具有一种自己创造自己的特性，因为他有能力根据自己所采取的目的来使自己完善化；他因此可以作为天赋有理性能力的动物而自己把自己造成为一个理性动物。”① “所以可以说，人类的首要特性是作为理性生物的能力，即既为他自己、也为他的本性将他置于其中的社会，创造出某种一般的特性。”② 这就是说，理性是人的天赋的能力和本质，而人可以通过自我创造来实现这个理性能力和本质，从而把人创造成为现实的理性的存在物。黑格尔从他的“绝对精神”出发，认为世界和人都是绝对精神发展的一个环节，是世界理性发展的结果，所以，“人的本质就是精神”，人是“自在自为地存在的精神”，“人之异于动物就因为它有思维”。“就人作为精神来说，它不是一个自然存在。”“人能超出他的自然存在，即由于作为一个有自我意识的存在，区别于外部的自然界。”③ 这样，由于笛

① 《实用人类学》，第232—233页；转引自夏甄陶：《人是什么》，商务印书馆2002年版，第127页。

② 《实用人类学》，第236页；转引自夏甄陶：《人是什么》，商务印书馆2002年版，第127页。

③ 转引自夏甄陶：《人是什么》，商务印书馆2002年版，第193页。

卡儿、康德等哲学家不理解意识的本质，人的意识、理性、精神，在他们那里“只是抽象地发展了”。①

马克思认为，人的意识不仅是自然的产物，而且是社会的产物。人是社会存在物，意识是作为社会存在物的人的意识。因此，人只有作为社会存在物，才是有意识的存在物。人的意识的内容十分丰富、形式多样、结构复杂，是一个诱人、似乎有些神秘的、让人难以捉摸的“小宇宙”，也有人把人的精神世界或内心世界称之为“黑箱”。但人的意识并不是神秘而独立的精神实体，而是人脑的产物并依存于人脑。从发生学的角度看，意识是人与现实世界的关系的展开过程在人脑的内化，并随着人与现实世界的关系的不断展开而发展的。所以，人的意识在本质上是人脑的机能，是人对客观事物的能动反映。也就是说，人的意识、人的精神世界是一个在实践基础上形成的动态的开放系统。由于受物质世界、人自身的物质条件、心理因素、社会文化组织等多方面的制约和作用，不同的人的意识和精神世界有其主观性和独特性。也正是因为人的精神世界的独特性，马克思主义才把人的精神存在看作是通过类存在和社会存在而产生的使个人成为人的内在根据。同时，由于人的意识是人的社会生活、社会活动的精神方面，而人的普遍的社会意识是通过现实的个人实现的，因此，现实的个人，不仅在于其物质性的存在，而且更依赖于其意识、精神。促使个体成为人的不是因为他有肉体，而在于其有意识、有灵魂、有精神。而人的意识不仅具有普遍的共性，具有丰富的社会内容，而且具有具体的个性，具有现实的独特性。于是，我们不得不说，现实的个人是精神性的存在，是有意识的存在物。但是，人的精神世界并非天生就有的，也就是说，人并非是天生的精神性存在。人只有在社会中、在文化中、在实践中才能获得自身独特的精神世界。因此，只有在人与世界的关系中才能揭示和理解人的精神世界，也只有在这个关系中，人才能成为精神的存在物。所以，现实的人不仅是自然性的存在，而且是社会的精神性存在。

现实的个人是实践性的存在。人来源于动物的事实，并不意味着人纯粹是自然的产物。人来源于动物，又高于动物。但人高于动物不仅仅

① 《马克思恩格斯选集》第1卷，人民出版社1995年版，第58页。

在于人有意识、有理性，是一种精神性的存在，更在于人是会制造工具的动物，是自己创造自己的动物，是一种实践性的存在。马克思、恩格斯指出："一当人开始生产自己的生活资料的时候，这一步是由他们的肉体组织所决定的，人本身就开始把自己和动物区别开来。人们生产自己的生产资料，同时间接地生产着自己的物质生活本身。"① 因为，人必须首先从事物质资料的生产，才有人自身，才有人的意识和理性的出现。马克思认为："任何一个存在物当它用自己的双脚站立的时候，才认为自己是独立的，而且只有当它依靠自己而存在的时候，它才是用自己的双脚站立的。"② 由此可见，人与动物相区别的本质特征不是人的意识，而是人的劳动实践。"一个种的整体特性、种的类特性就在于生命活动的性质，而自由的有意识的活动恰恰就是人的类特性。"③ "我们看到，工业的历史和工业的已经生成的对象性存在，是一本打开了的关于人的本质力量的书。"④ 可见，实践是人的生存方式，是人之为人的本质特征。劳动创造了人本身，人是实践的产物，而且永远是实践的产物。

现实的个人是历史性的存在。人是社会的存在物，也是社会历史的存在物和主体。社会生活的全部在本质上是实践的。社会的实践本质决定了人及其本质生成的社会性和实践性。实践的社会历史性决定着人的本质的历史性和具体性。人的社会联系、社会关系不是固定不变的，而是通过人的社会活动创造的，并且是随着人的活动不断发展着的。所以，人自身也是一种历史生成性的存在。马克思指出："正像一切自然物必须形成一样，人也有自己的形成过程即历史，但历史对人来说是被认识到的历史，因而它作为形成过程是一种有意识地扬弃自身的形成过程。历史是人的真正的自然史。"⑤

社会历史是由人自身创造的，历史不过是追求自己目的人的活动而已。从这个意义上看，人就是人的活动本身，人也是历史本身。历史是

① 《马克思恩格斯选集》第1卷，人民出版社1995年版，第67页。
② 《马克思恩格斯全集》第3卷，人民出版社2002年版，第309页。
③ 《马克思恩格斯全集》第3卷，人民出版社2002年版，第273页。
④ 《马克思恩格斯全集》第3卷，人民出版社2002年版，第306页。
⑤ 《马克思恩格斯全集》第3卷，人民出版社2002年版，第326页。

怎么样的，人也是怎么样的，人与历史总是一致的。“个人怎样表现自己的生活，他们自己就是怎样。因此，他们是什么样的，这同他们的生产是一致的，既和他们生产什么一致，又和他们怎样生产一致。”① 因而，历史的状况取决于现实的个人的状况，现实的个人的状况也取决于历史的状况。现实的个人是怎么样的，既是历史的前提，也是历史的结果。所以，“人的存在是有机生命所经历的前一个过程的结果。只有在这个过程的一定阶段上，人才成为人。但是一旦人已经存在，人，作为人类历史的经常的前提，也是人类历史的经常的产物和结果，而人只有作为自己本身的产物和结果才成为前提。”② 所以，现实的个人是历史性的存在。而作为历史性的存在的人，其实也就是被历史所造就的具体的现实的个人。

综上所述，现实的个人是社会存在和发展的前提，是马克思主义理论研究的出发点。现实的个人，也是科学发展观研究的起点，是以人为本思想研究和实践的前提。现实的个人是一个自然性、社会性、精神性、实践性和历史性的存在，是一个复杂的有机体。既然如此，我们必须从现实的个人及其人的复杂的有机整体出发来研究“以人为本”，来考察“以人为本”的“人”。

二、以最广大人民群众为本

《科学发展观学习读本》认为：“以人为本就是以最广大人民的根本利益为本”。“以人为本的人，是指最广大人民群众。在当代中国，就是以工人、农民、知识分子等劳动者为主体，包括社会各阶层在内的最广大人民群众。”③ 为什么说“以人为本”中的“人”，指的是“最广大人

① 《马克思恩格斯选集》第1卷，人民出报社1995年版，第67—68页。

② 《马克思恩格斯全集》第26卷（下册），人民出报社1972年版，第545页。

③ 中共中央宣传部：《科学发展观学习读本》，学习出版社2006年版，第18—19页。

民群众”呢？

首先，“以人为本，是我们党根据历史唯物主义关于人民是历史发展的主体，是推动历史前进的根本力量的基本原理提出来的”。[①] 马克思主义认为，人民群众是社会发展的主体，人民群众始终是历史的创造者，是推动历史发展的真正动力。劳动群众永远是人民群众的主体。因此，说人民群众是主体，是历史发展的动力，主要是指利导群众是历史发展的动力。恩格斯在谈及英国、法国资产阶级革命时认为：“在十七世纪的英国和十八世纪的法国，甚至资产阶级的最光辉灿烂的成就都不是他们自己争得的，而是贫民大众，即工人和农民为他争得的。”[②] 人民群众是历史的创造者，是历史发展的动力，一方面是说人民群众从事的生产劳动、科学实验推动着社会历史的发展；另一方面，劳动群众、劳动阶级和处于上升时期的剥削阶级共同构成社会的革命阶级，进行着推翻反动统治阶级的阶级斗争和社会革命，促使旧的社会形态向新的社会形态转变，推动着社会的进步。也就是说，社会生产力的进步，国家上层建筑的革新，社会形态由低级向高级的发展，都是人民群众实践活动的产物，或者说，历史发展进步的一切都应该归功于最广大人民群众的生产实践、阶级斗争和科学实践等活动。由此可见，人民群众是历史发展的主体，是推动社会历史前进的根本力量，与社会基本矛盾及其运动是社会发展的根本动力、阶级斗争是阶级对立社会发展的直接动力的观点，是完全一致的。同时，马克思主义还认为，社会进步的客观标准与人民群众的价值尺度是一致的。人民群众是社会生产力的代表者，是社会生产力最主要的基本构成要素。人民群众的意愿和要求体现着社会生产力发展的方向。人民群众的利益及其实现是社会发展的目的。社会越发展、越进步，人民群众就应该得到更多更大的利益；反过来讲也是如此，人民群众的利益实现得越多越好，人民群众的生活水平越来越高，越来越幸福，说明这个社会就越进步、越合理。所以，完全可以说，社会进步发展的人民群众的价值尺度是与生产力发展这一最高的客观标准

① 中共中央宣传部：《科学发展观学习读本》，学习出版社 2006 年版，第 18 页。

② 《马克思恩格斯全集》，第 18 卷，人民出版社 1964 年版，第 325 页。

在总体上是一致的。因此之故，唯物史观被称之为群众史观。作为以马克思主义为指导思想的中国共产党，其理论和实践的最高指向是人民群众。以人为本作为我们党新阶段的重要执政理念、社会发展理念，其中的“人”，首先必定是“人民群众”无疑。

其次，“以人为本，与我们党提出的始终代表中国最广大人民的根本利益是完全一致的”。① 群众观点是党的基本观点，党的根本宗旨就是全心全意为人民服务。党的群众观点、根本宗旨决定了党所作的一切首先是为人民服务的，是以实现好、维护好和满足好最广大人民群众的根本利益为目的的。因此，以人为本的“人”，首先必须是“人民群众”。

群众路线是我们党的根本工作方法、领导方法。群众观点和群众路线是毛泽东思想的基本点和灵魂。毛泽东指出：共产党人的一切言论行动，必须以合乎最广大人民群众的最大利益，以最广大人民群众所拥护为最高标准。邓小平强调：中国共产党的含义或任务，就是“全心全意为人民服务，一切以人民的利益作为每一个党员的最高准绳”。他把“人民答应不答应、人民支持不支持、人民满意不满意”作为党新时期制定方针政策和开展工作的重要尺度，“是否有利于人民生活水平的提高”是“三个有利于”标准的核心。“三个代表”重要思想把“代表中国最广大人民群众的根本利益”作为党的工作的出发点和落脚点。胡锦涛提出，我们党要始终坚持“权为民所用，利为民所谋，情为民所系”，“实现好、维护好、发展好最广大人民的根本利益，保证人民群众共享改革发展的成果”；“党的理论、路线、纲领、方针、政策和工作必须以符合最广大人民群众的根本利益为最高衡量标准。”② 坚持以人为本，就是“从人民群众的根本利益出发谋发展、促发展，不断满足人民群众日益增长的物质文化需要，切实保障人民群众的经济、政治和文化权益，让发展的成果惠及全体人民”。③ 以人为本，“具体地说，就是在经济发展的基础上，不断提高人民群众物质文化生活水平和健康水平；就是要

① 中共中央宣传部：《科学发展观学习读本》，学习出版社 2006 年版，第 18 页。

② 《十大以来重要文献选编》（上），中央文献出版社 2005 年版，第 364 页。

③ 《十大以来重要文献选编》（上），中央文献出版社 2005 年版，第 850 页。

尊重和保障人权，包括公民的政治、经济、文化权利；就是要不断提高人民的思想道德素质、科学文化素质和健康素质；就是要创造人们平等发展、充分发挥聪明才智的社会环境”。① 可见，我们党无论是在理论思想上，还是在工作实践中，都很鲜明地坚持了“人民性”和“群众性”。

再次，在新时期，党所处的历史阶段和历史方位必须把人民群众作为党最主要的依靠力量。我国社会现正处在并将长期处在社会主义初级阶段。在这个历史阶段，社会生产力的水平还不高，落后的社会生产和人们日益增长的物质文化生活需要依然是我国社会的主要矛盾，社会各种矛盾还比较复杂，特别是阶级矛盾和斗争在一定条件下还存在、并有可能激化；国际上的各种反华势力、反动势力仍然对我国的社会主义建设和社会稳定构成一定的现实威胁。十六大报告认为：“我们党历经革命、建设和改革，已经从领导人民为夺取全国政权而奋斗的党，成为领导人民掌握全国政权并长期执政的党；已经从受到外部封锁和实行计划经济条件下领导国家建设的党，成为对外开放和发展社会主义市场经济条件下领导国家建设的党。”② 这就是我们党所处的历史方位。这就要求我们党必须着眼于中国和世界的历史、现状和未来，做到既不割断历史、又不迷失方向，既不落后于时代、又不超越阶段，准确把握时代特点和党的任务，认真研究和解决推动中国社会进步和加强党的建设的问题，科学制定并正确执行党的路线方针政策。我们党在执政理论、理念和政策设计等方面强调政治性和阶级性是具有历史必然性的。我国工人阶级是我们党坚实的阶级基础，我们党要始终保持工人阶级先锋队的性质，保持先进性，必须始终依靠工人阶级。工人、农民、知识分子、干部、军人是社会主义事业最重要的劳动者，是社会主义建设的基本力量，也是党最基本的依靠力量和最坚实的群众基础。改革开放以来，我国社会阶层构成发生了新的变化，出现了民营科技企业创业人员和科技人员等新的社会阶层。这些新的社会阶层中的广大人员，也同工人、农民一样是中国特色社会主义事业的建设者，也属于人民群众的范畴，也是新时期扩大了的党的群众基础。在始终保持党的阶级性和先进性本质

① 《十大以来重要文献选编》（上），中央文献出版社 2005 年版，第 768 页。
② 《十大以来重要文献选编》（上），中央文献出版社 2005 年版，第 9 页。

的同时，根据经济发展和社会进步的实际，增强党的阶级基础和扩大党的群众基础，不断提高社会影响力和凝聚力，是我们党加强党的建设的重要内容和方针，是巩固党的执政地位、提高执政能力和水平的历史任务。在现阶段，中国共产党是中国工人阶级和中国人民的先锋队，工人阶级和人民群众始终是党的阶级基础和群众基础，是党最有力和最可靠的支持与依靠力量。而要巩固阶级基础、扩大群众基础，赢得最广大人民群众的拥护和支持，第一位的是党的理论、路线、方针和政策必须代表人民群众的利益。党的理论是党的旗帜，党的形象。群众判断一个政党是不是为人民服务的，首先是看这个政党的理论主张。根据马克思主义的观点，人民群众是社会历史的创造者，是社会发展的主体力量，是推动社会发展最根本的动力。如果一个理论是代表人民群众的，是以人为本的，那么，这个理论就必然充分肯定人民群众的历史创造者的主体地位和作用，就必然要反映人民群众的愿望、意志和要求，就必然要尊重人民群众的创造精神和满足人民群众的自由全面发展的需要。马克思主义理论之所以是无产阶级及其劳动人民的理论，唯物史观之所以是群众史观，最根本的是把人民群众作为历史的主体、发展的主体。无产阶级和劳动群众是马克思主义的心脏和血液，群众的实践是马克思主义的基础。科学发展观作为马克思主义关于发展世界观和方法论的集中体现，是我国经济社会发展和推动社会主义现代化建设必须长期坚持的指导方针，人民群众必然是这个理论的"剧中人"和"剧作者"，是这个理论依靠和服务的对象。因此，作为科学发展观核心的"以人为本"的人，首先必须是指最广大的人民群众。这也是科学发展观作为马克思主义的发展观的根本点。

三、以"每个人"为本

"'以人为本'的人字，相当于英文的 human (being)，是一个集合名词，是系统概念，是个人、群体和类的统一。只有对人的概念作这样的规定，才是正确反映人的实际，把它贯彻到哲学和社会科学有关人的问题的理论中，才能得到对人的全面的科学的认识。”① 毫无疑问，科学发展观中“以人为本”的“人”，是现实的人，而现实的人必然是指“每个人”。因为只有每个人才是个人、群体和类的统一。从本质上讲，以人为本就是以“每个人”或“所有的个人”为本。

（一）理论论证

其一，“每个人”在马克思主义理论中有着崇高的地位。在马克思主义理论中，“人”是指社会的每一个成员——“每个人”。马克思主义一直就关注人、关心人，十分重视对人的问题的研究。在马克思的著作中，凡是谈到人及其发展问题，都不是泛泛而谈，而是明确把个人作为其理论的着眼点和落脚点，把人归结为“个人”，把人的发展归结为“个人的发展”。首先，马克思主义是从现实的个人出发来探讨人的问题的。“人”不是抽象的人，而是现实的、具体的、参与社会历史活动的人，是具有丰富的自然属性和社会属性相统一的人。历史的第一个前提是有生命的个人、现实的个人的存在。“现实的个人”不仅是历史的前提，而且是马克思主义及其人学的理论前提和理论原则。马克思、恩格斯一再强调，他们观察问题的方法是从“现实的有生命的个人本身”出发的。“全部人类历史的第一个前提无疑是有生命的个人的存在，因此，第一个需要确认的事实就是这些个人的肉体组织以及由此产生的个人对其他自然的关系”。所以，他们把人类历史最终归结为“个人本身力量发展的历史”，“人们的社会历史始终只是他们个体发展的历史”。② 当然，现实的个人，不是离群索居、与世隔绝和固定不变的个人，而是在一定生产关系中从事生产的个人。马克思、恩格斯指出：“这里说的个人不是他们自己或别人想象的那种个人，而是现实中的个人，也就是说，这些个人是从事活动的，进行物质生产的，因而是在一定的物质

① 陈志尚：“正确把握以人为本的科学内涵”，《北京大学学报》（社科版），2005年第2期。

② 《马克思恩格斯选集》第4卷，人民出版社1995年版，第532页。

的、不受他们任意支配的界限、前提和条件下活动着的。”① 因此，恩格斯把马克思主义创立的唯物史观直接称为“关于现实的人及其历史发展的科学”。②

马克思认为，“人们的社会历史始终只是他们的个体发展的历史”，未来理想社会是“以每个人的全面而自由的发展为基本原则”的社会形式；历史发展的最高目标是实现每个人的自由全面发展。实现每个人的全面发展是社会发展所追求的终极目标和最高原则。社会发展史说到底不过是个人本质力量发展的历史，而个人本质力量的发展，就是每个人的自由全面发展。每个人的自由全面发展不仅是推动社会发展的动力，而且也是社会发展所追求的目标。在马克思主义哲学诞生的标志性著作《德意志意识形态》中，马克思、恩格斯指出：未来的共产主义是“个人的独创的和自由的发展不再是一句空话的唯一的社会”，“个人的全面发展……正是共产主义者所向往的”，“不可避免的共产主义革命……本身就是个人自由发展的共同目标”。③ 作为无产阶级最高价值追求的共产主义“是各个人的这样一种联合（自然是以当时发达的生产力为前提的），这种联合把个人的自由发展运动的条件置于他们的控制之下”；而在这种新的“真正的共同体制下，各个人在自己的联合中并通过这种联合获得自己的自由”和发展。马克思和恩格斯在《共产党宣言》中指出：未来的社会形态是“自由人的联合体”；在共产主义社会，“每个人的自由发展是一切人的自由发展的条件”。④ 在《资本论》中，马克思把未来社会明确界定为“自由人的联合体”，是“以每个人的全面而自由的发展为基本原则的社会形式”。马克思还认为，未来共产主义社会人的发展特征表现为：“建立在个人全面发展和他们共同的社会生产能力

① 《马克思恩格斯选集》第 1 卷，人民出版社 1995 年版，第 71—72 页。

② 《马克思恩格斯选集》第 4 卷，人民出版社 1995 年版，第 241 页。

③ 《马克思恩格斯全集》第 3 卷，人民出版社 2002 年版，第 516 页、第 330 页、第 516 页。

④ 《马克思恩格斯选集》第 1 卷，人民出版社 1995 年版，第 119—121 页、第 294 页。

成为他们的社会财富这一基础上的自由个性"。[①] 恩格斯认为：共产主义社会是一个可以"使每一个社会成员都能够完全自由地发展和发挥他们的全部力量和才能"的共同体。[②]"发展人类的生产力，也就是发展人类天性的财富这种目的本身"，[③] 也就是"不以旧有的尺度来衡量的人类全部力量的全面发展成为目的本身"。[④] 当每个人都获得自由发展的时候，一切人、所有的人全面发展的时代就到来了。马克思和恩格斯关于"个人"诸如此类的论述在他们的著作中可以找出很多，"每个人的自由发展是一切人自由发展的条件"，未来社会是"自由人的联合体"等命题也在他们的著作中随处可见，这充分说明"个人"以及"每个人的自由发展"并不是马克思、恩格斯随意使用的一个概念和命题。强调"个人"和"每个人的自由发展"在未来社会的地位清楚地显示出马克思主义对共产主义社会在本质上的规定，表明共产主义社会是个人作为真正的个人而存在和发展的社会。马克思致力寻找的理想社会的制度条件是："每个社会成员共同拥有社会财富、每个人自由而全面发展。"马克思认为，理想社会应致力于为"每个人"的个性自由发展创造制度条件，而不能使国家机器成为少数人实现本阶级利益的工具。"每个人自由而全面的发展"的理想状态是"一个也不少"。[⑤]

"每个人的自由发展是一切人自由发展的条件。"这是马克思主义关于未来社会本质特征最为重要的论述之一。这一论述的主体是"每个人"，而不是一般的人。众所周知，没有"每个人"就没有"一切人"，没有"每个人"的自由发展，也就没有"一切人"的自由发展。因此，自由发展的人不是"个别人"，也不是"多数人"或"绝大多数人"，而是"每个人"。"每个人"的"自由发展"，是未来共产主义社会的标志，

---

① 《马克思恩格斯全集》第 23 卷，人民出版社 1972 年版，第 649 页、第 104 页。

② 《马克思恩格斯选集》第 1 卷，人民出版社 1995 年版，第 237 页。

③ 《马克思恩格斯全集》第 26 卷，第 2 册，人民出版社 1973 年版，第 124 页。

④ 《马克思恩格斯全集》第 46 卷（上），人民出版社 1979 年版，第 486 页。

⑤ 徐瑄、谢龙："'以人为本'的社会主义宪政理念实现的制度条件"，《哲学研究》，2005 年第 7 期。

是“一切人”的自由发展的条件。毫无疑问，在共产主义社会以前的社会形态中，并不是没有任何一个人能够全面发展、自由发展的现象，而是只有极少数的个人能够具有全面、自由发展的条件。例如，在封建社会，统治阶级中的极个别人，或最高统治者，他们之中有个别不仅享有自由发展、全面发展的条件，而且发展得也还比较全面，诸如中国古代的曹操、康熙、苏东坡等；在资本主义发展阶段，由于社会生产力的快速发展、自由民主政治的不断发育成长，有少部分人，如社会富裕阶层的一些人，享有一定的自由发展和全面发展的社会条件，具备由全面而自由发展的可能向现实转变的前提。但是，不管怎么样，社会主义、共产主义以前的社会形态，能够享有自由全面发展的人只是社会中的极少数人、极个别人，因而是不平等、不公正的，必须也必然被促使“每个人”自由而全面发展的新社会所代替。社会主义社会作为共产主义的低级阶段，尽管人的自由全面发展程度达不到高级社会形态时期的水平，但社会主义社会的价值目标与高级阶段是一致的。就人的发展而言，社会主义社会和共产主义社会的区别，绝不在于发展主体的“量”的区别，而是表现在“发展”的自由性和全面性的程度上的差别。也就是说，社会主义和共产主义在实现人的发展上的差别，绝对不是社会主义因为现实条件的问题就可以在理论上主张不促进“每个人”发展而只保障“多数人”或“绝大多数人”的发展，而共产主义社会则是实现“每个人”的自由发展的社会，而是人的发展的自由、全面程度的区别，即发展自由度的大小、全面性的高低等，也就是说共产主义社会人的发展的自由度和全面性要高于社会主义时期。简而言之，社会主义社会绝对不能在理论上主张我们只促进多数人自由全面的发展，而可以不顾少数人的自由全面发展，或者说，绝对不能认为，促进每个人的自由全面发展不是社会主义社会的事情，而是共产主义的事情。由此，社会主义社会也必须把促进“每个人”的全面自由发展作为发展的目标、作为衡量社会发展的标准、作为指导发展实践的方针。从这个角度看，马克思主义的本质决定了科学发展观的“人”，在本质上应该是指“每个人”、“所有的个人”。在科学发展观中，以人为本就是以“每个人”为本。以每个人为本，就是把每个人作为最高目的，以每个人为最高价值，一切为了每个人的幸福和自由，一切为了每个人的自由而全面的发展，其最终目的是实现每个人的自由全面发展。因此，“以人为本”，在本质上是以“每个人”为本。

其二，实现经济社会全面进步和人的全面发展是科学发展观的目标内容，也是与马克思主义关于未来社会的目标一致的。

马克思主义认为，发展是每个人的自由全面发展及其社会条件的实现过程。社会发展和人的发展是一致的。社会发展到什么程度，人的发展也到什么程度；反之亦然。实现人的自由全面发展是社会发展的理想目标和永恒追求，未来的共产主义社会是自由人的自由联合体，是实现人的自由全面发展的社会。马克思指出：“人们的社会历史始终只是他们的个体发展的历史”；“根据共产主义的原则组织起来的社会，将使自己的成员能够全面地发挥他们的各方面的才能。”社会发展是个由必然王国不断走向自由王国的无止境的过程。在自由王国里，人既是自然的主人，又是社会的主人，还是自己的主人。人类社会发展的历程就是不断走向这个自由王国的历史，是一个绝对和相对辩证统一的过程。

科学发展观强调，发展必须坚持“以人为本”。“坚持以人为本，就是要以实现人的全面发展为目标；”① 以人为本，就是要“不断满足人们的多方面需求和促进人的全面发展”。发展必须坚持全面、协调和可持续，而全面、协调和可持续的发展是为了实现经济社会和人的全面发展。科学发展观按照马克思主义对未来社会发展的设计思路来规划我国今天的发展目标，把当代中国的发展问题直接放在世界历史的大视野中进行考虑，实现了我国社会经济和人的发展与马克思主义关于未来社会人的发展目标的对接，既立足现实又放眼长远，从根本上回答了当代人类和中国社会面临的发展问题。所以说，科学发展观所要求解决的现实问题和追求的目标与马克思主义关于“自由个人的联合体”未来社会发展目标是一致的。这也决定了科学发展观视域中的“以人为本”是以“每一个人”为本。

其三，社会主义的本质决定科学发展观的“以人为本”是以“每一个人”为本。邓小平认为，社会主义的本质是解放生产力，发展生产力，消灭剥削，消除两极分化，最终实现共同富裕。人在生产力中的构

① 《十六大以来重要文献选编》（上），中央文献出版社 2005 年版，第 850 页。

成和地位，决定解放和发展生产力最根本最重要的是解放人、发展人。只有首先解放人和发展人，才能最充分最广泛地发挥劳动者的积极性、主动性和创造性，才能有效实现解放和发展生产力的历史任务。社会主义的本质内在地要求把解放每一个人、发展每一个人作为社会主义社会的一个根本性的历史任务，内在地要求充分发展每个人的才能、提高每个人的素质、发挥每个人的能力。在社会主义社会，社会的最大财富不是权力、金钱，而是人，是人自己拥有的智慧、知识和能力等构成的综合素质。因此，“人尤其是每个人能力的自由、平等和全面发展”是当代中国最需要的，但又是最缺乏的，因而应成为当代中国发展本质的一项重要内容。[①] 当前，由于历史和经验、体制和人的素质等方面原因的制约，我国社会在转型时期，存在一些与社会主义本质要求和科学发展观的要求不相协调的做法及现象，限制着中国社会的全面进步和人的自由全面发展。科学发展观明确提出，要把我国的人口资源变为人力资源，并要求全社会树立“人力资源是第一资源”的观念。胡锦涛指出：“做好人口资源环境工作，是树立和落实科学发展观的必然要求和重要内容。”[②] 坚持和落实科学发展观，就是要改革社会体制和机制，促进每个人充分发挥其潜能而实现全面发展，促进社会进步和人的发展的协调共进。

其四，我国社会发展的现实目标和长远目标决定“以人为本”应是以“每个人”为本。全面建设小康社会和和谐社会是我国社会发展的现实目标。实现这个目标的基础是社会生产力的提高和发展。改革开放的实践证明，建立社会主义市场经济体制、发展社会主义市场经济，是发展生产力最有效的方式。因为社会主义市场经济从文化上讲是指以人的能力、素质为基础的经济运行方式，它坚持以人的能力、素质竞争为杠杆，内在地要求每个人充分发挥各方面的能力，提高综合素质。

市场经济的发展在促进个人独立性、自主性的增强，以及推动人的主体性的确立和发挥等方面具有比其他经济运行形式所没有的独特作用和优势。在自然经济条件下，人们的生产能力很低，人类个体的生命完

① 韩庆祥：《发展与代价》，人民出版社 2002 年版，第 100 页。

② 《十六大以来重要文献选编》（上），中央文献出版社 2005 年版，第 853 页。

全依赖于群体生活，离开了群体根本就没有个体生存的可能，人只能是以血缘或地缘为纽带结合成群体形式而存在，社会发展和人的发展只能以群体为本位。商品经济、特别是在市场经济条件下，由于“商品是天生的平等派”，价值法则——等价交换原则在社会经济生活中占主导地位。等价交换原则的前提是每个参与者都必须成为独立和平等的社会主体，必须是能够自由地支配自己所拥有的各种资源或自身劳动力的主体。如此而来，市场经济则把个人就从封建宗法观念和人身依附关系下解放了出来，推进了人的独立人格的形成和个性的不断丰富与发展。与此相适应，便提出并确立起来了以个人为本位的社会价值观。在市场经济条件下，“以人为本”强调了有生命的个人存在的重要性，强调了必须把个人当作一切社会活动的目的和中心，这就是人道主义精神。但是，由于市场经济有其固有的局限性，导致个人的这种独立性建立在“物的依赖性”基础之上，人走向物化或商品化，人道主义精神并没有真正实现。在发展社会主义市场经济的过程中，我国社会也不可避免地会出现一些负面的东西。尽管如此，市场经济毕竟强调了人本身存在的意义和价值，并为未来真正地实现每个人的自由全面发展创造了条件。社会主义市场经济是从根本上对资本主义商品经济的“扬弃”。科学发展观的提出也是为了充分发挥市场经济的积极作用，用新的发展思路和战略尽力避免市场经济所引发的负面效益，并解决好我国发展市场经济出现的问题，为实现党的最终目标——建立自由人的自由联合体，奠定坚实的物质基础。

其五，调动一切可以调动的因素、发挥各种可以发挥的力量为实现和完成党在一定阶段的历史任务而奋斗，是我们党一贯的主张和做法。毛泽东在新民主主义革命时期就把“统一战线”作为党开展工作和争取革命胜利的一个法宝。在社会主义革命和社会主义建设时期，毛泽东和我们党根据新形势和我国阶级结构的变化，明确提出和确立了“调动一切可以调动力量”的方针，并把统一战线扩大为爱国统一战线，还开辟了国际统一战线。邓小平高举爱国主义、社会主义的旗帜，加强全国各族人民的大团结，巩固和发展最广泛的爱国统一战线。规定爱国统一战线的基本任务是：高举爱国主义、社会主义旗帜，团结一切可以团结的力量，调动一切积极因素，化消极因素为积极因素，同心同德，群策群力，坚定不移地贯彻执行党的基本路线，为维护安定团结的政治局面服务，为推进社会主义民主建设服务，为促进“一国两制”、和平统一祖国服务。江泽民在十六大报告中把“坚持团结一切可以团结的力量，不断增强中华民族的凝聚力”作为我们党在新的历史阶段深化对“什么是社会主义、怎样建设社会主义，建设什么样的党、怎样建设党”认识的十条宝贵经验之一。指出：“最大多数人的利益和全社会全民族的积极性创造性，对党和国家事业的发展始终是最具有决定性的因素。在我国社会深刻变革、党和国家事业快速发展的进程中，妥善处理各方面的利益关系，把一切积极因素充分调动和凝聚起来，至关紧要。”要求把“尊重劳动、尊重知识、尊重人才、尊重创造”作为党和国家在全社会认真贯彻的一项重大方针。提出要形成与社会主义初级阶段基本经济制度相适应的思想观念和创业机制，营造鼓励人们干事业、支持人们干成事业的社会氛围，放手让一切劳动、知识、技术、管理和资本的活力竞相迸发，让一切创造社会财富的源泉充分涌流，以造福于人民。胡锦涛在强调坚持用科学发展观指导人口资源环境工作要注意把握的几个方面时指出：“要牢固树立以人为本的观念。人口资源环境工作，都是涉及人民群众切身利益的工作，一定要把最广大人民的根本利益作为出发点和落脚点。要着眼于充分调动人民群众的积极性、主动性和创造性，着眼于满足人民群众的需要和促进人的全面发展，着眼于提高人民群众的生活质量和健康素质，切实为人民群众创造良好的生产生活环境。”从我们党在不同时期关于“调动一切积极因素”的论述来看，只要是对我国社会发展和人的发展起促进作用的，无论什么人、什么事，都可以纳入“一切积极因素”的范畴；不仅如此，我们还要想尽办法把那些目前暂时对我们的事业不利的、消极的因素要转变为有利的、积极的因素。“团结可以团结的力量”、“调动一切可以调动的因素”，其预设的前提是所有的社会成员、是“每个人”；其内涵是包含而不是排除“每个人”的，是依赖而不是抛弃每一种社会力量的。社会主义事业是全体中国人民的事业，也是世界人民的事业；促进我国社会经济全面、协调和可持续发展、推进人的自由全面发展是“每一个”当代中国人的历史使命和神圣职责。以人为本的科学发展观就是要调动一切可以调动的力量和因素，同心同德，为实现科学发展观所追求的目标而努力奋斗。

其六，以每个人为本是对为人民服务、代表最广大人民群众根本利益的继承和发展。如果以人为本的人，仅仅是指大多数人，即指“人民群众”，这个命题就没有什么理论价值，便不是理论创新。因为，以人为本的“人”，如果仅仅只是“人民群众”，就与“为人民服务”、“代表最广大人民群众”没有实质性的区别，就没有体现时代性和进步性，是毫无意义的。只有把以人为本的人看作是每个人、是社会全体成员、甚至是整个人类社会的成员，在理论上才是一种进步。如前所述，人民尽管是指社会绝大多数人，但一些人、哪怕是极少数人，是在“人民”范畴之外的，“人民”并不包括社会所有的个体。时代的发展、社会的变化，使人的价值日益凸现。尊重每一个人、维护每个人作为人的权益、促进每个人的发展、充分发挥每个人的聪明才智、开发每个人的潜能，是当今世界的潮流。从理论的时代性而言，以人为本必然具有时代特色，也只有如此，科学发展观才是对马克思主义、尤其是中国化马克思主义的创新和发展。中国特色社会主义是全体中国人的伟大事业，也是对全人类作出伟大贡献的事业。它不仅需要所有中国人的努力，而且需要得到世界人们的支持和帮助。如果以人为本的科学发展观，仍然只是把发展的主体界定为“人民”，依然过于突出政治性，或仅仅从政治的角度考虑人的问题，而不是从哲学、人文的角度来对待人，来解决人的生存和发展问题，那么，便不利于中国特色社会主义事业发展，不利于促进中国人的发展，也不利于中国走向世界，从而对全人类作出中国人应有的贡献。因此，只有把以人为本的人理解为每个人、以每个人为本，才是对马克思主义、中国化马克思主义人民思想的发展，才能真正成为中国特色社会主义实践的指针。

（二）实践检验

2008 年 5 月 12 日以四川汶川为中心的特大地震，不仅给灾区的每一个人带来了巨大的痛苦和强烈的震撼，而且给每一个中国人带来了巨大的伤痛和强烈的震撼。众志成城、抗震救灾，既是中国特色社会主义制度优越性的体现、改革开放 30 周年取得伟大成就的经验，也是贯彻科学发展观、坚持“以人为本”、坚持以“每个人”为本的伟大实践。

以人为本，人的生命高于一切。这是这次抗震救灾和灾后重建工作的一个基本指导思想。地震发生后，党中央在第一时间召开紧急会议，做出重大决策，动员全国的力量，接受世界各国政府和人们的支持，把抗震救灾作为首要任务，把挽救生命作为第一位的、最重要的任务。党和国家领导人多次召开中央政治局常委会和政治局会议，根据灾情的变化和灾区的实际情况，研究抗震救灾工作。党和国家领导人不顾余震不断的危险，亲临第一线，在指挥救灾的战场上，始终强调必须把救人放在第一位，反复要求：只要有一线希望，就决不放弃，就要千方百计地抢救。地震发生后仅 14 分钟，第一支军队救援队便启程前往震区。两小时后，国务院总理温家宝乘坐专机前往灾区，当晚就在都江堰灾区现场成立了国务院临时抗震救灾指挥部。在随即召开的抗震救灾会议上，温总理作出了重要指示：“现在第一位的工作是抓紧时间救人”，“多争取一分一秒的时间就可能多抢救出一个被困者”，“只要有一线的希望、只要有一点生还的可能，我们就要做出百倍的努力”。人的生命是最宝贵的，是第一位的。党和政府始终把人的生命安全放在首位的坚定信念和救人第一的决心，支撑着神凝情牵的举国大救援。不抛弃、不放弃，只要有一线希望，就要以千百倍的努力进行抢救。人民解放军、武警部队的官兵、公安、司法人员、民兵、社会团体的成员、社会志愿者等以忘我的精神、不怕牺牲、不怕危险的大无畏的勇气，克服重重艰难险阻，在废墟中寻找和救出生还者。对于伤员，都是以最快的速度进行医疗救助，共救治伤员 200 多万人。国家给予了 96410 人免费住院治疗，并将上万名重伤人员用专机、专列等先进交通工具送往北京、上海、武汉、昆明等城市最好的医院进行治疗。党和政府不仅十分关注地震给人带来的生理伤害，而且还特别关心地震给人造成的心理创伤。心理干预、心理救助、情感关爱等被提到了前所未有的重要地位。心理救援队伍、心理咨询人员活跃在灾区的每一个角落，对伤者、失去亲人的人，特别是对那些受了惊吓的孩子们进行了大量的心理救助和情感安抚。

在想方设法抢救和救治生还者的同时，国家也没有忽视对死者的关怀。尊重死者的尊严，让其安心地、体面地告别这个世界是人文关怀的一个重要内容。因为死者的归宿关乎生者的安宁，当所有的死者最终都能够安息，生者也才能得到慰藉和安宁。我们看到，在救灾现场，温家宝总理对受难者三鞠躬。党和政府做出决定，把5月19—21日作为全国哀悼日。哀悼日期间，全国各地和世界各国的中国驻外机构下半旗致哀，我国各地停止一切娱乐活动，报刊停发各类广告，“北京奥运会火炬”传递活动也决定暂停。5月19日14时28分，国旗缓缓降下致哀，汽车、火车、船舶汽笛长鸣，防空警报拉响，全国所有的人为在地震中受难的同胞默哀3分钟，以最庄严的仪式表达对死难者生命尊严的尊重。民政部、公安部、卫生部还制定了《关于“5·12”地震遇难人员遗体处理意见》，明确规定在遗体处理时，要严格遵守操作规程，尊重遇难者的生命价值，维护死难者的尊严。

抗震救灾体现、坚持和做到了以人为本、以每个人为本。对生命的尊重和关爱，对人的关怀和抚慰，是当今中国社会最广泛的共识，是人们最高的行动指南。抗震救灾是如此，灾后重建工作同样也是如此。我们看到，灾后重建的一切工作都是从人出发，着眼于“每个人”。考虑每个人的愿望、照顾到每个人的利益是灾后重建工作的出发点和落脚点。

在灾区群众的基本生存问题解决之后，帮助受灾群众解决发展的需求、重建灾区、尽快恢复生产的问题马上提上了日程。6月8日正式施行的《汶川地震灾后恢复重建条例》，明确规定了汶川地震灾后恢复重建的方针和原则。坚持以每个人为本、立足于保障受灾群众的生存和发展的基本需求、维护每个人的合法权益，是重建家园根本方针和原则。从中央到地方，各个相关部门都在为灾后重建和恢复生产而努力。财政部、国家税务总局6月19日联合发出了《关于认真落实抗震救灾及灾后重建税收政策问题的通知》，从企业所得税、个人所得税、房产税等方面对抗震救灾及灾后重建进行税收优惠。6月10日央行决定上调人民币存款准备金率一个百分点，但地震重灾区的法人金融机构暂缓。环境保护部也已经启动灾区灾后恢复重建规划，重点对四川等灾区省份的环保能力恢复、饮用水源地保护、环境风险排查、灾区生态评估等提出切实可行的方案。所有这些努力都为灾后的重建、生产的恢复和灾区的可持续发展提供了有利的条件，受灾群众的发展权得到了有力的保障。①

① 参见罗艳华：“对抗震救灾的人权解读”，《人民日报》，2008年7月15日。

汶川大地震造成的孤儿、孤老和孤残人员，是受灾群众中最困难的群体。为此，相关部门专门制定了《关于汶川大地震四川省“三孤”人员救助安置的意见》，对于“三孤”人员进行了最人性化的安置。《意见》明确规定，对地震孤儿采取亲属监护、家庭收养、家庭寄养、集中供养等办法进行长期安置。《意见》对孤儿救助安置的具体要求强调保护儿童权利，坚持儿童权利优先的原则，充分尊重孤儿的意愿；保障残疾孤儿医疗康复；保障孤儿接受良好教育的权利；保障孤儿成年后的住房和就业。此后又有相关文件规定对因灾造成的“三孤”人员发放生活补助，补助标准为每人每月 600 元，受灾的原“三孤”人员补足到每人每月 600 元，补助期限 3 个月。这些安置措施能够很好地保护“三孤”人员的基本权益，为他们未来的生活解除后顾之忧，有利于他们重新树立生活的信心。

抗震救灾的伟大斗争彰显了中国伟大的民族精神，也集中体现了和凸现以人为本的时代内涵。中央党校沈宝祥教授在《抗震救灾检验中国特色社会主义》一文中认为：“只要是生命，就要万分珍惜和尊重，而不管这个人是什么样的人，是什么民族，是男是女，是老是少，是领导还是群众，是富人还是穷人，是先进分子还是犯过错误的人。以人为本，前后都没有限制词。抗震救灾，这是对以人为本作的最好的注解。”[①] 抗震救灾，不仅是对以人为本的最好的注解，而且也是对以每个人为本的最好注解。

四、坚持以“人民群众”和“每个人”为本的具体的历史的统一

“以人为本”的人，一说是指“人民群众”，一说是指“每个人”，这两种认识是不是矛盾呢？表面上看，似乎是相互对立的，深究起来，

① 沈宝祥：“抗震救灾经检验中国特色社会主义”，《学习时报》，第 443 期，2008 年 7 月 7 日。

二者是辩证统一的，是相互一致、有机统一的。毫无疑问，从本质上看，在社会主义社会，人民群众和每个人的根本利益是一致的，是能够实现统一的。但在现实中，我们不能否认，多数人的利益和少数人、每个人的利益，国家、集体和个人的利益有时会不一致，有矛盾，甚至有激烈的对立或冲突。在实践中，当二者的根本利益一致时，我们如何处理？当二者的利益不一致、发生矛盾和严重冲突时，又该怎么办呢？这就要求我们坚持马克思主义活的灵魂，具体问题具体分析，在社会实践中实现以“人民群众”为本和以“每个人”为本的具体的历史的统一。

（一）每个人与人民群众的统一

个人和群体、个人和集体的关系，其实就是个人和社会的关系，这是历史观的根本问题。在理论上对这一问题的不同回答，是区分不同历史观的标志；实践上如何处理这个问题，是判断一种社会制度、一个政党、一个集团的根本性质的重要尺度。

中国人学学会会长陈志尚教授认为，现实的人，从社会构成而言有两层含义：一是指社会全体成员，二是指人民群众。社会全体成员，其实就是指“每个人”。因此，现实的人，也可以说就是指“每个人”和“人民群众”。

“每个人”是个集合名词、系统概念。它包括三个层次，即个人、群体和类的统一。“每个人”包含“个人”，但与“个人”不是同一个概念。诚然，有生命的个人是作为类的人和社会的基本单元，但无论如何，个人是无法也不可能构成“每个人”的。个人属于自我范畴，如果以人为本是以“个人”为本，那么，以人为本则变成了个人中心主义、绝对利己主义的命题。因为以“个人”为本，就是以“自我”为本，个人与他人、自我与社会，既可能一致，也可能不一致；有利于个人的，可能不利于他人；有利于他人的，则可能有害于个人。这样，以“个人”为本，便难以做到以“个人”之外的“他人”为本，则必然走向绝对利己主义和极端个人主义。然而，“每个人”是个集合概念，属于社会范畴。每个人的利益和社会利益是完全一致的。凡有利于每个人的，必定有利于整个社会；反之亦然。另外，“每个人”包括“群体”但不能等同于群体。群体是由个人所构成，个人与他人按照一定的方式构成群体。在阶级社会或存在阶级的社会中，群体表现为阶级或阶层。群体和群体之间与个人和他人之间一样是有很大差别的，它们既统一又对立。也就是说，有利于此群体的不一定有利于其他群体，反之亦然。这样，对群体有利的并不一定有利于社会整体，即有利于一部分人的并不一定会有利于“每个人”，哪怕这一部分人是社会的绝大多数人。因此，如果仅仅只讲以“群体”的人为本，势必会对此“群体”之外的人带来不利，甚至危害其利益。人是类存在物。但是，作为“类”的存在本质，不能“理解为一种内在的、无声的、把许多个人纯粹自然地联系起来的普遍性”，不能把人理解为脱离所有的个人的抽象的类，而只能理解为有生命的个人，在社会中生活的、从事社会活动的现实的个人。而作为“类”的人，不是抽象的人，而是具体的个人。现实的人是个人、群体和类的统一体。而整个类和每个人，从构成而言都是指全部的人，人的整体。因此，现实的个人，是每个人和人民群众（群体）的统一。

每个人不同于个人、个体和自我，但毕竟包含个人、个体和自我。因此，研究每个人和人民群众的关系，有必要首先弄清楚个人与群众或者，个人和群体，或者个人与社会的关系。

人类社会是按照客观的运动规律发展的。但是，人类社会发展的规律不同于自然规律，它是通过无数的有意识、有目的、有激情的个人的实践活动构成的整体来实现的。社会发展的客观规律离不开人这一社会主体，离不开历史个体的社会活动。这说明，历史唯物主义关于社会发展的客观规律的原理是同人民群众和个人在历史上的作用的基本观点是联系在一起的。列宁指出：“马克思主义和其他一切社会主义理论不同，它既能以非常科学的冷静的态度去分析客观形势和进化的客观进程，同时又能非常坚决地承认群众（当然还有善于摸索到同某阶级的联系，并实现这种联系的个人、团体、组织、政党）的革命毅力、革命创造力、革命首创精神的意义，并且把这两方面卓越地结合起来。”① 列宁的这一论断不仅明确揭示人民群众和个人在历史发展中的作用，而且为我们把二者联系起来研究以人为本的“人”，以及“个人”和“人民群众”的

① 《列宁选集》第1卷，人民出版社1972年版，第729页。

关系提供了科学方法论。

“人民群众是历史的创造者”是马克思主义新历史观的根本观点。在社会发展史上，围绕谁是历史创造者的问题，长期存在着两种根本对立的观点。历史唯心主义总是说历史是帝王将相、英雄豪杰创造的。他们从社会意识决定社会存在的观点出发，总是夸大历史人物对社会发展的作用，贬低决定历史命运的人民群众，把人民群众看作是“群盲”和“一连串毫无意义的零”。历史唯物主义从社会存在决定社会意识出发，认为人类社会发展的历史，首先是生产发展的历史，物质生活的生产方式制约整个社会生活；生产力是社会发展的最终决定力量，人民群众是社会生产的主体，是社会历史的变革者和创造者。因此，人民群众的利益、意志和要求，从根本上代表了社会发展的方向。不仅如此，马克思主义还强调人民群众是社会实践的主体。社会实践是千百万人民群众改造自然、改造社会、创造社会的客观活动。人民群众既是社会物质财富的创造者，也是社会精神产品的创造者，同时还是社会历史变革的决定力量。从这一意义上说，马克思主义的群众观与实践观是统一的。

马克思主义在肯定人民群众是历史真正创造者的同时，承认和肯定个人在历史中的作用。人民群众是历史的创造者的原理内在地包涵着对个人的历史作用的肯定。社会是由众多的个人构成的有机统一体，这是马克思主义的一个基本观点。马克思、恩格斯认为，“我们开始要谈的并不是任意提出的，不是教条，而是一些只有在想象中才能撇开的现实的前提。这是一些现实的个人，是他们的活动和他们的物质生活条件”。所以说，“全部人类历史的第一个前提无疑是有生命的个人的存在”。①社会是由具有一定数量和质量的个人构成的整体。没有个人就没有社会，个人是怎么样的，社会也是怎么样的。社会活动是由不同的具有历史性的个体的活动构成的。我们不能离开个人抽象地去谈论什么社会。

个人，是指在一定历史条件下生活在特定社会关系中的个别社会成员。在人类社会中，每一位个体都在社会中生活、劳动，都是社会历史活动的参与者，都在历史中起着作用。只是每个人所起作用的性质、大小不同而已。但是，不管怎么样，每个人，只要在历史中存在、在社会

---

① 《马克思恩格斯选集》第1卷，人民出版社1995年版，第66—67页。

中活动，他就会在社会上刻有印痕，就会成为历史大潮的一朵浪花。个人的地位必须要得到充分肯定，不肯定个人对社会的优先地位和根本作用，无疑就等于取消人的历史地位。

同样，个人和社会的关系也是辩证统一的，二者既相互对立，又相互协调一致。社会，并不是单纯的抽象体，而是由具体的个人联合起来的共同体，即个人联合体。没有离开具体个人的社会，没有个人，必定没有社会。同样，没有离开社会而存在的个人。个人永远是生活在一定的具体社会关系中的个人，个人是社会性的存在，脱离了社会关系，就没有个人。在阶级对立的社会中表现为阶级与阶级之间的对立和冲突，个人和社会的关系是矛盾的主要方面。由于个人利益和社会利益的冲突，个人和社会的关系主要表现为矛盾和斗争。但是，社会主义社会，个人利益和社会整体利益在本质上是一致的，人与人之间的根本利益是一致的，因此，个人和社会相互依存、相互作用的和谐关系是根本的、普遍的，是矛盾的主要方面。由于根本利益的一致性，决定了个人和群体、个人和社会、乃至个人与个人之间的关系是能够在整体上取得普遍的统一。在社会具体的关系中，个人和群体、个人和社会能够和睦共处、协调一致，能够和谐发展。当然，社会主义社会，个人和社会也有矛盾、甚至冲突，但是，这种矛盾和冲突不是对抗性的，而是非对抗性的。解决矛盾和冲突的方式也只能是非对抗式的，而不是对抗式的斗争和革命。当个人和社会的利益发生冲突时，如果能够协调取得一致，就必须坚持社会公正，协调好各种利益关系，尽力不损一人地实现个人和社会利益的共赢；如果个人和社会利益、少数人的利益和多数人的利益冲突到只有牺牲一方的利益才能实现另一方的利益时，应该是牺牲个人和少数人的利益，而实现社会和大多数人的最大利益。必须说明的时，牺牲了的个人或少数的利益，在一定的条件下，社会应当尽力补偿。这就是个人和社会、少数人和多数人的具体的辩证统一。

人民群众和个人、社会与个人统一于人的社会实践之中。人是历史主体、实践主体。社会是人的活动创造的结果，历史是人的活动的历史。社会生活的实践本质决定了个人和人民群众在社会创造中的主体地位。实践永远是一个个具体的个体的活动，是每一个个体联合起来的活动。孤立的、脱离社会的个人及其活动不存在，脱离个体活动的群体实践也是不存在的。个人与个人之间在生产实践中相互联结成群体，个人的活动也只有在联合中才能发挥其应有的作用和威力。实践既是人与人相互联结的纽带，也是个人和群体相互统一的中介，更是二者存在和发展的基本方式。社会主义社会的本质及其属性，决定了个人和群体、个人和社会在根本利益上普遍一致。因此，人民群众和每个人在本质上是一致的。

（二）历史的统一

马克思主义强调，不能“撇开历史的进程”来空泛谈论任何个人，任何个人并不是孤立的、抽象的存在，都是“属于一定的社会形式的”。人从来就是现实的、历史的个人，人最根本的属性是人的社会性。人是什么样的，具有什么样的本质、品性、人格，从本质上说，不取决于人的自然特性、机体状况，而取决于人的社会关系。所以，马克思认为，人的本质，不是人的胡须、血液、抽象的肉体的本性，而是人的真正的社会联系；不是一种内在的、无声的、把许多个人纯粹自然地联系起来的共同性，而是人的社会特质。因此，考察人，不能脱离人的社会本质。离开人的社会关系就没有人的存在，人就成为了抽象体，不再是现实的、具体的个人了。

人在社会生活和社会实践中建立起了各式各样的社会关系，诸如经济关系、政治关系、思想文化关系等，由这些社会关系又可以演化为各种具体的社会关系。在人的诸多社会关系中，经济关系是最终起决定作用的关系。在阶级社会中，人的社会性最突出地表现为人的阶级性。因为，阶级关系实际上是经济关系的人格化。人的阶级性，使每一个人总是隶属于一定的集团、一定阶级，总是一定经济关系和物质利益的承担者。人不是作为一个纯粹的个人而存在，而是作为社会成员、国家公民或阶级社会中的某个阶级分子处在一定的社会关系之中。马克思、恩格斯认为：“个人隶属于一定阶级这一现象，在那个除了反对统治阶级以外不需要维护任何特殊的阶级利益形成之前，是不可能消灭的。”① 在阶级社会里，人的阶级关系在本质上是一种物质利益关系，决定着人的生活状况和思想状况。同时，个人理想、个人发展、个人自由的实现都离不开一定的群体或共同体。马克思、恩格斯认为：“个人力量（关系）由于分工转化为物的力量这一现象，不能靠人们从头脑里抛开关于这一现象的一般观念的办法来消灭，而只能靠个人重新驾驭这些物的力量，靠消灭分工的办法来消灭。”而要实现这一目标，靠单个人的独自奋斗是不可能的，必须在集体中、依靠最广大人民群众联合的力量。因此，人的解放、人的自由全面发展，“没有共同体，这是不可能实现的”。因为，“只有在共同体中，个人才能获得全面发展其才能的手段，也就是说，只有在共同体中才可能有个人自由”。② 马克思、恩格斯分析说，即使在过去的那种“冒充的共同体”中，诸如在剥削阶级的国家中，个人自由只能是对那些统治阶级范围内发展的个人来说才是存在的。那些人之所以有个人自由，也是因为他们是这个阶级的个人。而属于被统治阶级中的个人，那种“冒充的”、“虚假的”共同体，则不是实现个人自由的条件，而是束缚人的“桎梏”。因此，在那种“冒充的”、“虚假的”共同体中，个人是没有自由的。只有“在真正的共同体的条件下，各个人在自己的联合中并通过这种联合获得自己的自由”。③ 马克思、恩格斯进而总结道：“某一阶级的各个人所结成的、受他们的另一个阶级相对立的那种共同利益所制约的共同关系，总是这样一个共同体，这些个人只是作为普通的个人隶属于这种共同体，只是由于他们还处在本阶级的生存条件下才隶属于这种共同体；他们不是作为个人而是作为阶级的成员处于这种共同关系中的。而在控制了自己的生存条件和社会全体成员的生存条件的革命无产者的共同体中，情况就完全不同了。在这个共同体中各个人都是作为个人参加的。它是各个人的这样的联合（自然是以当时发达的生产力为前提的），这种联合把个人的自由发展和运动的条件置于他们的控制之下。而这些条件从前是受偶然性支配的，并且是作

① 《马克思恩格斯选集》第1卷，人民出版社1995年版，第118—119页。

② 《马克思恩格斯选集》第1卷，人民出版社1995年版，第119页。

③ 《马克思恩格斯选集》第1卷，人民出报社1995年版，第119页。

为某种独立的东西与单个人对立的。”①

从理论上讲，社会主义社会属于马克思、恩格斯所认为的那种“真正的共同体”。实际上，我国的社会主义社会由于是在生产力、经济、文化不发达，且比较落后的基础之上建立起来的，处于并将长期处于社会主义初级阶段，还不具备“发达的生产力”这个前提，还不是“各个人都是作为个人参加的”的联合共同体。虽然社会主义社会的性质决定我国不是阶级社会，阶级矛盾也不再是社会的主要矛盾，人的本质不直接表现为阶级性，人和人的关系不直接表现为阶级关系。但是，由于初级阶段这个最大的国情，决定了我国的阶级与阶级、阶层与阶层、人群与人群、个人与个人之间的对立，在一个相当长的历史时期是存在的。同时，在这个阶段，人群的共同体主要还是以阶级这种集团形式而出现和存在的，阶级矛盾也将长期存在，并在一定条件下可能激化。目前，尽管人们在实际的社会活动中没有很明显、很明确的阶级界限，甚至在思想认识中可能不清楚自己究竟是属于哪个阶级，但是，我们不可否认，社会主体还是以阶级集团的形式而存在的，社会成员的结构也是以阶级而构成的；社会中的绝大多数人还是隶属于一定阶级、阶层或集团的。所以，中国共产党在性质上首先必须明确其自身的阶级属性，是工人阶级的先锋队，并且要求全党要通过锲而不舍的努力保证党始终成为工人阶级的先锋队。工人阶级始终是推动中国先进生产力发展的基本力量。我们党必须始终全心全意依靠工人阶级。农民是工人阶级最可靠的同盟军，是社会主义制度的坚定拥护者，是现代化建设和改革开放中人数最多的依靠力量。我国农民同工人阶级紧密团结，是推动社会生产力发展的重要力量。《中共中央关于加强党的执政能力建设的决定》明确指出：我们党要始终“坚持全心全意依靠工人阶级的方针”，要“坚持把最广大人民的根本利益作为制定政策、开展工作的出发点和落脚点，正确反映和兼顾不同方面群众的利益。高度重视和维护人民群众最现实、最关心、最直接的利益，坚决纠正损害群众利益的行为”。② 我们也

① 《马克思恩格斯选集》第1卷，人民出报社1995年版，第121页。

② 《中共中央关于加强党的执政能力建设的决定》，人民出版社2004年版，第24页。

必须承认，我国现在又涌现一大批不同阶层的人员，他们既不属于工人阶级、也不属于农民阶级，处于一定的中间阶层。我们知道，即使在阶级社会中，也存在着许多不属于两大对立阶级、而属于中间阶层的社会成员，但这些人不能因此就没有了阶级性，更不能认为，他们的生活和思想状况是不受阶级关系决定和制约的。毛泽东在分析中国各阶级的状况时早就指出，中间阶层的社会成员在一定历史时期是会发生变化的，特别是在社会发展的转型阶段、关键时期，他们在思想和行动上不是站在这个阶级一边，就是与另外的阶级联系在一起。毛泽东的分析方法在我国现阶段依然是适用的。因此，那些中间力量（且在数量上不断增长）的存在，不能成为否认个人不属于一定阶级或阶层的根据。同时，我们党根据我国社会变化发展实际，在理论主张、政策制定等方面积极考虑社会各阶级、各阶层、各人群、甚至每个人不同的利益需求，统筹兼顾，尽力照顾各种不同利益群体、个体的差异，大力推动社会公平正义建设。但这丝毫不能成为作为无产阶级政党提出的理论、制定的政策、采取的措施不具有阶级性和人民性的根据。从这个层面恰恰说明，在我国现阶段，人的“个体性”和“阶级性”是能够得到统一的，能够实现一致的。“以人为本”能够把“人民”和“每一个人”有机结合并统一起来。党的理论、路线、方针政策既可以反映人民的要求、实现人民的利益，也可以反映社会成员“每个人”的愿望、满足“每个人”的需要。胡锦涛和温家宝关于“以人为本”的论述充分表达了这种统一性和一致性。近年来，党的各项决议、国家制定的法律法规、方针政策和政府、其他社会组织的实际工作无不体现了这种一致性。我们党把“以人为本”和“执政为民”统一起来一并提出，作为党在新时期的重要方针和工作原则；《中共中央关于加强党的执政能力建设的决定》指出：建设社会主义和谐社会，我们党要“推进社会主义民主的制度化、规范化和程序化，保证人民当家作主”。要“尊重和保护人权，保证人民依法享有广泛的权利和自由”。①“既要充分发挥包括知识分子在内的工人阶级、广大农民阶级推动经济社会发展根本力量的作用，又要鼓励和支

① 《中共中央关于加强党的执政能力建设的决定》，人民出版社 2004 年版，第 24 页。

持其他社会阶层人员为经济社会发展积极贡献力量。”① 把“尊重和保障人权”作为一项重要内容写进宪法，进一步彰显了国家对社会全体公民和“每个人”的权利的尊重和保障。

国家从它产生的时候起，除具有政治职能外，必然行使着社会管理和组织领导社会生产活动、发展科学文化事业、提高人们生活水平的职能。国家的政治职能和经济社会职能是一致的。社会经济职能是政治职能的基础，政治职能为经济社会职能服务。恩格斯指出：“政治统治到处都是以执行某种社会职能为基础，而且政治统治只是在它执行了它的这种社会职能时才能持续下去。”② 社会主义国家一方面必须坚持无产阶级专政的国家性质，另一方面必须把发展生产力、增强社会保障能力、增进社会福利、提高人们生活质量作为自己的根本任务。我国是人民民主专政的社会主义国家，在本质上依然是作为阶级统治的工具而存在的。国家的政治职能仍然是重要方面，在今后一个较长的历史阶段也依然如此。但是，在阶级矛盾不是社会主要矛盾的时候，国家的职能必然进行转换，国家的中心任务必须转移，执政党的执政理念、领导方式和执政方式也必然转换。我们党提出的“科学执政、民主执政、依法执政”的执政建设目标，集中反映和体现了这种要求。

“人民”是个政治概念，也是个历史范畴，“人”的范围是随历史发展而变化的。因此，我们不能因为“人民”这个概念的政治性而否认它的普遍性，更不能否认人民主体范围的广泛性。以毛泽东为核心的党领导中国人民建立人民民主专政的社会主义国家，最广泛地扩大了人民的范围；“三个代表”重要思想提出的“代表中国最广大人民群众的根本利益”，把“人民”扩大到“最广大人民群众”；科学发展观的“以人为本”，把促进社会经济进步和人的全面发展作为目标，进一步把人民的范围扩大和拓宽了。以人为本中的人，主体是人民，同时也包括社会全体成员或“每个人”，可以理解为是人民和“每个人”的统一体。

“以人为本”作为一个治国理政的新范畴，赋予了党的“为人民服

① 《中共中央关于加强党的执政能力建设的决定》，民出版社 2004 年版，第 16—17 页。

② 《马克思恩格斯选集》第 3 卷，人民出版社 1995 年版，第 523 页。

务”宗旨更加丰富、深刻的时代内涵。在新世纪新阶段，党的根本宗旨依然是全心全意为人民服务，坚持党的群众观点和群众路线，这是不能变的，也是不会变的。但是，人民的内涵是变化的，所以，为人民服务的内容和形式也将发生新的变化。作为以马克思主义先进理论武装起来的执政党，应当自觉认识这种变化，并使自己的理论和实践主动适应和引领这种变化。改革开放以来，我国经济社会结构发生重大变化。我国社会当前正处在由传统的计划经济转变为中国特色的社会主义市场经济、由传统的农业社会转变为工业社会和信息社会的关键时期，社会经济形式、就业方式、分配方式、生活方式和思想状况出现了多样化。与此相适应，我国社会“人民”的内涵进一步发生变化。我国传统的第一产业、第二产业的就业人数逐步减少，新兴产业和服务产业的就业人员在大幅提高；伴随着人们就业、生活等方面的不断变动，社会阶层的性质、人们的社会地位等也不断变化；党的阶级基础和群众基础也发生了新的变化。由此，人民群众所包括的“人”的范围空前扩大，数量空前增多。“人民”所指向的主体范围实际上已经成为了普遍意义的社会成员，是社会的“每个人”。随着“人民”内涵和外延的变化，社会的发展客观上要求执政党和政府在服务的内容和方式上必须发生相应的变化。今天，我们党在制定路线、方针、政策时，既要考虑人们的经济发展的要求，又要考虑人们的政治、文化发展的需求；既要重点分析全体人民群众的发展需要，更要考虑各个不同地区、各个不同方面的个人、群体的发展要求；既要考虑不断扩大的人的发展需要，同时也要考虑自然的承受力；既要考虑当代人发展的要求，又要考虑后代人发展的需要。我国政府的职能也不断发生变化，要由过去的以管理型为主转化为以指导者和服务型为主。“以人为本”明确地将人及其全面发展作为社会发展的最高价值取向，突出社会发展中人的地位和作用，强调社会发展要尊重人、理解人、关心人，把不断满足人的有效需求、促进人的全面发展，作为社会经济发展的出发点与归宿。这样，科学发展观的以人为本，不仅实现了党的根本宗旨的内容和形式的相应调整，丰富了“为人民服务”的时代内涵，而且真正把人民和“每个人”有机地统一起来作为我国社会发展的目标，实现了人的现实性和历史性的辩证统一，实现了人的个体性和人民性的有机统一。

（三）具体的统一

在人民群众的利益和每个人的利益相一致，即大多数人的利益和少数人的利益、甚至是单个人的利益，亦即人与人的利益不发生冲突，而且能够两全的情况下，我们就要坚持以每个人为本，具体讲就是要保障每个人的权益，“无损一人地增进利益总量”。按此，在我们的决策和具体工作中，就应该不损害任何一个人的利益，增加所有人的利益；就应该无害一人地增进每个人的利益，便应该促使每个人的生活境况变得更好，或至少在增进一部人的利益的同时不能使另一部人的利益减少，或使另一部分人的生活境况变坏、幸福指数降低。这是因为，从根本上讲，以人为本的主体是每个人，而不是一部分人或大多数人。因此，在人与人的利益不相冲突的情况下，只有尊重每一个人、爱护每一个人，增加所有人、每个人的利益，才是真正贯彻科学发展观，坚持以人为本。也就是说，如果各种利益主体之间不存在矛盾和冲突，并且能够两全，但是我们制定的政策、增加建设的生产项目等等却没有实现两全，而是在满足一部分利益主体的同时，减少或损害了另一部分主体的既得利益，这都是不应该的。无论在多大程度上是为了满足大多数人的利益而牺牲少数人的利益，也是不应该的，是不允许的，除非将来这一少部分人的利益能够得到更大的补偿。不然，就会出现“多数人的暴政”。孟子早就说过这样的话：“行一不义，杀一不辜，而得天下，不为也。”著名经济学家帕累托认为：“我们看到，要取得一个集体的福利最大化，有两个问题待解决。如某些分配的标准为既定，我们就可以根据这些标准去考察哪些状态将给集体的各个人带来最大可能的福利。让我们来考察任何一种特定状态，并设想作为一个与各种关系不相矛盾抵触的极小变动。假如这样做了，所有各个人的福利均增加了，显然这种新状态对他们每个人是更为有利；相反的，如果各个人的福利均减少了，这就是不利。有些人的福利仍旧不变亦不影响这些结论。但是，另一方面，如这些小变动使一些人的利益增加，并使别的人利益减少，这就不能再说此变动对整个社会是有利的。因此，我们把最大效用状态定义为：作出任何种微小的变动不可能使一切人的效用，除那些效用仍然不变者外，全都增加或全都减少的状态。"① 这就是有名的"帕累托最优状态"。即"当且仅当该状态没有一种改变能使一些人的境况变好而又不使至少一个人的境况变坏。这种状态之所以为最优状态的依据则是'帕累托标准'：应该使每个人的境况变好或使一些人的境况变好而不使其他人的境况变坏，简言之，应该至少不损害一个人地增加生活的利益总量：无害一人地增进利益总量。"②

由于"各个人的出发点总是他们自己"，而且是"处于既有历史条件和关系范围内的自己"，因而个人就不是"纯粹的"个人。"在历史发展的进程中，而且正是由于在分工范围内社会关系的必然独立化，在每一个人的个人生活同他屈从于某一劳动部门以及与之相关的各种条件的生活之间出现了差别。"③ 于是，这样的个人，就不能理解为是"有个性的个人"，"而应当理解为，他们的个性是由非常明确的阶级关系决定和规定的"。④ 因此，在特定的历史阶段和社会关系下，个人的利益和他所处的社会（阶级）关系的利益，必然出现差别和矛盾。个人和个人、个人和集团利益间的差别、不一致，即会使社会统治者或管理者在资源、利益分配上出现不平等、不公正。社会利益在"每个人"和"多数人"、或者"多数人"和"少数人"之间的分配也必然会出现差异、甚至不公正。这在生产力不发达、社会资源不够丰富的社会，更是如此。

我国现阶段分工依然存在，所有制的形式多样化，各种经济成分大量存在，个人利益和利益共同体不断分化。由此，每个人的利益、多数人利益和少数人的利益、人民群众的利益和每一个人的利益在总体上具有一致性的情况下，在个别时间、部分领域还存在各类矛盾和冲突；或者说，在根本利益一致的前提下，具体利益会发生这样和那样的矛盾冲突。

人与人之间的冲突主要是个人与他人、少数人与多数人，亦即个人

---

① 转引自王海明：《伦理学原理》，北京大学出版社 2005 年第 2 版，第 142 页。

② 转引自王海明：《伦理学原理》，北京大学出版社 2005 年第 2 版，第 142 页。

③ 《马克思恩格斯选集》第 1 卷，人民出报社 1995 年版，第 119 页。

④ 《马克思恩格斯选集》第 1 卷，人民出报社 1995 年版，第 119 页。

利益和他人利益、多数人利益和少数人利益之间的冲突。从社会治理的角度审视人与人之间的关系、尤其是利益关系，最重要的是集体和个人、多数人和少数人之间的利益冲突。在这种形势下，社会治理无疑应该反映和体现最大多数人的利益，就必须始终维护“中国最广大人民的根本利益”。代表和实现最广大人民群众的根本利益，无疑就是保全和扩大最大多数人的利益。由于利益之间的冲突，大多数人的利益要大于少数人的利益，实现多数人的利益在一定程度上要损害少数人的利益，从整个社会利益的眼光分析，其净余额为正值，是利大于弊的行为。无论从什么角度看，都是合理可行的。反之，如果为了少数人的利益而牺牲大多数人的利益，则是不合理的。例如，在占人口90%的人的利益（最大多数人的利益）与10%的人的利益（少数人的利益）相冲突时，就应该满足和增加90%人的利益而降低或牺牲10%人的利益。即使最大多数人一方为50.1%，也应该保全50.1%人的利益，而舍弃49.9%的人的利益。正如边沁所认为的，实际上，最大量的幸福只有采取谋求最大多数人的幸福时才能达到。功利主义提出的“最大多数人的最大幸福”，首先是“最大多数人”，其次才是“最大幸福”。因此，在人与人的利益相冲突时，实现最大多数人的利益无疑是社会治理和建设的最佳路径。然而，在实际的政治选择、政策制定上，如何处理这种利益冲突，则反映了不同社会治理者、统治者的阶级特性、政治立场和价值取向。正如胡锦涛所指出的那样：“相信谁、依靠谁、为了谁，是否始终站在最广大人民的立场上，是区分唯物史观和唯心史观的分水岭，也是判断马克思主义政党的试金石。”① 剥削阶级及其统治的社会代表和实现的是少数人的利益，牺牲的是以劳动群众为主体的多数人的利益，是少数人统治和剥削多数人的社会；相反，无产阶级及其领导的社会主义社会则始终代表最大多数的人民群众的根本利益，剥夺的是那些危害人民根本利益的、占人口比例极少的敌对分子的利益。

马克思主义及其政党从来不掩饰自己的政治立场，而是公开声明要为无产阶级和最广大人民群众谋利益、增福祉。这是马克思主义及其政党政治立场的阶级性和人民性的体现，也是其实践的根本目的。马克

① 《十六大以来重要文献选编》（上），中央文献出版社2005年版，第369页。

思、恩格斯在《共产党宣言》中十分明确地指出："过去的一切运动都是少数人或者为少数人谋利益的运动。无产阶级的运动是绝大多数人的、为绝大多数人谋利益的独立的运动。"① "无产阶级只有解放全人类，才能最终解放自己。"马克思主义及其政党不仅要实现本阶级的利益，而且要代表和实现最广大人民群众以及全人类的根本利益。无产阶级和最广大人民群众根本利益的一致性，决定了马克思主义及其政党在现实的生活实践中首先必须代表最广大人民群众的根本利益，即在路线、方针、政策的选择上首先表现为人民性。在革命战争年代，推翻反动阶级的统治，没收官僚资本，"打土豪、分田地"，是为了最广大人民群众的利益；社会主义革命时期的"三反"、"五反"运动、社会主义改造运动，同样是为了人民群众的利益；改革开放时期，经济体制、政治体制、文化体制等一系列改革，如废除领导干部终身制、废止干部尤其是高级领导干部的特权待遇、打破"铁饭碗"的人事制度改革等等；特别是"三个有利于"标准、"三个代表"、"以人为本"等，最根本的也是为了最广大人民群众的利益和幸福。所以，"马克思主义政党的一切理论和奋斗，都应致力于实现工人阶级和人民群众的根本利益，这是马克思主义最鲜明的政治立场"。② 十七大报告进一步强调："全心全意为人民服务是党的根本宗旨，党的一切奋斗和工作都是为了造福人民。"③

现阶段，随着社会主义市场经济的持续发展和经济社会转型的广泛深入，我国原有的利益格局正在不断分化和调整，经济成分和利益格局多样化、社会生活多样化、社会组织形式多样化、就业岗位和就业形势多样化。这四个"多样化"是我国社会生活变化的突出表现，是我国深化改革、扩大开放的必然结果和发展趋势，也是我国社会进步的重要体现。四个"多样化"，既给我国社会发展注入了无限生机与活力，同时也给社会发展和社会治理提出了新的更高的要求及挑战。"多样化"在本质上是利益的分化、不一致，社会分层、不同利益共同体以及利益个体之间的关系越来越复杂和微妙。社会主义社会，人民群众、每个人的

① 《马克思恩格斯选集》第1卷，人民出版社1995年版，第283页。

② 《十六大以来重要文献选编》(上)，中央文献出版社2005年版，第364页。

③ 《十七大报告辅导读本》，人们出版社2007年版，第15页。

根本利益具有一致性，这是我们坚持以每个人为本的社会基础。但是，目前社会成员之间存在利益关系、思想认识等各种各样的矛盾日渐明显和突出。十七大报告明确提出：“进入新世纪新阶段，我国发展呈现一系列新的阶段性特征，主要是：经济实力显著增强，同时生产力水平总体上还不够高，自主创新能力还不强，长期形成的结构性矛盾和粗放型增长方式尚未根本改变；社会主义市场经济体制初步建立，同时影响发展的体制机制障碍依然存在，改革攻坚面临深层次矛盾和问题；人民生活总体上达到小康水平，同时收入分配差距拉大趋势还未根本扭转，城乡贫困人口和低收入人口还有相当数量，统筹兼顾各方面利益难度加大；协调发展取得显著成绩，同时农业基础薄弱、农村发展滞后的局面尚未改变，缩小城乡、区域发展差距和促进经济社会协调发展任务艰巨；社会主义民主政治不断发展、依法治国基本方略扎实贯彻，同时民主法制建设与扩大人民民主和经济社会发展的要求还不完全适应，政治体制改革需要继续深化；社会主义文化更加繁荣，同时人民精神文化需求日趋旺盛，人们思想活动的独立性、选择性、多变性、差异性明显增强，对发展社会主义先进文化提出了更高要求；社会活力显著增强，同时社会结构、社会组织形式、社会利益格局发生深刻变化，社会建设和管理面临诸多新课题。”① 因此，在推动经济社会协调发展的基础上，促进不同社会阶层、不同利益群体相互协调、良性互动，形成平等友爱、公平互助、融洽和谐的人际关系，创新和健全社会分配制度、社会管理体制等，是全面建设小康社会、构建和谐社会的重要内容。

社会学认为，社会是人群的共同体，是人构成的一种特殊形态的群体形式，是相当数量的个人按照一定的规范形式发生相互联系的生活共同体。社会和谐是中国特色社会主义的本质属性。构建社会主义和谐社会是我们的一个重要发展目标。社会和谐，最重要的是人与人之间的和谐，是人与人之间不同利益的协调互进、共生共荣。胡锦涛关于和谐社会的基本特征是：“民主法治、公平正义、诚信友爱、充满活力、安定有序、人与自然和谐相处。”这六个方面除“人与自然和谐相处”讲的是人与自然之间的关系外，其余五个方面都是讲的人与人之间的关系。

---

① 《十七大报告辅导读本》，人民出版社 2007 年版，第 13 页。

而任何关系都包含着利益关系，人与人之间最根本最重要的是利益关系。和谐社会建设，说到底就是人与人之间的利益一致、利益和谐。民主法治，是保证人们当家作主、实现人的政治利益。政治利益是人们实现其他利益的保证。公平正义，直接关系人与人之间的利益平等和均衡。诚信友爱，是人与人之间相互维护对方的利益；如果一方损害另一方的利益，诚信不能建立起来，更不可能友爱得起来。安定有序，是人与人之间利益的稳定和持续增长；如果人与人之间的利益不能相对处于稳定之中，各自的切身利益不能得到有效的保证，处于风雨飘摇之中，整个社会则会陷于动荡。充满活力是社会发展的力量源泉和不竭动力，是建设和谐社会的重要条件。一个社会要有活力，必须调动每个人的主体性，发挥每一种社会力量的作用，发挥每个人的创造性。而要使每个人的主体能动性和创造性调动起来，就必须尊重每个人，维护每个人的每一种正当利益。只有如此，人的本质力量才能发挥和实现，社会才会有无穷的活力。如果一个社会仅仅只有一部分人积极，而另一部分人消极，甚至从事破坏活动，哪怕这消极的部分是很小的部分，也会影响社会的活力或使社会发展动力不足，从而阻碍社会的进步和发展。尽管在实际生活中，特别是在当前的历史条件下，要使每个人都实现其本质力量、要把每个人的力量都极大地发挥出来还难以做到，但是，我们不能因此就首先在理论上、政策上把人分成三流九等，把一部分人（少数人）排除在社会活动之外，更不能因此就预设哪些人将是社会的主体，哪些人将是社会的对立面或破坏力量。所以，在我们的理论和政策中，必须把每个社会成员、每一个人看作是社会主义社会的主体，是中国特色社会主义社会发展的重要力量。唯有如此，社会的每一种发展力量才能得以保障，充满活力的社会才有了基础和保证。构建社会主义和谐社会，应该且必须激发全社会每个人的创造活力，使一切有利于社会进步的创造愿望得到尊重、创造活动得到支持、创造才能得到发挥、创造成果得到肯定。和谐社会建设、发展中国特色社会主义事业，不仅要充分发挥工人、农民、知识分子推动社会进步的根本力量的作用，而且要普遍激发和发挥其他各个方面人员、各种力量的积极性和创造性。因此，深入贯彻落实科学发展观，坚持以人为本，必须把坚持以每个人和人民群众为本统一起来，使一切积极因素得到最广泛最充分的调动，各行各业人们的创造活力得到充分的发挥，一切有利于社会进步的各种力量得以充分的激发，一切劳动、知识、技术、管理、资本的活力竞相迸发，一切促进社会进步的力量源泉充分涌流，全体人民各尽所能、各得其所，才能推进和谐社会建设的伟大事业。

总之，在社会主义社会，特别是在建设中国特色社会主义的伟大实践中，人与人之间的根本利益是一致的，我们要始终坚持以“每个人”为本，尊重每一个人，维护每一个人的尊严，尊重和保障人权；同时，人与人之间的具体利益又是会不一致，甚至少数人和以广大人民群众为主体的多数人在根本利益上也会发生冲突，这时，我们就必须坚持马克思主义及其政党的阶级性和人民性，毫不动摇地坚持以“人民群众”为本，始终代表中国最广大人民群众的根本利益，把最大多数人的利益摆在首位。这就是坚持以“每个人”为本和以“人民群众”为本的具体的历史的统一。

(四) 坚持以“每个人”与以“人民群众”为本相统一的意义

在现阶段，坚持以人的“个体性”（每个人）和“群体性”（人民）的统一，有利于真正贯彻落实好科学发展观，真正做到“以人为本”。在现代社会，人作为社会个体，必须有作为“人”的权利和尊严，必须得到他人和社会的尊重和保护，任何个人、团体、国家机关不能以任何名义侵犯“任何个人”的最基本的“人权”。这是一个社会、国家得以顺利生存和发展的根本和基石。社会、国家在尊重和保障“个人”基本人权的前提下，应创造更多更好的条件满足人的多方面的需要，促进人的自由全面发展。这是社会发展和国家兴亡的重要保证。但是，由于“个体”的多样性、社会关系的复杂性，“个人”发展总是表现为一定的差异性；同时个体总是以“群体”形式而存在的，即个人总是处于一个相对稳定的社会结构之中。这就必然导致不同个体之间、不同群体之间、个体和群体之间出现一定矛盾和冲突。这种矛盾和冲突在以私有制为基础的社会主要表现为对抗性，解决的方式则主要采取激烈的斗争、甚至暴力；社会主义社会，由于人们根本利益的一致性，人民内部矛盾占主要方面，各种矛盾表现为非对抗性，主要通过非对抗的、和平的批评教育方式进行解决。人们根本利益的一致性和人民内部矛盾的非对抗性，既是把“人民”和“每个人”统一起来的现实基础，也是“以人为本”的科学发展观能够得以真正贯彻落实的重要理论和实践依据，有利于推动社会主义和谐社会建设。

在现阶段，坚持人的“人民性”和“个体性”的统一，有利于我国社会真正“尊重和保障人权”，进一步加强社会主义民主法制建设，改善我国当前的人权状况，促进我国人权事业的健康发展。由于诸多原因，尽管新中国建立以来，我国人权事业取得了长足的发展，成绩斐然，但人权事业的发展还存在许多问题，主要表现为与社会主义本质的要求还不相适应，与我国经济发展的水平不相协调。在实际生活中还存在许多不尊重人权、甚至践踏人权的现象，挫伤了人民群众的积极性，不利于我国安全稳定的政治形势的巩固、不利于和谐的社会环境的形成和发展。“以人为本”，坚持“人民”和“个人”的统一，有利于改变制约、甚至阻碍人权事业发展的现象和状况，加快我国人权事业发展的步伐。同时，还有利于处理好人民民主和对敌人专政的辩证关系。无产阶级专政的国家既要对人民实现最广泛的民主，又要对社会主义的破坏分子实行专政。长期以来，我国人民民主专政在实践上取得了许多成功的经验，但不可否认，也存在一些不足。打击人口总数占少部分的破坏社会主义建设和国家统一的敌对分子与尊重和保护这一部分人的基本人权并不是完全对立的，而是能够统一起来的。我们既必须使社会主义的敌对分子、危害社会和人民群众生命财产安全的违法犯罪分子受到法律的制裁和惩处，同时也应该且必须使他们作为一个“自然人”和“社会人”受到应有的尊重，保障他们享有法律规定的基本权利，这二者在实践中也是能够统一的。这也是我们坚持人民民主专政、加强和完善社会主义法制、依法治国的一个内容。

坚持以“人民”和“个人”为本的统一，既有利于加强我国在国际人权领域的合作，也有利于在国际人权领域的斗争中占据主动和赢得优势。中国经济的快速发展使得世界的发展日益离不开中国，中国也日益离不开世界，我国与世界各国在经济、政治和文化领域的合作交流不断扩大和加深，我国对世界的影响也不断增强。但是，由于历史、文化等方面的原因，我国民主政治建设和人权事业的发展与经济发展不平衡、不同步。加之意识形态的差异等，人权事业的发展成为了我国与世界各国、特别是与西方发达国家进一步扩大交流、加深合作的一个制约因素。尽管，人权问题具有特殊性、民族性，但也具有一定的普遍性和世界性。人权，既有个人权利，也有民族权利。从根本上讲，人权是指每一个个体的权利，社会要尊重和保障每一个个体作为“人”的权利。“以人为本”，坚持“人民”和“个人”的统一，在思想上与世界共识相一致，在实践领域有利于促进交流与合作，从而减少我国与国际社会在人权领域的摩擦和冲突，创造一个更加有利于我国经济社会和人的自由全面发展的世界环境，真正使我国做到“聚精会神搞建设，一心一意谋发展”。

坚持以人的“个体性”（每个人）和“群体性”（人民）的统一，有利于社会树立集体主义的科学价值观。马克思主义的集体，是自由个人的自由联合体，而不是那种虚幻的所谓的“多数人”的集团。在集体中，个人的利益和集体的利益得到了有机的统一，个人的权益、意志能够得到广泛的尊重和维护，集体的利益得到了最大的维护；只有在个人利益和集体利益发生冲突，且不能两全时，个人利益服从集体利益，少数人的利益服从多数人的利益，而不是在任何情况下、任何时候，个人利益、少数人的利益绝对服从集体的、多数人的利益。在马克思所倡导的真实的集体中，不存在那种以多数人的名义压制个别人、少数人的整体主义，也不存在以个人的权利剥夺和压制他人的官僚主义、极权主义，也不存在个人就是一切而侵犯甚至侵害他人利益的极端个人主义。

我国传统社会推崇整体主义的价值观。个人在社会中始终是不“在场”的，个人没有社会地位、没有属于自己的权利和需要；个人被纳入和融入家族、宗族或某个集团之中，才能取得“人”的资格，才能享有“人”的权益，且这个“人”是以某种社会角色而存在的，而不是真正以“人”的名义而“在世”的。这种整体主义的价值观在特定的环境有一定的积极意义。在社会的危难时期，国家处于存亡的紧急关头，人们遭受自然灾害强烈的冲击阶段，整体主义的价值观要求个人毫无选择地能够自觉地作出自我牺牲，能够毫无保留地为了他人、集团、阶级、国家、社会的利益而奉献自己的一切，包括自己的生命。这样，社会的确能够形成强大的整体力量，战胜所面临的一切艰难困苦。这是整体主义价值观的积极作用所在。但是，这种整体主义价值观，这种倡导个人毫无条件的自我牺牲的主张，能否完整地、毫无改造地继承下来，并发扬光大呢？答案自然是否定的。上面我们提到，传统社会的整体主义价值观是淹没个人的，它是与宗族制度、专制制度相联系的，在本质上是与社会主义制度及其目标相对立的。如果我们毫无批判地继承，并且加以大力提倡，个人和民族、国家和社会都有可能出现重大灾难。20世纪60—70年代中国的“文化大革命”就是一个很典型的例子。我们毫不讳言，现在的中国，这种整体主义的价值观，以各种名义出现和提倡，并不时地冠之以“集体主义”、“国家利益”、“民族利益”的美名进行宣扬，有时甚至以这样的“美名”来棒杀个人的尊严和正当利益、甚至摧残个人的生命。我国社会当前在思想上和实践上对这种情况还缺乏应有的警惕和觉悟。同时，随着我国改革开放的深入发展，社会主义市场经济的不断发展，个人主义和极端个人主义的思潮和行为方式也粉墨登场，且有不断扩大和蔓延的趋势。这种个人至上、为了个人的利益不顾一切、不择手段的思想和行径，成为扰乱社会秩序、践踏法纪的一大祸害，成为了侵害社会风气、毒害社会机体的一大杀手，成为了阻碍社会经济发展和人自身发展的一大障碍。

整体主义和极端个人主义的价值观，其理论缺陷就是没有把群体和个人、类与个人的关系辩证地统一起来，片面地强调群体或个人。科学发展观的以人为本，把人的个体性和群体性统一起来，有利于纠正整体主义和个人主义的理论偏差和行为祸害。以人为本把人的“个体性”和“人民性”统一起来，就是要求正确处理个体和整体、个体和群体的关系。要求在分析和解决社会发展和人自身发展的问题时，既要着眼于社会整体利益，要求个体服从群体、个人利益服从人民群众的利益，反对片面强调个体、以个人利益损害整体利益、人民利益的分散主义和极端个人主义；同时，又要考虑和照顾个体，承认和肯定个体及其利益的相对独立性与合理性、重要性，反对片面强调整体利益、人民利益、国家利益而抹煞个人利益的绝对整体主义。在我国建设全面小康社会和现代化的过程中，要努力把整体利益和局部利益、人民利益和个体利益有机结合起来，立足整体、放眼全局、统筹兼顾，才能推动我国经济社会和人的发展不断前进、不断取得新的更大的胜利。

坚持“人民性”和“个体性”的统一，有利于我们真正坚持以人为本，使我国社会主义事业朝着“自由个人联合体”的目标顺利而健康地发展。在相当长的时期内，世界社会主义建设事业走向了偏离马克思主义的正轨，把在马克思主义理论中只是作为未来社会发展手段的东西当作了目的本身去追求和维护，使社会主义的发展严重背离了社会主义的本质。这是造成20世纪90年代社会主义发展处于低潮的主要原因之一。在我国社会主义发展过程中，也出现了以下情况：把“公有制”作为重要的社会发展目标来追求，把经济指标作为“唯一”目的来配置资源，把“集体”作为唯一合法的利益群体来保护……；这样，与社会生产力发展水平相适应的其他经济形式就必然地被舍弃了，社会资源就不会考虑和惠及到环境、社会建设和人的发展等方面。于是，“个人”的合法权益便势必没有什么应有的地盘，“个人”毫无例外成为批判或否定的对象。这几乎是20世纪所有社会主义国家的普遍现象。最后的结果便是：经济社会和人的发展、不同地域之间的发展、城市和乡村的发展、自然的保护和人的发展出现了严重的畸形和不协调、不持续。科学发展观高扬马克思主义关于人的自由全面发展作为社会发展最高目标的旗帜，恢复了社会主义的本来面貌，把真正体现社会主义本质的内容作为本质内容来建设和发展，而把只是作为社会主义发展手段的因素回归为手段，并不断完善，使之真正成为实现社会主义目标的积极因素。科学发展观强调通过统筹兼顾的方法来实现经济和社会、自然和人等方面的全面、协调和持续发展，最终实现社会全面进步和“每个人”自由而全面的发展。这既是马克思主义的回归，也是对马克思主义的发展。

概而言之，科学发展观的以人为本在历史主体上坚持“人民”和“每个人”的统一，实现了人的现实需要和未来发展的统一、实现了个体发展与群体发展的辩证统一、实现了党的最低纲领和最高纲领的有机统一，是对马克思主义理论、特别是对当代中国化马克思主义理论的继承和超越，是我国社会主义发展观的历史性飞跃，加深了中国特色社会主义建设规律和中国共产党执政规律的认识，是党的执政理念的飞跃性升华。

五、"以人为本"的历史发展形态

马克思根据人的发展状态把人类社会分为三大阶段：人的依赖阶段、物的依赖阶段和自由人的自由联合体阶段。基于历史和逻辑的一致性原则，根据能否坚持"以人为本"和实行"以人为本"的状况，我们也可以把人类社会划分为：以"少数人"为本，即以君主、皇帝等为本的社会；以"多数人"为本的社会；以"每个人"为本的社会。人的依赖阶段和物的依赖阶段，是以少数人为本的社会；社会主义历史阶段，特别是社会主义革命时期，主要是以"多数人"为本的；在社会主义比较发达的时期和共产主义时期，是以每个人为本的社会。

人的依赖性社会，是人依附于人的社会。整个社会被建立在自然经济基础上的神权关系、宗族关系和宗法关系所统治。在这种社会状态下，人是"无个性"的、具有"原始丰富性的人"。由于人与人的社会关系是相互依附的，"个人"与共同体一直处于一种"无差别的同一"状态。因而，整个社会的绝大部分"个人"不是作为主体的人而存在，而是作为客体、手段的人，即作为工具、作为奴隶而存在。但这并不意味任何人都不是作为目的而存在的。从历史的真实面目看，那些高高在上的、具有"个性"的君主、皇帝、"教主"，才是以"人"的身份出现的，是社会的目的，而一人之下的所有的人则都是子民和奴婢，这些人都总以各种各样的形式依附其上，而成为一种"会说话的工具"。此乃所谓"率土之滨，莫非王土；率土之士，莫非王臣"。在自然经济占统治地位的阶段，先进的思想家和开明的政治家提出的"以人为本"、"以民为本"思想，要求统治者，主要是君王、皇帝、教皇等实行"仁政"、"德政"或"休养生息"。少数开明的政治家和君王在一定范围、一定程度上实施了一些贯彻"民本"观念的政策措施，减轻了统治阶级对劳动者的压迫和剥削，促进了社会生产的发展，人们的生活也得到了不同程度的改善和提高。但是，这种民本思想和开明政治在本质上是为了维持阶级的统治，是以统治者的根本利益为最终目的的，维持其王朝的统治地位和统治阶级的利益是其根本目的。劳动大众、人民群众则只不过是作为实现上述目的的工具而已。正如毛泽东所指出的那样，剥削阶级将“爱民”同爱牛差不多，为的是用牛耕地，从牛身上挤奶。因此，前资本主义时代，只有个别人成为了“人”，具有人的资格，是社会的主体和目的，是社会的根本。但是，从最普遍的意义上看，在这个历史阶段，所有的人都没有取得主体地位，就连那些具有生杀予夺之权的皇帝、国君等也是如此。原因在于，人们敬奉的不是作为人的君王，而是被神化了的“权位”。作为客体的人，一旦机会来临，不是发动宫廷政变，就是兵变，或官逼民反，揭竿而起，敢把皇帝拉下马。所以，在人的依赖性阶段，从一般的意义上说是一个人、以个别人为本的社会形态，但在本质上是一个无主体的时代，是一个人人不以人人为本的时代。

第二个社会历史发展阶段，是以细密的社会分工为前提、以普遍的商品生产和交换为主要生产方式的“物的依赖性”社会。这种社会的个人，完全成为了“物的联系的个性”有机体。资本主义的商品经济以及以此为基础的上层建筑为人成为独立的“个人”提供了巨大的社会空间。资本主义社会把人的自由、独立、平等、契约交易、个人劳动成果和财产等上升为国家原则和政治制度，在很大程度上依法律的形式确立了“人”作为独立“个人”的权利，规定了人作为独立主体的权利，一些企业还把“以人为本”作为新的管理理念和方法。然而，事实并没有像这个阶段的法律条文所规定的或资产阶级的思想家们所描绘的那个样子。马克思充分而深刻揭示了资本主义社会的缺陷和资产阶级的“虚伪性”。在马克思看来，资产阶级从本阶级的利益和立场出发，把资本主义国家看作是超阶级的代表者，以少数人的利益“冒充”人类的共同利益。资产阶级不断把本阶级的利益上升为国家意志，成为神圣不可侵犯的法律，而法律只代表了少数人的意志，只维护少数人的利益。资本主义国家并没有在实质上维护人类的公平正义，没有为广大劳动人民提供优良的生存保障和发展条件。同时，由于资本主义生产方式的作用，劳动异化、人的本质异化，人在生产过程中成为了同钢铁等材料组合的机器一样的不可分离的零件，成了不折不扣的机器和工具。人的这种工具性比以前的社会更严厉、更严酷，形式则更精密、更巧妙、更隐秘。人的情感、人的理性、人的精神需要、人的社会关系等则成为了“资本”机器的润滑剂、螺丝钉，人成为了名副其实的追逐利润的工具。在这个商品如潮、物欲横流的世界，人剩下的“只有钱”了。人普遍地被“物化”，“物化”了的人构成资本主义社会的主体。作为“有产者”的人，是“资本”的化身，是利润的狂热追逐者，被销蚀在“物”中，其本质也是“物”的工具。这样，在资本主义社会，最终的结果是所有的人都没有成为那个作为“本”的人，既没有成为主体，更没有成为目的，而只是工具，物的工具。但是，尽管如此，有产者、资本家毕竟是资本主义国家的统治者，资本对人的统治和奴役，是通过资本家及其代理人来实施的。资本主义制度和资产阶级国家政权的性质决定了资本主义是有产者统治广大劳动者的工具。劳动者只是资本家追逐利润、实现资本价值增值的工具。尽管在资本主义社会，劳动人民获得了前资本主义时期所没有的经济、政治、文化权利，有了更多的自由权利，生活水平也有了很大的提高，但是，从实质上看，资本主义制度，依然是以资产阶级为本、维护资产阶级利益的制度，是资产阶级剥削、压迫无产阶级和广大劳动人民的工具。可见，在资本主义阶段，资产阶级及其代理者构建的是一个少数人以少数人为本的社会，一个“有产者”以“有产者”为本的社会形态。当然，马克思在揭示和批判这个阶段人的本质异化和资产阶级的虚伪性的时候，并没有否认这一时期对人的权利、人的主体地位在法律上的肯定，更没有否定人的本质的异化却在最终结果上创造了巨大的社会物质财富、推动了社会经济极大增长这一历史事实及其作用。马克思认为，这个阶段是人类进入自由人的联合体的社会前提，它为真正“以人为本”时代的到来创造了丰富的物质条件。

人的依赖阶段和物的依赖阶段，在以什么人为目的、为根本上有一个共同的特点：那就是以少数人为本，因此，我们就把这段历史时期称为以少数人为本的社会。

人类社会发展的第三个阶段是自由人的联合体。未来的社会形态是“自由人的联合体”；而在“自由人的联合体”中，“每个人的自由发展是一切人的自由发展的条件”。[①] 马克思认为，未来共产主义社会的人表

① 《马克思恩格斯选集》第1卷，人民出版社1995年版，第294页。

现为“建立在个人全面发展和他们共同的社会生产能力成为他们的社会财富这一基础上的自由个性”。[①] 在马克思恩格斯关于未来社会的论述中，“每个人的自由发展是一切人的自由发展的条件”是个核心命题。可以由此推断，共产主义社会是以每个人为本的社会，是以人为本的完整实现。

我们知道，马克思他们在设想这个自由人联合体时，认为中间有一个比较长的过渡时期——共产主义社会的低级阶段，也就是社会主义社会。社会主义社会脱胎于资本主义或前资本主义时期。阶级矛盾和阶级斗争在相当长的历史时期还存在，并在一定历史条件下有可能激化；社会生产资料占有形式的多样性，各种利益矛盾和冲突的存在；有些人民内部矛盾在一定情况下有可能转变为敌我矛盾；资本主义和社会主义两社会制度并存的局面有时会使国家与国家、地区与地区之间的冲突加剧；等等。这些因素决定社会主义社会必须坚持无产阶级（人民民主）专政，必须加强、完善、健全社会主义国家的职能。所以，在社会主义阶段，特别是在社会主义革命和改造时期，以人为本是以人民群众为主体的多数人为本，社会主义是一个以多数人为本的社会。因此，中宣部编写的《科学发展观学习读本》认为，以人为本是以最广大人民群众的根本利益为本。但是，我们必须看到，随着国内国际形势的发展，我国社会生活发生了很大的变化，人与人的根本利益是一致的；社会和谐是中国特色社会主义的本质属性，构建和谐社会是中国特色社会主义社会发展重要目标；同时，加之社会主义社会毕竟属于未来“自由人联合体”的过渡阶段。这些因素在很大程度上决定了：以人为本在本质上就是以每个人为本。在社会主义建设的伟大实践中，以每个人为本是能够做得到和做得好的。可以说，中国特色社会主义社会是以最广大人民群众为本和以每个人为本相统一的社会。

---

① 《马克思恩格斯全集》第23卷，人民出版社1972年版，第104页。

第三章

以人的"什么"为本

《科学发展观学习读本》认为，以人为本就是以广大人民群众的根本利益为本。胡锦涛、温家宝等领导同志都认为，"以人为本"就是实现好、维护好和发展好人民群众的根本利益。那么，什么是"根本利益"呢？在人的各种利益中，何种或哪些利益是"根本利益"呢？马克思认为，人的根本就是人自身。生存，有生命的个人，是人之根本。没有了人的生存，也就无所谓人之本了。而人的发展，从实质上看，也是人的生存。但人的生存有不同的形态，就像发展有不同的形态一样。一般而言，人的发展要高于优于生存。生存是基本，是人的低级形态；发展是根本，是人的高级形态。而人的发展的最高形态，就是人的自由全面发展。因此，从这个角度看，人的根本利益，就是人的生存和发展，就是肯定人自身、解放人自身和发展人自身，最终是实现"人的自由全面发展"。作为科学发展观核心的"以人为本"，其实质就是以"人的自由全面发展"为根本和最高利益，亦即以"人的自由全面发展"为本。从本质上说，科学发展观是以"人的自由全面发展"为本的发展观。

一、人的需要和利益

利益和价值一样，是一个关系范畴。人的利益是由人的需要构成和决定的，或者说，利益就是人的需要的满足。为了满足自身的需要，人都要进行各式各样的活动，这就是对利益的追求。

“人的需要是人对其生存、享受和发展的客观条件的依赖和需求。它反映的是人在现实生活中的贫乏状态，可以理解为人反映现实的一种形式、积极行动的内在动因。”① 需要决定利益。人的生理需要决定着人的物质利益；人的主体需要决定着人的政治利益；人的社会需要决定着人的社会利益；人的心理精神需要，决定着人的文化利益。需要多种多样，利益也五花八门。在人的各种需要中，什么需要是人的根本需要呢？什么利益是根本利益呢？什么需要和利益具有最高价值呢？

（一）马斯洛的需要层次理论

对人的需要的研究由来已久，不乏许多洞见。但马斯洛的研究更接近真实，且具有很大的影响力。马斯洛认为，人的需要不同于人的本能。弗洛伊德、叔本华、尼采等人把需要和本能等同起来的“本能需要”说是错误的。例如，一个人为了获得食品而攻击他人，只能因此说他有攻击的需要，而不能说其有攻击的本能。马斯洛认为，“本能需要”说至少有以下不足：第一，根据“本能需要”说的研究成果，人不必花力气去寻找人所特有的本能。因为，在“本能需要”说中，人的需要充其量只不过是动物的本能。第二，“本能需要”说必然导致性恶论。第三，在此观点的影响下，人们以本能来解释一切社会现象，认为个人需要和社会需要之间存在着与生俱来的对抗。第四，“本能需要”说没有

① 袁贵仁：《马克思的人学思想》，北京师范大学出版社 1996 年版。

意识到“冲动是在一个强度有差异的层级序列里能动地相互联系的”。[①]因而，“本能需要”说忽视了以下事实：任何一个需要的满足，随着它的逐渐平息，其他曾被挤到一旁的软弱的需要就登上了突出的位置，并将致力满足整个需要。所以，需要永远也不会停息，一个需要的满足必然会产生另外一些需要。[②]

在马斯洛等人的理论中，人的需要是在一定的生活环境中形成和发展起来的，是社会生活的产物，随着个人需要的满足而变化。人的需要是个具有复杂关系的大系统，是一个综合的整体，人的需要具有不同的层次，各种不同层次的需要之间具有内在的关联。马斯洛对人的需要层次进行了全面的划分，认为人的基本需要可分为以下几个层次：

第一，生理需要。人最基本、最强烈、最明显的需要，就是对生存的需要。人要维持生存，就需要食物、能源、衣服、住房、性爱、休息等。如果一个人的生理需要没有得到起码的满足，其他需要就无从谈起。“如果一个人极度饥饿，那么，除了食物外，他对其他东西会毫无兴趣。他梦见的是食物，记忆的是食物，想到的是食物。他只对食物发生感情，只感觉到食物，而且也只需要食物。”[③]

第二，安全需要。如果人的生理需要一旦得到充分的满足，那么，他就会表现出对安全需要的追求。关于安全需要的重要性，马斯洛认为：“有机体可以完全受它们所支配。它们几乎成了行为的唯一组织者，调动有机体的一切能量去工作。”[④] 安全需要和生理需要一样，是客观存在的，并影响人目前的世界观，也影响人未来的人生观。

第三，归属和爱的需要。在生理和安全需要满足的条件下，人就会产生爱、情感和归属的需要。马斯洛说：“爱的饥饿是一种缺乏症，就像缺乏盐或缺少维生素一样，我们需要碘和维生素 C，这一点对于每个

---

① 马斯洛等：《人的潜能和价值》，华夏出版社 1987 年版，第 187 页。

② 参见赵敦华：《西方人学观念史》，北京出版社 2005 年版，第 428—429 页。

③ 弗拉克·戈布尔：《第三思潮：马斯洛心理学》，上海译文出版社 1987 年版，第 41 页；转引自赵敦华：《西方人学观念史》，北京出版社 2005 年版，第 428—429 页。

④ 马斯洛等：《人的潜能和价值》，华夏出版社 1987 年版，第 163 页。

人来说都是毋庸置疑的。”① 人们对爱的研究很是缺乏，所以，马斯洛大声疾呼，必须懂得爱、必须教导爱、创造爱、预测爱，否则，世界就会陷入猜忌和敌意之中。

第四，尊重的需要。尊重的需要可分为自尊和来自他人的尊重两大类。自尊包含获得信心、能力、成就、独立和自由的愿望；来自他人的尊重包括获得威望、承认、接受、地位、名誉和奖赏等。马斯洛认为：“社会上所有的人（病态者除外）都希望自己有稳定、牢固的地位，希望别人的高度评价，需要自尊、自重，或为他人所尊重。牢固的自尊心意味着建立在实际能力之上的成就和他人的尊重。”②

第五，自我实现的需要。在前四种层次的需要得到满足之后，人又会产生自我实现的需要。这就是成长、发展、利用潜能的心理需要。马斯洛认为，自我实现的需要是“一种想要变得越来越像人本来的样子、实现人的全部潜力的欲望”。由于这一需要的作用，“一个人能成为什么，他就必须成为什么”。③

马斯洛在其后的《通向存在的心理学》中对需求层次说进行了拓展。他认为，在人的基本需要之上，还有一系列更高层次的“全新的”需要，即“发展的需要”。他用形象的语言描绘了实现发展需要的人。他说，从表面上看，实现发展需要的人一派天真，无拘无束，就好像是一步一个脚印艰难地爬到了山的顶峰，在充分欣赏了大自然的美妙景致之后，正沿着山的另一边较平坦的、坡度小得多的山路漫步而下。

马斯洛等人在全面考察人的多种需要的基础上，进一步对各种需要和人的充分发展的关系问题进行了广泛而深入的研究。他们认为，在人的不同层次的需要中，有高级需要和低级需要的差异。人们可以对人的需要等级进行相对明确的排列。生理需要对人来说是很重要的，人必须满足这些需要，但是，生理需要的满足并不足以给人带来大的快乐，甚

① 马斯洛等：《人的潜能和价值》，华夏出版社 1987 年版，第 164 页。

② 马斯洛等：《人的潜能和价值》，华夏出版社 1987 年版，第 167 页。

③ 弗拉克·戈布尔：《第三思潮：马斯洛心理学》，上海译文出版社 1987 年版，第 45 页；转引自赵敦华：西方人学观念史》，北京出版社 2005 年版，第 431 页。

至不足以使人健全。而健全、完满的人性欲求则不断地促使人们适时调和自身的各种需要，使它们都尽可能地得以自由而全面的发展。正如弗洛姆所说：“人在满足其动物性的需要之后，又受到其人性需要的推动。当他的肉体告诉他吃什么或逃避什么的时候，他的良心应当告诉他，该培植和满足哪些需要、该消除和避开哪些需要。”① 美国学者韦恩·W·戴埃同样认为，人的需要是一个相对变动着的整体，如果过分强调人的“高级需要”而忽视人的“低级需要”，会导致忽视人的根本的统一，从而给的人内心带来焦虑和冲突。他说：“当你的基本动物需求得不到满足时，因为身体方面的原因你会得病或死亡；而当你的高级需求被摒弃到相当的程度时，你会精神错乱，完全不能控制自己、掌握自己的命运、最终的结局无外乎是进精神病院或自杀。”② 现代社会，人的基本的物质欲求已经得到了较好的解决，但人们却未能摆脱不科学的价值观、发展观的影响，完全被物质享受所控制，成为金钱的奴隶，把人与人之间的关系看作是赤裸裸的金钱和雇用关系，人的主体性完全被淹没在低层次需要的过渡膨胀的满足之中，人的尊重的需要、爱的需要十分的贫乏。在这种环境下，人的自我实现的需要、人的创造性的需要根本无法实现。因此，人们应该把需要看作是一个多层次的有机整体，在重视人的人力需要的同时，更要关注人的友爱、创造性、尊重以及个性发展等方面的需要及其满足。

马斯洛等现代西方学者普遍重视人的友爱、创造性、尊重和个性发展等方面的需要的满足，提出按照“成为你自己”的要求发展自己的潜力，人就可以成为一个“自我实现的人”。马斯洛明确认为，“我们所有的人独有一种改进自己的冲动、一种更多地实现我们的潜力、一种朝向自我实现或人性充分发展的冲动”，“自我实现也许可以大致描述为充分利用和开发……能力、潜能等等。这样的人几乎在竭尽所能，使自己趋于完美”。“自我实现或意味着基本需要再加上最起码的天才、能力或者（人性）的丰富。”自我实现是“人性发展能够达到的境界”，“自我实现

① 黄颂杰：《弗洛姆著作精选——人性·社会·拯救》，上海人民出版社 1989 年版，第 277 页。

② 戴埃：《无限度的人》，浙江人民出版社 1989 年版，第 296 页。

意味着充分、忘我、集中全力，全神贯注地体验生活”。[①] 马斯洛还对自我实现的人进行了详细的论述。总而言之，自我实现的需要是人的高级本质的发展需要。人生应当不断培养自己的潜能，发挥自己的潜能，追求更加充实的、完善的自我。自我实现的人是自我全面发展的人，或潜能得到充分发展的人，人的自我实现是一个不断发展的过程。

（二）马克思关于人的需要理论

马克思认为，人作为生命有机体的最高级形式，具有一切生命有机体的共性——需要，这就是人的需要的客观物质根源。同时，人作为生命有机体的最高级形式，又具有其特殊的需要，从而与其他生命有机体区分开来。因此，马克思在谈到人的需要时指出：具有众多的需要的人，“同时就是需要有完整的人的生命表现的人，在这样的人身上，他自己的实现表现为内在的必然性、表现为需要”。

从马克思的整个论述看，人的需要和人的本性是联系在一起的。人的需要就是人的本性。由于人在任何时候都不是孤立的个体，因而“他们的需要即他们的本性，以及他们求得满足的方式，把他们联系起来”，“所以他们必然要发生相互关系”。[②] 在马克思看来，人的需要是一个多样性的复合体。马克思在《政治经济学批判大纲》中曾提出应该研究人的“需要体系”。但是，在人的众多需要中，并不是所有的需要都是真实的。只有符合人的本性的需要，或是作为人的本性的需要是人的真正的需要。人的有些需要则是不真实的、不正当的，不合乎人性的、甚至是反人性的、“病态的”的。例如，资本家对货币、金钱的攫取的需要，侵略者对他国领土、财富的掠夺的需要，权力狂对权力的疯狂追求，吸毒者对毒品的无节制的需要等等，都是“病态的”、“不自然的”需要。因此，符合人性的需要、满足人的本性的需要是正当的，而任何不符合人性的需要则是对人自身的否定，是不正当的。

问题在于，人的哪些需要是符合人性的呢？这里的人性具体是指什

---

① 转引自赵敦华：《西方人学观念史》，北京出版社 2005 年版，第 438 页。

② 《马克思恩格斯全集》第 3 卷，人民出版社 1972 年版，第 514 页。

么呢？袁贵仁教授认为，在马克思的著作中，“人的本性”有多种含义，至少包含我们现在所常说的“人性”、“人的天性”和“人的本质”三个方面。由于“人的天性”侧重于生成（自然生成和社会生成）的角度讲人的特性，在一定意义上可以归并到“人性”中的“自然属性”与“社会属性”。同时，因为在马克思看来，人是自然存在物、社会存在物、精神存在物的统一，人性则是人的自然属性、社会属性和精神属性的综合。因此，合乎人性的需要就是那种具有人的内在特性的，符合人的本质、有利于促进人的本质力量和促进人的发展的需要。可见，真正的人的需要是指那些符合人性、有利于增强人的本质力量和巩固人的主体地位的需要。①

需要的多样性来源于人性的复杂性和社会实践、社会生活的多样性。实践和生活的多样性决定了人的需要的多样性。对于复杂多样的人的需要，可以从不同的角度进行区分。根据不同的研究角度和分类标准，可以对人的需要进行不同的归类，而这些不同种类的需要是交叉重合的。

人的需要根据不同的向度可以进行不同的区分。从人性上看，由于人性是自然属性、社会属性和精神属性的统一，那么人的需要则可以分为人的自然需要（生理需要）、社会需要和精神需要。从本质上讲，人作为类的存在物，自由自觉的劳动是人的类本质，那么劳动则是人的本质需要；在其现实性上，人的本质是一切社会关系的总和，那么，对社会关系的需要也是人的本质需要。人还是有意识的、能动的社会存在物，精神的需要即求真、求善、求美的需要，也是人的更高形态的需要，是人的本质力量的体现。随着社会的进一步发展，人的物质满足的需要、“精神的和社会的需要”会越来越大、越来越强烈。

从主体的角度，人的需要可分为个人需要和社会需要。个人需要是人的需要最普遍、最基本的形式。这是马克思主义的一个基本观点。个人需要主要是同个人生活相联系的。每个人都需要消耗一定的物质生活资料、精神生活产品，都需要在一定的社会形式中维持和发展自身。人

① 参见袁贵仁：《马克思的人学思想》，北京师范大学出版社 1996 年版，第 148 页。

不是孤立的人，人除了有个人独立的生活之外，还需要同他人进行这样那样的交往，需要在社会中满足各自的需要，需要共同的社会生活。人的社会需要是人的共同需要，是维护社会有机体的存在、发展以及正常发挥其功能的需要。马克思认为，社会需要是社会生产出来的需要。自从人类的生产不再以满足自身的自然需要为目的开始，人就具有了社会需要，即为他人生产产品，并通过交换而得以实现的需要。从历史上看，只有到了资本主义的商品经济社会，社会需要才成为人的主要需要。

人的需要从其作用上可划分为生存需要、享受需要和发展需要。生存需要，也叫自然需要。人的自然需要主要是指维持人的生存所必需的衣、食、住等需要，是一切社会形态中的人的共同需要，是人的最直接的需要。但是，人的自然需要不再是纯粹的自然需要，而是“随着一定的文化水平而发生变化的自然需要”。人的生存需要是人最基本的需要。人的生存需要的满足是人生存和延续的基本前提，是其他需要产生和实现的基础。因此，马克思把它称之为“必要的需要”。人的“必要的需要就是本身归结为自然主体的那种个人的需要”。尽管生存需要是人的基本需要，但这是人的低层次的需要。人的需要的满足不能只停留在这个阶段，不然，人就无法脱离动物界。因此，人不能只追求物质生活的满足、过行尸走肉的生活，而要追求更高层次需要的满足。

享受需要是人旨在提高生活质量、改善生存条件的需要。恩格斯指出：“人类的生产在一定的阶段上会达到这样的高度：能够不仅生产生活必需品，而且生产奢侈品，即使最初只为少数人生产。这样，生存斗争——就变成为享受而斗争，不再是单纯为生产资料而斗争。”① 人的享受需要及其满足具有历史性与合理性。享受需要和生存需要是辩证统一的。在一定历史阶段，作为享受的需要，在另一历史阶段就会转换为必要的需要；反之亦然。

人的发展需要是人为了自身的完善和文明程度的提高，为实现人的自由个性而产生的需求。发展需要既表现为满足人的精神生活需要，又

---

① 《马克思恩格斯全集》第34卷，人民出版社1972年版，第163页；转引自袁贵仁：《马克思的人学思想》，北京师范大学出版社1996年版，第156—157页。

表现自由和个性。作为最高价值的人本身，主要是指人本身的发展、完善、自我选择和自我实现。人的自我实现主要是指人的创造性潜能的实现，是人充分发挥自己的创造性潜能从而使自己成为可能成为的最完善、最完美的人，就是实现一个完全的自己。

在人的需要的构成体系中，随着社会的不断进步，自然需要的重要性逐次递减，享受和发展需要则逐步提升，发展需要比其他需要更为重要，并逐步成为最主要的部分。在当代社会生活中，人们关心的重点不是纯粹生理需要的满足、不是物质利益的实现，而是自我完善和自我发展。

马克思还认为，人的需要不仅在劳动中产生，在劳动中实现，而且劳动本身也是人的本质需要。劳动是人的类本质，劳动需要的满足是人的本质力量的实现和发展。劳动产生人自身，体现人自身，发展人自身。在劳动中，人表征着自身的本质力量和主体性。人在与自然打交道的过程中，提高生产劳动能力，在改造社会的过程中，扩大人的社会交往和社会关系，丰富人的社会性；人在精神生产中，不断提升人的精神世界。因此，从这个意义上说，人的劳动的需要就是人“表现一切体力和智力”的需求，劳动需要的满足就是人的“发挥人的全部才能和力量”，就是人的“一切体力和智力”的锻炼和提升，即人自身的全面发展。正如马克思所说：正是“生产劳动给每一个人提供全面发展和表现自己全部的即体力的和脑力的能力的机会”。正是在这个意义上，马克思认为，未来人类的共产主义社会，“劳动不仅仅是谋生的手段，而且本身成了生活的第一需要”。这是共产主义社会的最基本的特征。所以，劳动的需要是人最根本、最具决定意义的需要。①

然而，劳动是在一定社会关系中才能进行的。社会关系是劳动的必要形式，是“构成人们全部历史活动基础”的东西。劳动需要的满足必然要求满足人的社会关系的需要。由于人是社会的产物，且人的本质是社会关系的总和，因而，人的本质和社会的本质是一致的。人的本质是社会实践，而社会生活的本质也是实践的。马克思既用“一切社会关系

① 参见袁贵仁：《马克思的人学思想》，北京师范大学出版社1996年版，第151页。

的总和”来概括他对人的本质的独到认识，同时又用“社会……表示这些个人彼此发生的那些联系和关系”来表达他对社会本质的理解。因此，人的本质和社会的本质都可以归结为社会关系。从更根本的意义上说，人与社会就是一个东西。人本身就是社会本身，社会本身也是人本身。用马克思的话来说：“社会本身……即处于社会关系中的人本身。”①

人离不开社会关系，就像离不开水和空气一样；人需要社会关系，也像人需要空气和水一样。人必须依赖于社会关系而存在。可以说，人对社会关系的需要是人的根本性、本质性的需要。但是，因为现实的社会关系是历史的存在，具有历史性，所以，并非所有的社会关系都能满足人的劳动的需要，都能体现人的主体地位、发展人的本质力量。阶级社会的社会关系，特别是那些落后的社会关系，严重压制了人的劳动积极性和自觉性，阻碍了人的本质力量的实现和人自身的全面发展。所以，从劳动出发，从实现人的本质力量出发，从满足人的自由自觉地劳动的本质需要出发，必须变革一切不利于使人成其为人的社会关系、社会制度，建立“每个人的自由发展是一切人的自由发展的条件”的“联合体”。②

可见，在马克思主义关于人的需要理论中，人的需要是人的本性，人的需要是社会需要，人的生存需要是基础，人的发展需要，尤其是实现人的自由个性发展则是人的最高需要。人类社会发展就是为了建立这么一个能够满足每个人实现自由个性的社会联合体。

（三）利益的实质和类型

利益源于需要，无需要则无利益。利益是通过社会关系表现出来的需要。利益本质上是一个社会关系范畴，它表示的是主体需要和满足主体需要的客体之间的关系。一种物品能满足人的某种需要，这种物品对人就是有利的，因而它就是人的利益所在。不需要的东西不会成为人的

① 参见袁贵仁：《马克思的人学思想》，北京师范大学出版社 1996 年版，第 151 页。

② 《马克思恩格斯选集》第 1 卷，人民出版社 1995 年版，第 294 页。

利益。但是，需要本身还不是利益，需要只是利益的内在主体根据，能够满足人的需要的劳动成果才能构成利益的实在内容。利益的最终实现形式是人对社会关系、劳动成果以及人自身的占有和消费。人无法获得或占有的东西，即使具有满足需要的属性，也不构成人的现实利益。在马克思主义看来，自然界不能自动地满足人的需要，人必须通过自己的劳动去改造自然界，去创造物质的、精神的、社会的财富，使之适合人类的需要。由于人类个体的弱小，满足自身需要的活动必须由诸多人联合起来进行，联合的劳动产生了人与人之间的社会关系。于是，在人的需要和自然客体之间就插进了一个社会关系的中介。自然客体不仅只有通过社会实践才能成为人类需要的对象，而且必须通过特定的社会关系才能最终满足人的需要。随着需要的多样化和满足需要的劳动的不断分化，每一个人的需要都在越来越大的程度上是通过社会、由他人共同的劳动来满足的。这样，需要和满足需要的劳动在不同的人和人群之间逐渐被分开了。这样，需要的满足必须通过社会关系的中介才能完成。一个具有正常生理需要的人，如果他（她）的某些需要的满足不是通过一定社会关系而获得的，而像生活在深山老林中的“野人”那样呼吸空气、享受阳光、沐浴绵绵春雨等，那么，我们则不能认为他（她）获得了现实利益。同时，由于社会关系的作用，有些人的需要能够得到满足，有些人的需要则未必能够得到满足；对有些人满足程度较大，对有些人则满足程度较小，于是便出现了利益差别和利益之争。即便如此，需要也只有通过社会关系的中介作用，才转化为利益。

利益是人类一切社会活动的最终动因和目的。人类社会历史是由人的活动构成的，而每个人在参与社会历史活动时，都有不同的思想动机。历史唯心主义在考察历史时，至多只是看到了人们的思想动机，而没有更深一步地去探究隐藏在人的思想动机背后的动因是什么。马克思认为：“人们奋斗所争取的一切，都同他们的利益有关。”在人的思想动机背后是人的利益，特别是物质经济利益在最终起着作用。“‘思想’一旦离开‘利益’，就一定会使自己出丑”。人们改造自然、改造社会的一切活动，都是直接或间接地为了谋取自己的利益，取得和改善自己生存和发展的条件。

从可能性来说，人有多少种需要就会有多少种利益，利益的种类同需要的类别大体是一致的。但从现实性看，并不是人的一切需要都能在现实的社会关系中得以满足，从而实现其利益。关于利益的类型，有不同的划分。从主体的不同来分，利益可划分为个体利益和群体利益；根据社会生活的基本领域，利益可分为物质利益、政治利益、社会利益和精神利益；从利益及其实现的时限上区分，有眼前（目前）利益和长远利益；从利益的覆盖范围的角度看，利益还可分为局部利益和整体利益；从利益在人的发展和社会生活的地位和作用看，有根本利益和非根本利益。

（四）人的根本利益

由于人的需要决定利益，人的需要的层次决定利益的层次。人的不同需要在人的自我实现中居于不同的地位，人的利益在人的发展过程中也有不同的地位和作用。毛泽东认为，在复杂事物的发展过程中所包含的各种矛盾的地位和作用是不平衡的，其中贯穿于事物发展过程的始终、决定过程的本质的矛盾，是根本矛盾。根本矛盾规定和影响着事物发展过程中其他矛盾的发展。毛泽东关于矛盾问题的思想是我们分析利益的方法论。

利益是一个涵盖面很广的总体性概念，是政治、经济、文化等方面各种利益的复合体。在利益结构中，我们可以分为根本利益和非根本利益。什么是根本利益？从利益的大小讲，根本利益是最大利益；反之，就是非根本利益。从利益对利益主体的重要性讲，人赖以生存和发展的不可缺少、不可替代、不可剥夺的需要物，叫根本利益；对人来说，可有可无、可以替代的需要物，叫非根本利益。从利益复合体所处的地位讲，根本利益在利益结构中处于基础地位，支配、决定和影响着其他各种利益的实现；否则就是非根本利益。

从以上对根本利益的解说看，根本利益具有以下几个特征：

第一，基本性或不可剥夺性。根本利益是人的不可或缺的、具有基础地位的需求。一般来说，生命、自由、平等、理想、信仰等都属于人的根本利益，是不可缺少、不可替代、不可剥夺、不可触犯的。如维持生存的利益需要、基本的人权需要，人的生存权、健康权、自我实现的需要等，这些利益就是人之为人不可或缺的，也可以说是人来到这个社会就必须具有的权益，或如西方哲人所说的“天赋人权”，就是基本利益。

第二，共同性或一致性。这是指在一定历史时期或社会发展阶段人们普遍的需求和利益追求。虽然不同主体的需要、利益是不一样的，但是在一定的条件下，大多数社会主体有着共同或比较一致的利益需求。比如，在物质短缺年代，满足基本生存需要，如吃饱、穿暖等，则是人的共同利益；在温饱问题解决好了以后，人们关注的重点是如何提高生活质量，如何提高人自身的素质、如何实现自己的人生目标，实现人的生命价值，实现自我等。如目前对人们普遍关注的民主权益、就业机会、教育公平、社会正义等问题，就是人们根本利益的反映，体现了人的根本利益诉求。

第三，整体性或全局性。根本利益是社会全体成员或绝大多数社会主体的共同利益，是社会整体利益、全局利益，而不是个别利益。比如，人们的公共安全利益，具有社会整体性，就是根本利益。

第四，主导性或决定性。根本利益反映人们普遍的需求，是社会主要矛盾的集中体现，是与社会发展和时代的要求相一致的。根本利益决定其他利益。满足人们的根本利益就是解决社会的主要矛盾。比如我国现在的初级阶段，实现好人民群众的根本利益就是不断解决好落后的社会生产与人民日益增长的物质文化生活需要。

根本利益具有三大功能：（1）整合、激励功能。对于全体人民来说，实现根本利益的过程，既是解决社会主要矛盾的过程，同时也是一种受益回报过程。根本利益是社会成员共同奋斗的目标，它能凝聚各方面的力量，形成群策群力、共同奋斗的局面。根本利益的满足，有利于调动人们的积极性，维护社会稳定，推动社会进步。（2）统率、约束功能。在一个协调发展的利益体系中，各个具体利益的出现和满足决不是随意的、无条件的，它不能否定、偏离根本利益，必须受根本利益的统率和制约。在纷繁复杂的利益格局中，我们判断某一具体的利益是否合理，关键就看它是否服从于、服务于根本利益。（3）选择、协调功能。社会生活是复杂的，各种具体的利益之间难免会发生矛盾和冲突。在这种情况下，人们可以运用根本利益作为调节标准，协调各种利益关系，决定各种利益实现的先后顺序。总体说来，人们往往优先选择那些与根本利益耦合程度较高的具体利益作为首先实现的目标。

一个人、一个群体、一个国家、整个人类，都有其根本利益。如前所述，一个人的生命、安全、自由、自我实现是人的根本利益；一个民族，地域、语言、宗教、文化、历史是其基本元素，也是基本利益；一个国家，国家主权和宪法是不可触犯的根本利益、最大利益。

一般而言，人的根本利益大体包括以下方面：一是生存利益、物质利益。这也叫经济利益，是指能够保证人民群众吃、喝、穿、住、行等物质生活需要的利益；是指满足人作为一个个生命体最基本需要的利益，以使作为个体的人能够保证生存和存在。这是人民群众最根本的利益。它包括自然生理需要、生命健康需要以及存在环境需要等诸多方面的利益。满足生存需求的活动，既是人民创造历史的第一个活动，是历史的起点，也是一切历史发展的基本条件。只要人类不消亡，历史不终结，满足生存需求的活动将无限地进行下去。二是政治利益。政治利益是指人们参与国家决策和社会事务管理等方面的利益，主要就是行使社会成员的权利、当家作主和掌握管理社会、国家事务的权力及利益。三是精神利益。精神利益是指能够保证人的精神需要的利益。包括正常的文化生活、和谐的相互关系、团队或群体的归属感以及受人尊重等方面需求的利益。其中最根本的就是表达自由和心情舒畅的社会氛围。四是社会利益。社会利益包括劳动（就业）权益、休息权益、社会保障权益、受教育的权益等。社会保障与人的生存需要直接相关，是人最基本的权益，是最根本的社会利益。五是发展利益。发展利益是指保证人自身正常、健康、顺利发展、满足自我实现方面的利益，人的自由全面发展是人之为人的最根本、最重要和最高的利益。

以上几方面利益具有一定的层次性、交叉性。这些方面的利益有一定的互相包含的关系，它们相互作用，相互影响。同时这些方面并不完全是人民群众与生俱来的利益需要，它有一个基本保证、能够满足和逐步上升的层次性结构。

马克思主义认为，需要决定利益。人的需要是合乎人的本性的、体现人的本质的。而最能体现人的本性的，是人成其为人的需要；而人成其为人的需要，无疑是人的自由自觉地劳动的需要，亦即自我实现的需要。当代社会，随着人类社会财富的快速增长，自由自觉的劳动的需要日益成为人的最根本、最本质、最能体现人的本质力量、提高人在世界中的主体地位的需要。因此，人的根本利益就是满足人的劳动的需要，就是自由自觉地活动，就是人成其为人，也就是肯定“自己的本质”。正如袁贵仁教授所说：“最能体现人的本性的需要，应当是使人成其为人，使人的素质不断得到改善、主体力量不断得到增强的需要。”① 使人成其为人，应该有两层意思：第一，人在世界上具有作为人应有的地位和价值，即人对于人具有最高价值和尊严；正如康德所说：“人，实则一切有理性者，所以存在，是由于自身是个目的，并不是只供这个或那个意志任意利用的工具；因此，无论人的行为是对自己的或是对其他有理性者的，在他的一切行为上，总是把人认为目的”。② 第二，人要使其成为可能成为的完善的人，也就是马斯洛所说的自我实现的人。因马克思认为人的类本质是自由自觉的劳动，现实本质是社会关系的总和，那么，使人成其为人的需要，即人的形成和发展的需要，就是人对自由自觉的劳动的需要和与之相适应的社会关系的需要。

现代社会，在人的需要结构中，无疑发展需要最为重要，具有最高价值。因为，一方面，人的发展需要、自我实现是每个人的最高需要。前面介绍的马斯洛的需求层次理论表明，自我实现的需要是人的最高级的需要。满足最高需要就具有最高价值。人的自我实现、发展需要的满足主要体现为人的潜能、创造力的充分发挥。这就意味着人的发展需要的满足其实就是人创造社会财富的最大化。因为社会财富都是人的劳动的产物，是人的“一切体力和智力”发展的结果。人的发展需要的满足、人的自我实现，乃是社会财富的源泉。而在社会一切财富、一切资源中，人是第一资源、是最高财富。发展人、实现人的自我，就是社会最高的、最根本的、最伟大的财富。

人的根本利益不仅是多方面的，而且随时代的变化而变化。在不同的社会历史条件下，人的根本利益是不同的，其具体内容则随着社会的

---

① 袁贵仁：《马克思的人学思想》，北京师范大学出版社 1996 年版，第 149—150 页。

② 康德：《道德形而上学原理》，上海人民出版社 1986 年版，第 87 页。

发展而不断变化，并赋予新的形式。在社会生产力水平低下，社会财富、尤其是物质财富十分匮乏的历史阶段，人在很大程度上只是作为自然存在物而存在，还没有从根本上脱离动物界，人的根本利益必然是生存利益，即人的自然需要及其满足。当社会化生产力发展到一定水平，社会财富积累到一定程度之后，特别是在温饱问题得到解决之后，生存需要的首要地位则被享受的需要、特别是发展自身的需要所代替。人作为人自身、人成其为人的需要就是人的最根本、最重大的需要。人的根本利益就是实现人的这种需要。新世纪新阶段，我国社会初步实现“小康”，进入到全面建设小康社会的关键时期。在这个阶段，虽然物质生活的需要、物质利益仍然具有很重要的基础地位，物质利益的基础地位在任何时候也不能动摇，衣食住行永远是人的第一需要，维持有生命的个人的存在依然是人最大的需要。但是，当社会物质财富积累到了一定程度、达到了一定阶段，也就是说，当人的温饱已经不是人类活动最需要解决的问题时，生理的、物质的需要必然会让位于更高层次的需要。我们完全可以讲，中国已经告别30多年前的那个物质极度短缺的时代，温饱的需要已经不是绝大多数中国人的首要的、第一位的需要。从科学发展的视角看，经济利益、物质需要的满足也绝不能构成当今绝大多数中国人最根本的利益。有没有饭吃、能不能吃饱，对绝大多数中国人来讲，已经不是问题，更不是根本问题。而有没有尊严、能不能有尊严地活着、能不能最大限度地开发自己的能力、实现自己人生的价值，则日益成为社会的根本问题和亟需解决的重大时代课题。

人的根本利益与社会发展的根本需要密切相关。目前，我们正处于社会主义的初级阶段，社会的主要矛盾依然是人民日益增长的物质文化需要同落后的社会生产之间的矛盾。满足人们日益增长的物质文化生活需要虽然是我国人民的根本利益，但我们不能把“增长的物质文化生活需要”等同于人的自然需要，更不能把维持生存需要作为今天中国人的根本利益。尽管物质生活的需要依然很重要，但是，物质生活已经不单单是生理需要的满足，物质生活已经渗透了大量的精神的、文化的因素。就整体而言，人们的文化生活需要的强度已经大大超过纯粹的物质需要。我们应当看到这样的事实：改革开放以来社会主义建设的发展，已经把一个相对贫穷、落后的中国建设成了比较富足、强大的社会主义国家。尽管人均国民生产总值还不高，贫困现象还没有彻底消灭，还存在一定数量的贫困人口，但是，人的“必要的需要”，或者说人的客观的、普遍的需要已经基本得到了满足，生存需要不再像改革开放前那样是人的最大的、最根本的需要。人的基本生存的需要日益被人的享受需要和发展需要所代替。同时，尽管我国社会的主要矛盾依然是人们日益增长的物质文化需要和落后的社会生产之间的矛盾，矛盾的主要方面依然是生产力的落后，解决社会主要矛盾依然是大力发展生产力，人的物质文化需要的不断满足的根本途径也依然是靠改革和发展生产力，但是，发展生产力的方式则必须随着时代发展的需要而发生转变。转变发展方式是解决我国社会发展问题的根本。过去，经济的增长主要依靠物的大量投入、资本的大量投入，人力资源的投入十分不足。这种发展经济方式的局限性日益凸显，资源环境的压力越来越大、发展的空间越来越小、发展的后劲越来越不足。为此，中国经济社会的发展方式必须从着重依靠资源、资本的大量投入转变到着重依赖科学技术、人力资源上来。而人是生产力首要的、最重要的因素。在很大程度上，改革和发展生产力，就是解放人、改变人和发展人本身。因此，从这个意义上看，人的发展是当代中国的最大课题。大力解放和发展生产力，就是要大力促进人的发展，促进人自身的全面发展、自由发展，即不断提高全体中国人民的思想道德素质、科学文化素质和健康素质，这是当代中国社会发展最根本的需要，也是中国社会发展最大的利益，更是每个中国人最根本的利益。试想，国家的强盛不是靠高素质的国民创造出来的么？高素质的国民，绝大多数国民、甚至每一个国民的幸福生活，不正是一个强大国家和美好社会所追求和需要的么？为个人的利益和美好幸福的生活，以及实现自己的理想和人生价值而奋斗，不正是每个人所期盼的么？今天的中国和中国人，不正是有着这种同样的期待和希冀么？

建国以来的经验和教训一再表明，只有准确地认识社会发展的主题，把握社会的主要矛盾及其矛盾的主要方面，我们才能真正把握人的根本利益，充分调动人的积极性，带领所有社会主体一道前进；抓不住社会的主要矛盾及其主要方面，人的根本利益就得不到满足，社会主义建设事业就遭受挫折。改革和发展生产力，解放人和发展人，促进人的自由全面发展，建设一个富强、民主、文明、和谐的社会主义现代化国家，是各族人民和每个中国人的根本利益之所在，也是中华民族和中国特色社会主义的根本利益之所在。

二、人权及其保障的优先性

人的根本是“人本身”，人本身是最高价值。因此，人的根本利益就是人本身。人的生存是人最基本的需要。人要生活、要发展，首先必须要生存。从一定意义上说，人的发展其实也是人的生存，或者说，发展权是一个高级的生存权。人的生存需要决定了生存在人的各种利益中的地位和作用。人的生存利益是人作为社会存在物的最基本的利益，集中体现为人权，即人之为人的利益。

（一）权利及其类型

权利是什么呢？对于权利概念的界说，也是众说纷纭，莫衷一是。大体可以归于两大类：一是“利益说”，包括所谓“资格说”、“主张说”或“要求说”以及“法力说”；另一是“自由说”，包括“意志说”、“规范说”或“范围说”。①

利益说是认为权利不过是一种利益的理论。在利益说看来，权利是一种利益、索取或要求，是受法律授权保障的利益、索取和要求。权利利益说的泰斗耶林认为：“权利就是受到法律保护的一种利益。所有的利益并不都是权利，只有为法律所承认和保障的利益才是权利。”② 更确切地说，“权利是一种具有重大社会效用的必须且应该得到的利益、索取或要求，是一种具有重大社会效用的必当得到的利益、索取或要求；因而也就是一个受到——而未必实际受到——社会管理者依靠权力加以

① 王海明：《新伦理学》（中册），商务印书馆2008年版，第822页。

② 转引自王海明：《新伦理学》（中册），商务印书馆2008年版，第827页。

保护的利益、索取或要求，说到底，也就是应该受到——而未必实际受到——政治和法律保障的利益、索取或要求。”①

自由说的观点，可以归结为：权利是法律所保障的自由。如霍布斯说：“权利就是做或不做的自由。”康德认为：“权利的概念，并不表示一个人的行为对另一个人的愿望或纯粹要求的关系，不问它是仁慈的行为或者不友好的行为；它只表示他的自由与别人行为的自由的关系。”黑格尔则说：“法定的权利，不论是私人的或是国家、市镇等公共的，原先就称之为‘自由’。”“自由既是权利的实质又是权利的目标，而权利体系则是已成现实的自由王国。”② 相对于权利的利益说，自由说是不科学的。其根本错误在于它把“法律的某些本质——法律是公共意志的体现——当作权利的本质”。因为，在自由说关于“权利是法律所保障的自由”的定义中，也包容了一切义务，没有把权利和义务区别开来，因而是不能成立的。③

因此，我们可以说，权利的利益说是准确的，权利是利益，是应该受到保障的利益。由是观之，人权就是人应该得到且必须要得到保障的人之为人的利益。这是人最基本、也是最本质的利益。人权是人享有其他利益的基础。人只有有了人权，才能有其他的权利。可见，社会、国家、法律首先保障的应该且必须是人权。因此，以人为本，首先必须切实尊重和保障人权。试想，一个人，生活在社会之中，连人之为人的权利都不能享有，即连做人的资格、做人的权利都没有得到，不就是与奴隶社会的奴隶一样，只是一种“会说话的工具”吗？没有把人作为人、当作人，怎么能把一个社会的治理看作是以人为本的呢？这样的社会怎么能说是以人为本的呢？

权利，根据不同的划分标准有不同的类型。以权利的被授予、被规定的性质为依据，权利可分为道德权利、法定权利和自然权利；以权利

① 王海明：《新伦理学》（中册），商务印书馆2008年版，第827页。

② 转引自王海明：《新伦理学》（中册），商务印书馆2008年版，第827—828页。

③ 参见王海明：《新伦理学》（中册），商务印书馆2008年版，第829—830页。

的社会属性为依据，可分为经济权利、政治权利、文化权利和社会权利；以权利的地位和重要性为依据，可分为基本权利和非基本权利。当然，不同种类的权利之间是相互重叠交加的。这里我们主要介绍一下基本权利和非基本权利。

基本权利，是人们生存和发展所必要的、必需的、起码的、最低的权利，是满足人们经济、政治、思想文化、社会生活等方面基本的、起码的、最低的需要的权利。如马克思所说的满足人的衣食住行等需要的权利，或者说人的生存权，是基本经济权利；享有选举权和被选举权，享受掌握最高国家权力的权利，是人的最基本的政治权利；享有言论出版自由是人的基本文化权利；享有均等接受教育和公共服务的机会、公平的社会保障权利，则是人的基本社会权利。非基本权利是人的生存和发展的比较高级的权利，也就是满足人的经济、政治、文化和社会生活等较高级需要的权利。

众所周知，从社会公正原则讲，一个人所获得权利与他对社会所履行的义务、所做出的贡献应该成正比，也就是说，社会给予一个人权利是与其履行的义务相关的，贡献大者，所获得的权利就多，所得利也就多，相反，贡献少者，所得利则少。这从结果看，仿佛并没有实现公平。但是，只要我们仔细想一想，一个社会，应不应该多劳者多得、少劳者少得呢？多劳多得，少劳少得，是不是公平呢？难道我们能够认为，多劳者少得、少劳者多得、或者不管多劳少劳，所得同等，就是公平呢？显然，劳与得成正比，是公平，反之，即不公正。可见，依据贡献原则，社会授予每个人的所有权利并不是完全平等的。

然而，有没有社会给予每个人完全平等的权利呢？有的。这就是人的基本权利。社会授予人的基本权利应该且必须是完全平等的。

为什么人来到这个世界，生活在这个社会上，就应该享有作为人的基本权利呢？正如王海明教授所言：“每个人都应该完全平等地享有基本权利的基本依据乃在于：每个人都是缔结、创建社会的一个成员。”“缔结社会在每个人所做出的一切贡献中是最基本、最重要的贡献。”①大家知道，个人离不开社会，社会也离不开个人。社会是个人的有机集

① 王海明：《新伦理学》（中册），商务印书馆2008年版，第882页。

合体。社会不过是每个人的结合，是每个人所结合而成的“大写的人”。因此，每个人，只要他来到了这个世界，不管他（她）的天资、相貌、潜在能力如何，也不管日后其才能的大与小、品德的高与低、贡献的多与少，就成为了社会的一分子，就为缔结社会、为社会的存续和发展做出了应有的贡献。每个人只要一生下来，就没有任何选择地被投入到了社会之中，成为了与社会须臾不可分离的一个分子，就毫无选择地把自己的一切交给了社会。试想，如果每个人，生来就选择独立的生活，就选择逃避、脱离这个社会，社会还能够存在和延续吗？没有了个人，也就没有了社会。这是再明显不过的道理了。因此，人的基本权利是人与生俱来的、自然赋予的权利，必须绝对平等地分配，绝对平等地享有。

（二）人权是人之为人最基本的权利

人权是人之为人的最基本的权利，是一切利益和权利的前提和基础。人的生存利益如果都不能得到满足，其他的利益更不可能实现。如果人没有了做人的基本权利，就不可能再有人的其他权利，更不可能有人的发展权利。由于人权是人的各项权益的中最本质、最基本的利益，以人为本，首先必须以人的生存利益为根本，首先必须保障人权。只有人的最基本的利益得到了实现，才能有实现其他利益的前提和基础；只有人权得到了保障，其他的权利才会有相应的主体条件和客观依据。维护人的生存利益、保障人权是保障其他各项权益的基础。因此，党的十七大报告指出：“尊重和保障人权，依法保证全体社会成员平等参与、平等发展的权利。”① 最新的宪法修正案把“尊重和保障人权”写进了宪法，作为国家根本大法的重要内容，对促进我国的人权保障事业的发展具有历史性的作用。

“人权”是一个“伟大的名词”，就概念而言，分歧很大，不仅中西有不同的界定，就是国内，官方和民间、学界之间，也有诸多的不同认

① 胡锦涛：《高举中国特色社会主义伟大旗帜为全面夺取建设小康社会新胜利而奋斗》，人民出版社 2007 年版，第 31 页。

识。但大家一致认为，人权就是人之为人享有或应该享有的权利，就是作为人必然享有的基本社会权利。在人之为人中，第一个“人”，无疑是指具体的现实人，是“一切人”、“每个人”；后面的“人”是指抽象的一般的人，是人的本质、本性意义上的人。在这个意义上，“人之为人”就具有“与生俱来”的意义，即为西方人权理论所谓的“自然权利”。这样，人权就是每个人都应该享有且必须享有的权利。从人权的内在精神看，人权有三义，即人道、法治和大同。①

从人的发展看，人权富有人道精神。人道或人道主义的要义就是把人当作人和使人成其为人。人道或人道主义不仅是一种社会理论，而且是一种社会治理原则，是社会治理的最高的道德原则。人权的人道精神，可以从以下三个方面理解：第一，人权是一个以人道作为社会进步的目的性概念。作为一种社会制度原则，人权通过强调人之为人所应该享有的资格、利益、自由、能力，来维护人的尊严和价值，有利于防止和遏制把人作为单纯的工具或手段的企谋。第二，人权是一个以个人作为人道主体的主体性概念。人权表明了个人作为权利主体的地位。人权的主体是人，而且是在特定的权利义务关系中的个人。第三，人权是一个以权力来推行的人道的权威性概念。人权，不仅指承认人享有实际的符合人道的利益和需要，而且把享有这些需要和利益宣布为人的权利。也就是说，人权概念通过给人的生存和发展的基本需要以及满足这些需要和利益的方式，诸如民主、自由、平等，赋予某种权力或权威，使之成为权利。这样，人权便从一个哲学观念转换成了法学上的权利概念，从理论目标转换为了具体的社会实践。

从治国方略上看，人权富有法治精神。第一，人权原则为社会政治秩序的合法性奠定了基础。作为一个法治原则，人权意味着国家法律和政府行为应该以确认、保护和实现社会全体成员的基本权利为目标，而不能以任何目的和方式妨碍和侵犯人民大众的权利。第二，人权为谋求社会秩序的和谐与稳定提供了方法。人权作为社会政治原则，意味着是以法律设立和调整人的权利义务关系的办法来建立社会政治秩序并促进社会有序发展与和谐。这是一种在承认和保护个人权利的前提下，通过

① 夏勇：《人权概念的起源》，中国社会科学出版社 2007 年版，第 145 页。

设立、调整个人与个人、个人与社会之间的权益和义务关系来谋求社会公正、以实现社会和谐发展的社会治理方法，从而保障社会政治安定和社会秩序稳定。

人权，从整个人类的进步看，具有大同精神。作为普遍权利的人权，意味着人类的所有成员，无论存在何种差异，不管有多大的不同，只要是人，就必须都一律拥有人之为人的同等的价值和尊严。尽管不同的国家、民族、文化、阶层对人的价值和尊严有不同的认识，但诸如人的生命、生存等基本价值，还是能够取得基本的价值认同的，是能够找到相互认可的共同标准和行为准则的。可以说，人权本身就是一个共同准则。①

人权是每个人享有或应该享有的权利。人权，是每个人因其是作为缔结社会的平等成员而应该平等地享有的基本权利，是一个人在社会中能够保证其作为人生存和发展最起码、最低的利益。失去了或没有获得基本权利，就意味着一个人便失去了在社会生存和发展的资格和机会，这个人的生存就不是作为一个“人”的存在，而是作为一个具有“人性”的物、工具而存在的。因此，基本权利又被称之为“人权”。马克思指出：“人权之作为人权是和公民权不同的。和公民不同的这个人究竟是什么人呢？不是别人，就是市民社会的成员。为什么市民社会的成员称作‘人’，只是称作‘人’，为什么他的权利称作人权呢?”因为，“这种人，市民社会的成员，就是政治国家的基础、前提。国家通过人权承认的正是这样的人”。② 正是因为“每个人都是社会的一个股东，从而有权支取股本”。③ 每个人都是社会的缔造者，社会则应该且必须授予每个人相同的基本权利——一个人生存和发展所必需的、起码的、最低的权利。彼彻姆说：“‘人权’一语是新近的表述，传统上一直称之为‘自然权利’，更古远一些则被叫做‘人的权利’。这种权利通常被当作

① 参见夏勇：《人权概念的起源》，中国社会科学出版社 2007 年版，第 145—149 页。

② 《马克思恩格斯全集》第 1 卷，人民出版社 1956 年版，第 437 页；转引自王海明：《新伦理学》(中册)，商务印书馆 2008 年版，第 883 页。

③ 潘恩：《潘恩选集》，商务印书馆 1963 年版，第 143 页。

人人平等享有、不可转让的。”美国的《弗吉尼亚权利法案》规定：“一切人生而同等自由、独立并享有某些天赋的权利……这些权利就是享有生命和自由、取得财产和占有财产的手段以及对幸福和安全的追求和获得。”[①] 现代社会，人权，也被表述为免于饥饿、贫穷的权利；免于被侵扰、恐吓的权利；等等。

（三）自由是人权最重要的内容

自由是人权最重要的内容。自由是人的基本需要，是最深刻的人性需要，是人最重要的根本利益。根据科学家们的研究发现：自由是动物生存的根本条件和根本需要。巴甫洛夫认为：“自由反射当然是动物的一种共同特性，一种普遍的反应，而且也是最重要的先天反射之一。缺少这种反射，一个动物所面临的每一细微障碍，都会完全阻碍它的生活过程。这是我们所熟知的；因为一切动物，当剥夺了它们的通常自由，便奋力于解放自己，特别是野生动物在第一次被擒获时是如此的。”[②] 自由作为动物的基本需要，也是人的基本需要，而且是人最基本、最重要的需要。研究表明，低级的物质形态没有自由的需要和能力，自由是物质形态发展到动物阶段才具有的需要和能力，并且自由的需要程度和能力、自由对动物生存和发展的重要性是与动物进化程度成正比例的。动物越低级，对自由的需要越少，自由能力也越低，作用也越低；反之，则越高、越重要。在进化阶梯上，人作为最高级的动物，对自由的需要是最多、最重要、最根本的。正如王海明教授所言：“自由是最深刻的人性需要。”[③] 著名历史学家汤也认为：“没有最低限度的自由，人就不可能生存，正如没有最低限度的安全、公正和食物便不能生存一样。”[④]

---

① 转引自王海明：《新伦理学》（中册），商务印书馆2008年版，第883—884页。

② 巴甫洛夫：《条件反射讲演集》，人民卫生出版社，第224页；转引自王海明：《新伦理学》（中册），商务印书馆2008年版，第1006页。

③ 王海明：《新伦理学》（中册），商务印书馆2008年版，第1006页。

④ 转引自王海明：《新伦理学》（中册），商务印书馆2008年版，第1006页。

萨特甚至认为，人的一切活动从根本说来就是满足自由的需要，以实现自由的需要为目的。他说：“当我宣称：在每一具体环境下，自由不外是以自己的要求为目的的。这时候，如果有人一旦明白了他是在孤寂中估价事物，那么他除了要求把自由这一件事情作为一切价值的基础之外，不复再有其他要求。这一点，决不是说他是抽象地要求自由，而只是说：老实人的行为的最根本的意思是：就自由而求自由。我们要求的是以自由为目的的自由，是在各种特殊环境下均有的自由。”①

客观地讲，自由并不是人一切活动之根本目的，而只是人的一种基本需要和基本目的。从这个角度看，自由是人的基本权利，是一种人权。正因如此，历史上才有“不自由，宁愿死”的不懈追求，才有那么多志士仁人，为自由而战斗，为自由而舍生忘死，才会有“若为自由故，二者皆可抛”的壮丽诗篇和豪情义举。另外，自由不只是人的活动的目的，也是实现其他目的的一种手段和必要条件。关于自由作为手段，阿马蒂亚·森在《以自由看待发展》一书中有比较精到的论述。阿马蒂亚·森认为，“自由是发展的首要目的”，同时，“自由是促进发展的不可缺少的重要手段”。他要求：让每个人自由成为社会的承诺。这也是阿马蒂亚·森在该著作中的核心诉求。哈耶克也认为“自由能够给予个人的只是种种机会”。“自由不仅仅是许许多多价值中的一个，而是一切价值的根源。”② 之所以如此，根本原因在于：自由是每个人充分发挥潜能的必要的根本条件。个人潜能的充分发挥，无疑是其个性的充分发挥，而个性的发挥的根本条件就是自由。说到底，个性的发挥就是人的自我实现。而自由无疑是自我实现的最必要、最根本的条件。同时，社会无非是人的集合体。社会的一切成果和进步都是人的创造物。人的才能发挥得越充分，创造的财富就越多，社会也就越进步。这样，自由便是社会进步最根本的要素和条件。也因为自由是人和社会进步的最基本的条件，获得自由也便是人最根本的利益。因此，一个好的社会，一个以人为本的社会，不仅要求人人平等地遵守法律，在法律面前人人平

① 萨特：《存在主义是一种人道主义》，上海译文出版社 1988 年版；转引自王海明：《新伦理学》（中册），商务印书馆 2008 年版，第 1007 页。

② 转引自王海明：《新伦理学》（中册），商务印书馆 2008 年版，第 1008 页。

等，而且要人人平等地享有自由，在自由面前也人人平等。之所以如此，不仅在于社会的发展进步是全体成员的责任，自由是社会成员发挥创造力的基本条件，而且更在于自由是一种人权，是每个人作为社会的一分子、一个原子所应该享有的最低的、最基本的、最起码的权利。正如霍布斯所说：“每个人应该享有与别人同样多的自由，恰如他允许别人相应于他自己所享有的那么多的自由一样。”[①] 罗尔斯也说：“每个人对最大限度的平等的基本自由之完整体系——或预期一致的类似的自由体系——都应该享有一种平等的权利。”并把这作为“正义的第一原则”。[②] 所以，《人权宣言》把自由、反抗压迫、财产、安全一道作为保护人的天赋和不可侵犯的权利。

正因为人权对于每一个人以及社会存续和发展的地位和重要性，人权便具有了神圣不可侵犯性。社会必须保障人权。不仅如此，人权还具有优先性。人权及其保障的优先性，是社会治理一个重要的根本原则。它不仅是相对于社会中的每一个人而言的，而且更为重要的是相对于人与人、群体与群体之间各种权利关系而言的。从一般的意义上讲，人的生命重于泰山，人的生存利益要重于其他利益，当人的生存利益与其他利益发生冲突时，人有权利、社会也有义务保障人的生存利益，而放弃其他利益。在这个问题上，社会应该确立这样的价值标准和取向，国家也应当在意识形态、法律制度、政策措施等方面予以切实保障。当人权，即人的基本权利与非基本权利发生冲突而不能两全时，必须优先保障人权，而舍弃、牺牲人的非基本权利。正如罗尔斯在谈到基本权利分配原则和非基本权利分配原则的关系时所说：“这些原则的排列具有一种先后次序，其中第一个原则优先于第二个原则。这一次序意味着，对于第一个原则所保障的基本平等自由的侵犯不能因其带来更大的社会和经济的利益而得到辩护或补偿。”[③] 这就是说，基本权利的分配优先于非基本权利的分配。但是，这主要是从人与人、群体与群体的权利关系的

① 霍布斯：《利维坦》，商务印书馆1996年版，第10页。

② 转引自王海明：《新伦理学》（中册），商务印书馆2008年版，第1017页。

③ 罗尔斯：《正义论》；转引自王海明：《新伦理学》（中册），商务印书馆2008年版，第889页。

处理而言的，是处理人与人之间的各种利益冲突而言的。当人与人的各种利益发生这样或那样的矛盾或纠葛时，如果是人的基本权利与他人的非基本权利相对立、且不能同时实现时，社会应该把保障人的基本权利放在首位，首先实现那个（些）人的基本权益，而舍弃为满足非基本权利人的利益。更确切地说，当一个（部分）人的基本权利的实现与社会中的另一个（部分）人的非基本权利的满足发生冲突而不能同时实现两全其美时，人的基本权利的实现具有不可侵犯性，具有优先性。也就说，一个人的基本权利，无论这个人是如何低能、渺小，这个人的人权必须优先于另一个人——无论其多么伟大——的非基本权利。可见，人的基本权利——人权具有绝对的优先性。

的确，人的生存利益要优先于人的发展利益，人的基本权利要优先于人的非基本权利的保障，人的生理需要、安全需要、物质利益要比爱的需要、自我实现的需要、精神利益等，更具前提性，更为基本。以人为本，必须把人的这些利益看作是“本源”、“根本”。党和国家必须把解决人们最切身、最实际、最关心的问题，切实保障人权。但是，生存权、基本权利、人权的前提性、人权保障的优先性并不意味着人的这些利益比其他的利益更为高级、更为重要、更具价值、更为根本。相反，人的尊重的需要、自我实现的需要、人的精神利益、人的发展权利比人的生理需要、物质利益等，要更高级、更具有价值，更能体现人的本性和本质力量。因此，从发展的眼光，从更高级的角度，或者从终极的意义上讲，人的自我实现、人的自由全面发展是人的最大、最高，也是最根本的利益，也是人的最崇高的追求和最伟大的理想。

三、以人的“自由全面发展”为本

人的根本利益是人本身。但是，人本身不是一个固定不变的存在，而是一种实践性的、历史性的存在，就是说，人是在不断生成中实现自身的。由此观之，人的根本又不仅仅在人本身，而且在于实现人本身、成就人本身，亦即使人成其为人，成为自我实现的人，成为自由全面发展的人。所以，以人为本，从更根本的意义上说，不是以人的一切为本，而是以人的善、人的美好为本，以人的完善、人的发展为本。

（一）人的自由全面发展：人最根本的利益

仔细深究，就会发现“人本身”其实是一个十分笼统的概念。人是一个复杂的有机体。人有情感、有理性、有物质需要、有精神需要、有生存的需要、有自我发展、自我实现的需要，……人有优点，也有缺点；人既善良、又残忍；人既能运用自己的才智成就为人类带来幸福的伟业，也可以运用智慧给人类造成无穷祸害，……我们能否说，人的残忍、凶狠、嫉妒、毁灭……是人的最高价值，是人的根本利益呢？显然不能。也正因如是，法国思想家卡斯帕尔早就在感慨和呼吁：“让人尊重自己的价值吧！让他热爱自己吧！因为他身上有一种足够美好的天性。可是，让他不要因此也热爱自己身上的卑贱吧！”同时，他还深刻地发现：“向人过分显示出他多么像野兽而不显示出他的伟大，这是危险的。向人过分显示出他的伟大而不顾到他的卑鄙，这也是危险的。让人对这两方面都不知道，这是更危险的。让人认识到他既卑鄙而又伟大，这是有益的。”① 培里也认识到了这个问题，他说：“把人看作是值得赞美的对象……因而使得我们发问，是人的什么被认为是值得赞美的……”显然，值得赞美的、具有最高价值的、属于人的根本利益的肯定不是人的全部属性，而是部分内容；但这部分决不是那些“卑劣”的东西，而是那些伟大、优美的、且具有“神性”的东西。那么，这伟大而优美的部分又是什么呢？

我们先看看皮科的回答，他说：“上帝认定人是本性不定的生物，并赐他一个位居世界这样的位置，又对他说：‘亚当，我们既不曾给你固定的居处，亦不曾给你自己独有的形式或特有的功能，为的是让你可以按照自己的愿望、按自己的判断取得你所渴望的住所、形式和功能。其他一切生灵的本性，都被限制和约束在我们规定的法则的范围之内。

① 转引自王海明：《伦理学原理》，北京大学出版社2005年版，第254页。

但是，我们交与你一个自由意志，你不为任何限制所约束，可凭自己的自由意志决定你本性的界限。我们把你安置在世界中心，使你从容地可以更容易观察世间的一切。我们使你既不属于天堂，又不属于地上，使你既非可朽，亦非不朽，使你好像是自己的塑造者，既有自由选择，又有光荣，能将自己造成你喜欢的任何模样。’……谁不羡慕我们这条变色龙？谁还能够更羡慕任何其他东西？”① 从皮科的上述形象而精辟的论述中，我们可以看出：作为最高价值和利益的人本身，主要是指人本身的自我发展、自我实现，即成为自由全面发展的人。正如布耶娃所说：“‘人的东西’通常所指的范围极广：……最重要的是不断增长的个性自我实现的要求、创造的要求、发展创造力的要求、精神充实和精神自由的要求。”② 诸如此类的论述，在西方人学史上还有很多，这里就不一一列举。从所罗列的论述中，我们可以看出，人的完善和发展、人的自我实现，是人的根本利益和最高价值。

同样，在马克思的人的发展理论中，人的自由全面发展是人的最根本利益。从发展的主体看，人的自由而全面的发展，不是一部分人的发展，而是所有的社会成员、即每一个人的自由全面发展。从构成上看，人的自由全面发展包括人的自由发展和人的全面发展。在共产主义社会，人的发展是自由发展，是建立在个体高度自由自觉基础上的发展，发展什么怎么发展是个人的自由自觉的选择，是“人的自由个性”的发展，而不是被迫的、强制发展。人的发展还是全面的发展。全面发展不仅体现在人的体力、智能的发展，各方面的才能和工作能力的发展，而且体现在人的社会联系和社会交往的丰富。从发展的内容上看，人的自由全面发展包括人的能力的自由全面发展、人的社会关系的自由全面发展和人的个性的发展。人的自由个性的实现是人的发展的高级形态。“建立在个人全面发展和他们共同的社会生产能力成为他们的社会财富的这一基础上的自由个性”，是扬弃人的依赖、物的依赖阶段的“第三

---

① 周辅成：《从文艺复兴到十九世纪资产阶级哲学家真正思想家有关人道主义人性论选集》，商务印书馆 1965 年版，第 33—34 页；转引自王海明：《伦理学原理》，北京大学出版社 2005 年版，第 254 页。

② 转引自王海明：《伦理学原理》，北京大学出版社 2005 年版，第 255 页。

个阶段”，第三阶段其实就是共产主义社会。只有在共产主义社会的“自由人的联合体”中，“有个性的人”最终代替“偶然的人”，每一个人都得到自由全面的发展，具有“自由个性”。自由而全面的发展，实现人的自由个性，意味着人所从事的不是任何单调枯燥和具有强制性的活动，而是人自己乐意从事的实现自我的活动。正如马克思所说：劳动不再是单纯的谋生的手段，而成为了“生活的第一需要”，成为了发挥人的才能和力量的活动，成为了实现人的本性和本质力量的活动，成为了人生快乐幸福的巨大源泉。人的至善就是人生的幸福。而人生的最大幸福就是实现自我。这一点，马斯洛的需要层次理论已经证明。至善是人生的最高目的、是人的最大的价值。试想，至善难道不正是人的最大的、最高的、最根本的利益么?！如此而来，自由而全面的发展，实现自我，实现自由个性，不正是人的最大的、最高的、最根本的利益么?！

人的利益是需要的满足和实现。人的需要的大小决定人的利益的大小。根据前面我们介绍的马斯洛和马克思的需要理论，人的自我实现的需要是人的最高需要。人的自我实现需要的满足是人的最高利益、最根本的利益。我国古代关于人的“益力”之辩，孔子的“杀身成仁”，孟子的“舍身取义”，文天祥的“人生自古谁无死，留取丹心照汗青”，夏明翰的“杀头不要紧，只要主义真”，裴多菲著名的“生命诚可贵，爱情价更高。若为自由故，二者皆可抛”。历史上的那些仁人志士，那些“惟有牺牲多壮志”的革命者，不正是从另一个侧面说明，实现人的自我价值是人的最高追求，是人的最高利益吗？如果实现自我、实现理想不是最高利益，不是根本的利益，人们为什么会因此自愿放弃人的生命这一最基本的需要和利益呢？人的至高的理性难道会糊涂到如此不堪设想、不可收拾的境地吗？答案自然是：自我实现、自由个性的实现，是人的最高的、最根本的利益。

社会是由人构成的活动体，社会的一切都是人的活动创造的结果，历史的发展和人的发展是一致的。人的发展既与他们生产什么一致，也与他们怎样生产一致。而人的生产及其成果是与人的生产能力、人的发展状况一致的。因此，人本身越发展，社会生产力就越发达，社会财富就越丰富，社会就越进步，人的需要就越能够得到更多的满足，人的利益就越能得到充分的实现。反之，人的能力、素质愈不发达，生产力发展则愈慢、社会就愈不发展。为此，赫尔达在《关于人道主义的通信集》中写道：“如果一个人不去改造自己达到他能够而且应该成为的那样的话，他就不会做出有利于人类的贡献。因此，每个人都必须首先在这所‘人道’的花园里培植和看守花坛，在这里，他将作为树木而生长，作为鲜花而开放。”为此，“人类的一切机构——如果它具有合理性——的唯一目的，就是使我们人类人道化，这就是将野蛮的和半野蛮的人改造成人，就是使我们人类首先从小部分起，达到理智所承认的、义务所要求的、我们的愿望所羡慕的形式”。① 这个“理智所承认的、义务所要求的、我们的愿望所羡慕的形式”就是培里所说的“一个完善的与和谐的人格”、马斯洛所说的“自我实现”、马克思所说的“自由个人”、“自由个性”或“自由全面发展的人”。因此，“人本身的自我实现乃是一切财富的源泉，是最根本、最重要、最伟大的财富，因而也就能够最大限度地满足全社会和每个人的需要，从而具有最高价值”。②

可见，以人为本，并非以人的全部属性为本，并非以人的所有需要的满足为本，而是以人的美好德性、优美特征为本，以人的合理需要的满足为本，以人的自我实现、自由个性的实现为本。

（二）人的自由全面发展：马克思主义的最高价值取向

马克思主义一直就关注人、关心人，十分重视对人的问题的研究。马克思主义是从现实的个人出发来探讨人的问题的。人，在马克思主义理论中，从来就不是抽象的个人，而是具体的、历史的、现实的个人。马克思主义认为，历史的第一个前提是现实的个人。“这里说的个人不是他们自己或别人想象的那种个人，而是现实中的个人，也就是说，这些个人是从事活动的，进行物质生产的，因而是在一定的物质的、不受他们任意支配的界限、前提和条件下活动着的。”③ “现实的个人”不仅

① 罗国杰：《人道主义思想论库》，华夏出版社 1983 年版，第 448 页；转引自王海明：《伦理学原理》，北京大学出版社 2005 年版，第 255 页。

② 王海明：《伦理学原理》，北京大学出版社 2005 年版，第 255 页。

③ 《马克思恩格斯选集》第 1 卷，人民出版社 1995 年版，第 71—72 页。

是历史的前提，而且是马克思主义人学的前提和理论原则。马克思、恩格斯一再强调，他们观察问题的方法是从“现实的有生命的个人本身”出发的。从此出发，他们把人类历史最终归结为“个人本身力量发展的历史”，“始终只是他们个体发展的历史”。

马克思根据作为社会历史主体的人的发展状况，把人类社会历史划分为人的依赖性社会、物的依赖性社会和个人自由全面发展的社会。“人的依赖性关系（起初完全是自然发生的），是最初的社会形态，在这种社会形态下，人的生产能力只是在狭窄的范围内和孤立的地点上发展着。以物的依赖性为基础的人的独立性，是第二大形态，在这种社会形态下，才形成普遍的社会物质交换，全面的关系，多方面的需求以及全面的能力体系。建立在个人全面发展和他们共同的社会生产能力成为他们的社会财富这一基础的自由个性，是第三个阶段。”①

在人的依赖性社会中，人们的活动具有强迫性的特点，人们的活动受血缘关系、地域关系、宗族关系和宗教关系的限制，为维持生存所进行的物质生产活动是最主要的生产活动。由于人的生产活动范围的狭隘性，人生产的目的被限制在自给自足中。人不是为了获取丰裕的财富、不是为了扩大物质交往而获取交换价值而生产，更不是为了自身的发展而生产，人的一切活动只是为了维持自身最基本的生存而进行的。人和人之间的关系十分简单，除了最简单的性关系、血缘关系和偶尔发生的产品交换关系之外，就是不同共同体之间的战争关系了。同时，由于社会分工的极不发达，人的活动还没有被分割，人与对象的交往蕴含着多方面的属性，其本质力量通过整体性活动生成和发挥出来，人的发展也具有“原始的全面性”。正如马克思转引勒蒙特的话所说：“我们十分惊异，在古代，一个人既是杰出的哲学家，同时又是杰出的诗人、演说家、历史学家、牧师、执政者和军事家。这样多方面的活动使我们吃惊。”②“在发展的早期阶段，单个人显得比较全面，那正是因为他还没有造成自己丰富的关系，并且还没有使这种关系作为独立于他们自身之外的社会权力和社会关系同他们相对立。”尽管如此，那也只能是一种

① 《马克思恩格斯全集》第46卷（上册），人民出版社1979年版，第104页。

② 《马克思恩格斯选集》第1卷，人民出版社1995年版，第169页。

原始的全面性。因此“留恋那种原始的全面是可笑的，相信必须停留在那种空虚之中，也是可笑的”。① 原因在于：在这里，无论个人还是社会都不能想象为有自由而充分的发展，因为这样的发展是同（个人和社会之间的）原始关系相矛盾的。在原始社会，在奴隶和封建社会，个人之间的关系表现为明显的人的依赖关系，个人只是作为某种社会规定性的个性而存在，他们没有独立的人格和个性。在整个人的依赖性社会时期，人和人之间缺乏丰富的社会联系，单个人受到各种社会关系的束缚，成为了某一或某些狭隘人群共同体的附属物。

在物的依赖性阶段，由于商品经济的发展、世界市场的开辟、科学技术的快速发展与广泛应用、教育等文化事业的兴起、交通的四通八达，……彻底打破了以血缘关系为基础的宗族制度、以地域关系为主的狭隘人群共同体对人的发展的限制，在世界范围内形成了普遍的社会物质交往、全面的人和人的社会关系、多方面的需求和全面的能力发展体系，个人在一定程度上获得了独立和自由。但是，个人在挣脱对人的依赖的锁链的同时，却又落入了对物的依赖关系——对金钱关系和商品关系的依赖的链条之中，“独立的个人”被物的关系层层包裹着，人成为了异化的个人，人失去了家园、失去了自身，人并没有争得自由和实现全面发展，“单向度的人”成为了这个历史发展阶段人的基本特征。

自由个人的自由联合体是人类发展的第三个阶段，是人的全面自由发展的社会——共产主义社会。“共产主义和所有过去的运动不同的地方在于：它推翻一切旧的生产关系和交往关系的基础，并且第一次自觉地把一切自发形式的前提看作是前人的创造，消除这些前提的自发性，使它们受联合起来的个人的支配”。② 在这个阶段，人们建立了自由的人的共同体。“在这个共同体中各个人都是作为个人参加的。它是各个人的一种联合（自然是以当时发达的生产力为前提），这种联合把个人的自由发展和运动的条件置于他们的控制之下。”③

马克思主义认为，历史发展的最高目标是实现人的自由全面发展。

① 《马克思恩格斯全集》第46卷（上册），人民出版社1979年版，第109页。

② 《马克思恩格斯选集》第1卷，人民出版社1995年版，第122页。

③ 《马克思恩格斯选集》第1卷，人民出版社1995年版，第121页。

实现人的全面发展是社会发展所追求的终极目标和最高原则。人不仅是推动社会发展的动力，而且也是社会发展所追求的目标。社会发展史说到底不过是个人本质力量发展的历史，而实现人的自由全面发展则是社会发展的最高目标。在共产主义社会，“每个人的自由发展是一切人的发展的条件”。[①] 未来社会是“自由人的联合体”，是“以每个人的全面而自由的发展为基本原则的社会形式”。[②] 恩格斯认为：共产主义社会是一个可以“使每一个社会成员都能够完全自由地发展和发挥他们的全部力量和才能”的共同体。[③] 当每个人都获得自由发展的时候，一切人、所有的人全面发展的时代就到来了。恩格斯信心满怀地展望：在未来的共产主义社会，“人在一定意义上才最终地脱离动物界，从动物的生存条件进入真正人的生存条件。人们周围的、至今统治着人们的生活条件，现在受人们的支配和控制，人们第一次成为自然界的自觉的和真正的主人了，因为他们已经成为自身的社会结合的主人了。人们自己的社会行动的规律，这些一直作为异己的、支配着人们的自然规律而同人们相对立的规律，那时将被人们熟练地运用，因而将听从人的支配。人们自身的社会结合一直是作为自然界和历史强加于他们的东西而同他们相对立的，现在则变成他们自己的自由行动了。至今一直统治着历史的客观的异己的力量，现在处于人们自己的控制之下了。只有从这时起，人们才完全自觉地自己创造自己的历史；只是从这时起，由人们使之起作用的社会原因才大部分地并且越来越多地达到他们所预期的结果。这是人类从必然王国进入自由王国的飞跃”。[④] 每个人的自由全面发展是人类自由王国的实现。共产主义的首要的根本特征是实现人的自由而全面的发展。

共产主义社会是马克思主义追求的理想目标，是马克思主义武装起来的政党的最高理想。“我们坚信马克思主义关于人类社会必然走向共

---

① 《马克思恩格斯选集》第1卷，人民出版社1995年版，第294页。

② 《马克思恩格斯全集》第23卷，人民出版社1972年版，第95页、第649页。

③ 《马克思恩格斯选集》第1卷，人民出版社1995年版，第237页。

④ 《马克思恩格斯选集》第3卷，人民出版社1995年版，第633—634页。

产主义这一基本原理。共产主义只有在社会主义社会充分发展和高度发达的基础上才能实现。共产主义社会将是物质财富极大丰富，人民精神境界极大提高、每个人自由而全面发展的社会”。①

从人的发展状况来考察和研究社会，克服了旧唯物主义把人类历史单纯地看作是物质运动的观点的局限性，也克服了唯心主义片面地把人类历史看作是人的主观意识发展的过程的观点的缺陷。正如马克思所指出的：“以前的一切旧唯物主义——包括费尔巴哈的唯物主义——的主要缺点是：对对象、现实、感性，只是从客体的或者直观的形式去理解，而不是把它们当作人的感性活动，当作实践去理解，不是从主体方面去理解。因此，结果竟是这样。和唯物主义相反，唯心主义却发展了能动的方面，但只是抽象地发展了，因为唯心主义当然是不知道现实的、感性的活动本身的。”② 马克思主义把人类历史看作是人的本质力量通过实践活动而发展的过程，揭示了人的发展和社会发展的统一性，揭示了人的发展的历史进程和规律，体现了马克思主义研究人类历史的新视角和新方式。从人的发展状况考察人类历史，并把人的自由全面发展作为人类社会发展的最高目标，充分说明了坚持以人的发展、以人的全面自由发展为最高价值和目标是马克思主义的最根本观点。

（三）促进人的自由全面发展：社会主义社会的本质要求

由于马克思、恩格斯设想的实现人的自由全面发展的未来社会是人类社会的高级形态，是社会生产力高度发展的阶段，而我国的社会主义社会虽然属于共产主义社会的一个阶段，但毕竟是建立在生产力和文化比较落后的基础之上的，与未来的共产主义社会有很大的差距。因此，我们过去曾一直认为，谈人的自由全面发展、社会的根本价值取向是促进人的自由全面发展最多只能属于一种美好的愿望；有人甚至认为，社会主义社会、尤其是在我国的初级阶段推进人的自由全面发展是脱离社会实际条件的事情，是一种“幻象”，是唯心主义的“冒进”或“冒险

① 《江泽民文选》第3卷，人民出版社2006年版，第293页。

② 《马克思恩格斯选集》第1卷，人民出版社1995年版，第58页。

主义”。这些看法使我们在过去一段较长的时期内不提“人”，甚至到了谈“人”就“色变”的地步，更没有把“人的自由全面发展”作为社会主义建设的根本目标在实践中贯彻落实。这严重背离了马克思主义的本质、严重偏离了马克思主义所指引的社会主义道路。可以说，这是世界社会主义实践在20世纪末期遭受严重挫折的最根本的思想缘由。

社会发展是一个自然历史过程，人的自由全面发展同样是一个历史过程。由必然王国向自由王国的飞跃是一个历史过程，人的发展也是一个历史过程，是一个由相对走向绝对、由有限走向无限的永无止境的过程。人的发展，一方面要受到人的主观条件、即受人自身的认识能力限制；另一方面要受到人的实践水平、客观条件的制约，即人类实践所提供的物质手段和条件、客观物质世界的制约。人的发展的实际状况只能是客观和主观条件达到什么样的程度，人的自由全面发展就跃进到什么程度。社会向前发展一步，人的发展则前进一步。

人的发展则意味着：人从必然状态获得了某种程度的解放，争得了更多的自由，人的自由全面发展就向前迈进了一步。人的自由全面发展是一个不断累积、不断更新的连续过程，不可能要等到了共产主义才能开始着手实施，更不可能在社会主义阶段不推进人的自由全面发展，共产主义社会就能够自然而然地自动实现。实际上，人的发展是一个由片面发展到全面发展、由被动发展到自由发展的不断转化、不断积聚的进程，每一点、哪怕是十分微小的发展变化都是这个转化发展过程中的一个必要的环节。人类的每一次解放、每一个进步、每一步跨越、每一点发展都是对自由全面发展的接近。而人的每一次解放和发展又都包含着人的自由全面发展的因子。因此，人的发展过程是一个不断接近人的无限自由全面发展的永恒过程。人的发展就像登山运动员登山一样，每提升一个台阶、每越过一座山峰，就接近顶峰一步。但与登山不同的是，山有最高峰，人可以到达峰顶，而人的自由全面发展是一个无限的永无止境的过程。正如江泽民所指出的：“社会生产力和经济文化的发展水平是逐步提高、永无止境的历史过程，人的全面发展程度也是逐步提高、永无止境的历史过程。这两个过程应相互结合、相互促进地向前发展。”① 社会历史的发展是无限的，人的发展同样是无限的。社会进步的脚步不停顿，人的发展的步伐就不会停顿；反之亦然。社会主义社会作为共产主义的低级阶段，不仅要为实现共产主义社会、人的全面自由发展奠定基础、创造条件，而且更要把不断实现人的自由全面发展作为自身的奋斗目标。可以说，社会主义社会是促使人的全面自由发展的重要历史阶段。中国特色社会主义社会也必然要坚持以实现人的自由全面发展为目标。正如温家宝所说：“我们从事的建设中国特色社会主义的伟大事业，理所当然得必须坚持以人为本。”② 促进人的自由全面发展，是社会主义社会的本质要求和基本任务，也是中国特色社会主义的客观要求和应有之义。

社会主义社会是对以前“以权为本”、“以神为本”和“以物为本”的社会形态的辩证否定。从历史发展的过程看，社会主义社会从根本上是对资本主义的“扬弃”，社会主义之所以能够代替资本主义，根本在于要克服资本主义社会所造成的人的片面或畸形发展，通过生产力和社会各方面的高度发展为人的自由全面发展创造更好的条件。在《共产党宣言》中，马克思把代替存在着阶级和阶级对立的旧社会的社会联合体看作是“每个人的自由发展是一切人的自由发展的条件”。③ 在《资本论》中，他宣布未来的社会主义和共产主义社会是比资本主义“更高级的、以每个人全面而自由发展为原则的社会形式”。④ 可见，“扬弃”资本主义的社会主义是以“人的自由全面发展”为本的社会。它既要克服人的“原始丰富性”的不足，又要克服人的“畸形发展”的缺陷，进行否定之否定，实现人的自由全面发展。社会主义优越于资本主义，不仅要体现在创造更高的劳动生产率和更多的物质财富方面，而且更要体现在推进人的自由全面发展上。在社会主义社会，社会经济发展服务于人的自由全面发展。人的自由全面发展是社会主义的最高取向。

社会主义在本质上同马克思主义对人的自由全面发展的追求是完全

---

① 《江泽民文选》第 3 卷，人民出版社 2006 年版，第 295 页。

② 《十六大以来重要文献选编》（上），中央文献出版社 2005 年版，第 768 页。

③ 《马克思恩格斯选集》第 1 卷，人民出版社 1995 年版，第 294 页。

④ 《马克思恩格斯全集》第 46 卷（上），人民出版社 1979 年版，第 649 页。

一致的。邓小平指出：“社会主义的本质是解放生产力，发展生产力，消灭剥削，消除两极分化，最终实现共同富裕。”① 人是生产力中最活跃最革命的因素，因而解放和发展生产力首要的是解放人、发展人。只有首先解放人和发展人，才能最充分最广泛地发挥劳动者的积极性、主动性和创造性，才能有效实现解放和发展生产力。社会主义的本质内在地要求把解放每一个人、发展每一个人作为社会主义社会的一个根本性的历史任务，内在地要求充分发展每个人的才能、提高每个人的素质、充分发挥每个人的能力。解放和发展生产力，一是解放、发展人自身，二是为人的自由全面发展创造现实物质条件；“消灭剥削，消除两极分化，最终实现共同富裕”，一个是改变社会关系，扫除制约解放和发展人的障碍，另一个是建立促进人的解放和自由全面发展的新型社会制度。所以说，邓小平的社会主义本质观表达了马克思关于未来共产主义社会的设想，包含着要实现人的自由全面发展的共产主义目标的基本内容，与共产主义的本质特性具有内在一致性。所以说，人的自由全面发展既是共产主义的理想目标，也是社会主义新社会的本质内容和内在要求。社会主义社会为人的自由全面发展提供了前所未有的客观历史条件，开辟了人的自由全面发展的新征程和新前景。

中国特色社会主义社会建设，是把“以人的自由全面发展为本”作为自身的价值目标和现实实践的历史进程。中国社会主义制度的建立，其主旨就是不仅要在政治上解放人、在经济上富足人、在文化上丰富人、而且要在整体上发展人，促使人成为具有丰富个性的人。以毛泽东为核心的党的第一代领导核心集体在中国社会发展道路的选择上坚定不移地坚持马克思主义为指导，努力探索中国建设社会主义的道路，探求中国社会主义的发展模式，把解放人、提升人作为改造社会的现实目标，就是要为我国社会主义社会实现“人的自由全面发展”奠定经济基础、政治制度保证和思想文化根基。改革开放之初，邓小平针对国内国际否定社会主义的错误言论，旗帜鲜明地指出，我国要坚持“四项基本原则”，坚持社会主义道路不动摇。党的十二大，我国开辟了建设中国特色社会主义的道路，找到了在经济文化相对落后的国家建设社会主

① 《邓小平文选》第3卷，人民出版社1993年版，第273页。

义、促进人的自由全面发展的现实可行道路。十三大提出了社会主义初级阶段理论，进一步阐明了我国的社会主义社会性质，确立了党在社会主义初级阶段的基本路线，规定了我国社会发展的奋斗目标。1992年，经过长时间的理论思考，邓小平对社会主义本质的认识达到了新的历史高度。经过党的十四大、十五大的发展，中国特色社会主义理论开辟了新的境界，对社会主义的认识更为完善，建设社会主义的实践措施更为具体。2001年，江泽民在“七一”讲话中提出党的最高纲领和最低纲领的辩证统一，解决了社会主义初级阶段要不要以及如何促进人的全面发展等重大理论和实践问题。“我们建设有中国特色社会主义的各项事业，我们进行的一切工作，既要着眼于人民现实的物质文化生活需要，同时又要着眼于促进人民素质的提高，也就是要努力促进人的全面发展。这是马克思主义关于建设社会主义新社会的本质要求。我们要在发展社会主义社会物质文明和精神文明的基础上，不断推进人的全面发展。”① 把“人的全面发展”和“社会主义社会”联系起来，充分表达和体现了中国共产党人把人的全面发展从未来的共产主义社会延伸到社会主义社会、特别是延伸到了我国社会主义初级阶段的自觉性、坚定性。社会主义初级阶段的中国必须把人的全面发展作为最高发展目标和最高价值取向，必须要坚持把促进人的全面发展作为根本出发点和落脚点，使“人的全面发展”从理论的要求变为现实的实践活动。在此基础上，党的十六大郑重地把促进“人的全面发展”作为建设全面小康社会基本内容。十六大报告指出：全面建设惠及十几亿人口的更高水平的小康社会，要努力使全民族的思想道德素质、科学文化素质和健康素质明显提高，形成比较完善的现代国民教育体系、科技和文化创新体系、全民健身和医疗卫生体系；人民享有接受良好教育的机会，基本普及高中阶段教育，消除文盲；形成全民学习、终身学习的学习型社会，促进人的全面发展。党的十六届三中全会提出了以人为本的科学发展观，指出：我国社会发展必须“坚持以人为本，树立全面、协调、可持续的发展观，促进经济社会和人的全面发展”。在科学发展观指导下，党的十六届五中全会提出：“要按照以人为本的要求，从解决关系人民群众切身利益

① 《江泽民文选》第3卷，人民出版社2006年版，第294页。

的现实问题入手，更加注重经济社会协调发展，加快发展社会事业，促进人的全面发展”。十届人大四次会议，制定和通过了我国国民经济和社会发展的“十一五”规划，把党关于促进“人的全面发展”的思想上升为国家意志，充分反映和体现了人民的意愿和要求。党的十七大确定了以人为本的科学发展观在我国经济社会发展的重要指导地位，系统提出了深入贯彻落实科学发展观的基本要求，对推动以人为本、促进我国经济社会科学发展具有重大意义。从以上分析可见，科学发展观把人的全面发展作为中国特色社会主义建设的重要目标和最高价值目标提到了党的工作和社会发展的重要议事日程。在科学发展观指导下建设的全面小康社会和中国特色社会主义，则为人的自由全面发展提供了更为坚实的社会基础，人的全面发展更具有了客观现实性。可以说，科学发展观把以人为本作为其核心，真正实现了人的自由全面发展从理论形态向具体的实践形态的转换。

四、科学发展观是“以人的自由全面发展为本”的发展观

科学发展观既是以马克思主义的基本观点为指导而提出的，又是马克思主义在当代中国的最新体现和发展。科学发展观从本质上讲就是以人的自由全面发展为根本、以积极促进和实现人的自由全面发展为目标的，即“以人的自由全面发展为本”的发展观。《科学发展观学习读本》指出：科学发展观的“以人为本坚持了马克思主义的社会理想，同时又为现实远大理想和最终目标指明了现实途径。坚持以人为本，就要把促进人的全面发展作为经济社会发展的最终目的，既着眼于人民现实的物质文化生活需要，又着眼于促进人民素质的提高”。①

① 《科学发展观学习读本》，学习出版社2008年版，第34—35页。

(一) 以人为本——以人的自由全面发展为目标

胡锦涛明确指出：“以人为本，就是要以实现人的全面发展为目标，从人民群众的根本利益出发谋发展、促发展，不断满足群众日益增长的物质文化需要，切实保障人民群众的经济、政治和文化权益，让发展的成果惠及全体人民。”① 温家宝也认为：“以人为本，就是要把人民的利益作为一切工作的出发点和落脚点，不断满足人们的多方面需求和促进人的全面发展。”② 根据 2003 年到 2008 年中共中央各种决议关于科学发展观和以人为本的论述，从胡锦涛、温家宝等党和国家领导人关于以人为本的解释看，“以人为本”的根本目的在于促进人的自由全面发展。由此，“以人为本”实质上就是“以人的自由全面发展为本”。

人的自由全面发展具有丰富的内涵，主要表现为：首先，人的自由全面的发展是人的多方面需要的发展。人的现实需求结构的复杂性和多层级性，既反映了人的个性的丰富性、生活方式的特征和人的发展水平，同时也反映了社会对人的需要的培育与满足的程度。其次，人的自由全面发展是人的多种社会关系的全面发展。在生产力高度发达的基础上个人劳动社会化，形成普遍的物质交换和物质关系以及政治、法律、伦理、文化等其他方面的全面而丰富的关系，并且随着交往的普遍化，突破狭隘的地域性和民族性的限制，形成世界性全球性的联系。世界历史的形成和生产、消费、交往的普遍化则必然造就全面发展的个性。再次，人的全面发展是个人能力的全面发展。人具有物质的和精神的天赋能力，具有生产、消费、认知、交往、道德、审美等各种潜能，个人能力的全面发展就是致力于发展和引导人的各种潜能，使人不断超越其给定性和自在性，追求更为丰富和全面的自由个性、更高的生存状态和更高的价值。人的全面而自由的发展，既体现了个体人格的丰富性和全面性，又体现了人之为人的开放性、未定性和无限超越性。把人的自由全面发展作为中国特色社会主义社会进步最根本的、最高的标准，就是要

① 《十六大以来重要文献选编》(上)，人民出版社 2005 年版，第 850 页。

② 《十六大以来重要文献选编》(上)，人民出版社 2005 年版，第 768 页。

按照全面的、协调的、发展的要求建设中国特色社会主义社会，把中国特色社会主义社会建设成为全面协调发展的和谐社会。

以人为本的发展观是把人作为经济和社会发展的本质、发展的目的、发展的动力和发展的标志这样一种经济社会一体化的发展观。科学发展观从本质上讲就是以谋求人的全面发展为根本，就是以积极促进和实现人的自由全面发展为目标，就是“以人的自由全面发展为本”的发展观。

（二）人的自由全面发展是科学发展观的核心之核心

科学发展观的基本内容、根本要求是围绕“以人为本”而确立和展开的。党的十六届三中全会把科学发展观表述为“坚持以人为本，树立全面、协调、可持续的发展观，促进经济社会和人的全面发展”；胡锦涛和温家宝等中央领导同志关于科学发展观的一系列重要讲话和论述，也是在这一表述的基础上进一步解释和阐发的。以人为本是科学发展观的核心。如其所述，以人为本的本质内涵，一是把人当人，另一个是使人成其为人。在二者的关系中，前者是前提、是基础，后者是目标，是根本；前者为后者服务，后者规定、统摄前者，后者起主导和支配地位，决定以人为本的发展方向和实现趋势。以人为本最根本的内容是要把人发展成人，把人发展为具有自由个性的人，成为以全面性占有自己本性的人，亦即自由全面发展的人。由此可见，促进和实现人的自由全面发展则是以人为本最重要、最根本的内容，也是核心内容。依此推之，人的自由全面发展便是科学发展观的核心之核心，科学发展观的核心价值、最终目标就是要促进和实现人的自由全面发展，最终实现马克思主义的社会理想。

为了更好地理解这一认识，我们再简要地从科学发展观的基本要求与人的自由全面发展的关系做些分析。

全面协调可持续发展是科学发展观的基本内容和根本要求。我国经济社会发展必须实现物质文明、政治文明、精神文明、社会建设和生态文明的全面协调可持续发展；全面协调可持续的发展必须是坚持“以人为本”的发展。坚持全面协调可持续发展，根本目的在于促进人的自由全面发展。

“全面发展”，“就是要以经济建设为中心，全面推进经济、政治、文化建设，实现经济发展和社会全面进步”①，全面发展，就是着眼于经济、社会、自然、人文、生态系统的全面思考，实现经济发展和社会全面进步的有机统一，为人的自由全面发展创造良好的社会空间。在经济社会发展和人的自由全面发展的关系中，二者互为前提、相互促进。人自身的发展推动社会的全面进步，社会经济的全面发展促进人的全面发展；人自身的全面发展既是经济社会全面发展的决定性因素，又是经济社会全面进步的目的。再者，“全面发展”也包括人的全面发展。人是一个由多种因素构成的“有机体”。人的各个方面也都要得到发展，只有如此，人才能可以说是全面发展。

“协调发展”，“就是要统筹城乡发展、统筹区域发展、统筹经济社会发展、统筹人与自然和谐发展、统筹国内发展和对外开放，推动生产力和生产关系、经济基础和上层建筑相协调，推进经济、政治、文化建设的各个环节、各个方面相协调”。② 协调发展，就是要促进经济社会各方面发展相互衔接、相互促进、良性互动，关键因素也是要促进人的自由全面发展。同时，协调发展也必然包括人的各方面素质的协调发展。人的全面发展也是人的协调发展。从全面和协调的关系看，全面是协调的全面，协调是全面的协调。全面发展是协调的发展，协调发展是全面的发展；不全面的发展就不可能是协调的发展，同样，不协调的发展也不可能是全面的发展。全面发展要求协调发展，协调发展也要求全面发展。人的自由而全面发展是人的思想道德、科学文化知识、身体心理等众多因素的协调发展，只有各方面协调发展的人才可以称之为自由全面发展的人。如果人只有某个方面发达，而其他方面却是萎缩的，这种人不能称之为全面发展的人。如我国古代特别强调人的德行修养，而忽视人的科学文化、身心发展，许多人是思想道德上的“巨人”，却是科学知识的“文盲”。再如，我国当前教育存在的那种只注重智育和各种技能的培育和提高，而忽视德育、体育和心理素质的培养的思想和做法，

① 《十六大以来重要文献选编》(上)，人民出版社 2005 年版。

② 《十六大以来重要文献选编》(上)，第 850 页，人民出版社 2005 年版。

不是在造就“全面发展的人”，而是在培养发展不协调的人。这些都是与科学发展观相违背的，不是以人为本的。个体的发展，就社会内容而言，不可能做到面面俱全，什么技能都会，但身心发展必须协调，不然就会出问题。人类的发展、群体的发展，则是可以做到全面协调发展的。每个人都要求自由地发展自己的个性，各种具有个性的人的发展，在社会中能够协调一致，和谐发展。经济、政治、文化、社会和生态的协调发展是人的协调发展的条件，人的协调发展是整个社会各方面协调发展的目标和动力。经济社会的协调发展为的是人的协调发展，人的协调发展既是经济社会发展的基本内容，又是实现经济社会协调发展的基本前提。另外，从人的自由和全面发展的关系看，二者也是一种协调关系。自由发展是全面发展的前提和目的，没有自由的发展，难以有全面的发展；全面发展是自由发展的条件和结果。再者，从经济社会全面协调发展与人的自由全面发展的关系看，二者同样是协调发展的关系。前者是后者的条件，没有经济社会的全面协调发展，就不可能有人的自由全面发展；后者是前者的目的和要求，经济社会全面协调发展是为了实现人的自由全面发展，没有人的自由全面发展，经济社会全面协调发展就会失去根本和归宿。

“可持续发展”，“就是要促进人与自然的和谐、实现经济发展和人口、资源、环境相协调，坚持走生产发展、生活富裕、生态良好的文明发展道路，保证一代接一代地永续发展。”① 可持续发展，就是要既考虑当前的发展，又考虑未来的发展，既满足当代人的需要，又保护后代人的利益，根本目的在于促进人的发展。而人的自由全面发展是人的发展的高级形态和高级阶段，可持续的发展必然是以实现人自由全面发展为最高目标。科学发展观提倡的可持续发展，既是为了保全当代人的发展，又是为了后代人的发展，实现人类的永续发展。由于人类发展的最高理想是实现“以人的自由而全面发展为原则”的社会形式，那么，可持续发展的最高境界依然是实现人的自由全面发展的社会。

全面协调可持续发展，作为科学发展观的基本内容和要求是相互联系相互作用的整体。全面是社会各方面都要发展，发展要保持整体性；

---

① 《十六大以来重要文献选编》（上），人民出版社 2005 年版，第 850 页。

协调是各方面的发展都要彼此适应，发展要保持和谐性；可持续是各方面的发展都要连贯一致，发展要保持连续性。全面、协调和可持续发展，要求实现经济发展、社会发展和人的发展的有机统一、要求实现经济社会同人口、资源、环境的辩证统一，要求实现物质文明、精神文明、政治文明、社会文明、生态文明建设的具体的历史的统一。坚持科学发展观，首先要处理好经济发展、社会发展和人的发展之间的辩证关系。经济发展是社会发展的基础，社会发展是经济发展的保障，人的发展是经济社会发展的根本目的。在我国现阶段，只有在大力发展生产力、促进经济快速有序发展的基础上，切实解决扶贫、就业、社会保障、教育、文化等方面存在的问题，才能满足人民群众的发展需要，促进人的自由全面发展。其次要处理好经济社会和人口资源、环境的关系。经济发展要充分照顾到人口的承载力、环境的支撑力、社会和生态的承受力等因素。科学发展观要求将社会真正看作是人类主体构成的有机整体，社会是人的社会，离开了人自身，社会将不复存在。社会发展不能孤立、片面地发展某一或某些方面，更不能以牺牲某些部分为代价换取另一些部分的发展。社会发展应是整体协调可持续的发展，同时，发展的根本目的不是为了物的增长，而是为了人的自由全面进步。

全面、协调和可持续发展与人的自由全面发展之间是辩证统一的关系。一方面，它们相互联系。人的自由全面发展是经济社会全面、协调和可持续发展的前提和归宿。经济社会的全面、协调和可持续发展是人的自由全面发展的基础，也是为人的自由全面发展服务和以人的自由全面发展为根本目的的。人的自由全面发展是经济社会全面协调可持续发展的最高价值目标，也是检验经济社会发展的最高价值标准。另一方面，它们相互作用、相互促进，全面、协调和可持续发展推动人的自由全面发展，人的自由全面发展是实现全面、协调、可持续发展的根本力量和动力。由此可见，科学发展观所强调和要求全面、协调和可持续的发展，是合规律性与合目的性辩证统一的实践活动，是符合客观规律和人的自由全面发展目的的实践活动。

（三）统筹兼顾是促进人的自由全面发展的根本方法

“统筹兼顾”是支撑全面、协调、可持续发展的战略方针。统筹兼顾是我们党在长期执政过程中一条行之有效的重要经验，也是我们党在新的历史条件下必须进一步坚持的战略方针。统筹兼顾是科学发展观的根本方法，是坚持以人为本的要求和重要举措。

在“统筹兼顾”和“全面、协调和可持续发展”的关系中，“统筹兼顾”是实现我国经济社会全面、协调、可持续发展的必然要求和根本举措，全面、协调可持续发展是“统筹兼顾”的现实目标。统筹兼顾，就是着眼整体和长远，协调各个方面的利益，调动一切积极因素，其结果就必然是促使各个方面协调共进、共同发展，促进经济社会的全面、协调和可持续发展。而实现经济社会全面协调可持续发展的根本目的在于贯彻落实以人为本的要求，不断满足人的自由全面发展的需要，促进人的自由全面发展。既然统筹兼顾是实现经济社会全面协调可持续发展的根本方法，是实现科学发展的根本方法，是坚持以人为本的根本方法，那么，统筹兼顾也必然是促进人的自由全面发展的根本方法。

（四）人的自由全面发展是经济社会又好又快发展的根本

走全面协调可持续发展的道路，旨在实现经济社会又好又快的发展。“好”指的是效益、是质量，“快”指的是速度。要实现经济社会又好又快的发展，就必须认识到：第一，经济又好又快的发展是关键。社会全面进步的基础是生产力发展，是经济的发展。发展是科学发展观的第一要义。没有发展，就无所谓发展观，更无所谓科学发展观。发展是硬道理，是解决中国一切问题的关键。发展，首先是发展经济。社会主义初级阶段是我国的最大的实际，我国社会的主要矛盾是人民日益增长的物质文化需要同落后的社会生产之间的矛盾。这就决定我国社会的根本任务是发展社会生产力。生产力的发展是社会进步的决定性力量，经济发展是社会进步和人的发展的基础。要充分满足人民多方面的需求和促进人的自由全面发展，必须有相应的物质基础和社会条件。因此，不断解放和发展生产力、增加社会生产的总量，为社会全面进步和人的自由全面发展提供物质基础，是科学发展观的实质内容。第二，社会全面发展是重点。经济建设不是社会发展的全部。社会全面进步不仅表现为经济发展，而且要有相应的政治建设、文化建设、社会建设、生态环境建设和人的发展与之相适应。如果只强调发展经济，而不顾其他方面的建设，经济发展所引发的社会问题皆无法解决，经济发展的高质量、快速发展就难以为继。2003 年以来，我国的经济发展速度不减，经济总量持续扩大，“蛋糕”越做越大，具备了推动社会全面进步、全面发展的基础和条件。但由于种种原因，那种一条腿长、一条腿短的发展不平衡、不协调问题依然未能得到根本解决，发展的不协调极大地制约了我国经济社会发展的全面进步，也影响了经济发展的质量和效益。因此，必须以科学发展观为指针，坚持以人为本，把发展的重点转移到推进经济社会全面、协调和可持续发展的轨道上来，真正促进我国经济社会又好又快地发展。第三，促进人的自由全面发展是经济社会又好又快发展的根本目的。实现经济社会又快又好的发展的目的在于推动社会全面进步和人的自由全面发展。人是社会的主体和社会发展的目的。经济社会又快又好的发展，一方面要依靠人的又快又好的发展来推动、来促进，另一方面，经济社会又好又快的发展也是为人的自由全面发展服务的，为人的自由全面发展创造更好的条件、奠定更坚实的基础。由此可见，从根本上看，科学发展观的实质在于促进人的自由全面发展。

（五）推进人的自由全面发展是中国特色社会主义的重大历史任务

我国目前正处于“人的依赖性”和“物的依赖性”相并存的历史阶段。既有“人的依赖性”社会人的物质生活水平贫乏、人的能力发展不协调、综合素质较差等特点，又有“物的依赖性”社会人的发展片面化、“异化”的特征。在这样的历史阶段，既要解除“人的依赖性”时期阻碍人的发展的经济基础、制度障碍和文化桎梏；又要解决“物的依赖性”时期限制人的发展的经济政治和文化方面的问题，真正促进人的自由全面发展、实现人的自由全面发展的目标，的确是一项十分艰巨而伟大的事业。

我国的社会主义脱胎于半殖民半封建社会，生产力水平低下，经济总量很小，人们生活比较贫穷，封建落后文化和资本主义腐朽文化有很大的市场。加之我们过去一段时期对马克思主义基本原理的教条式的、形而上学的、主观主义的理解，受西方经济增长理论的影响，我国社会主义建设和发展事业，无论是在思想认识还是在实践方面都存在着一定的片面性。在发展理念上，坚持唯国内生产总值（GDP）至上，认为经济增长就是一切，经济数字压倒一切，经济发展统帅人的发展，人的发展服从经济发展；在发展实践上，为了迅速改变物质匮乏、经济基础薄弱、物质生活水平较差的落后面貌，我国长期实行优先发展物质生产，以物质生产、经济建设为重点，忽视社会建设、生态环境保护和人自身的全面发展。这样，在短短的几十年期间，我国就出现了发展不全面、发展不协调、发展后劲不足的不良局面。当前，我国经济社会和人的发展不协调，城市和乡村的发展不协调，地区与地区之间——东、中、西部的发展不协调，对外开放和对内发展不协调，人和自然的发展不协调，人口、资源和环境的关系日趋紧张；在发挥市场经济的积极作用的同时，没有很好地规避其负面影响，“物本位”、“钱本位”观念和做法不断扩张和蔓延，严重腐化社会肌体和社会风气；我国的社会主义脱胎于几千年的封建社会，封建思想和专制制度的影响很强大，传统的“官本位”残余还很严重，“关系本位”、“人情本位”在某些场合仍然很盛行，等等。这些问题和矛盾日渐成为制约我国经济社会和人的发展的“瓶颈”，成为影响我国现阶段社会经济全面协调和可持续发展的主要障碍，限制着当代中国人的自由全面发展。要解决这些矛盾和问题还有一段相当长的路要走，充满坎坷和艰辛。但只要我们沿着改革开放开辟的中国特色社会主义道路坚定不移地走下去，社会主义事业，人的全面发展的伟大事业就会日益走向辉煌。

历史发展轨迹和我国社会发展的现状昭示我们，必须重新思考自身的发展问题，思考怎样发展、发展究竟是为了什么等根本性的问题。科学发展观把我国社会发展的总体思路从以物的发展为中心转移到以人的发展为根本、为目的上来了。在科学发展观中，社会发展是围绕人、人的发展进行的，社会发展和人的发展得到了前所未有的有机统一；同时，在处理物的发展和人的发展的关系问题上，科学发展观认为，物的发展是人的发展的基础，但物的发展必须以人的自由全面发展为出发点和归宿点，人的自由全面发展是物的发展的最终目的。因此，在全面建设小康社会和现代化建设过程中，我们必须改变在物质基础薄弱条件下的“为物而物”的发展思路，坚持“人”、“物”协调发展、物的发展服从和服务于人的自由全面发展的发展观。科学发展观实现了我国社会发展从“重物有余、重人不足”到“人和物协调并重发展”，且“以人为本”、“以人的自由全面发展为本”的转变。

科学发展观是我们党对发展问题最新认识成果的集中反映，是关于指导发展的世界观和方法论的集中体现。它从理论与实践的结合上，科学地回答了“为什么要以发展为主题”、“发展什么”、“为谁发展”、“依靠谁发展”、“怎么发展”等根本问题，为经济社会实现又快又好的发展提供了完整的思路。在科学发展观的理论体系中，每个人，尤其是人民群众是经济社会发展的主体，发展必须依靠全体社会成员的力量，要调动一切积极因素和力量来推动发展；发展必须走全面、协调和可持续发展道路；必须从人民群众的根本利益出发谋发展、促发展，切实保障人民群众的根本利益，尊重一切人的生存和发展权利；要使全体人民群众公正享受发展的成果，平等获得发展的权利；促进人的自由全面发展是发展的根本出发点和最终目的。科学发展观对发展本质的深刻阐明，对“为什么坚持发展为主题”等基本问题的进一步回答和深入展开，是科学发展观的“内核”，决定了其马克思主义性质和社会主义特性。科学发展观既是马克思主义关于发展问题的最新理论成果，也是指导中国特色社会主义事业、促进人的自由全面发展的根本指导方针。

第四章

“谁”是以人为本的主体

“以人为本”是一个没有主语的词句。如果只是泛泛地说以人为本，并不知道“以人为本”者是谁，或者说谁以人为本，谁来坚持以人为本，谁是以人为本的“主体”。过去毛泽东讲为人民服务，中国共产党的宗旨是全心全意为人民服务，为人民服务的主体是党和政府，是政府的公职人员。今天，我们党提出以人为本的科学发展观，坚持以人为本的主体是否依然是中国共产党及其中国政府呢？如果是的话，是否坚持以人为本的主体仅仅就是党和政府呢？

一、主体和客体

以人为本，必然有主体。但是，以人为本的主体是谁呢？从广义上讲，这个主体无疑是人。但这里的“人”，从语法结构上讲，却不是“以人为本”中的“人”，而是坚持、做到“以人为本”的“人”。以人为本的主体是倡导、坚持、实现以人为本的人。而以人为本中的“人”，在这里则是以客体的身份出现的。这似乎与前面关于以人为本的含义中认为人是主体的观点相矛盾，也仿佛觉得我们是在玩文字游戏，真的是前后矛盾吗？真的是在玩文字游戏吗？为了弄清这一问题，我们有必要重温主体和客体及其关系的思想。

（一）主体

“主体首先是个关系范畴：一事物只有相对于另一事物来说，才可能是主体；离开一定关系，仅就事物自身来说，是无所谓主体的。”①

主体，源自拉丁语 sùbjectes，英文为 subject，意为“放在下面的、作为基础的东西”，或语法上的“主词”，是相对于属性、宾词而言的。其最初的含义是指某些特性、状态和作用的承担者，与实体概念同义。作为实体的主体，是指本原的、第一性的东西，即作为世界的本原、本体的东西。亚里士多德在思想史上首先用主体来说明实体，认为主体、实体、主词是第一性的东西，宾词、属性是第二性的东西。实体是属性的承担者、基础和本原。他说：最真正的实体“是那不可以用来述说一个主体、又不存在于一个主体里面的东西，例如某一个别的人或某匹马”。② 客观存在的事物是最真正的实体，也叫作“第一实体”。“第一实体之所以最正当的被称为第一实体，是因为它们乃是所有其他东西的基础和主体。”③ 沿着亚里士多德的足迹，古代众多思想家着重于探讨世界的本原、本质问题，因而主体主要是一个本体论的概念。近代以来，思想家们重视对认识问题的研究，主体不仅是一个本体论的概念，而且是一个实践论和历史观的概念。

作为实践论和历史观概念的主体，是指实践活动和历史活动的承担者。但不同的哲学派别对主体的认识有很大的差别，唯物主义认为，活动的主体是物质实体，唯心主义认为是精神实体。可见，何谓主体的问题，实际上是与本体论联系在一起的。但作为实践论和历史观的主体概念主要相对于“客体”而言的。所以，费希特认为，谈到经验、知识，

---

① 王海明：《伦理学原理》，北京大学出版社 2005 年版，第 21 页。

② 《古希腊罗马哲学》，三联书店 1957 年版，第 309 页。

③ 《古希腊罗马哲学》，三联书店 1957 年版，第 309 页。

必须具备两方面的因素：主体和客体。在费希特看来，主体是自我、自我意识。而自我是自在自为的、第一性的、绝对无条件的东西，即纯主观精神。因而，主体就是主观精神，是无人身的自我意识，或者说，主体就是自我意识；它又是与客体同一的，也就是说，主体创造客体、包含客体、等同客体。这样，主体也就成为了无客体的主体。在黑格尔看来，主体是客观精神，是无人身的理性，人本身也是这种绝对精神的产物和表现。客体与主体也是同一的。费尔巴哈批评了黑格尔等人的唯心主义的主体概念。认为唯心主义的主体概念，是脱离人的思维、精神的，是在人之外的抽象主体，既是没有主体的主体，也是没有客体的主体，因而是不真实的。他认为，主体是人，是人在思想，而人是有血有肉的实体，人是思想与存在同一的基础和主体。他说：“不要想作为与人不同的哲学家，只要作为一个思维的人；不要以思想家的身份来思想，就是说：不要以一种从人的实在本质的整体中脱离出来的，自为地孤立起来的能力的身份来思想；要以活生生的，现实的实体的身份来思想，你是作为这样一种实体而置身于宇宙之海的汹涌波涛之中的。”① 费尔巴哈看到了人是由对象而意识到自身的；人对于对象的意识，就是人的自我意识，人的本质在对象中呈现，对象是人公开的本质。但由于费尔巴哈的人只是抽象的、生物学意义的人，没有真正认识到人的现实的、社会的本质，因此，他对主体的认识没有超出人的自然本质的范围，更没有看到作为本质的人的能动性。

马克思在继承批判以往哲学关于主体思想的基础上，创立了马克思主义的“主体”观。在马克思主义中，“主体”有两层含义：一是指属性的承担者，即实体。马克思指出：“物体、存在、实体是同一种实在的观念。决不可以把思维同那思维着的物质分开。物质是一切变化的主体。”② 二是指从事认识和实践活动的人。在这个意义上的主体概念体现的是人在自己的对象性活动中的地位和作用，因而主体是在人自身的活动中获得规定性，即主体规定性。从这个意义上看，主体是相对于对象——“客体”而言的主体，是具有能动性，或主体性的主体，也就是活

① 《费尔巴哈哲学著作选集》(上卷)，商务印书馆 1984 年版，第 181 页。

② 《马克思恩格斯全集》第 2 卷，人民出版社 1957 年版，第 164 页。

动的发动者、承担者和实现者。

作为与客体相对的主体是活动者、是活动的承担者、主动者，而客体则是活动的对象、是受动者。但是，我们不能因此认为，一切活动者都是主体，一切受动者都是客体。从这个角度看，主体是人，但不是所有的人都是主体。那么，什么样的人才能称得上是主体呢？

无疑，主体是具有主体性的人，是能够自主的活动者、主动者。那么，什么又是主体性呢？不弄明白“主体性”这一概念，便难以弄清楚“主体”的含义。

从最广泛的意义上讲，人的属性就是主体性。人具有自然属性、社会属性和精神属性，主体也同样具有这几种属性。但是，在马克思主义的人学理论中，主体性是人作为主体区别于客体的属性。根据我国一些学者的归纳，主体性是指人作为活动主体在对客体的作用过程中所表现出来的能动性、自主性和自为性。①

能动性是主体性的主要特性。能动性包含有以下几层意思：一是主动性。客观世界总是按照自己的规律和运动形态变化、发展着，人要在世界上生存和发展，就必须主动、积极地去作用于人之外的世界。主体对客体的认识和改造活动不是客体趋近于主体，而是主体趋向于客体的主动过程。恩格斯曾经指出：人在怎样的程度上学会改造自然，人的智力就在怎样的程度上发展起来。也就是说，人在多大程度上主动地改造自然，人就在同样的程度上发展着自身。二是自觉性。人是有意识、有思维的存在物。人的意识、思维把人和物区分开来，使人之外的对象“对象化”，从而形成“我”与“我”之外的对象的主客体关系。三是选择性。主体的活动是有选择的活动。人的这种选择性与达尔文的“自然选择”不同。自然选择是一种自动机械化的自在的选择，而不具有分辨好坏利害的选择，是一种“无目的性”的选择。而作为主体的选择是一种具有分辨利害好坏能力的选择，是一种具有自我认知的选择。四是创造性。创造性是主体能动性的最高表现。人虽然“在世界中”受世界必然性的限制，但人可以打破世界的限制，即按照物的尺度、也按照人的

---

① 袁贵仁：《马克思的人学思想》，北京师范大学出版社 1996 年版，第 103 页。

尺度，即美的尺度，创造属人的世界。正如马克思所说：“通过实践创造对象世界，改造无机界，人证明自己是有意识的类存在物，就是说是这样一种存在物，它把类看作是自己的本质，或者说把自身看作是类存在物。诚然，动物也生产。他为自己营造巢穴或住所，如蜜蜂、海狸、蚂蚁等。但是，动物只生产它自己或它的幼仔所直接需要的东西；动物的生产是片面的，而人的生产是全面的；动物只是在直接的肉体需要的支配下生产，而人甚至不受肉体需要的影响也进行生产，并且只有不受这种需要的影响才进行真正的生产；动物只生产自身，而人再生产这个自然界；动物的产品直接属于它的肉体，而人则自由地面对自己的产品。动物只是按照它所属的那个种的尺度和需要来构造，而人懂得按照任何一个种的尺度进行生产，并且懂得处处都把内在的尺度运用于对象；因此，人也按照美的规律来构造。”① 所以，马克思说，有了人，我们就开始有了历史。动物尽管也有一部历史，即动物的起源和逐渐发展到现在这个样子的历史。但是，动物的这部历史是人替它制造的，如果说它们自己也参与了创造，这也不是它们所知道和希望的。相反，人离开狭义的动物愈远，就愈是有意识地自己创造自己的历史。

自主性是主体性的又一主要特性。自主性是人支配、控制自身的特性。这其实就是一个关乎人的社会权利、人的自由的特性。自主的人是具有自由意志的人。人具有自己独立的思想和意志，人的思想、意志是人自身的，而不是任何外在力量强加的。同时，自主的人是具有社会活动权利的人。在正常的社会生活中，人拥有作为一个社会主体所具有的从事任何正常社会活动的一切权利，人有权利支配自己的活动，并获得他的活动所得，也承担其活动的结果。在人的依附阶段，绝大部分人是没有独立的自主权利的，人在很大程度上是“奴隶”，是不具有自主性的人；在资本主义异化劳动条件下，工人具有了一定的自主权利，但从整体而言，异化劳动不是自主性的活动，是强制性的活动，是“自主活动的否定的形式”，因此，工人的活动缺乏自主性，工人也不是自主的人。

自为性是主体性的重要内容。在主客关系中，主体是主动者，客体

① 《马克思恩格斯全集》，第3卷，人民出版社2002年版，第273—274页。

是被动者。主体的主动是为了什么呢？是为了主体自身，还是为了客体呢？马克思指出：“凡是有某种关系存在的地方，这个关系都是为我而存在的；动物不对什么东西发生‘关系’，而且根本没有‘关系’；对于动物来说，它对他物的关系不是作为‘关系’存在的。”① 从马克思这段话可以看出，动物世界的关系是一种机械式的自在的关系，而不是一种“为我”的、自为的关系；而作为主体的人总是把自己的存在和发展作为一个自明的前提，总是“从主体方面”出发去接触、认识和理解事物，总是“从主体出发”去改造对象，并把作用对象的结果看做是“为我”而存在的。这是人特有的生存方式。

自为性是自主性的逻辑延伸。主体的自主性说明主体是一个能够自主的活动者，是具有“为了某种目的”属性的活动者，就是一个能够为了自己的利益、为了保存自己的存在和发展而选择好坏利害的活动者，即从“为我”的关系中进行选择和从事某种实践活动的人。人为什么要选择这个对象，而舍弃另一对象？这虽然与此对象的属性有关，但并不取决于对象的属性，而取决于作用于对象的人，取决于主体的能力和需要。一个对人的需要没有任何联系的事物是难以或根本不能作为人的对象，即成为客体的；同样，一个对某事物没有什么利益需求的人也是不会、或不可能主动趋近于物，而把它作为自己的认识和改造的对象的。

人的自为性表现为目的性。人的任何活动都具有目的性，总是在追逐一定的目的。在马克思看来，是否具有预期目的，是人与动物活动的重要区别。他说：“蜘蛛的活动与织工的活动相似，蜜蜂建筑蜂房的本领使人间的许多建筑师感到惭愧。但是，最蹩脚的建筑师从一开始就比最灵巧的蜜蜂高明的地方，是他在用蜂蜡建筑蜂房以前，已经在自己的头脑中把它建成了。劳动过程结束时得到的结果，在这个过程开始时就已经在劳动者的表象中存在着，即已经观念地存在着。他不仅使自然物发生形式变化，同时他还在自然物中实现自己的目的，这个目的是他所知道的，是作为规律决定着他的活动方式和方法的，他必须使他的意志服从这个目的。”②

① 《马克思恩格斯选集》第1卷，人民出版社1995年版，第81页。

② 《马克思恩格斯全集》第23卷，人民出版社1972年版，第202页。

马克思关于主体的主体性的论述使我们可以认为，主体是一种具有“为了什么”属性的、能够进行自主选择、自主活动的主动者，是一种具有“自主”属性的物质担当者，是能够分辨是非利害、为了实现自己目的、满足自身需要的人。

从以上论述观之，“以人为本”中的“人”，在这里不是主动者，而是受动者，所以，不应是“以人为本”的实践主体。“以人为本”的主体应是“以人为本”的实践者、实施者、担当者，即坚持“以人为本”的人，亦即把人当作主体看待的人，促使人成其为人的人。也就是说，“以人为本”的主体，是坚持“以人为本”的人，是把他人当作根本，把维护好、实现好、发展好他人的根本利益作为自己一切社会活动的出发点和落脚点的人。“以人为本”的主体，在处于人与物、人与人的关系活动中，是把自身自外的他人看得比自己更重要、更有价值、更需要尊重的人，是主动维护、发展自身之外的他人利益的人，是创造条件促使他人自由全面发展的人。

（二）客体

客体，源于拉丁文 objicio，英文为 object，意为扔在前面、置诸对面，引申为活动者的活动对象、主体的活动对象。① 在哲学史上，旧唯物主义把客体看作是不依赖于主体而存在的物质实体，但仅仅只把客体看作是人直观的对象，而不是人的活动、实践的对象，并没有真正把握客体的对象性；而唯心主义则把客体看作是精神存在物，因此，主体和客体只是一个东西：精神。列宁在评价唯物主义和唯心主义的这种对立时指出：“唯物主义承认‘自在客体’或心外客体，认为观念和感觉是这些客体的复写或反映。与此相反的学说（唯心主义）认为：客体不存在于‘心外’；客体是‘感觉的组合’。”②

作为与主体相对的客体，显然就是主体活动所指向的对象，即活动作用的对象，是自主活动者的活动对象。

---

① 王海明：《伦理学原理》，北京大学出版社 2005 年第 2 版，第 23 页。

② 《列宁选集》第 2 卷，人民出版社 1995 年版，第 20—21 页。

客体是客观存在的物，是实体，也是属性，还可以包含人自身。这样，客体包含的对象要比主体宽泛得多，一切东西都可以成为主体活动的对象。客体，在一定程度上可以等同于马克思主义哲学上的“物质”范畴。客体是一切事物，但不能认为一切事物都是客体。物要成为客体必须具有以下属性：

第一，客观实在性。世界的本原是物质。正如列宁所说：世界除了运动着的物质，什么都没有。从客体的类型而言，精神也属于客体。但是，在辩证唯物主义看来，精神、意识不过是经过人脑加工的物质而已，是人脑的机能和对物质的反映。精神、意识的内容就是人类对客观事物的各种属性、特征及其规律，意识、精神是物质世界的一种特殊存在形式。精神客体同自然客体、社会客体一样具有客观实在性。

第二，对象性。对象性是客体的本质属性。所谓对象性，是指“一个存在物既以别的存在物为自己的对象，而自己又是别的存在物的对象”。[①] 不能成为人的对象的客观实在，就不能成为客体。客体的对象性首先在于客体是作为主体的人的活动的对象，是加入人的活动并成为人的活动的客观存在物，同时，客体还以人这个主体作为自己的对象，确证和表现着人的本质力量。因此，客体永远是主体的对象，主体也永远是客体的主体。我们不能离开客体来理解主体，也不能脱离主体来认识客体。主体和客体是一对矛盾统一体。没有无主体的客体，也没有无客体的主体；甚至可以说，没有主体就没有客体，没有客体也就没有主体。作为主体的人，如果没有作为对象的客体，就会失去存在的前提，也不可能有主体地位，更不可能在作用、改造对象的活动中确证自己的本质力量，也就没有了主体性。没有主体性的“人”，是不能成为主体的。同样，作为客体的客观实在、实体或属性等，如果没有主体的观照，不被人作用、认识、占有、改造，不能被人“遭遇”，不能成为主体的“烦”者，就不能成为主体活动的对象，那么它就没有对象性，也就不能成为客体。可见，主体和客体不仅相互依赖，而且相互制约、相互促进。

第三，社会历史性。由于主体是历史性的存在，主体的实践活动具

---

① 刘继岳：《哲学新论》，北京师范大学出版社1992年版，第142页。

有社会历史性，客体也必然具有社会历史性，必然是一种社会性的存在。从这个角度看，客体的界限不是固定不变的，而是随主体活动的变化、深入、扩大而不断变化发展的。人作为一种特殊的客观实在，也并不是一开始就成为了人自身的客体，而是历史发展到一定阶段的产物。人作为人自己的对象是人的认知、实践能力发展到一定程度才开始的。古希腊哲学家普罗泰戈拉提出“人是万物的尺度”，苏格拉底提出“认识你自己”的命题，是人自觉把自身作为客体来认识、理解的开端。但是，在马克思主义创始以前，人们对社会、对人的认识和理解都带有唯心主义性质，都是不科学的。历史唯物主义的诞生是人类第一次把人本身的研究变成科学。

从客体的含义和特性可知，“以人为本”中的“人”，是作为客体而存在的，并非是作为以主体身份而存在的。在“以人为本”中，作为“本”的“人”，是坚持“以人为本”的人的对象，只不过是作为“本”的对象而不是作为“末”的对象罢了。因此，“以人为本”中作为“本”的“人”，尽管是社会主体、历史主体，却是“以人为本”中的对象、客体，即作为持有“以人为本”理念、把“人”作为根本的、“以人为本”的施行者的对象。

二、“以人为本”的主体

如前所述，主体是主动者，是发起者。从字面上理解，以人为本，就是既把人作为实体，作为世界的根本，又把人作为活动的目的。在以人为本中，人是对象，是受动者，而不是主动者；是客体而不是主体。主体是坚持、实行以人为本的人，是把人作为目的、作为根本的人。

从主体的界定可知，在这个属人世界上，只有人是真正的主体，其他任何实体都不能成为主体，所以，以人为本的主体只能是人。那么以人为本作为一个完整的语句，就是：人以人为本。如果话只说到这里，这似乎是很无聊的。如果不是人，难道还有别的“生命”能做到以人为本吗？但是，我们深问一下：在迄今为止的人类历史上，有多少人把人作为“本”了呢？又有多少人成为了“本”了呢？难道所有的人都坚持了以人为本吗？难道每个人都被作为“本”而对待了吗？因此，我们绝对有必要对“谁”是以人为本的真正主体作认真的讨论。

在第二章中，我们认为，从最本质的意义上说以人为本中的人是每一个人，以人为本是指以每个人为本，以人人为本。那么坚持以人为本的人在这里具体包含什么人呢？是多数人，还是少数人，是个别人，还是所有的人呢？我们认为，这里的人，依然是指每个人。以人为本，完整地讲就是每个人以每个人为本，人人以人人为本。

从语法和主客体关系的角度分析，以人为本中的人，是对象、是客体。而在科学发展观的以人为本的理念、以及实践原则和价值原则中，“人”必须是作为主体而出现的，必须把人作为社会的主体、发展的主体，作为社会成果享有者的主体。而在此，同时又认为以人为本的主体是坚持、执行、实现以人为本的人，是以人为本的人。人以人为本，前后两个“人”是否同时能够成为主体呢？为什么说坚持以人为本的主体是每个人呢？每个人是否能够成为以人为本的主体呢？

（一）从主客关系的角度看

处理人与人之间的关系的活动是人的基本实践形式之一。在这种社会实践活动中，人与人之间的主客关系是最基本的关系。而在主客关系中最本质的就是实践关系——改造和被改造的关系，再就是价值关系。

首先我们看实践关系。主客体间的实践关系是主体客体化和客体主体化的统一过程。在主体和客体的相互作用中，二者相互影响，不断使双方朝着对方的规定性方面发生变化。在实践关系中，主体按照自己的目的实现着对客体的改造，使客体朝着主体的目的发生变化，即实现主体的需要或目的。在这一过程中，主体也把自己的本质力量积淀、物化和凝聚在客体中，并通过自己的目的、能力和力量的对象化，确证自身的主体地位和本质力量。这样，主体改造了客体，也同时改造了主体自身。正如马克思所述：生产不仅为主体生产对象，而且也为对象生产主体。

从主体和客体的实践关系可以看出，人与人之间也存在改造和被改造、即主体客体化和客体主体化的双向关系。人与人之间正是通过这种双向的改造和被改造的关系处理和解决人与人之间的矛盾，提高人的能力，进而建立一种新的、更适应人的本性和促进人自身发展的实践关系和社会形式。但这种转化关系在不同的社会形态中具有不同的特征，这是由不同社会的性质所决定的。

人与人的主客关系，表现为目的和手段的关系。对人作为目的和手段的认识，大致有以下几种观点。一种观点认为，人仅仅是手段，人与人之间只存在一种利用和被利用的关系，人与人之间的关系像自然界“狼和狼”的关系一样，霍布斯的关于人类“自然状态”的“一切人对一切人的战争”是这样；社会达尔文主义者的“物竞天择、优胜劣汰”也是如此；沙特等存在主义者的“他人即地狱”，也是此意。另一种观点认为，一些人是目的，另一部分人则是手段，也就是说，统治阶级是目的，被统治者是统治者的手段。比如中国封建时代的一些思想家对君臣关系、君民关系的认识即是如此。著名的如“君者舟也，民者水也。水能载舟，亦能覆舟”。此为告诫统治者要善待老百姓，要惠民，但主旨在于维持统治者的利益。孔子、孟子的“仁政”是如此。首先提出“以人为本”四个字的管仲说得很明白。他说：“夫霸王之所始也，以人为本，本治则国固，本乱则国危。”重视人、治本的目的不在于人本身，而在于成就“霸王”之业。所以，惠民、仁政等，无非是统治者的统治策略而已。当然，这在客观上也有利于劳动者提高劳动积极性和改善自身生活。还有的思想家反对把人当作手段，认为人只是目的。康德提出“人是目的”最为典型。康德看到了人作为目的的意义，张扬了人的主体性，但他否认人同时还是作为客体的存在，在很大程度上否认了人与人之间的社会联系，即忽视了人的社会属性。因此，康德的观点缺乏现实基础。现代西方哲学的人本主义思潮也认为，人是目的而不是手段，同样在“人是目的”和“人是手段”的关系问题上陷入形而上学，离开了现实人的立场而没有现实性。

马克思主义认为，在人与人之间，主体和客体的关系是辩证统一的，二者相互依存、相互制约、相互作用，也正是在这种依存、制约和作用中，形成对立统一体。人是主体，也是客体。人是目的，同时也是手段，是目的和手段的统一体。人作为目的和作为手段是无法分开的。人虽然必须以自己的生存、发展和幸福为目的，但现实的物质生活条件及其发展规律迫使人不得不承认这样的道理：每一个人都不能、且不可能不依赖他人而生存，不可能独自实现自身的目的，任何人都必须依靠他人，并把他人作为自己生存的必要前提；同样，每个人也是他人实现其目的的条件或手段。在人与人之间的交互关系中，每个人同样是目的，每个人也同样是手段。马克思通过对市场交换主体意识的分析，把这个道理表述得十分清晰。马克思认为，每个人在交易中只有对自己来说才是自我目的，每个人对他人来说只是手段；最后，每个人是手段同时又是目的，而且只有成为他人的手段才能达到自己的目的，并且只有达到自己的目的才能成为他人的手段，——这种相互关系是一个必然的事实，它作为交换的自然条件是预先存在的。人是目的和手段的统一，是由人的现实社会本质决定的。马克思在《资本论》中指出：“一旦人已经存在，人，作为人类历史的经常前提，也是人类历史的经常的产物和结果，而人只有作为自己本身的产物和结果才成为前提。”[①] 这段话表明，人不是抽象的人，人的现实本质是由一切社会关系构成的，人所处的环境创造人本身，人的环境就是人类社会；同时，人也创造环境，没有人的实践，就没有人类社会及其历史，所以，人必然构成“人类历史经常前提”。人作为人类社会的前提，一方面创造历史，另一方面改变人自身。马克思主义对人是手段和目的关系问题的认识最符合历史事实，是科学的结论。人是目的同时也是手段的辩证观，为我们分析每个人以每个人为本提供了科学的方法论。既然人达到自己的目的是和人同时成为他人的手段联系在一起的，反之亦然，那么，只有当每个人以每个人为本时，人人才能真正成为根本、成为目的。也就是说，只有“我”把他人作为我的目的，即“我”自觉成为他人的手段时，他人才会自觉把自身作为实现“我”的目的的手段，才会把“我”作为目的；只有“我”始终把他人作为“本”，以“他人”为本；他人才能反过来始终把“我”作为根本，以“我”和“我”的根本利益为本。如果仅仅

① 《马克思恩格斯全集》第 26 卷，第 3 册，人民出版社 1974 年版，第 545 页。

把“我”作为目的而把他人作为手段，他人也反其道而行之，结果必然把以人为本变成了以“我”为本，如果人人都以“我”为本，人人都无法成为“本”，无法取得“本”的地位，实现“本”之目的。如此，人类最终处于霍布斯“一切人对一切人的战争”的自然状态，而无法实现每个人以“每个人”为本的美好和谐社会。

从历史上看，人与人之间的主客关系、手段和目的关系，大致有以下三种情形：一是少部分人（个别人）是主体、是目的，绝大部分人是客体、是手段；二是大部分人是主体、是目的，少部分人作为客体、当作手段；三是每个人既是主体、同时又是客体，既是目的、也同时是手段。第一种情况，可以看作是，少数人以少数人（个别人）为本；第二种情形是多数人以多数人为本；第三种情形是每个人以每个人为本。

在社会主义以前的社会形态中，作为统治者的奴隶主、地主阶级和资产阶级的少数人是社会的主体和目的，而作为被统治者的人民群众的绝大多数人，要么成为某个“神”的奴仆，要么成为统治者的工具，被统治者完全看作是像自然物那样的客体，被统治者任意驱使和奴役。在奴隶社会，劳动者公然被看作是会说话的工具，在封建时代，劳动者依然是牛马。在资本主义时期，工人被看作是为资本家创造剩余价值的机器，资本家对待工人像对待厂房、机器那样，为了获取资本利润的最大化而迫使工人劳动，劳动成为了工人的异己力量，工人在劳动中丧失着自身。马克思对资本主义时代异化劳动的揭示充分说明了这一点。他说：“劳动对个人来说是外在的东西，也就是说，不属于他的本质；因此，他在自己的劳动中不是肯定自己，而是否定自己，不是感到幸福，而是感到不幸，不是自由地发挥自己的体力和智力，而是使自己的肉体受折磨、精神遭摧残。……他的劳动不是自愿的劳动，而是被迫的劳动。因此，这种劳动不是满足一种需要，而只是满足劳动以外的那些需要的一种手段。劳动的异己性完全表现在：只有肉体的强制或其他的强制一停止，人们会像逃避瘟疫那样逃避劳动。外在的劳动、人在其中使自己外化的劳动，是一种自我牺牲、自我折磨的劳动。最后，对个人来说，劳动的外在性表现在：这种劳动不是他自己的，而是别人的；劳动不属于他；他在劳动中也不属于自己，而是属于别人。……他的活动属于别人，这种活动是他自身的丧失。”①

从社会治理结构上看，这种以少数人为目的、为主体，而多数人作为少数人的工具的社会，是最不稳定的，统治者的地位也是最不牢靠的。统治者地位的不牢靠、社会结构的不稳定，必然带来社会的动荡不安。而一个动荡不安的社会，对于社会所有的个体来说，都是不幸。社会稳定、生活安宁是人得以生存的基本条件，也是人作为人的一项基本权利。霍布斯认为，人的最大利益是自我保存。霍布斯设想，人类在进入社会之前，生活在自然状态，完全按照自然律行事。他总结出两条自然律：一是人利用一切手段保存自己；二是为了最大限度地保存自己，维护自身的利益，在必要时放弃他人也同意放弃的利益。根据第一条自然律，人一开始处于战争状态。但战争状态危及人的生命，人类要求结束战争，实现和平。根据第二条自然律，和平协议是这样一种契约：每个人都同意放弃和别人一样多的权利，并因此而享受到和别人一样多的利益。国家则是这一契约的产物。由于霍布斯的契约论是为绝对王权辩护，所以，他给了统治者绝对的权利和至上的威权，而对被统治者则是极其苛刻的。在这样权利不能平衡的状态下，人的生命权也是难以保证的。最后，霍布斯也不得不承认，在契约人生命不能得到保护的情况下，人们可以推翻统治者。这样，正如洛克所指出的，霍布斯的契约论是不合逻辑的，因为自然状态对人的伤害是偶然的，但如果社会契约所建立的政府是专制的，那么对人的伤害则是经常的、重大的；人的理性不至于愚蠢到分不清利害大小的地步。根据理性原则，洛克修正了霍布斯的自然状态的看法，认为自然状态是和平、自由的状态，人们从中平等享有生命、自由、追求幸福等“天赋人权”。为了解决自然状态下人与人之间的财产的争端，解决财产权的冲突，人们订立契约、建立国家、成立政府，其“重大的、主要的目的，是保护他们的财产”。② 在此基础上，洛克还提出了“三权分立”、“宗教宽容”的思想，目的是为了防止专制、保证人的自由权。卢梭似乎看到了洛克在权利转让问题上的不彻底性，便在前人的基础上，提出了新的社会契约论。他认为，社会

① 《马克思恩格斯全集》第3卷，人民出版社2002年版，第270—271页。

② 洛克：《政府论》（下篇），商务印书馆1963年版，第77页。

契约不是在进入社会之前的自然状态中制定的，而是在社会之中制定的。人们两次制定契约：第一次是在不平等的情况下制定的，目的是建立国家主权，结果加深了社会的不平等；第二次是在平等的条件下制定的，目的是建立一个能够保证所有人自由的平等的国家政权。我们知道，社会契约的核心是权利转让。但是，在转让什么、权利转让给谁等关键问题上，卢梭也有不同于前人的地方。霍布斯要求把生命权以外的一切权利都转让给代理人，洛克则要求把财产仲裁权转让出去，卢梭则要求：一切人把一切权利转让给一切人。卢梭认为，只有这种转让才对所有人都是平等的。他说：“每个人既然把自己交给所有人，也就不是交给任何一个人；而人们既然把支配自己的权利交了出来，也获得了同样的支配所有参加联合的人，那么，也就得到可与自己所失去的一切等价的东西，而又得到了更大的力量保持自己的所有物。”① 就是说，只有在这种转让中，人的自由权才不会被任意剥夺。因此，这种时候契约造成的结果不是霍布斯的拥有绝对权利的“利维坦”，也不是洛克的有限权力政府，而是集强制的权力和自由的权力为一体的“公意”。公意是指全体定约人的公共人格，是他们人身和意志的“道义共同体”，是“每一个社会成员作为整体的不可分的一部分”。公意永远以公共利益为出发点和归宿，因此永远是公正的、合理的。② 从霍布斯、洛克到卢梭的社会契约论说明，如果只从少数人出发，以少数人为主体和目的，以少数人压制、甚至剥夺多数人的权利和利益，那么这个社会是不能保障人的权利和自由的。也正因如此，他们才不断寻求一种限制少数人专制、保障人民自由的“民主”政体，直至卢梭提出具有更大实践意义的“公意”学说，并进而转化为“主权在民”、“人民的政权”的政治口号和社会实践。但是，在具体的社会实践中，卢梭式的“公意”、“主权在民”，只是一种历史的“幻像”。资本主义以及以前的民主制度，是少数人对多数人进行统治的制度。奴隶制国家实行的是专制制度，即便是古希腊时期建立的奴隶制国家的“民主”政体，也是是极少数人的民主，

---

① 《西方哲学原著选读》下卷，商务印书馆 1982 年版，第 69 页。

② 参见赵敦华：《简明西方哲学史》，北京大学出版社 2000 年版，第 391—392 页。

绝大多数人只是“工具”；封建制国家是清一色的专制制度，广大人民群众毫无民主权利。资本主义国家的民主制度是人类社会的一大进步，但资本主义民主的实质是资产阶级内部的、少数人的民主，且具有很大的局限性和虚伪性。

社会主义社会，建立了人类历史上真正意义的人民民主政权，真正实现了人民当家作主，人类开始进入了多数人管理社会生活、并为多数人谋利益和幸福的历史新阶段。马克思、恩格斯在著名的《共产党宣言》中指出：“过去的一切运动都是少数人的或者为少数人谋利益的运动。无产阶级的运动是绝大多数人、为绝大多数人谋利益的独立的运动。”① 从马克思关于无产阶级专政的理论到我国建立人民民主专政的社会主义国家政权的实践，都说明了社会主义运动是“绝大多数人、为绝大多数人”谋福利的运动。

国家在其本质上是阶级统治的暴力工具，都是一定民主和专政的统一。无产阶级国家以前的一切类型的国家都是剥削阶级专政的国家，都是少数人对多数人实现专政的工具；民主的享有者是作为少数人的剥削阶级，广大人民群众无权真正享有，国家在本质上是剥削阶级压迫剥削广大人民群众的机器。而无产阶级建立的国家是劳动人民群众自己的国家政权，占人口绝大多数的人民群众第一次成了国家真正的主人。无产阶级专政的国家，专政的对象是少数社会主义的破坏者，民主则最具广泛性，是最广大人民群众的民主。我国宪法规定：“中华人民共和国是工人阶级领导的、以工农联盟为基础的人民民主专政的社会主义国家。”我国的人民民主专政是对最广大人民的民主和对极少数敌对分子的专政的辩证统一。我国坚持人民民主专政的国家政权，实质就是要不断发展社会主义民主，切实保护人民的利益、维护国家的主权、安全、统一和稳定，最根本的就是要坚持国家的权力属于人民，保证人民群众当家作主。

我国社会主义国家的本质决定了社会主义民主的本质是人民当家作主。我国宪法明确规定：“中华人民共和国的一切权力属于人民。”党的十七大报告指出：“人民民主是社会主义的生命。发展社会主义民主政

---

① 《马克思恩格斯选集》第1卷，人民出版社1995年版，第283页。

治是我们党始终不渝的奋斗目标。”“人民当家作主是社会主义民主的本质和核心。”① 社会主义民主是绝大多数人享有的民主，且通过切实加强民主法制制度建设，采取必要的措施来保障人民民主权利的行使，切实保证人民当家作主的地位，是真正的民主。可见，无论是从基本理论、指导思想上，还是在制度安排、体制设计，以及实践上，从总体而言，社会主义社会是“绝大多数人为绝大多数人”服务、谋利益的社会，是多数人以多数人为本的社会。

我们把社会主义看作是多数人以多数人为本的社会也是与党的群众观点和群众路线一致的。社会主义社会人民当家作主。人民群众自己管理自己的事情、建设自己的国家，实现自己的幸福生活，并发展自己的体力和智力。为了充分发挥人民群众的历史主动性和创造性，我们党形成了群众观点和群众路线。群众观点是马克思主义政党的一个根本观点，它具有丰富的内涵，首要的就是坚信群众自己解放自己的观点。人民群众是社会的主人，是历史的创造者，是社会建设和推动社会进步的根本动力。人民群众的解放是通过人民群众自己起来斗争而实现的；人民群众的自由和幸福也是自己争取而来的。毛泽东说：“人民，只有人民，才是创造历史的动力。群众是真正的英雄，而我们自己则往往是幼稚可笑的，不了解这一点，就不能得到起码的知识。”这不正是说人民群众自己创造自己的新生活、实现自己的社会价值吗？不正是说人民群众自己把自己作为社会进步的根本动力吗？不正是说人民群众自己肯定自己的主体地位、发挥创造历史的首创精神和伟大力量吗？不正是说人民群众以自己为本吗？

共产主义社会是社会主义的高级阶段和完善形态，它“将是这样的联合体，在那里，每个人的自由发展是一切人的自由发展的条件”。② 在这个社会中，没有了作为统治的暴力机器的国家，没有了一个集团占有另一个集团劳动的阶级，每个人都是社会的主人，每个人都是社会的管理者和被管理者。自由个性是人的基本特征。每个人的自由发展是一切人自由发展的条件，同时，一切人的自由发展也是每个人自由发展的结

① 《十七大报告辅导读本》，人民出版社 2007 年版，第 27—28 页。

② 《马克思恩格斯选集》第 1 卷，人民出版社 1995 年版，第 294 页。

果。所以，在那里，必然是每个人以每个人为本的社会，且只有如此，才是共产主义社会的真正到来。社会主义作为共产主义的必经阶段，必然为未来社会创造条件，因此，在具体的社会环境和历史条件下，社会主义也必须坚持人人以人人为本，这既是社会主义的本质要求，也是社会主义发展的必然趋势。

从现实条件讲，科学发展观的以人为本，是多数人以多数人为本；但从本质要求上讲，则是每个人以每个人为本。社会主义的本质、科学发展观的马克思主义性质，决定了二者在当代中国能够实现有机统一。因在第三章对“每个人”与“人民群众”的关系进行了比较详细的阐述，这里就不再赘述。

（二）从主体间性的视角看

我们知道，人既可以作为主体，也可以作为客体。在一种存在状态、活动形式中是主体的人，在另一种状态和活动中则可为客体，另外，人还可以同时作为主体和客体，即人自己认识自己、反省自己，人把人自身作为认识或改造的对象。在人与人之间，主体和主体之间，不仅存在着主客关系，而且存在着另一种关系——主体间性；主体间性是人们建立交往关系的基础，也是我们理解人人以人人为本之可能性和现实性的关键。

人是社会的人，人的存在和发展不能脱离其他人的存在和发展。人与人之间的关系除了主客关系，还存在主体与主体之间、即主体间的关系。人在主客关系中所体现和表征的主体性，在主体相互之间的关系中表现为主体间性，主体间性是人的主体性的重要内容和组成部分。

马克思十分重视对人的主体间性的研究。对主体间性的研究是与对交往范畴及其历史作用的研究联系在一起的。可以说，马克思是通过对交往的研究而确立人与人之间的主体间性的。马克思通过对交往与交往形式、交往关系内在统一性的分析，揭示了社会生产、社会变革和社会形态变化，以及人类最理想的交往形式。在马克思的交往理论中，交往是同生产力、生产方式、社会历史的进步以及社会形态的更替联系起来进行研究的。[①]

人的生命存在是人类社会的第一个前提，而劳动实践则是人类的“第一个历史活动”。生产劳动是人类最基本的实践形式，是社会发展的决定性力量。在劳动实践中，一方面，建立人与自然的主客体关系，一方面建立人与人之间、主体与主体之间的社会关系。“人类活动的一个方面——人们对自然的作用。另一方面，是人对人的作用……”。人的生产实践，“表现为双重关系：一方面是自然关系，另一方面是社会关系，”而“社会关系的含义是指许多个人的合作”。[②] 人与人的合作也就是人与人之间的交往。

交往是历史唯物主义的一个重要范畴。交往关系是人类社会最基本的关系，是人类社会特有的、具有重要作用的关系。马克思在致安年柯夫的信中说：人们“为了不致丧失已经取得的成果，为了不致失掉文明的果实，人们在他们的交往（commerce）方式不再适合于既得的生产力时，就不得不改变他们继承下来的一切社会形式——我在这里使用‘commerce’一词，是就它的最广泛的意义而言，就像在德文中使用‘Verkehr’一词那样。”[③] 在马克思、恩格斯的英文作品中，在谈到“世界交往”、工人之间的交往等，曾使用 intercourse 与 Verkehr 相对应。可见他们都是从很广泛的意义上来研究交往关系的，也说明交往是一个社会性的范畴。

我国有学者通过对历史唯物主义交往范畴的分析，归纳了马克思交往理论的基本内容，认为：（1）交往是人类特有的存在方式和活动方式。（2）交往属于人与人之间的社会关系。（3）交往始源于物质生产活动，但不能归于物质生产，而是以物质生产为基础的经济、政治、思想文化、社会交往的总和。（4）交往的主体是人，交往双方不仅要承认自己是交往的主体，而且要承认他人也是交往的主体，交往是一种以主客关系为中介的主体与主体之间的关系。这种关系在本质上是互动的，而

① 参见韩红：《交往的合理化与现代性的重建》，人民出版社 2005 年版，第 37 页。

② 《马克思恩格斯全集》第 3 卷，人民出版社 1972 年版，第 41 页、第 33 页。

③ 《马克思恩格斯选集》第 4 卷，人民出版社 1995 年版，第 532—533 页。

非一方主动而另一方被动。因此，交往是人类特有的存在方式，是人与人之间发生社会关系的一种中介，是以物质交往为基础的全部经济的、政治的、思想文化的、社会的交往的总和。①

交往是现实主体之间依据外部世界的规约和主体自身的目的，借助一定的手段而进行的物质的、精神的相互作用的活动，主体间性是交往最显著的特性。主体间性具有以下特征：

第一，交互主体性。人与人的交往活动，不同于人改造自然界的对象性活动。在人与自然的实践活动中，人是主体，自然物是客体。而在人的交往活动中，个人不是纯粹的主体或客体，不是单纯作为主体或客体而“出场”的，而是互为主体，都是在共同的活动中相互联结、相互作用、相互促进、共同发展，从而形成主体间性。也就是说，交往主体彼此之间没有明显的主客关系，不是单向的作用和被作用的关系，而是同时既为主体又为客体，担负着主体和客体的双重角色，并通过物质和精神的互动，相互确证自身、发展自身、实现自身。

第二，中介性。人对世界的改造不是在孤立的环境下进行的。改造世界的人也不是孤立的、抽象的、没有社会性的人。人要成为改造世界的主体，必然要在人与人相互联结的社会关系中才能进行。离开人与人之间的交往关系，人对自然的活动无法进行。同时人与人之间的交往，需要借助一定的物质手段和社会形式才能进行。马克思、恩格斯指出：“思想、观念、意识的生产最初是直接与人们的物质活动、与人们的物质交往、与现实社会的语言交织在一起的。人们的想象、思维、精神交往在这里还是人们物质行动的直接产物。表现在某一民族的政治、法律、道德、宗教、形而上学的语言中的精神生产也是一样。”② 这里讲的物质交往、精神交往及其相互关系对人类社会具有普遍的适用性。人与人之间之所以要交往，根本在于交往是联结人的力量的必要的社会形式，也是人的本质力量实现的活动方式。

第三，互动性。这是指交往主体之间相互影响、相互作用的特性。

---

① 参见赵家祥：《马克思主义哲学原理》，经济科学出版社 1999 年版，第 229—230 页。

② 《马克思恩格斯选集》第 1 卷，人民出版社 1995 年版，第 72 页。

主体与客体之间的关系是认识被认识、改造被改造等关系。主体在作用于客体的活动中，通过主体客体化和客体主体化的相互转化，确证和实现人的本质力量。而在交往活动中，人与人之间虽然也具有主客体之间认识和被认识、改造和被改造的关系，但这种关系不是在一方主动、而另一方受动中实现的，而是在相互之间都积极主动地交流中进行和达成的。一主体在影响、作用另一主体的同时，它也不断接受另一主体的作用和影响，进而实现二者的互融互进。

第四，对等性。在交往活动中，人与人是平等的。就像商品交换活动中的买者与卖者，地位平等、人格平等、利益分配公正。在交往活动中，人们彼此都把对方看作是与自已相同的，并且通过与对方的交流增进各自的利益和幸福，进而实现利益的最大化。同时，人们彼此也会因为一方的利益受损，而使对方的利益也随之受损。人们不是单向的一方得利，而另一方的利益受损，或者一方的利益受到损失，另一方的利益则必然增进，而是两方都能够同时实现各自的利益，或者双方的利益都同样会受到损害。即“一荣俱荣、一损俱损”之谓也。

正因为交往中的主体间性，交往是推动人类进步和自身发展的重要力量。生产的发展决定交往的发展，同时交往的扩大也决定着生产的普遍发展。生产和交往之间的相互作用决定着人与社会及其关系的变化和发展。人类历史是社会生产力的发展史，也是人类交往和交往形式的发展史。“在整个历史发展过程中构成了一个有联系的交往形式的序列，交往形式的联系就在于：已成为桎梏的旧的交往形式被适应于比较发达的生产力，因而也适应于更进步的个人自主活动方式的新的交往形式所代替；新的交往形式又会变成桎梏并为别的交往形式所代替。由于这些条件在历史发展的每一阶段上都是与同一时期生产力的发展相适应的，所以它们的历史同时也是发展着的、由每一个新的一代所承受下来的生产力的历史，从而也是个人本身力量发展的历史。”① 共产主义也是人类交往的产物。“共产主义所造成的存在状况，正是这样一种现实基础，它使一切不依赖于个人而存在的状况不可能发生，因为这种存在状况只不过是各个人直接迄今为止的交往的产物。这样，共产主义者实际上把

① 《马克思恩格斯选集》第1卷，人民出版社1995年版，第124页。

迄今为止的生产和交往所产生的条件看作无机的条件。”① 由此可见，共产主义既是交往的历史的产物，也是一个交往不断发展的历史过程。

交往是人的生产活动赖以进行的必要前提，推动着生产力的发展。马克思指出：“人们在生产中不仅同自然界发生关系。他们如果不以一定的方式结合起来共同活动和相互交换其活动，便不能进行生产。为了进行生产，人们便发生一定的联系和关系；只有在这些社会联系和社会关系的范围内，才会有他们对自然界的关系，才会有生产。”② 在马克思看来，现实的社会生产必须把人的因素和物的因素有机结合起来，也只有在结合中才能发挥总体能力。离开一定的社会关系或交往关系，生产就无法进行。同时不同的社会关系、交往形式对生产力发展的作用是不同的。在人剥削人、压迫人的社会关系中，生产者的主体性是不可能最佳发挥的。因此，社会必须在一定历史条件下打破旧的交往关系，建立新的社会关系促进生产力的发展。从这个角度讲，人人以人人为本的社会关系是人类最和谐的交往关系，是发挥人的能动性的最佳社会关系，也是最能够促进社会生产力和每个人发展的社会关系。马克思、恩格斯曾认为，未来的共产主义社会，“是以生产力的普遍发展和与此相关的世界交往的普遍发展为前提的”，那种“狭隘的地域性的个人为世界历史性的、真正普遍的个人所代替”。③

交往能够不断扩大和改善人与人之间的社会联系，推动着社会关系的变革。生产关系是社会制度的基础。人与人的交往活动是各种社会关系产生、发展变革的重要力量和源泉。人与人交往形式的变化必然带来社会生产关系的变化，进而促使社会制度的变革。马克思、恩格斯在谈到交往与共产主义制度的关系时认为：共产主义制度“只不过是个个人之间迄今为止的交往的产物”。④

交往是人与人之间物质、信息、能量的变换活动，促进人类科学、文化的交流、继承和发展。马克思、恩格斯在《德意志意识形态》中指

① 《马克思恩格斯选集》第 1 卷，人民出版社 1995 年版，第 122 页。
② 《马克思恩格斯全集》第 6 卷，人民出版社 1961 年版，第 486 页。
③ 《马克思恩格斯全集》第 3 卷，人民出版社 1972 年版，第 39 页。
④ 《马克思恩格斯选集》第 1 卷，人民出版社 1995 年版，第 122 页。

出：“某一个地方创造的生产力，特别是发明，在往后的发展中是否失传，完全取决于交往扩展的情况。当交往只限于毗邻地区的时候，每一种发明在每一个地区都必须单另进行；一些纯粹偶然的事件，例如蛮族的入侵、甚至是通常的战争，都足以使一个具有发达的生产力和有高度需求的国家处于一切都必须从头开始的境地。”因此，在历史发展的最初阶段，每天都在重新发明，而且每个地域的各种发明都是单独进行的。在狭隘、简单、偶尔的交往活动中，即使是比较发达的生产力，也难免遭到彻底毁灭的命运。马克思、恩格斯进而认为：“只有交往成为世界交往并且以大工业为基础的时候，只有当一切民族都卷入竞争斗争的时候，保持已创造出来的生产力才有了保障。”① 所以，广泛、经常的世界交往是保障生产力发展的重要力量。

交往促进人自身的发展。人的本质，在其现实性上，是一切社会关系的总和。社会交往是人自身发展的重要前提。人的发展、自由全面的发展不是在狭隘的、孤立的、地域的交往中，而是在同整个世界历史、同整个类的交往中才能实现的。正如马克思、恩格斯所说：一个人的发展取决于和他直接或间接进行交往的其他人的发展。只有在普遍的交往中，单个人才能摆脱种种民族局限和地域局限同整个世界的生产（也同精神的生产）发生实际联系，才能获得利用全球的这种全面的生产（人们的创造）的能力。人自身的全面发展是不能与物质生活资料的生产分开的，而必须建立在物质生活生产的基础之上。因此，“各个人必须占有现有的生产力总和，这不仅是为了实现他们的自主活动，而且就是为了保证自己的生存。这种占有首先受所要占有的对象的制约，即受发展成为一定总和并且只有在普遍交往的范围内才存在的生产力的制约。因此，仅仅由于这一点，占有就必须带有生产力和交往相适应的普遍性质。对这些力量的占有本身不外是同物质生产工具相适应的个人才能的发挥。仅仅因为这个缘故，对生产工具一定总和的占有，也就是个人本身的才能的一定总和的发挥”。而要占有生产力的总和必须占有现代的普遍的交往。所以，“在无产阶级的占有制下，许多生产工具必定归属于每一个个人，而财产则归属全体个人。现代的普遍交往，除了归全体

① 《马克思恩格斯选集》第 1 卷，人民出版社 1995 年版，第 107—108 页。

个人支配，不可能归各个人支配”。[①] 人的普遍性的交往是社会关系的扩大，而社会关系的扩大则意味着人的社会性的丰富，也意味着人的社会本质力量的增强和提高。由此可见，每个人以每个人为本既是实现人的自由全面发展的条件，也是人的自由全面发展的结果。

人与人之间的交往是随社会发展而发展的，社会同样是随人们之间交往形式的变化而不断发展的。不同的社会形态有着与之相适应的人的交往类型；同样，人们不同的交往关系和交往形式也有与之相适应的社会形式。马克思认为：“迄今为止的一切交往都只是一定条件下的交往，而不是单纯的个人交往。”[②] 依据马克思关于人的依赖性、物的依赖性和个人自由全面发展的“自由联合体”的社会形态的划分，人的交往关系也可以化为三种历史形式和交往类型。

在人的依赖性阶段，人与人为了维持自身的生存，只存在性关系的交往、血缘关系的交往、以及偶然发生在不同社会共同体之间的产品交换。个人之间的关系主要作为某种社会规定性的个人交往，个人其实根本就没有独立的人格和个性可言。单个人是某个狭隘人群共同体的附属物，人与人之间的交往建立在依赖天然自然、肉体的自然需要和自然分工的基础上，本质上属于一种自然的交往。

在物的依赖性阶段，商品经济的发展，技术的进步，打破了地域关系对人的限制，人在一定程度上成为了独立的主体，可以进行独立自由的交往。但是，这个时期，商品是一切事物价值的代表，统治着整个社会生活，个人之间的交往主要采取商品货币形式。商品经济的发展使个体与个体、个体与集团、个体与社会之间的矛盾日益尖锐化，人的对象、人的创造物成为了异己的力量，人丧失在自己的创造物中，独立的个人失却了独立性、自主性。

物的依赖阶段，资本主义的大发展造就了人的丰富的能力体系和发达的物质基础，为人类实现个人自主活动和交往提供了现实条件。物质生产的普遍发展和与之相适应的人的世界性交往的普遍发展的“自由人的联合体”的建立，标志着人与自然、人与人之间矛盾的真正解决，人

① 《马克思恩格斯选集》第1卷，人民出版社1995年版，第129页。

② 《马克思恩格斯选集》第1卷，人民出版社1995年版，第127页。

与人之间真正自由、平等的普遍交往真实地建立起来。正如马克思、恩格斯所说：“共产主义和所有过去的运动不同的地方在于：它推翻一切旧的社会关系和交往关系的基础，并且第一次自觉地把一切自发形式的前提看作是前人的创造，消除这些前提的自发性，使它们受联合起来的个人的支配。”①

在“自由人的联合体”中，“每个人的自由发展是一切人的自由发展的条件”，意味着每个人的自由发展是每个人自由发展的条件，社会中所有的个人都是彼此以自身的自由发展作为前提的，离开了个人的自由发展，一切人的自由发展就没有了基础，没有每个人的自由发展就不可能有“一切人”的自由发展。同样，一切人的自由全面发展也是每个个人自由发展的前提和保障。如果一个社会不能建立促使和保障一切人自由全面发展的制度，谈促进每个人的自由全面发展不过是一句空话。这就是说，一切人的自由全面发展是每个人自由发展的保证，没有一切人的自由发展，也就没有每个人的自由发展。由此看，一切人的自由全面发展和每个人的自由全面发展是互为前提和相互促进的。“以人为本”，就是每个人都把每个人作为自己发展的条件，每个人都把每个人作为自由发展的根本，每个人的自由发展是“一个也不能少”。也只有如此，每个人的自由发展才真正是一切人的自由发展的条件。

科学发展观的“以人为本”，其根本目标是为了实现自由人的联合体，是为了建立“每个人的自由发展是一切人的自由发展的条件”的社会形态。同时，以人为本，在一定意义上就包含着“每个人的自由发展是一切人的自由发展的条件”这一命题的内涵。“每个人的自由发展是一切人的自由发展的条件”，可以理解为：一方面，“一切人”的自由全面发展依赖于“每个人”的自由全面发展，没有“每个人”的自由全面发展就没有“一切人”的自由全面发展；另一方面，“每个人”的自由全面发展同样有赖于“一切人”的自由全面发展，没有“一切人”的全面发展就不可能有“每个人”的自由全面发展。可以说，“每个人的自由发展是一切人的自由发展的条件”，就是“一切人”以“每个人”为本，亦即“每个人”以“一切人”为本。只有“每个人”以“一切人”

① 《马克思恩格斯选集》第1卷，人民出版社1995年版，第122页。

为本，“一切人”才会有人的尊严和价值；同样，只有“一切人”以“每个人”为本，“每个人”才能实现自我发展。因此，只有坚持人人以人人为本，才能坚持以“每个人自由而全面发展”为原则，“每个人”、“一切人”才能自由而全面地发展，才能实现以“每个人自由而全面发展为原则”的社会形式。

从交往的主体间性和交往的历史作用看，人与人之间的交往活动和交往关系要求每个人都必须把每个人作为主体来对待，相互承认各自的主体地位、相互尊重各自的利益和特殊性，并在共同的交流中促进每个人的自由全面发展。所以，从终极意义上讲，以人为本，不是某些人以某些人为本、不是少数人以多数人为本、也不是多数人以少数人为本、或多数人以多数人为本，而是每个人以每个人为本。每个人以每个人为本是科学发展观以人为本的最终价值目标，是科学发展观的终极追求。从实践上看，在当前的社会历史条件下，要在完整的意义上坚持每个人以每个人为本还有一定困难，但在基本权利的保障层次，从人权保障的意义上，坚持人人以人人为本是能够做得到的。我们也应该在这个层次上提倡和坚持每个人都是每个人的目的，同时人人都要为每个人真诚服务。这样人的主体间性便能够充分发挥，进而形成人与人之间的社会公共性。

概而言之，从主体间性上讲，在科学发展观的视域中，以人为本的主体是每个人，而不是部分人，以人为本，就是每个人以每个人为本，就是人人以人人为本。

（三）从逻辑的角度分析

人是社会的主体，既是“以人为本”中的作为“本位”的主体，也是坚持“以人为本”的主体。如果社会中只要求部分人做到“以人为本”，而不要求所有的人坚持以人为本，做到“以人为本”，在逻辑上能否成立呢？在实践中能够真正做到“以人为本”呢？能否把以人为本真正落到实处呢？

以人为本的主体如果不是每个人，如果不是要求“每个人”都坚持以人为本，而只是要求一部分人坚持以人为本，那么，就直接意味着

“这一部分”之外的人——哪怕是极少数人，可以不坚持以人为本，也就意味着一部分人可以不把人当人来对待，可以不促使人成其为人。如此而来，这不是在鼓励人奴役人吗？不是在提倡阶级奴役、阶级压迫吗？而这只有在剥削阶级专政的国家才是如此的。众所周知，在阶级对立的国家和社会，国家是少数人统治、奴役多数人的工具，多数人，特别是占人口绝大多数的劳动者、人民群众根本没有享有作为社会主体的权利，只有作为被压迫、被奴役的工具。社会主义国家，马克思主义的政党，难道能够这样吗？作为马克思主义政党的中国共产党，作为中国特色社会主义事业领导核心的中国共产党，提出以人为本作为治国理政的指导方针，难道会提倡、鼓励人剥削人、人奴役人吗？这显然是与中国共产党的性质、与我国社会主义的性质不相符、且是背道而驰的。因此，可以说，以人为本的主体，绝对不是一部分人，哪怕这一部分是绝大多数，而是所有的人，一切人，每一个人，只要他（她）成为了社会人，成为了“理性动物”，就应该且必须是以人为本的主体，就必须把他（她）之外的所有的人、任何一个人作为“人”来对待、来尊重，并促进人成其为人。

从另外的角度看，如果以人为本的主体不是“每个人”，而是“一部分人”——哪怕这部分人是绝大多数人，那么，也就意味着这“一部分人”可以是作为“本”者之外的人而存在的，或者说这“一部分人”可以不作为“本”者意义上的人，这“一部分人”只把他们之外的“其他的人”作为根本、作为主体、作为目的，而他们自身只是作为其他人获得幸福、实现自由发展的工具。且不论这类作为工具、作为手段、作为奴仆的人能否把别的人作为世界的根本这一问题，就说这完全成为了其他人奴仆的“一部分人”，哪怕作为奴仆是他们心甘情愿的，甚至是他们的人生追求和伟大理想，他们自己不把自己当人看，问题在于他们之外的人要不要把他们作为人呢，作为“本”的意义上的人呢？如果其他的人只把这“一部分人”作为单纯的工具和奴仆，那么，这样的社会是一个人人不平等的社会，人与人不平等根本就不是“以人为本”，一个不平等的社会也根本不可能做到“以人为本”。如果其他的人坚持以这“一部分人”为本，这明显与前面的预设相矛盾。因为在预设中，只有一部分人坚持以另一部分人为本，其他的人不是或不要求是坚持“以人为本”的主体。再者，这“一部分人”如果要求其他的人也把他们作为“本”来对待、来尊重，或者他们自身是否也有实现作为“本”、“目的”的愿望，而其他的人，又没有取得把这“一部分人”作为目的之“本”来对待的资格，这“一部分人”根本成为不了根本之“本”。在一个“一部分人”是“本”，而另一部分人不是“本”的社会中，是真正的“以人为本”吗？所以，从逻辑上讲，“以人为本”是“每个个人”以“每个个人”为本，坚持以人为本是一切人坚持以一切人为本。

按照马克思的设想，社会主义社会是实现自由联合体的必经阶段。社会主义国家实行的是共和政体，而共和的本质就是要实现实质正义。以人为本的社会是社会公正的社会。实质正义就是要使每一个社会人都是平等的人，平等地享受各种社会权利和自由。以民主为例，民主应该是每一个人的民主，而不应该是多数人的民主，而少数人没有民主。如果民主权利只让部分人享有，而其他部分的人，哪怕是很少一部分人没有民主，不能分享社会的成果，这样的民主就不是真正的民主，也不会是长久的民主。因为，我们每一个社会个体，不可能在社会生活的任何领域任何时候都永远能够成为社会的多数，总会有变为少数的时候和场合。我们这个时候就会问，我们应不应该享有民主和自由，如果没有自由和民主，而只有其他，那么，这样的情况可以发生在社会的任何时候或任何领域，也可以发生在任何人身上，这意味着所有的人也就没有了民主与自由。由是观之，一部分人的民主和自由，根本就不是真正的民主和自由。保障人的民主、自由权利是坚持以人为本的重要条件和要求。在马克思主义的“以人为本”思想中，人从来就不是单纯地作为工具、作为客体而存在的，人是社会的主体和目的，是检验社会进步的尺度。因此，一部分人以其他一部分的人为本，不符合马克思主义“以人为本”的思想。

我国目前社会整体还处于社会主义初级阶段，大力发展社会主义市场经济依然是这个历史阶段的根本任务。市场经济的发展在很大程度上也要求建立人人平等、人人自由的权利关系。马克思对资本主义社会商品经济发展人与人的目的和手段之间关系的分析，对我们也有重要启示。在商品经济社会，人与人之间形式上存在某种普遍利益。马克思认为，社会分工以及个人及其需要的自然差异使交换成为必需。他说：

“每个人为另一个人服务，目的是为自己服务；每一个人都把另一个人当作自己的手段相互利用。这两种情况在两个个人的意识中是这样出现的：(1) 每个人只有作为另一个人的手段才能达到自己的目的；(2) 每个人只有作为自我目的（自为的存在）才能成为另一个人的手段（为他的存在）；(3) 每个人是手段同时又是目的，而且只有成为手段才能达到自己的目的，只有把自己当作自我目的才能成为手段。也就是说，这个人只有为自己而存在才能把自己变成为那个人而存在，而那个人只有为自己而存在才把自己变成为那个人而存在——这种相互关系是一种必然的事实”。换句话说，这种相互关系“表现为全部行为的动因的共同利益，虽然被双方承认为事实，但是这种共同利益本身不是动因，它可以说只有在自身反映的特殊利益背后，在同另一个人的个别利益相对立的个别利益背后得到实现”。“从交换行为本身出发，个人，每一个人，都自身反映为排他的并占支配地位的（具有决定地位的）交换主体。因而，这就确立了人的完全自由：自愿的交易；任何一方都不使用暴力；把自己当作手段，或当作提供服务的人，只不过是当作使自我成为自我目的、使自己成为支配地位和主宰地位的手段；最后是自私利益，没有更高的东西要去实现；另一个人也被承认并被理解为同样是实现其自私利益的人。”“因此双方都知道，共同利益恰恰只存在于双方、多方以及存在于各方的独立之中，共同利益就是自私利益的交换。一般利益就是各种自私利益的一般性。”① “因此，如果说经济形式，交换，确立了主体之间的完全平等，那么内容，即促使人们去进行交换的个人材料和物质材料，则确立了自由。可见，平等和自由不仅在以交换价值为基础的交换中受到尊重，而且交换价值的交换是一切平等和自由的生产的、现实的基础。”尽管“交换者之间的关系从交换的动因来看，也就是从经济过程之外的自然动因来看，也要以某种强制为基础”，但是，“这种关系，从另一方面来看，本身只是表示另一个人对我的需要本身，对我的自然个性没有关系，也就是表示他同我平等和他有自由，但是，他的自

① 《马克思恩格斯全集》第 46 卷（上册），人民出版社 1979 年版，第 196—197 页。

由也是我的自由的前提”。① 从这么一大段引文中可以看出，在商品经济、市场经济条件下，人与人之间的经济关系是一种互为目的和手段的关系，是一种互利共赢的关系。尽管这种双向的互为主客体之间的关系在商品经济的一定发展阶段，特别是在资本主义制度下，是不自觉的，但是，商品天生是个“平等派”，商品交换的自由平等要求是内在的、必然的。也就是说，共同的利益或利益的共同性决定了利益要求或主张存在某种共同性。这种共同要求就是交换者的资格平等、人身自由和行为自由。在经济交往中，每个人都是利益主体，他们“必须作为有自己的意志体现在这些物中的人彼此发生关系”。这样，个人就是完全平等自由的。“每个人都是自愿地出让财产。”这其实“就是说实质上是以契约为媒介，通过互相转让而互相占有。这里边已有人的法律因素以及其中包含的自由因素。”当商品经济、市场经济与社会主义制度联结在一起时，市场主体之间的平等互利关系便更具有了现实性。

经济关系是一切社会关系的基础，并决定其他社会关系。经济关系的平等自由必然要求政治、文化和社会生活的自由平等。经济活动领域中确立的一个人的自由平等是另一个人自由平等的前提，必然会在其他社会活动领域，尤其是在社会政治生活中确立起来，并成为社会主义社会的一种常态。

三、“以人为本”的“第一主体”

当代中国，按照科学发展观的要求，每个社会主体都应该成为“以人为本”的主体，每个社会成员都要把一切人作为目的、作为主体来对待，每个人的全面自由发展都要成为促进一切人自由全面发展的条件；但是，科学发展观作为党的指导思想，以人为本作为执政理念、社会治理和建设原则，最应该坚持、实践以人为本的主体是执政党、由执政党

① 《马克思恩格斯全集》第46卷（上册），人民出版社1979年版，第197—198页。

组成的政府——国家统治者和社会管理者。这样，执政党、政府、社会管理者，是我国当前以人为本的“第一主体”。

以人为本的思想是我们党作为执政、治国的理念而提出来的。坚持以人为本、实施以人为本、做到以人为本的首要的主体无疑是作为执政党的中国共产党。共产党作为社会主义国家的领导者，作为中国特色社会主义事业的领导核心，作为国家政权的执掌者，不能仅仅是以人为本思想的提出者，而且更应是以人为本的执行者、实施者。

政府拥有人民赋予的公共权力，掌握和控制着大量的社会公共资源，作为国家事务和社会事务的决策者、管理者和推动者，在社会生活中具有举足轻重的地位，在经济社会发展的进程中担负着无可替代的重要职责，对社会的稳定和人民生活的幸福安宁起着其他任何组织都无法比拟的决定性影响。目前，我国经济社会发展处于关键时期、社会改革处于攻坚阶段，各种矛盾和问题集中出现，面临的机遇前所未有，面对的挑战也前所未有，政府的作用和影响表现得更为明显、更加突出。无论是推动我国社会主义市场经济、民主政治和先进文化的发展，还是构建社会主义和谐社会，推进人的全面发展，政府都具有至关重要的作用和影响。因此，我国政府在国家和社会生活中的特殊地位、作用和影响，决定了它必然是贯彻落实以人为本的首要的、最主要的主体。

马克思主义认为，国家、政府是社会矛盾不可调和的产物，是阶级矛盾和阶级斗争发展到一定阶段的必然结果。恩格斯指出：“国家并不是从来就有的。……在经济发展到一定阶段而必然使社会分裂为阶级时，国家就因为这种分裂而成为必要了。”“国家决不是从外部强加于社会的一种力量。国家也不是黑格尔所断言的是‘伦理观念的事实’，‘理性的形象和现实’。确切说，国家是社会在一定发展阶段的产物；国家是承认：这个社会陷入了不可解决的自我矛盾，分裂为不可调和的对立面而又无力摆脱这些对立面。而为了使这些对立面、这些经济利益相互冲突的阶级，不致在无谓的斗争中把自己和对方消灭，就需要一种表面上凌驾于社会之上的力量，这种力量应当缓和冲突，把冲突保持在‘秩序’的范围以内；这种从社会中产生但又自居于社会之上并且日益同社会相异化的力量，就是国家。”① 可见，国家除了在本质上的阶级性、斗争性之外，同时还具有社会性、同一性和利益的协调性。

资产阶级启蒙思想家洛克、卢梭等人提出社会契约论来说明国家、政府的起源及其职能。他们认为随着社会生产力的发展，社会出现了不同的利益主体并不断发生分化，各利益共同体内部及其共同体之间为了避免因财产等引发的冲突而产生的无休无止的争斗，以最少成本换取最大利益，人们便制订契约，把自身的一部分利益和权利（财产仲裁权）让渡出来。国家、政府是这一契约的产物，同意让渡权利的契约者为被统治者，接受契约的权利代理者为统治者。根据契约论，权利让渡则形成公共权力，公共权力由全体社会成员选举少数代表组成的国家政府掌握并实施，旨在维护社会组织和社会全体成员的利益。社会契约论虽然未能揭示国家、政府的阶级性，但它同马克思主义的国家学说一样，认为国家、政府的权力是来自于人民的授予，政府的权力之所以是合法的，根本在于它源自于人民的授权和委托。可见，政府行使权力的依据必然是全体人民的意志和整体利益。尽管随着社会生活的发展，国家、政府日益凌驾于社会之上，在本质上是“最强大的、在经济上占统治地位的阶级”的组织，是“镇压和剥削被压迫阶级的新手段”，② 但是，我们不能因为其阶级性而否认其社会公共性，即否认它也是为公民和社会共同利益而担当责任与义务的一种机构、一种组织。

马克思主义认为，国家具有对内和对外两种基本职能。对外职能包括政治统治职能、经济职能、社会协调与管理职能。政治职能是首要的，但不是根本的，根本的职能是经济和协调，即服务。可以说，政治统治职能不过是服务职能的派生物。马克思认为，市民社会是国家的基础。经济是社会的基础，任何庞大的上层建筑必须建立在稳固的社会经济基础之上。国家政府为了维护其阶级利益，不仅要强化国家暴力机关的专政，而且更要组织和发展生产，促进经济发展。恩格斯指出：“社会产生它不可缺少的某些共同职能。被指定执行这种职能的人，形成社会内部分工的一个新部门。这样，他们也获得了同授权给他们的人相对

① 《马克思恩格斯选集》第 4 卷，人民出版社 1995 年版，第 171 页、170 页。

② 《马克思恩格斯选集》第 4 卷，人民出版社 1995 年版，第 172 页。

立的特殊利益，他们同这些人相对立而独立起来，于是就出现了国家。然后便出现了像在商品贸易中和后来在货币贸易中发生的那种情形：新的独立的力量总的说来固然应当尾随生产的运动，然而由于它本来具有的、即它一经产生便向前发展了的相对独立性，又反过来对生产的条件和过程产生反作用。这是两种不相等的力量的相互作用：一方面是经济运动，另一方面是追求尽可能多的独立性并且一经产生也就有了自己的运动的新的政治权力。总的说来，经济运动会为自己开辟道路，但是他必定要经受他自己所确立的并且具有相对独立性的政治运动的反作用，即国家权力的以及和它同时产生的反对派的反作用。”① 马克思在谈到古代东方国家问题时说：“在亚洲，从远古的时候起一般说来就只有三个政府部门：财政部门，或者说，对内进行掠夺的部门；战争部门，或者说，对外进行掠夺的部门；最后是公共工程部门。气候和土地条件，……使利用水渠和水利工程的人工灌溉设施成了东方农业的基础。”同时，“在东方，由于文明程度太低，幅员太广，不能产生自愿的联合，因而需要中央集权的政府进行干预。所以亚洲的一切政府都不能不执行一种经济职能，即举办公共工程的职能。”② 毫无疑问，国家政府不得不承担举办“公共工程”的职能，其根本目的在于维持统治阶级的政治统治，但是，我们也不能否认，政府兴办公共工程，也客观地给人民带来切实的利益，造福了国民。一般地讲，国家担负维护社会秩序、调解社会矛盾、促进社会协调发展的任务，在很大程度上要以“超阶级的角色”充当社会矛盾的公正“仲裁者”，同时，还要发展文化教育、卫生保健、社会福利等公共事业。现代国家，在本质上依然是阶级统治的工具，但其经济职能、社会协调和管理职能大大加强，通过各种各样的宏观经济政策，大力发展经济、提高人们的生活、社会福利水准和社会保障水平、改善劳资关系等。如果一个国家、一个政府为维护统治而不能较好地履行服务职能，那么，它必然就会很快政亡人息、自取灭亡，就必定会陷入中国传统社会封建王朝“兴也勃兮、亡也忽兮”的“周期率”。社会主义国家的本质决定政府的主要职能是发展经济和提高社会

① 《马克思恩格斯选集》第4卷，人民出版社1995年版，第700—701页。

② 《马克思恩格斯选集》第1卷，人民出版社1995年版，第762页。

服务水平，其出发点和最终的落脚点是维护国家的安宁、切实保障全体人民的根本利益、提高生活水平，促进人民体力、智力的自由全面发展。尽管国家、政府的专政职能还不能弱化，但它也必须是为实现政府的经济和服务职能而进行的。

经济和社会协调职能是我国政府的主要内容。政府作为社会经济活动的管理者、国有资产的代理者和间接所有者、公共权力的行使者，在国家经济生活中具有特殊地位，在建立和完善社会主义市场经济体制、转变经济发展方式、实现科学发展和增进人民群众日益增长的物质生活需求等方面具有决定性的作用。但是，我国政府依然存在政企不分、政资不分、政府和企业的行政关系和资产关系不规范等问题，依然存在各种垄断和地方封锁等难以打破的堡垒，行政干预过宽、过多、过细的问题依然没有解决好，该管的没管着或不到位、不该管的不放手，政府对经济生活、社会公共领域的管理方式、手段还不适应市场经济发展和社会发展的要求，……政府职能转变和行政管理体制改革的不到位，制约了我国社会主义市场经济体制的真正确立和完善，影响了我国经济发展方式的根本性转变和经济效益的提高，进而影响我国经济发展的质量和人民经济生活的水平。经济利益是人的根本利益之一，对人的存在和发展具有基础性的作用。我国政治体制改革滞后于经济体制改革、政府职能转变与经济社会发展不相适应、政府行政管理体制改革举步维艰，其根本原因是：政府在很大程度上还没有彻底摆脱作为国家“统治者”和社会“管理者”的传统定位，还没有全面深刻理解现代民主政治的本质，还未能彻底从政府的人民本质和服务特征来把握政府的职能，还没有完全自觉地把自己作为为人民谋利益的组织，相反还在一定程度上在与民争利。一句话，就是没有真正贯彻科学发展观的要求，没有把执政理念、执政方式、执政目的完全转到“以人为本”上来。因此，要改变这种局面，还人民政府以本来面目，回归政府的人民本质，我国政府就必须把自己看作是“以人为本”的组织机构，把自己建设成为一个“以人为本”、真正为人民大众谋福利的行为主体——廉洁、高效的服务型政府。

国家职能是政府通过掌握并使用人民让渡和授予的权力而施行并发挥效力的。没有权力，政府便寸步难行。一般而言，权力可分为私权力和公共权力。公共权力起源于维护社会公共利益和社会公共生活的需要。在本质上，公共权力是人民意志的体现，是社会公共意志的体现。政府掌握和运用的权力就是所谓的行政权力。行政权力是一种公共权力。正因如此，政府行政其实就是行使人民让渡的权力。因此，执政党、执政者、施政者在运用公权力时，必须体现人民的意志，必须视人民的福利高于一切，必须把人民的利益放在第一位，把促进人民的全面自由发展作为最高的价值目标，也就是，必须坚持以人为本，以最广大人民群众的根本利益为本。

众所周知，权力，是运用权利的力量。而权力，在本质上是利益、是资源。执掌国家权力，尤其是国家最高权力，其实就是掌握国家的资源、拥有国家的最高利益。执政者——国家政府及其工作人员，就是国家资源和国家利益的直接使用者。因此，谁掌握权力，谁就是国家、社会资源的所有者和使用者。君主专制国家，君主一人掌握国家最高权力，也就意味着君王一人掌握国家的资源；也正因为君王拥有国家的资源，他（她）才能拥有至高无上的权力。民主制国家，人民是国家权力的所有者，人民执掌国家最高权力，这就意味着人民掌握社会资源，是国家资源的直接拥有者、所有者，是国家利益的直接享有者。但是在实际的权力运行和使用中，人民是直接或间接地选举自己的代表组成权力的实体机构，代表他们行使权力，也就是说人民把自己手中的资源让渡给自己的代表使用，以获取更大的利益。这样国家的资源比任何社会主体（个体）的资源都要多得多，掌握和使用国家权力的人其实就拥有了比任何社会个体要强大得多的力量。这样，拥有权力者、使用权力者相对于手中没有掌握权力的社会主体便具有明显的优势，处于强势地位。同时，国家一诞生，便拥有了强制力量——军队、法庭等。如果执政者、公共权力施行者不能正确地行使手中权力，就必然会出现暴政，无权者或权力让渡者——人民群众，就必然会成为权力代理者或权力使用者手中的“鱼肉”，必然会成为被蹂躏的对象，成为受害者。阶级对立的社会，剥削阶级的国家，就是如此。社会主义制度，无产阶级的国家，人民是社会、国家的主人，是权力的执掌者，是社会资源、社会财富的所有者；执政者、国家政府机关的行政人员所使用的国家权力是由人民赋予的。这种权力执掌者和权力行使者之间的关系决定了执政者必须“以人为本”。国家的一切路线方针政策措施必须把人民的利益放在首位、必须以为人民群众谋取最大福利为最高的价值取向。

我国宪法规定：“中华人民共和国的一切权力属于人民。”这一条文明确了我国政府权力的来源和性质。政府的权力是人民授予的。但是人民行使管理国家和社会事务的权力主要是通过直接和间接两种方式进行的。直接的方式就是全体人民依据一定法律程序选举产生自己的代表——人民代表，由人民代表组成各级人民代表大会直接参与国家、地方法律的制定、选举国家和各级政府的领导人组成政府，以及参政议政等。间接的方式就是由人民代表大会把管理国家和社会事务的行政权力授予政府和国家公务人员，再由政府和公务人员直接行使行政权力，管理国家和社会。因此，人民和政府之间是一种委托关系，行政权力也是委托治理权。这种委托关系十分清楚地说明：人民是国家和社会的主人，而政府与公务人员是为人民服务的“公仆”，“公仆”必须执行“主人”的意志，必须实现人民群众的利益。在我国，由于“公仆”属于“人民”范畴、是人民的一部分，政府及其工作人员行使政治权力实际上是“人民”中的一部分人行使全体人民委托而给予的权力。这在理论上使权力的所有者和权力的使用者具有内生性和统一性，也使政府及其公务人员行使行政权力与坚持“以人为本”具有一致性。但是，在现实实践中，由于权力的本性和权力运行的特点、以及权力监督的漏洞等原因，权力的最终所有者和权力的使用者并不必然地具有直接统一性，有时甚至发生对立和冲突，进而使行政权力不是在为人们谋福利，而是为权力使用者自身谋私利。权力所有者和使用者之间的内在矛盾和现实冲突决定了政府及其工作人员不容易正当地使用手中的权力，从而违背人民的公共意志、危害了人民的根本利益。也正因如此，为了使权力不偏离权力所有者的意志和利益，把权力的行使控制在人民的公共意志之中，使权力真正体现人民的公共意志和增进每个人的最大福利，政府及其公务人员最应该、也最有必要且必须坚持以人为本。

我国的国体决定了人民群众是国家的统治者，我国是绝大多数人统治极少数人。在当今，人民群众几乎包括了我国全体社会成员。因此，政府行政权力在社会治理中所应体现的社会公共意志其实就是中国人民的意志，所维护和实现的就是“中国最广大人民群众的根本利益”。我国是人民当家作主的社会主义国家，政府是人民的政府。既然政府的权力是人民授予的，政府就必须是一个以人为本、服务于人民的服务型政府，切实保障人民群众的国家主人地位，尊重人民的主体地位，全心全意为人民服务。党和政府必须倾听人民群众的心声、了解人民群众的意愿、体察人民群众的疾苦，党和政府的一切施政方针、政策、措施和行为都必须以人民答应不答应、人民高兴不高兴、人民满意不满意为出发点，始终代表最广大人民群众的根本利益，必须采取一切措施激发社会活力、尊重人民群众首创精神、调动他们的积极性、发挥他们的聪明才智。

社会治理是现代政府主要职责之一。传统公共行政模式产生于19世纪的政府改革运动，其标志是以功绩为基础的任命制度和文官制度的兴起。传统行政模式有如下价值取向：第一，公共事务治理为政府所垄断。政府在公共事务管理和处理方面拥有强制性和排他性的权力。第二，公共性的缺失。政府在结构和运行机制等方面的缺陷必然导致对公共事务治理的效果、公共需求的实际满足以及公共行政的环境影响的忽视，结果便出现了为众人所诟病的“有行政而无公共”的特征。20世纪70年代以来的社会新情况和新特点、特别是信息技术的飞速发展对传统行政模式提出了挑战。例如，人们自主意识普遍提高，政治要求不断增强；人们对因政府的经济干预造成的社会资源配置效率低下日渐不满，对因高福利政策带来的社会负担日渐加重难以忍受；犯罪率增高、信仰危机等社会问题层出不穷，而政府对此几乎是束手无策，人们要求政府改变职能、调整政府的行为方式。于是，20世纪90年代以来，西方兴起了“社会治理”理论。社会治理理论的主要创始人之一J. N. Rosenau在《没有政府统治的治理》和《21世纪的治理》等著作中认为，与统治不同，治理是指一种由共同的目标支持的活动，这些活动主体未必是政府，也无需单独依靠政府的强制力予以实施。

治理代表了一种新的公共管理模式，具有以下特点：第一，治理的目的是有效地实现公共利益，而不是进行统治；第二，治理的主体是以政府为核心的、同时包括其他各类公共机构和私人机构；第三，治理的公共责任是多元的、分散的；第四，治理公共事务的制度具有多样性；

第五，对公共事务的处理要求民主化。[1] 治理理论认为，在社会治理体系中，治理的社会主体和客体是不断交换位置的，治理者同时也是被治理者，被治理者同时也是治理活动的积极参与者。这样，每个人都是服务者，每个人同时也都是服务的接受者。社会治理理论一经提出便受到了各方关注，并越来越成为成功的实践。因此，我国政府应该适应历史发展的趋势，深化政治体制改革，不断改变自我服务的方式，真正成为廉洁、高效、民主、法制、以人为本的服务型政府。

党的十七大报告指出：“政治体制改革作为我国全面改革的重要组成部分，必须随着经济社会发展而不断深化，与人民政治参与积极性不断提高相适应。”[2] 报告充分肯定了我国经济社会的发展和人民政治参与的积极性不断提高对政治体制改革提出的新要求，并首次把坚持和完善基层群众自治制度与人民代表大会制度等基本政治制度并列提出，明确了我国政治体制改革的方向和主要着力点。报告还指出：要“发展基层民主，保障人民享有更多更切实的民主权利。人民依法直接行使民主权利，管理基层公共事务和公益事业，实行自我管理、自我服务、自我教育、自我监督，对干部实行民主监督，是人民当家作主最有效、最广泛的途径，必须作为发展社会主义民主政治的基础性工程重点推进。要健全基层党组织领导的充满活力的基层群众自治机制，扩大基层群众自治范围，完善民主管理制度，把城乡社区建设成为管理有序、服务完善、文明祥和的社会生活共同体”。要“全心全意依靠工人阶级，完善以职工代表大会为基本形式的企事业单位民主管理制度，推进厂务公开，支持职工参与管理，维护职工合法权益。深化乡镇机构改革，加强基层政权建设，完善政务公开、村务公开等制度，实现政府行政管理与基层群众自治有效衔接和良性互动。发挥社会组织在扩大群众参与、反映群众诉求方面的积极作用，增强社会自治功能”。[3] 因此，从社会治理理论与实践，以及我国政治体制改革的要求看，执政为民、以人为本是执政党

---

① 参见吴俊杰、张红等：《中国构建和谐社会报告》，中国发展出版社 2005 年版，第 240 页。

② 《十七大报告辅导读本》，人民出版社 2007 年版，第 27 页。

③ 《十七大报告辅导读本》，人民出版社 2007 年版，第 29—30 页。

和政府的基本要求。执政党和政府必须成为自觉坚持以人为本的积极推动者和实际实践者。

把执政党和政府作为“以人为本”最重要的主体，是清除传统“官本位”的深刻影响、建立现代“主人”和“公仆”关系、实现国家权力和公民权利良性互动的现实需要。

我国是一个具有深厚“权力本位”、“官本位”思想和制度构架的国家，自古到今，政府工作人员被叫做“官员”，或是老百姓的“父母官”。在封建时代，国家不是人民的国家，而是君王、皇帝的国家，“朕即国家”就是最典型的表述。国家权力不是人赋予的，而是“神”恩赐给君王的，即“君权神授”。政府权力不是为人民服务，而是为君王服务。由于公权力的私有化，使得谁拥有权力则意味着谁就拥有把公共资源变为私有财产的便利，谁就能获得最大化的利益。因此，权力则成了最高社会价值，整个社会从上到下把追逐权力作为首要价值，社会的轴心是权力，一切围绕权力而转移。读书学习的目的不是研究大自然的规律、解释大自然的奥秘，而是追逐权力，“学而优则仕”之谓是也；当兵打仗的目的不是保家卫国，而是忠君之下的增俸禄、加爵位；当权不是旨在为百姓服务、当好人民的公仆，而是要成为高高在民之上的“官老爷”，成为呼风唤雨、鱼肉百姓的“硕鼠”；老百姓是无知者，当政者是万能者，老百姓是仆人，为官者是主人，为官者一定要作民之主人，为民做主，而不是人民当家作主，如果为官不能为民做主，则不能成为好官，即所谓“当官不为民做主，不如回家卖红薯”；……直到今天，我国社会还遗留着深厚的“官老爷”情结，是官就要高人一等的文化因子还在弥漫，有权好办事、无权办事难的风气仍在社会中遗存。为什么我国“官本位”、“权力本位”的意识和风气还一直存在呢？“民”与“官”的角色错位、主人和公仆关系的颠倒，不能不说是一个重要原因。

马克思早就说过，在推翻资本主义制度的未来社会里，执政者不是官老爷，而是人民公仆。毛泽东、刘少奇也多次说，共产党人不是当官做老爷，而是为人民群众办实事的公仆。邓小平多次强调“领导就是服务”。为谁服务？就是为人民群众服务。江泽民提出“三个代表”，核心就是要始终代表中国最广大人民群众的根本利益，就是“立党为公，执政为民”。胡锦涛反复强调：“权为民所有、利为民所谋、情为民所系”，并把“以人为本”作为治国思想、执政理念。这些论述十分清楚地说明，执政者的权力是人民赋予的，执政者是人民的公仆。公仆必须把人民当主人，真正让人民当家作主。政府及其工作人员必须摆正公仆的位置，处理好公仆和主人的关系，全心全意为人民服务，为社会的主人——人民，做好事、办实事、解难事，真正成为“以人为本”的模范实践者。

概而言之，科学发展观的“以人为本”的主体是社会中的每一个成员，也是人民群众，因为我国作为民主共和制国家，人人平等，人人都是以人为本的主体，人人也都是作为“本”的人。由于执政党、政府推行什么样的执政理念、治理观念以及社会发展观，对于我们这个有十几亿人口的处于社会主义初级阶段的大国的发展是至关重要的。因此，执政党、政府是“以人为本”的发展观的核心主体，是最重要的主体，是“第一主体”。同时，由于执政党制定和政府推行的一切路线方针政策措施要真正得以贯彻落实，不仅要求这些路线方针政策必须符合民意，必须是对当前最广大人民的需要和利益的反映，是人民公共意志的体现，而且要被每个社会成员正确认识和理解，并且在现实生活中切实执行。因此，社会中的其他成员也都是“以人为本”的主体。总之，只有执政党、政府及其工作人员和最广大的人民群众、乃至所有社会成员都能真正成为“以人为本”的主体，“以人为本”的科学发展才能够实现，中国特色社会主义的伟大事业、社会主义和谐社会的目标才能够顺利实现，以人为本的高级形态、以人的自由而全面发展为原则的社会形式才会顺利推进，并最终成为现实。

第五章

为何要“以人为本”

为什么要“以人为本”这个问题，似乎是不证自明的。在这个世界，难道人不是最宝贵的吗？难道还有什么生物比人更尊贵吗？难道不是人最值得尊重和保护吗？人的社会不以“人”为本，还能以什么为本呢？以人为本，天经地义，似乎是一个不值得、也无需进行讨论的命题。然而，事实并非如此的简单和直白。众所周知，在人类社会的长河中，在相当长的时间内，人并没有被认为是世界上最高的价值实体，也并没有被认为是社会的主体，是最值得尊重和保护的。尽管有许多思想家为此做出了重大的努力，但是，无论过去还是现在，依然有许多人，特别是社会管理者、国家统治者并没有明白这个简朴而深刻的重要道理。因此之故，在人类社会发展的历史长河中，人类并没有把它付诸实践，人——大多数人并没有成为社会的主人，并没有享有作为人应有的尊严、实现人的价值，更没有机会和条件实现自我。即使在我国深入学习实践科学发展观、大力提倡以人为本的今天，我们依然还有人不能明白这个简明而伟大的道理，更难以在实践中坚持、践行以人为本。所以，我们还有必要对“为什么要以人为本”这个问题作简要的论证和阐述。

一、人是世界最高的价值实体

人和世界的关系问题是哲学和其他社会理论的第一个理论前提。“人生在世”，用海德格尔的话来说，就是人“在世界之中存在”。于是，人必然就会思考自身与自身之外同时又包容自身的世界之间的关系。人自身在这个世界之中究竟处于怎样的位置？具体而言，人的生存和发展是否高于或优于其他生命的生存和发展？这个问题是哲学以及其他关于人的理论必须回答的。对这个问题的不同回答，必然会影响人与世界关系的处理，也必然影响对待人和人之外的世界的态度以及行为指向。

（一）人是地球上最高级的智慧生命

茫茫宇宙，是否具有与我们人类一样的智慧生命？毫无疑问，我们既不能否认，也根本不能确认。我们可以想象地球之外存在高级文明，存在类似于或高于人类的智慧生命。随着科学技术的发展，人类也猜想或发现了有利于生命存在和发展的星球。现在的人类越来越相信地球之外有文明，宇宙存在着与人相类似、甚至比人类更高级的理性存在物——智慧生物。尽管如此，迄今为止，人类还没有真正发现智慧生命的存在。因此，在人类的眼界里，人依然是这个世界唯一理性的、能够认识世界和创造世界的生命存在；人依然是地球上最高级的生命实体。

地球上存在着亿万种不同的生命，有智慧的生命也成千上万。不同的生命有各自不同的优长以及作用于世界的方式，也对世界产生不同的影响。但是，在所有的生物体或智慧生命中，“人是地球上唯一有理智、有思维、有技艺、能够自主地、能动地、创造性地从事实践的和观念的对象性活动的存在物”。①

① 夏甄陶：《人是什么》，商务印书馆2002年版，第11页。

人类之所以具有这种高级理智、思维、技艺和实践创造的“唯一性”，从物质构成上看，就在于人有一个其他任何生物都无法比拟的人脑。现代科学证明，人脑是意识、思维赖以存在的物质载体。没有人脑这个特殊的物质，人类根本不可能超出其他生命，尤其是高级动物。现代科学发现，人脑是一个高度完善、高度发达的特殊物质，是一个结构复杂、组织严密的物质系统。人脑的质量及其与人的体重之比，是反映人脑结构特殊性的一个重要指标。人脑的复杂结构与人脑的重量直接相关。科学发现，人脑由大脑、间脑、中脑、脑桥、延髓、小脑等部分组成，各部分之间的联系十分复杂。人脑的重量一般在1500克上下，与人的体重之比为1∶50。而一般动物的脑重量，都没有超过人脑的，且与体重之比也较低。例如，与人类基因发展离得最近的大猩猩脑重为540克左右，约为体重的五百分之一；黑猩猩的脑重约为400克，占体重的一百五十分之一上下。在动物世界中，也有一些庞然大物的脑重超过了人脑，如鲸鱼的脑重高达9000克，大象的脑重为6000克，但它们与体重之比却远远低于人类，鲸鱼的脑重与体重之比为1∶10000，大象则为1∶1000。由于人脑及其与体重之比要远远高于动物，人的意识和智力水平也远远要高于其他生物。

人脑和其他动物的脑不仅在量上有重大区别，在质上也有根本的不同。人脑的内部结构与其他动物的脑相比较而言更加复杂、完善和精细。人的大脑特别发达，是人的智力的策源地。大脑分为左右两个半球，覆盖着凸凹褶皱的表面皮层。大脑皮层这个褶皱不平、形成弥补的沟纹，使人脑皮层的表面积大大增加。据科学分析预测，人的大脑皮层约有一千亿个神经细胞。神经细胞是组成神经元的主要部分。人脑就是由大量神经元组成的极其复杂的神经网络系统。由于人的大脑皮层是支配一切感觉和意识活动的总中枢和中心。人脑的神经网络系统就是人进行复杂分析、综合、抽象和概括的物质基础。然而，人脑的这种结构是其他动物所不具备的。

正因为人拥有一个其他生命所不具备的特殊物质——发达的人脑，而这个特殊的高度发达的物质具有其他物质所不曾具有的对外界事物的反映能力。这样，当人脑与外界事物发生作用，就会产生意识。意识，作为人所特有的反映特性，尽管与其他物质形态所具有的反映特性具有某种近似，但人的意识对客观事物的反映，可以不受时间空间的严格限制，既可以感知当前的事物，也可以联想过去的事情，还可以想象未来的情景，使意识具有超时空性。意识的超前性，直接规定着人类实践的超前性。同时，意识对事物的反映，不仅能够感知事物的外在特征，而且能够把握事物的内部联系，使人能够在观念上把握事物的本质，并在此基础上进行创造性思维，为人类实践提供思想蓝图和观念模型。正如马克思所说：“蜘蛛的活动与织工的活动相似，蜜蜂建筑蜂房的本领使人间的许多建筑师感到惭愧。但是，最蹩脚的建筑师从一开始就比最灵巧的蜜蜂高明的地方，是他在用蜂蜡建筑蜂房以前，已经在自己的头脑中把它建成了。”① 在人类产生和发展的历史长河中，人的反映能力及其成果的不断增长和积累，人便具有了其他生命所不曾拥有的意识能力或从事精神活动的能力，拥有了其他生命难以企及的理性和智慧。

不仅如此，意识还具有对实践的指导作用，具有能动性。意识的能动作用，可以归为两个方面：一是指导实践对客观对象进行改造，二是对主体的能动的调控作用，其中意识经过实践对世界的改造作用是意识能动性最集中的表现。由于意识的能动作用，人的实践活动也具有自觉的能动性，实践便成为了人类有意识、有目的的活动。人具有理性思维和智慧，所从事的是不同于动物本能活动的能动地改造客观世界的活动。由此，人类不仅懂得按照事物的本来面目和内在规律从事生产，而且能够按照符合自身本性、即人的内在尺度、改变事物的“自然”形态，促使自然物向人的需要的方向变化，使自然界具有“人化”的性质，从而创造出一个自然界无法主动生成的“属人世界”。由此而来，人自然成为了我们这个世界的佼佼者，成为了这个世界最高级的生命，成为了这个世界的主人。正如夏甄陶教授所言，正是人这种具有意识的理性动物，“在地球这个现实的自然舞台上，通过自己连续不断的实践的和观念的活动，用不同的方式掌握世界并不断使之变成自己存在的一部分，建立起了丰富多彩的社会的物质的和精神的文化生活，创造了光辉灿烂的人类文明，在地球上到处布满了人类文明的花朵与果实。人类居住的地区成了茫茫宇宙中的一个我们能够现实地感受到的‘人化’了

① 《马克思恩格斯全集》第23卷，人民出版社1972年版，第202页。

的星球，一个名符其实的人的世界；而人本身也因此获得了愈来愈丰富、愈来愈普遍、愈来愈全面的规定性”。① 人类社会发展的历史，尤其是近代以来的历史，确证了人的的确确是这个世界上最高级的智慧生命，是这个世界的意义之所在、根本之所在。

（二）人的世界就是人本身

托马斯·阿奎那在论证上帝的存在时曾经说道：“一切事物，它们的良好、真实、尊贵等，有的具有的较多，有的具有较少。其多少的标准，是指不同的事物，按它以不同的方式和最高点近似的程度来决定。又如某一事物被称为比较热，是按它必将更接近最热的东西来决定的。所以，世界是一定有一种最真实的东西，一种最高贵的东西，由此可以推论，一定有一种最完全的存在。这些在真理中最伟大的东西，在存在中也必定是最伟大的。”② 托马斯·阿奎那把这个原因认为是上帝。我们则把托马斯·阿奎那的“上帝”变换成为“人”。“人”就是人类世界的“上帝”，是“最伟大的”、“最高贵的”。

中国古代思想中关于天人关系的学说，按照张岱年先生的看法，总起来讲，可以汇归为两大类型，一类强调天与人的统一，另一类则强调天与人的分别。天人统一观影响较大，天人相分的思想，在中国却独放异彩。张世英先生认为：“中国天人合一的思想可分为以下几个类型：一是儒家的有道德意义的‘天’与人合一的思想，二是道家无道德意义的‘道’与人合一的思想。儒家的天人合一又分为两类：一是发端于孟子、大成于宋明道学（理学）的天人相通的思想；二是汉代董仲舒的天人相类的思想。天人相通的思想又可分为两派：一是以朱熹为代表的所谓人受命于天、‘与理为一’的思想；二是以王阳明为代表的‘人心即天理’的思想。天人合一实际上就是不分主体与客体、思维与存在，而把二者看成浑然一体。”③ 中国关于天人关系的学说虽可区分为不同的类

① 夏甄陶：《人是什么》，商务印书馆2002年版，第12页。

② 《西方哲学原著选读》（上卷），商务印书馆1981年版，第263页。

③ 张世英：《天人之际》，人民出版社1995年版，第14页。

型，但是这些不同类型的学说也有一些共同的基本观点：即多数思想家都肯定人是天地所生的，而人在天地之间有卓越的位置；人虽然是自然界的产物，但人在自然界中具有他物不可比拟的优越性。道家的代表著作《老子》以道、天、地、人为“四大”：“道大，天大，地大，人大。域中有四大，而人居其一焉。”人是“域中四大”之一，也肯定人与他物不同的卓越地位。《孝经》记述孔子的话说：“天地之性人为贵。”孟子肯定“人人有贵于己者”，即肯定人人有自己的固有的价值。荀子明确指出了人与他物的异同，从而论证人的价值。他说：“水火有气而无生，草木有生而无知，禽兽有知而无义，人有气有生有知亦且有义，故最为天下贵也。”这种肯定人在天地间的卓越和高贵地位的思想贯穿中国古代思想发展史，也影响古代中国人对人自身的重视和对人之生的眷恋与追求。

在西方哲学史上，智者普洛泰戈拉首先提出的“人是万物的尺度”的命题，既强调了人的主观能动性，也强调人在世界的中心地位。正如H. D. Rankin所说：“普洛泰戈拉所思考的是这样一个宇宙，在这个宇宙中，个体是衡量现实的唯一的有效的工具：他是他那直接而无可疑义的知觉的尺度和依据。”① 亚里士多德认为，一切生命实体都有灵魂。有生命的实体分为植物、动物和人三类，相应地，灵魂也分为植物灵魂、动物灵魂和人类灵魂。每类灵魂各自具有其特征和功能，人类灵魂除具有植物灵魂、动物灵魂的特征和功能外，还有理性思维的特殊功能，因此也被称之为理性灵魂。不难看出，亚里士多德的这种划分在逻辑上是以种和属的顺序分类的，在事实上却不是按照从低级到高级的顺序排列的。所以，他得出了“人是理性的动物”这个著名的命题。正因为人有理性，人才是智慧生命，才是具有巨大创造性的动物。由于人的理性和智慧，人才有了一种无与伦比的肢体——手，手是智慧的体现。人的手，其功能远远超出动物的爪子，手不是一种工具，而是多种工具，是工具的工具。人比其他动物优越正是在于人的器官的功能的不固定性，即灵活多样性。因此，人是优于其他生命的生命实体。斯多亚派坚持了人的理性传统，高扬人的智慧德性。

---

① 转引自赵敦华：《西方人学观念史》，北京出版社2005年版，第29页。

文艺复兴运动摆脱了中世纪的神学束缚，重新发现了古希腊哲学关于人是万物的尺度、人是理性动物的传统，重新发现和恢复了人的伟大和高贵。彼特拉克认为，在上帝的创造物中，人占据最高位置。“人是上帝创造的许许多多的奇妙东西中最奇妙的”。著名诗人和戏剧家莎士比亚用诗的语言赞扬人的高贵：“人是多么了不起的一件作品！理性是多么高贵，力量是多么无穷！仪表和举止是多么端庄、多么出色，论行动，多么像天使！论了解，多么像天神！宇宙的精华，万物的灵长！”① 被恩格斯称为“中世纪最后一位诗人，同时又是新时代的最初一位诗人”的但丁说：“人的高贵，就其许许多多的成果而言，超过了天使的高贵。”人的高贵不在于家族门第，而在于人的自由的天性、爱好和美德。他借用《圣经》的话说，上帝把管理被造物的荣誉和尊贵送给了人，使人具有其他被造物无法比拟的自由，使人享有人间和天堂的快乐。自由是上帝给人类最伟大的恩惠，自由的第一原则就是意志自由。庞波那齐认为：“人是万物中的上选。”“人是一个伟大的奇迹，因为他是整个世界，并且能变成每一种自然状态，因为他已被赋予追随无论如何为他所喜好的东西之性质的能力。”② 意大利文艺复兴时期著名的人道主义思想家皮科在《论人的尊严》中认为：“世界舞台上可见到的什么东西最值得惊奇?！再见不到什么东西比人更奇异。”使人成为一件伟大奇迹和一个奇异生物的特殊地位的，是因为人在宇宙间没有固定的地位。皮科说：“人是本性不定的生物。”上帝创造人时，没有给人以固定的住所，没有给人以自己独有的形式和特有的观念，为的是让人可以按照自己的意愿、按照自己的判断，取得人所渴望的住所、形式和功能。在西班牙人文主义思想家微微斯的笔下，人貌似天地，能够成为一切。人有高贵的头颅，这是神圣心灵的城堡和殿堂。五官的安排既是装饰，又有用处。眼睛成双，并由睫毛和眼帘所保护，可以看到一切。耳朵弯曲而轮廓分明，既好看又能接受来自各方的声音。这二者是灵魂的标尺，是人脸上最高贵的地方。人的装扮，是何等的漂亮，修长的四肢终止于指尖，十分好看，灵活有用。……所有这一切是如此的协调一致，

① 莎士比亚：《哈姆雷特》，人民文学出版社 1987 年版，第 63 页。

② 转引自王海明：《伦理学原理》，北京大学出版社 2005 年版，第 250 页。

任何一部分的改变或损益都会失去全部的和谐、美丽和效用。人具有多种本性，诸如生物性、兽性、理性和德性，但最重要的是人有理性和德性。他以赞美天神的语言赞美人，歌颂人有一个充满智慧、精明、知识和理性的心灵，人足智多谋，能够创造令上帝都惊奇的许多东西，特别是人能运用很少的几个字母形成繁杂的语言，用字母记载故事、创造诗歌、戏曲……这是其他动物所不能做到的。德国的人文主义者阿格里帕认为，人体的比例是万物的尺度，人体的构造是一个小宇宙。人体的直立姿势使人不像其他动物只能俯视地面、匍匐而行，人能够直视前方、仰望苍天，因而能够以精神世界为归宿。人文主义者“从人的神性、创造性、自由的意志和智慧，以及人与上帝相似的形象，得出了人类中心主义的结论：人就是尘世的神！”①

启蒙运动是人的理性的启蒙，也是人的理性的彰显。启蒙运动的思想家们高举理性的大旗，高扬人的理性。法国启蒙运动的旗手伏尔泰对人类理智大加赞扬，认为人类理性或理智是人类社会进步的最重要的动力和标志。德国启蒙思想家赫德尔认为，这个宇宙充满着内在的生命力，生命是宇宙发展和地质史的必然结晶，动物生命是植物生命的进一步发展，人类则是动物生命发展的崭新阶段。自然界处于发展的过程中，但却是一个统一的整体。高级生命形式包含着低级生命形式，生命的形式越高，它所包含的生命形式就越多。在人身上，自然界的多样性达到了最高程度，人则是自然界生命发展的顶峰。因此，人是物质世界中最崇高的存在。赫德尔同意思想界的传统认识：人的本性即是人的理性，理性是人与其他动物相区别的标志。但他不认为人的理性是人的自然本能。赫德尔认为，人类理性能力的发展恰恰是以人的本能所缺乏的力量为基础的，本能所缺乏的力量迫使人类发展理智以弥补其不足。他说：“人赤裸裸地来到世上，他是一种缺乏本能的动物。”可是，人却因此而得救。从本能而言，人着实缺少很多本能，远远没有动物强大，但人却有许多事情要做，人具有的综合能力使其超越所有的动物。人的“感觉和机体组织并不只在一个方面特别发达，在所有的方面他的感觉都起作用”。既然人没有多少本能可以依赖，人就必须克服这些不足而

① 赵敦华：《西方人学观念史》，北京出版社2005年版，第140页。

寻求新的出路，发掘新的力量。因为“他作为动物所具有的一切缺陷和需要，促使他以自身的全部力量证明自己是人”。赫德尔指出：“人初入世之时是最无知的生物，但他马上就开始接受自然的教化，而这在所有其他的动物都做不到。他不只是每天都在学习，而且是每一分钟都有收益，从每一个思想中获得启迪。人类心灵的本质特点就是：人绝不是为当前的一刻学习，而是把一切都与他已知的东西联系起来，或为将来的联系而贮存起来。换言之，人类心灵在不停地考虑它已积聚的东西和进一步要积聚的东西，它是一种永不歇止地进行着积聚的力量。这一过程伴随着人的一生，直至死亡。人似乎永远不是完整的人，他始终在发展、在进步、在完善。”①

康德是理性主义的集大成者。“人是什么”一直是康德十分关注的问题。康德认为，人是理性存在者，并以此作为出发点建立起他的批判哲学——人的学说。康德在前批评时期的著作《宇宙发展史概论》中提出了新的宇宙观和科学史上著名的“星云假说”。在康德的宇宙观中，人在宇宙占据着十分特殊的位置。他认为，宇宙到处充满着物质和精神，物质的力量是引力，精神的力量是理性。地球在太阳系中的位置决定了人拥有一定程度的理性，处于特殊的位置。康德认为，人是一种特殊的理性存在者，具有感性和理性。因为人具有二重性，人生活在双重世界之中。因而，人既是被决定的，又是自由的。在解决人是什么这一问题后，康德进一步通过对人的认识能力的批评性考察，不但揭示了人在认识过程中的主观能动性，而且把人置于为自然界立法的中心地位，确立了他的以人为中心的世界观。在《未来形而上学导论》中，康德明确指出：“自然界的最高法则必然在我们心中，即在我们的理智中。”②“在全部的被造物之中，人所愿欲的和他能够支配的一切东西都只能被用作手段；唯有人，以及与他一起，每个理性的存在者，都是目的本身。”③ 康德的“人是目的”的思想是对人的地位的高度概括，也是人道主义的时代精神的哲学总结。

---

① 赫德尔：《论语言的起源》，商务印书馆1998年版，第75页。

② 《西方哲学原著选读》（下卷），商务印书馆1982年版，第286页。

③ 康德：《实践理性批判》，商务印书馆1999年版，第95页。

马克思主义在继承传统人本主义思想的优点的基础上，从现实的人出发，克服了人本主义的理论缺陷，科学定位了人在世界的位置。马克思认为，那种被抽象地理解的、自为的、被确定为与人分隔开来的自然界，对人来说是“无”，“作为自然的自然界”是无意义的，或者“只有应该被扬弃的外在性的意义”。只有在人类历史中形成的自然界，才是真正的、人本学的自然界。因此，自然界并不是开天辟地以来就有的，人是自然界的奥秘所在，人按照自己的意志、价值、需要使自然人化，塑造属人的自然，自然是人化的自然。自然界的属人的本质只有对社会的人来说才是存在的。自人类产生以来，“一切都是属于‘人’的，因此，世界就变成了‘人的世界’”。① 所以，离开人的世界就没有意义，世界的意义是人所赋予的。因而，人的世界就是人本身，世界的意义就是人本身，只有人才是世界的意义和价值，才是世界的真正的根本。

从以上历代思想家们的论述看，既然人是这个世界的根本，是世界最高的价值主体，那么，与其他物体比较而言，人便具有绝对的尊贵和优先地位，人类的一切活动必须首先把人放在第一位和最高位置。既然人是这个世界的最高存在，那么，人类还有什么理由不把人作为根本、作为社会的最高目的呢？还有什么理由不以人为本呢？

二、人是社会历史的主体

人类社会不是世界的全部，而只是世界的一部分。人类历史不是世界历史的全部，而只是世界的一个过程、一个阶段。但世界自从有了人，有了人类历史，世界则日益变得丰富，不再孤单，历史变得有趣，不再乏味，根本原因在于人是社会生活的主体，是创造人类世界的主体。

① 《马克思恩格斯全集》第3卷，人民出版社1972年版，第332页。

(一) 人是社会之本

有了人才有了社会。从构成上看，人是构成社会的最基本、最主要的因素，社会是人的社会，没有人就没有社会。因此，人必然是社会之本，是社会中最重要的东西。这似乎是毋庸置疑、天经地义的。然而，在思想史上，人与社会的真正关系，在马克思以前并没有真正解答，在社会发展史中，社会主义社会建立以前，人、尤其是人民群众的社会之本的地位并没有真正确立。

中国古代的“民本”思想和西方的人本主义，虽然在很大程度上看到了人的价值和意义，高扬了人性，主张善待人、推崇人，促进人的价值的实现。但是，“民本”和人本主义的思想家们都是在人的实践和创造之外的社会来认识人的，所以，人在他们眼中是没有“人身”的对象，是抽象的人。同样，由于他们没有真正理解人，所以，也没有真正理解社会本身。这样，人不仅在社会之外，而且也在世界之外；社会不仅在人之外，而且在自然界之外。正如马克思在评价费尔巴哈的人本主义时所指出的：“费尔巴哈设定的是‘一般人’，而不是‘现实的历史的人’。”① 因此，尽管费尔巴哈比“纯粹的”唯物主义者有很大的优点：他承认人是“感性对象”；但是，“他把人只看作是‘感性对象’，而不是‘感性活动’，因为他在这里也仍然停留在理论的领域内，没有从人们的现有的社会联系，从那些使人们成为现在这种样子的周围生活条件来观察人们——这一点且不说，他从来就没有看到现实存在着的、活动的人，而是停留在抽象的‘人’，也就是说，除了爱与友情，而且是观念化的爱与友情以外，他不知道‘人与人之间’还有什么其他的‘人的关系’。……可见，他从来没有把感性世界理解为构成这一世界个人的全部活生生的感性活动”。② 正因如此，费尔巴哈也“没有看到，他周围的感性世界绝不是某种开天辟地以来就直接存在的、始终如一的东西，而是工业和社会的状况的产物，是历史的产物，是世世代代活动的结

① 《马克思恩格斯选集》第1卷，人民出版1995年版，第75页。

② 《马克思恩格斯选集》第1卷，人民出版社1995年版，第77—78页。

果，其中每一代都立足于前一代所达到的基础上，继续发展前一代的工业和交往，并随着需要的改变而改变它的社会制度”。①

马克思在承认自然界的先在性的前提下，把感性活动、实践引入现实世界，把世界确立为人的生活世界。从人的生活世界，即人的活动、实践本身来追寻人在世界中的地位，以及人与社会的关系。

人是物质世界的产物，是自然界长期发展的结果。但人还是劳动的产物，是人自我创造的结果。恩格斯在《自然辩证法》中指出：劳动是“一切人类生活的第一个基本条件，而且达到这样的程度，以致我们在某种意义上不得不说：劳动创造了人本身”。② 人的产生和社会的出现是同一个过程。人和人类历史是从劳动开始的。一方面，劳动把人同自然界分离出来，通过劳动不仅促使天然自然界发生着形态的改变，而且同时把人的目的性因素注入自然界的因果链条当中，使自然物按照“人类本性”的方向发生变化。虽然劳动不能使自然物的本性和规律发生改变，但却能够把人的尺度运用到物质对象上去，按照人的方式规范物质形态转换的方向和形式，改变自然物的自在存在形式，使自然界打上人的印记。另一方面，自然界的“人化”过程也是人和人类社会形成和发展的过程。人通过劳动作用于自然的同时，又形成、改变和创造着人的社会联系和社会关系。所以，劳动创造了人，也创造了社会。人和社会在劳动中产生、发展，也在劳动中实现与世界的统一。

社会是人的集合体。人是社会的人，社会是人的社会。没有人，就没有社会。不仅如此，社会本身也是人的活动的产物。马克思在《1844年经济学哲学手稿》中认为：“社会性质是整个运动的普遍性质；正像社会本身生产作为人的人一样，社会也是由人生产的。”③ 马克思、恩格斯进而认为：“人本身是自己的物质生产的基础，也是他进行的其它生产的基础。”④ 劳动不仅生产出人的生存和发展需要的物质生活资料，而且同时生产出人与人之间的生产关系——社会关系，亦即社会自身。劳

① 《马克思恩格斯选集》第1卷，人民出版社1995年版，第76页。

② 《马克思恩格斯选集》第4卷，人民出版社1995年版，第373—374页。

③ 《马克思恩格斯全集》第3卷，人民出版社2002年版，第301页。

④ 《马克思恩格斯全集》第3卷，人民出版社1975年版，第300页。

动的发展不仅需要人的关系的扩大，而且必然使人的“社会关系越来越广泛、越来越密切”。人不仅在劳动中形成诸如劳动资料的占有和使用关系、劳动分工和协作关系、劳动产品的分配和交换关系等生产关系，而且在此基础上建立起反映并赋予于特定生产关系的政治关系和思想关系，并围绕“生产关系、政治关系、思想关系”又派生出形形色色的其他社会关系，由此形成繁杂又统一的社会有机体。因此，恩格斯指出：“由于随着完全形成的人的出现而增添了新的因素——社会，这种发展一方面便获得了强有力的推动力，另一方面又获得了更加确定的方向。”① 社会随着人的产生而产生，也随着人的发展而发展。没有人的发展，就没有社会的变化和进步。从这个角度讲，社会的一切都是人及其劳动的结果。所以，马克思认为：“社会本身即处于社会关系中的人本身”，②“人就是人的世界，就是国家，社会”。③ 这样，正如有学者认为，马克思主义在人类思想史上就实现了历史性的颠覆：不仅对旧唯物主义的“人是自然界产物”的历史传统补充以“人化自然”和“人化世界”的崭新结论，而且在历史上第一次真正置人于“本”的地位，而且把对人的理解建立在崭新的实践基础上。因而，人是社会之本，人是社会之源。④

（二）人是社会历史的创造者

人的实践本性决定人不仅是社会存在的主体，而且是社会的创造者。人自己创造自己的历史。社会发展离不开人的活动，社会历史是人的创造活动的产物。“在社会历史领域内进行活动的，全是具有意识的、经过思虑或凭激情行动的、追求某种活动的人；任何事情的发生都不是没有自觉的意图，没有预期的目的的。”⑤ 人在活动中形成人与物、人与

① 《马克思恩格斯选集》第4卷，人民出版社1995年版，第378页。

② 《马克思恩格斯全集》第3卷，人民出版社1972年版，第52页。

③ 《马克思恩格斯选集》第1卷，人民出版社1995年版，第19页。

④ 参见张奎良：“‘以人为本’的哲学意义”，《哲学研究》2004年第5期。

⑤ 《马克思恩格斯选集》第4卷，人民出版社1995年版，第247页。

人之间的各种关系。人与物、人与人之间相互制约、相互作用、相互对立和冲突，形成无数的“力”，由无数的“力”构成的“总的合力”，使社会历史成为一个“自然过程”，构成人类活动的规律——社会发展的规律。社会发展规律是由物的发展规律和人的发展规律交合而成的统一体，是合规律性与合目的性的统一。

人不仅能够改变自然物质的存在形态，使之朝着人的方向变化成“人化自然”，而且能够创造靠自然力无法生成的“人造物”和文化成果，即创造人类社会。“在人类历史中即在人类社会形成过程中生成的自然界，是人的现实的自然界；因此，通过工业——尽管以异化的形式——形成的自然界，是真正的、人本学的自然界。”“自然界没有制造出任何机器，没有制造出机车、铁路、电报、走锭精纺机等等。它们是人类劳动的产物，是变成了人类意志驾驭自然的器官或者人类在自然界活动的器官的自然物质。它们是人类的手创造出来的人类头脑的器官；是物化的知识力量。”① “对社会主义的人来说，整个所谓世界历史不外是人通过人的劳动而诞生的过程，是自然界对人来说的生成过程，所以关于他通过自身而诞生、关于他的形成过程，它有直观的、无可辩驳的证明。”② 人类社会区别于自然的内在根据在于人的对象化活动的丰富性。动物的生产是片面的，而人的生产是全面的。人不仅进行物质生产、精神生产，而且还从事人自身的生产。人不仅改变自然世界，而且改变人类世界和人自身；人不仅创造物质财富，而且创造精神财富。正如马克思所说：“工业的历史和工业的已经生成的对象性的存在，是一本打开了的关于人的本质力量的书。”③ 人的本质力量，根本在于人是人类世界的创造者，是社会历史的创造者，是社会财富的创造者。

人是社会物质财富的创造者。人要生存和发展，就要有吃、喝、住、穿、用等物质生活资料来满足自身的需要。这是社会历史存在的一个前提。而自然界不会满足人，人决心改变世界。人不仅要从大自然中获得满足人类需要的物质生活资料，而且要通过自身的劳动改变自然界

---

① 《马克思恩格斯全集》第46卷（下册），人民出版社1980年版，第219页。

② 《马克思恩格斯全集》第3卷，人民出版社2002年版，第310页。

③ 《马克思恩格斯全集》第3卷，人民出版社2002年版，第306页。

的物质存在形态，创造自然界所不能自然而然生成的物质成果。人在与自然打交道的过程中形成和发展着社会生产力。根据唯物史观，社会生产力是社会发展的根本动力、决定性力量。生产力的水平既是社会财富富裕程度的标志，也是社会发展水平的重要标志。从生产力的实体性构成要素看，人是首要的、决定性的因素。人作为自然存在物，具有“人本身的自然力”，即具有与自然界相适应的自然力。因此，人可以直接与自然物进行物质、能量和信息交换，能够以一种现实的、感性的力量同作为活动对象的自然物产生这样或那样的关系，从而使自然物按照人的意志改变其存在形态。当然，人本身的自然力不同于其他自然存在物的自然力。人的自然力是在意识、精神支配下的物质力量，因而人不仅能够适应自然界，而且能够能动地改造自然界。这是人之所以成为生产力的首先的、灵活的、决定的因素的根本原因。人的自然力和物的自然力的相互作用、相互交换，既使自然物直接满足人的需要，又创造出日益丰裕的社会物质财富。

人是一切精神财富的创造者。人是精神性的社会存在物，是理性的存在物。德国著名哲学家卡西尔认为，把人定义为理性的动物并不正确，因为理性是一个很不充分的名称。人的正确定义应该是：人是“符号的动物”。因为，人与动物的根本不同之处在于：人不仅生活在一个单纯的物理宇宙中，而且生活在一个符号宇宙中。语言、神话、艺术和宗教等等无不是这个符号宇宙的各个部分……所有这些人化的形式无不是符号的形式。因此，“我们只有把人定义为符号的动物”，才能指明人的独特之处，才能真正理解向人开放而通向文化的新路。

卡西尔认为，符号文化使人从自然界分离出来，也同样使人与自然界紧密联系在一起。符号是人把握世界的重要方式，是人区别于动物的特有能力，符号的发展则体现着人类的文化发展。虽然动物也制造符号，但是，人的符号与动物的符号有本质的区别，动物的符号单纯是物理世界的一部分，而人的符号不仅是物理世界的一部分，而且是意义世界的一部分。因为符号由两部分组成：一是物理的、可感知的感性材料；二是不可感知的意指，二者的结合是感性和理性的统一。随着人类自身的进步，符号也从低级向高级发展，人类文化也不断由低级发展到高级。总之，只有把人与他们的符号生活联系起来，才能真正理解人所有的本性。由于人是符号的动物，人类所创造的文化则是符号文化。人类文化的各种形式，诸如语言、神话、艺术、科学等等无不是符号的不同形式。人生活在其中的文化世界，无不是人的符号世界。

人之所以创造精神财富，使人类世界具有无穷的、近似“鬼魅”的神奇，根本在于人的精神需要。人的需要，从起源上看，包括自然性需要与社会性需要。自然需要是人作为生命物质在长期进化过程中自然形成的需要，以本能的形式存在于人的肉体组织中。社会性需要是在生产劳动和社会生活中形成的、超出人的肉体组织需要之上的那些需要，诸如认知、道德、交往、情感、审美等等。自然性需要和社会性需要相互联系和作用。自然性需要是社会性需要的前提和基础，自然性需要也随着社会性需要的发展不断具有社会的形式，具有道德和审美的意义。从对象上看，人的需要包括物质需要和精神需要。物质需要是人最基本的需要，是人的其他一切需要的基础，也是这个社会存在和发展的最基本动力。精神需要是人的社会性需要，是认知、道德、情感、审美、信仰等方面的需要。人的精神需要虽然依赖于一定物质需要的满足，但具有相对独立性，随着人类社会的不断发展，这种独立性越来越强烈，对社会发展的推动力越来越强大。精神需要本身在人的社会生活中的地位越来越高、作用也越来越大。在社会物质财富能够满足人的基本物质生活需要时，人的精神需要便必然凸显，日益成为人们追求的重要、甚至是主要的生活目的。日益扩大和增长的精神需要便是人们创造精神财富的不竭动力。在这种强大精神动力的推动下，人的精神生产活动的地位日趋重要，范围不断扩大，生产能力迅速提高。于是，不仅社会精神财富增长的速度、数量和质量极大提高，而且物质财富的精神性因素也不断增多，物质产品越来越考虑人的精神需求的满足，所体现和蕴含的精神因素越来越多，物质财富日渐突出“精神化”。物质财富不仅仅只是满足人的物质需求的对象，而且是满足人的精神需要的对象，且这种作用越来越明显。当代社会对“名牌”产品的看重，对生活品味的痴迷，就是典型的表征。与此同时，精神产品的“物化”倾向也越来越明显。精神产品必须通过物质作为媒介，精神需要的满足也必定通过一定的精神产品才能实现。比如，认知需要的满足是要通过对文本，诸如书籍等媒介的阅读才能实现的。为了激发人的阅读欲望，除了在文本的内容下功夫外，还要在承载文本内容的媒介形式，如封面设计、装祯等方面做文章。这种物质产品“精神化”和精神产品“物质化”的发展趋势使得物质财富和精神财富的界限越来越淡化。这样，人类世界就变得日益符合人的主体需要的满足，日渐“人性化”，日渐有利于整个人的全面自由发展，日渐真正成为人的世界。

（三）生产方式是社会发展的决定性力量

人本身的生产和生活资料的生产是人类社会存在的两个基本要素。二者在人类历史上“同时并存”，构成人类社会存在和发展的基础。恩格斯认为：“根据唯物主义观点，历史地决定性因素，归根结蒂是直接生活的生产和再生产。但是，生产本身又有两种：一方面是生活资料即食物、衣服、住房以及为此所必需的工具的生产；另一方面是人类自身的生产，即种的蕃衍。一定历史时代和一定地区内的人们生活于其下的社会制度，受着这两种生产的制约：一方面受劳动发展的阶段的制约，另一方面受家庭的发展阶段的制约。”① 然而，尽管二者共同构成社会存在和发展的基础，但二者的作用是有区别的，对社会存在和发展起决定性作用的不是人本身的生产，而是人的物质资料的生产方式。物质资料的生产方式是社会发展的决定性力量。

物质资料的生产方式就是劳动者和劳动资料的结合方式，是人的物质实践的具体化。从生产的技术结构上看，生产方式具有自然性质，是人与自然之间的物质交换方式；从生产的社会结构形式来看，生产方式具有社会性质，是人与人之间的连结与活动的互换。作为生产力和生产关系的统一，“生产方式既表现为个人之间的关系，又表现为它们对无机自然界的一定的实际的关系，表现为一定的劳动方式”。② 生产方式是社会赖以存在的基础，它始终构成社会有机体的深层结构，决定着社会政治、经济、观念结构乃至整个社会结构及其性质，从而形成以生产方式为基础的社会有机体。社会有机体是通过生产方式对社会内部各种要

① 《马克思恩格斯选集》第4卷，人民出版社1995年版，第2页。

② 《马克思恩格斯全集》第46卷（上册），人民出版社1979年版，第495页。

素的规范来实现的，并随着生产方式的变化而不断改变社会的性质和形态。由此可知，有什么样的生产方式，就有什么样的社会性质、社会结构，整个社会历史的变化是随生产方式的变化而变化的。一种生产方式被另一种生产方式所代替就意味着一个新的社会形态的诞生。人类社会的发展，归根到底就是生产方式不断变更的历史。

生产的原动力和起点是人的生存和发展的需要。人为了满足生存和发展的需要，必然要进行生产劳动。劳动是社会及其一切人类活动的基础。而生产劳动又是在一定的形式中、并以一定的方式进行的。离开了一定的形式，人和物没有按照一定的方式结合在一起，生产便无法进行。可以说，任何生产必定是一定方式的生产，没有生产方式就不可能有生产；生产方式决定社会生产的性质和质量。不同的劳动方式，人与人、人与物的结合方式不同，生产的效率也不同，人在生产中的地位及其享有劳动成果的方式也不一样。所以，在一定意义上，生产方式就是人类社会本身。

从更根本的意义上看，物质资料的生产方式其实就是人自身的生产方式，是人的本质力量的显现方式，即人的实践力量的显现方式。实践是人的生存方式，全部社会生活的本质是实践的。实践是社会关系的发源地。社会及其关系，从根本上说，无非是静态的实践或者实践的静态显现。实践具有三种基本类型：创造物质生活资料的生产实践、创立和改造社会关系的实践、创造精神文化的实践，它们相互联结、相互制约、相互作用，构成了社会生活的基本领域，并对象化为社会的三大基本结构——社会的经济结构、政治结构和观念结构。社会的变革和发展主要是社会关系的变化以及社会结构的变迁。人们自己创造自己的历史，社会形态的变化不过是人的实践活动在时间和空间中的展开。人既是历史的“剧中人”，又是社会历史的“剧作者”。社会形态的变更、社会的发展不能产生于人的实践之外，只能形成于人的实践活动之中。物质资料的实践方式、生产方式构成了社会发展的基本力量和基本动力。人的实践活动、生产方式是社会发展的动力之源，决定着人类社会的发展。因此，人的实践的发展，亦即人的本质力量的发展和社会的发展是同一个过程。

三、办好中国的事情关键在人

从理论上讲，以人为本，是人类社会不言而喻的命题，也是社会发展必须坚持的原则。但是，理论和实践、理论和现实并不是那么容易得到统一的，而往往是脱节的。理论上明白的东西，在实践中不仅难以做到，而且还容易出错。人类社会发展到了今天，真正能够坚持以人为本的社会还没有完全形成。20 世纪社会主义实践的大部分时间里忘记了马克思主义以人为本的原则。社会的现实状况进一步迫使我们思考社会主义及其在中国的建设和发展，根本的力量在哪里？关键要靠什么？

解决当代中国的问题，发展是基础，因此，发展是硬道理；而中国的发展，关键在人、在人的发展。这是邓小平对当代中国发展问题的重要认识和杰出贡献。邓小平在总结改革开放 10 多年的历程基础上，郑重指出：“中国的事情能不能办好，社会主义和改革开放能不能坚持，经济能不能快一点发展起来，国家能不能长治久安，从一定意义说，关键在人。”①

科学发展观要求把中国发展的动力、发展的模式、发展的目的、发展的根本转到以人为本的科学发展上来，把以人为本作为中国特色社会主义建设的主要原则，在很大程度上是对邓小平“关键在人”思想的继承与发展。

（一）世界发展的经验：以人为中心的发展是潮流

不同的发展观有不同的发展道路和发展模式。西方社会在不同的发展理论指导下走过了一段曲折的道路。二战以来世界各国无一例外都把追求经济增长、消除物质匮乏或贫困状态作为自己最迫切的愿望。在资

① 《邓小平文选》第 3 卷，人民出版社 1993 年第 1 版，第 380 页。

本主义工业化发展的过程中，似乎只需要把蛋糕做大就可以解决一切贫困和社会问题，因此形成了20世纪50年代盛行的单纯追求经济增长的传统发展观。其公式就是“发展＝经济增长”。著名发展经济学家迈克尔·托达罗在全面总结传统发展经济学的基础上，把“发展”的含义概括为：“按照严格的经济定义，‘发展’一词习惯是指一国经济（其最初的经济状况在长时期内或多或少地是静止不变的）获得或保持GNP以每年大约5%—7%或者更高的速度增长的能力。”① 许多发展经济学家，就增长的途径提出了种种经济发展理论和增长模型，如哈罗德－多马模型、新古典经济增长模型、新剑桥经济增长模型等。这种发展观主要从人与社会财富的关系角度出发，特别是从GDP或人均GDP的总量来衡量发展的状况。很显然，这是重物不重人的、经典的、传统的发展观。这种发展观在当时得到了联合国的推举，在第一个发展十年（1960—1970）中把发展目标规定为不发达国家的GNP年度最低增长率为6%。这种发展观不仅影响了20世纪整个人类社会发展的进程，而且深刻地影响着世界各国的发展。这种发展观一方面引导了经济快速增长，另一方面却由于过分重视经济增长而忽视了社会全面进步，随着实践的推进开始付出越来越沉重的代价。二战后全球经济的巨大增长并没有使世界人民进入理想社会，相反带来了遍及全球的能源枯竭、资源短缺、环境恶化、人口压力以及社会的不平等、人文精神的衰落。南北差距不仅没有缩小，反而还在扩大。各国社会经济发展的不平衡、不公正以及社会腐败伴随着吸毒、艾滋病、赌博、跨国犯罪等威胁人类社会生存发展的各种消极因素在全球蔓延。因此，有人把只有经济的增长看作是“没有发展的增长”，甚至是一种“恶的增长”。这类认识虽然有些过头，但毕竟促使了进一步思考发展问题。人们逐渐意识到：蛋糕很小的时候有小时的问题，蛋糕做大了的时候又有大时的问题；蛋糕做大了，社会并不必然就会平等公正，人类并不必然就会安宁与幸福。

把经济增长等同于发展的发展观在实践中暴露出的问题引起了人们对发展内涵的反省和再认识。20世纪60年代以来，人们逐步认识到发

① 迈克尔·托达罗：《经济增长与第三世界》，中国经济出版社1992年版，第77页。

展也不纯粹是一种经济现象，经济基础增长不是发展的唯一内容，发展不仅是国民生产总值的增长，还应是整个经济文化和社会的发展。经济学家缪尔达尔、托达罗提出了“发展＝经济增长＋社会进步”的模式。托达罗、古雷斯等人认为，要理解发展的含义，必须明白发展的三个重要的价值标准——维持生存、自我尊重和自由。在此基础上，他们进一步认为，社会的发展至少具备三个目标：一是增加能够得到诸如食物、住房、卫生和安全保护等基本生活必需品，并扩大这些必需品的分配范围；二是提高生活水平，包括更高的收入、提供更多的就业机会、更好的教育条件，更多地关注文化和人类的价值；三是要使个人和国家摆脱对他人和其他国家的屈从和依附、摆脱对愚昧和使人类痛苦的力量的屈从和依附，不断扩大个人和国家在经济和社会生活中的选择范围。这种发展观也得到了世界各国广泛的认同。联合国第二个发展十年（1970—1980）报告指出：发展不再是单纯的经济增长，社会制度、社会结构的变迁，社会福利设施的改善同样具有重要地位。美国学者还发动了一场“社会指标运动”，提出了包括经济、社会、环境、文化、生活等多指标的发展价值体系。这个体系被当时国际社会作为通用的权威性评价标准。世界银行的发展报告也用多项指标体系来综合描述各个国家的经济发展状况和特征。这种发展观在一定范围内关注了人与物的关系的协调发展，还关注了人与人关系的协调发展。但也有一定的局限性，其中最大的缺陷在于忽视了人与自然的关系，没有形成和建立对自我尊重、自由等方面的可操作的指标体系。

20 世纪 60 年代以来，由于人类在创造和增加社会财富的同时，工业化、城市化引发的自然资源的过度消耗、人口爆炸、生态失衡、环境污染等恶果也急剧显现，这些状况不仅极大地制约了发展中国家人们生活水平的提高，而且引发出了整个人类的生存危机。这引起了一些有识之士的高度关注。1962 年美国生物学家卡逊发表了《寂静的春天》，惊呼因为农药的广泛运用，人类将会失去“阳光明媚的春天”。“罗马俱乐部”在《增长的极限》中提出了限制增长理论，对传统发展观进行了全面质疑。《寂静的春天》和《增长的极限》推动了人们寻求一种建立在环境和资源可承受的基础上的长期发展模式，推动了可持续发展思想的产生。20 世纪 80 年代，提出了“发展＝可持续发展”。这个观点认为，发展不仅要满足当代人生存和发展的需要，而且要考虑子孙后代生存和发展的需要。2003 年，世界银行对可持续发展进行了新的阐释，认为可持续发展包括经济、环境和社会三个方面，不仅要关注经济发展问题，而且要关注环境和社会发展方面的问题。“可持续发展是指人类财富随着时间的推移不断得到增加”或是“确保消费水平不应随时间的推移而下降”。① 可持续发展观把人口、环境、资源、生态和经济发展作为一个系统，并使之成为发展的基本内容，突出了人与资源、环境、生态之间建立和谐发展的重要性。这样的发展观对世界经济和社会产生了很大的影响，这种影响至今依然在延续和扩大。许多国家在发展过程中，把保护环境作为基本国策，重视人与资源、环境等关系问题的解决，重视资源、环境、生态的再生性和可持续性问题的解决，在很大程度上推动了人类解决环境、生态问题。当然，它也存在着一些不足，主要在于过于强调生态环境对发展的限制，甚至提出“零增长”的观点，忽视人类自身的发展潜力和人自身的发展需求。

自 20 世纪 80 年代开始，人们反思的视角又进一步由“物”转向了“人”，转向了人的需求的满足和人的发展的实现。1983 年，法国经济学家弗朗索瓦·佩鲁的“新发展观”标志着以人为中心的综合发展观——“发展＝以人为中心的综合发展”观念的产生。佩鲁认为，发展要从人出发，要以人为中心。人类只有从人本身的角度出发，才能对发展的历史和现实做出科学评价。他说：“要对世界历史的各种事实和现在的世界状况作出清楚地分析，看来无论如何需要从人的角度出发指出一条可以接受的一般研究的路线，并指出每个人以及整个人类多方面的、全面的发展方向。”② 1998 年著名经济学家阿马蒂亚·森在《以自由看待发展》一书中以全新的视角对发展进行了新的阐释：“自由不仅是发展的首要目的，也是发展的首要手段”；“发展可以看作是扩展人们享有

① 《世界银行：2003 年世界发展报告》，中国财政经济出版社 2003 年版，第 13—14 页。

② 弗朗索瓦·佩鲁：《新发展观》，华夏出版社 1987 年版，第 175 页。

的真实自由的一个过程。”① “以人为中心的综合发展”观念，把人与人、人与环境、人与组织作为主题，强调发展应以人的价值、人的自由、人的需要和人的潜力的发挥为中心，满足人的基本需求，促进生活质量的提高和人的自由全面发展，也就是说检验发展的最终标准不是物的指标，而是人的发展程度。以人为中心的发展观明确表述发展目标就是从以物为本到以人为中心。发展就是改善人民的生活质量，就是提高他们构建未来的能力。由于这种以人为中心的发展观的哲学基础是西方的人本主义理论，而人本主义的“人”是抽象的、超越社会经济发展环境的，“以人为中心”的发展也是超越生产力条件和社会经济政治制度的。因此，这种发展观则有可能滑向另一个极端，即不顾自然规律和社会规律及其发展的限制，不重视人的发展和自然、社会发展的内在联系而过于强调和突出人的发展，从而使人类社会的发展走向更深重的危机。②

随着国际社会对发展观念的改变，世界发展的实践也由单纯追求经济增长逐步转变为经济社会全面协调发展，由竭泽而渔的发展转变到注重自然资源的节约和环境保护的可持续发展，由见物不见人、重物不重人的发展向以人为中心、以人为根本的发展转变，这已经成为了世界发展的趋势和潮流。

20世纪的世界各国的发展积累了丰富的经验，也留下了惨痛的教训。20世纪世界发展的实践表明，发展绝不只是单纯的经济增长，更不只是GDP的提高，而应该是政治、经济、文化、社会和环境的综合发展；不是为了物的增值而贬低人的价值或不顾人的价值的发展，而应该是在物质、经济的发展同时，尊重人的价值、实现人的意义，促进人自由而全面的发展。

以人为本的科学发展观，是我们党立足于中国发展的实际，面向世界，充分借鉴和吸收国际社会和世界各国的发展理论和发展经验及其教训而提出来的，是总结人类社会发展经验教训作出的理性选择，具有广

① 阿马蒂亚·森：《以自由看待发展》，中国人民大学出版社2002年版，第2页、第10页。

② 参见陈文通：《科学发展观新论》，江苏人民出版社2005年版，第46页。

阔的世界眼光和历史空间，符合当今世界发展的历史趋势和潮流。

（二）发展中国特色社会主义是全体人民的共同事业

人民群众是历史的主人，是社会实践的主体。中国特色社会主义的伟大事业是全体中国人民共同的事业。党的十六大报告指出：“最大多数人的利益和全社会全民族的积极性创造性，对党和国家事业的发展始终是最具决定性的因素。”① 胡锦涛指出：“人民群众是党的力量源泉和胜利之本。改革开放是人民的要求和党的主张的内在统一，是亿万人民自己的事业。”② 因此，“把一切积极因素充分调动和凝聚起来”，“努力形成全体人民各尽所能、各得其所而又和谐相处的局面”，对于发展中国特色社会主义、推进改革开放和现代化建设，至关重要。

第一，工人、农民、知识分子是建设中国特色社会主义的根本力量。

工人、农民、知识分子是中国特色社会主义劳动者的主体，是改革开放和现代化建设事业、维护社会和谐稳定的中坚力量。江泽民认为：“包括知识分子在内的工人阶级、广大农民，始终是推动我国先进生产力和社会全面进步的根本力量。”

工人阶级是我国的领导阶级，是我国先进生产力和生产关系的代表。“工人阶级最重要的特点之一就是同社会化的大生产相联系，因此，它的觉悟最高，纪律性最强，能在现时代的经济进步和社会政治进步中起领导作用。”③ 工人阶级由于其在社会主义现代化建设中的地位和高度集中统一等特点，是国家稳定和社会全面进步的强大而集中的力量。随着改革开放的深入和经济文化的不断发展，我国工人阶级队伍不断壮大，素质不断提高。工人的规模从建国初期的 800 万人增加到目前的

---

① 江泽民：《全面建设小康社会开创中国特色社会主义事业新局面》，人民出版社 2002 年版，第 14—15 页。

② 胡锦涛：“在纪念党的十一届三中全会召开 30 周年大会上的讲话”，《人民日报》，2008 年 12 月 19 日。

③ 《邓小平文选》第 2 卷，人民出版社 1994 年版，第 136 页。

3.5亿人以上，随着经济发展和城镇化建设的加快，工人的数量进一步增大，结构进一步调整。① 改革开放以来，由于教育事业的快速发展，大部分接受高等教育的人员进一步充实了工人阶级的队伍，知识分子成为了工人阶级的重要部分，产业工人接受各类职业培训的人员不断扩大，质量不断提高，我国工人阶级队伍的整体素质明显提升。

广大农民是我国人数最多的群体，是中国特色社会主义人数最大的基本力量。改革开放以来，城镇化虽然发展较快，但水平还不高，农村人口在全国人口总数中依然占很大比重。我国现在仍然是个农业大国。我国的这个国情，决定了广大农民是我国改革开放和现代化建设中人数最多的最基本的依靠力量。广大农民不仅在新民主主义革命和社会主义改造中发挥了主力军的作用，而且也是改革开放的生力军。党的十一届三中全会以来，广大农民强烈要求改变农村贫困落后的状态，表现了可贵的革新精神和伟大的创造力，不仅使农村改革和建设取得了巨大成就，而且带动了我国整个改革和现代化建设事业的发展。正如《中共中央关于推进农村改革发展若干重大问题的决定》中所指出的：“农村改革发展的伟大实践，极大调动了亿万农民积极性，极大解放和发展了农村社会生产力，极大改善了广大农民物质文化生活。更为重要的是，农村改革发展的伟大实践，为建立和完善我国社会主义初级阶段基本经济制度和社会主义市场经济体制进行了创造性探索，为实现人民生活从温饱不足到总体小康的历史性跨越、推进社会主义现代化作出了巨大贡献，为战胜各种困难和风险、保持社会大局稳定奠定了坚实基础，为成功开辟中国特色社会主义道路、形成中国特色社会主义理论体系积累了宝贵经验。”“实践充分证明，只有坚持把解决好农业、农村、农民问题作为全党工作重中之重，坚持农业基础地位，坚持社会主义市场经济改革方向，坚持走中国特色农业现代化道路，坚持保障农民物质利益和民主权利，才能不断解放和发展农村社会生产力，推动农村经济社会全面

① 参见《毛泽东思想和中国特色社会主义理论体系概论》，国防大学出版社2008年版，第265页。

发展。”①

可见，依靠广大农民，调动农民的积极性和创造性，不仅关系到农村改革和建设的成败，而且关系着整个改革开放和社会主义现代化建设的大局。胡锦涛指出：“亿万农民是我们党执政和我国社会主义国家政权的重要群众基础”，②“‘三农’问题始终是关系党和人民事业发展的全局性和根本性问题”。③“实现全面建设小康社会的宏伟目标，最艰巨最繁重的任务在农村，最广泛最深厚的基础也在农村。”④ 没有农民的小康，就没有全国人民的小康幸福生活；没有农村的现代化，就没有中国的现代化。为此，必须把建设社会主义新农村作为战略任务，把走中国特色农业现代化道路作为基本方向，把加快形成城乡经济社会发展一体化新格局作为根本要求，推动农村科学发展，不断加强农业基础，增加农民收入，促进农村和谐。而要实现这一目标，就必须坚持以人为本，尊重农民意愿，保障农民权益，着力解决农民最关心最直接最现实的利益问题，保障农民政治、经济、文化、社会权益，提高农民综合素质，促进农民全面发展，充分调动广大农民的积极性、主动性、创造性，充分发挥农民主体作用和首创精神，推动农村经济社会又好又快发展。

知识分子是建设中国特色社会主义的重要力量。中国的民主革命中，知识分子是革命的重要组成部分，实践证明，没有知识分子参加的革命，是不可能取得胜利的。同样，没有知识分子参与、不能发挥知识分子作用的社会建设和改革事业，也是不可能取得成功的。中国共产党人充分地认识到了这一道理。毛泽东指出：“我国的艰巨的社会主义事业，需要尽可能多的知识分子为它服务。”⑤ 邓小平认为：“我国广大的

① “中共中央关于推进农村改革发展若干重大问题的决定”，《人民日报》，2008年10月20日。

②《十六大以来重要文献选编》（下），中央文献出版社2008年版，第277—288页。

③ 胡锦涛：“尊重农民意愿，未婚民利益，增进农民福利，扎扎实实规划和推进社会主义新农村建设”，《人民日报》，2006年2月15日。

④ “中共中央关于推进农村改革发展若干重大问题的决定”，《人民日报》，2008年10月20日。

⑤《毛泽东文集》第7卷，人民出版社1999年版，第225页。

知识分子，包括从旧社会过来的老知识分子的绝大多数，已经成为工人阶级的一部分，正在努力自觉地为社会主义事业服务。”① 当代中国，知识分子队伍越来越大，作用也越来越大，已经成为推动我国改革开放和中国特色社会主义事业的基本力量和关键因素。

中国特色社会主义事业的发展、中华民族的伟大复兴，必须依靠科教兴国战略和人才强国战略。科学技术作为第一生产力的历史地位，决定了知识分子在改革开放和现代化建设中的特殊重要地位和作用。知识分子作为人类科学文化的创造者、传承者，既是推动我国科技进步和经济发展的生力军，又是社会主义全面建设的骨干和主导力量。因此，必须充分依靠知识分子，充分信任知识分子，充分发挥知识分子的作用，努力营造有利于知识分子施展才华的社会氛围，促使知识分子在建设中国特色社会主义伟大事业中承担更多的任务，发挥更大的作用。

新的社会阶层是中国特色社会主义的建设者。改革开放以来，我国出现了民营科技企业的创业人员和技术人员、受聘于外资企业的管理技术人员、个体户、私营企业主、中介组织的从业人员、自由职业人员等社会阶层。这些新的社会阶层尽管在财产状况、文化层次、社会地位等方面有所区别，但他们都是在社会变革中出现的新兴力量。他们勇于开拓、敢冒风险，勇于冲破一切旧思想旧观念，能够打破习惯势力和樊篱的束缚，善于把握社会主义市场经济大潮和发展走势，能够适时抓住和利用社会发展和改革提供的机遇，走出和开拓了一条创业、创新之路，为我国社会经济发展、文化建设和社会进步做出了积极贡献，是推进改革开放和现代化建设的一支重要力量，是中国特色社会主义建设事业的建设者。我们要进一步转变观念，改革社会体制机制，保护新的社会阶层成员的创业精神，支持他们的创新事业，鼓励和引导他们在中国特色社会主义建设事业中发挥其应有的作用。

中国特色社会主义事业是全体中国人的共同事业。全社会全民族所有成员的积极性、创造性是这个伟大事业取得成功的最具决定性的因素和力量。在改革开放的伟大事业中，我们要“尊重人民主体地位，发挥人民首创精神，贯彻尊重劳动、尊重知识、尊重人才、尊重创造的重大

① 《邓小平文选》第2卷，人民出版社1994年版，第186页。

方针，坚持全心全意依靠工人阶级，发挥我国工人阶级和农民阶级、其他劳动群众推动我国生产力发展基本力量的作用，又支持新的社会阶层发挥中国特色社会主义事业建设者的作用，使全体人民都满腔热情地投身改革开放伟大事业”。为此，“必须积极探索能够极大解放和发展社会生产力、充分发挥全社会发展积极性的体制机制，放手让一切劳动、知识、技术、管理、资本的活力竞相迸发，让一切创造社会财富的源泉充分涌流。”①

社会主义革命、改革和建设的实践已经充分证明，人民、只有人民，才是推动历史发展根本动力，才是推进中国特色社会主义伟大事业的根本动力。

（三）把握机遇、应对挑战：根本在人

中国特色社会主义伟大事业是在“机遇前所未有、挑战也前所未有”的历史大背景下进行的，也是在把握机遇、战胜困难和风险中奋勇前进的。胡锦涛在回顾改革开放 30 年的历程时说：“30 年来，国际局势风云变幻，改革任务艰巨繁重，党和人民经历和战胜了前所未有的严峻考验和挑战。”但是，我们从容应对一系列关系我国主权和安全的国际突发事件，战胜在政治、经济领域和自然界出现的困难和风险，取得了举世瞩目的伟大成就。这些成就“生动展现了在改革开放中不断发展壮大的中国共产党和中国社会主义国家政权的伟大力量，展现了阔步前进的 13 亿中国人民的伟大力量，展现了改革开放的伟大力量，展现了中国特色社会主义的伟大力量”。之所以能够在巨大的困难和风险面前，取得骄人的成就，根本在于我们党始终“紧紧依靠全国各族人民”。② 所以说，13 亿中国人民，每一个中国人，不仅是把握机遇、创造历史的根本动力，也是应对挑战、战胜困难的“伟大力量”。

---

① 胡锦涛：“在纪念党的十一届三中全会召开 30 周年大会上的讲话”，《人民日报》，2008 年 12 月 19 日。

② 胡锦涛：“在纪念党的十一届三中全会召开 30 周年大会上的讲话”，《人民日报》，2008 年 12 月 19 日。

新世纪新阶段，中国特色社会主义建设事业依然是“机遇前所未有、挑战也前所未有”，且任务之艰巨和繁重、矛盾和问题之复杂、困难和风险之众多乃“世所罕见”。为了把中国特色社会主义顺利推动前进，把握机遇、应对挑战，战胜困难和风险，关键和根本依然是要“紧紧依靠全国各族人民”，坚持以人为本。

第一，坚持以人为本是把握战略发展机遇期的现实需要。

党的十六大报告指出，21 世纪头 20 年，对我国来说，是一个必须紧紧抓住并且可以大有作为的重要战略机遇期。这是我们党在对国内外形势与我国现代化建设的实际进行全面分析的基础上作出的科学判断。机遇期的出现既不以人的意志为转移，也不是一种纯自然的现象，而是有其客观规律可以遵循的。我国面临的这一重要战略机遇期，是由国际国内多种有利因素孕育而成的。从国际背景看，随着两极对抗的终结，和平、发展与合作依然是时代的主题，经济全球化进一步加速，科学技术发展更加迅猛，全球新一轮的科技革命和产业转型已经拉开序幕，更为我国加快发展提供了难得的机遇。从国内条件看，改革开放特别是进入 21 世纪以来，我国各项事业飞速发展、成就斐然，为我们加快发展奠定了坚实的物质基础。国际和国内形势的变化，为我国社会的全面发展提供了一个崭新的契机和良好的机遇期。战略机遇期的存在，既为全党全国人民进一步实现我国经济社会发展的目标提供了有利条件，也对我们的各项工作提出了新的更高的要求。我们清醒地知道，机遇只是为社会和人的发展提供了一种好的可能、创造了某些有利条件，但这并不意味着一个国家、地区和人自身就能必然地实现新的目标、走向新的更大的发展。能否紧紧抓住重要战略机遇期，怎样抓住重要战略机遇期，需要认真思考和研究。

21 世纪的头 20 年，是我国实现现代化建设第三步战略目标必经的承上启下的发展阶段。依据目前我国经济社会发展的主要指标，参照国际经验，我国已进入工业化中期阶段，正处在社会转型和社会发展的关键时期。要用好这个来之不易的战略机遇期，要把握好这个承上启下的关键阶段，更好地推进中国特色社会主义事业的全面发展，必须要有新的发展思路。正因如此，十六大提出了“发展要有新思路”的战略要求，提出了全党“必须以宽广的眼界观察世界，正确把握时代发展的要求，善于进行理论思维和战略思维”的战略主张。以人为本的科学发展观的提出，是我们党对战略机遇期的战略把握的结果，是我们党“从新世纪新阶段党和国家事业发展全局出发提出的重大战略思想”。①

第二，坚持以人为本是准确把握我国发展新阶段特点的战略选择。

人类社会发展是一个螺旋式上升的曲折发展过程，在不同的发展时期会呈现出相应的阶段特征。党的十六大以来，我国经济社会发展出现了新的阶段性特征，进入了新的发展阶段。发展阶段的“新”，具体表现为以下三个方面：第一，我国经济社会发展进入新的历史关口。2003年全年GDP增长率从前些年的7%—8%，骤然上升为9.1%。这是从1998年出现通货紧缩以来，国内生产总值第一次回升到9%以上，成为世界上经济增长最快的国家。尽管如此，我国宏观经济形势出现局部过热现象，经济发展形势也存在一些突出问题。例如，我国固定资产投资增长，且总量很大，成为拉动经济快速发展的一个重要因素。从我国经济的增长结构看，走资本拉动经济增长的格局在短期内还难以改变。另外，消费增长相对缓慢，通货膨胀的压力进一步显现，也是影响我国经济正常运行和持续发展的重要问题。所以，有研究分析认为，我国宏观经济正处于新一轮周期的上升阶段。② 2003年我国人均GDP已达1090美元，进入中低收入国家行列。后起国家现代化的发展进程表明，人均GDP达到1000美元是一个国家进入历史发展关头的一个重要标志。我国的经济发展形势，一方面表明我国经济体制的特征已由资源约束型向需求约束型经济转变；另一方面也表明我国经济仍然存在与长期性和体制性相关因素的结构问题。经济增长的周期能够持续多久、能否平衡发展，取决于这些结构性、体制性的问题的解决或缓解。但这些问题的存在，且有些问题还比较严重，表明我国经济发展存在着可能大起大落的风险，处于发展的重要关口。在这个重要关口，经济社会发展面临两种前途：一是继续大踏步前进，如果能够利用好各种机遇、解决各类矛盾，经济社会就能继续快速发展；二就是会长期的徘徊不前，甚至出现

① 《十六大以来重要文献选编》(上)，中央文献出版社2005年版，第850页。

② 参见《科学发展观：引领中国财政政策新思路》，中国财政经济出版社2004年版。

倒退式逆转或社会动荡不安。第二，从体制改革看，我国已进入完善与社会主义市场经济体制相适应的社会政治、文化体制的新阶段。我国社会主义市场经济体制已基本建立，正处于加快完善阶段。市场经济体制的建立使中国经济体制和社会生活发生了根本性变化。社会经济体制的变革，市场经济的发展和壮大，要求社会政治、文化体制等必须发生相应的变革，以此维护市场经济发展的成果和推动市场经济快速有序发展。但是，我国影响经济社会发展的主要障碍在于政治体制改革的滞后和观念的落后。新阶段，解放思想和深化改革，依然是重要任务。因此，过去植根于计划经济体制的发展观念和体制，改革初始阶段所产生的某些发展观念和体制，需要实现相应的转变，由新的发展观来取代，靠深化改革来促进。第三，加入世界贸易组织，标志着我国进入了全面参与全球合作与竞争的新阶段。对外开放的扩大，必然扩大我国市场空间和提高我国经济的国际竞争力，同时，也必然加深我国经济对外的依存度、增加贸易摩擦、加剧资源竞争、增大经济发展的不确定性。

党的十七大报告对我国社会发展的阶段性特征作了科学概括：进入新世纪新阶段，我国发展呈现一系列新的阶段性特征，主要是：经济实力显著增强，同时生产力水平总体上还不高，自主创新能力还不强，长期形成的结构性矛盾和粗放型增长方式尚未根本改变；社会主义市场经济体制初步建立，同时影响发展的体制机制障碍依然存在，改革攻坚面临深层次矛盾和问题；人民生活总体上达到小康水平，同时收入分配差距拉大趋势还未根本扭转，城乡贫困人口和低收入人口还有相当数量，统筹兼顾各方面利益难度加大；协调发展取得显著成绩，同时农业基础薄弱、农村发展滞后的局面尚未改变，缩小城乡、区域发展差距和促进经济社会协调发展任务艰巨；社会主义民主政治不断发展、依法治国基本方略扎实贯彻，同时民主法制建设与扩大人民民主和经济社会发展的要求还不完全适应，政治体制改革需要继续深化；社会主义文化更加繁荣，同时人民精神文化需求日趋旺盛，人们思想活动的独立性、选择性、多变性、差异性明显增强，对发展社会主义先进文化提出了更高要求；社会活力显著增强，同时社会结构、社会组织形式、社会利益格局发生深刻变化，社会建设和管理面临诸多新课题；对外开放日益扩大，同时面临的国际竞争日趋激烈，发达国家在经济科技上占优势的压力长期存在，可以预见和难以预见的风险增多，统筹国内发展和对外开放要求更高。①

可见，新的发展阶段对我国经济社会的发展提供了难得的机遇，也提出了前所未有的挑战。胡锦涛在纪念党的十一届三中全会30周年大会上的讲话中用了三个“世所罕见”来说明我国改革开放和现代化建设所面临的背景和挑战。他说：“我国人口多、底子薄，发展很不平衡。我们在推进改革开放和社会主义现代化建设中所肩负任务的艰巨性和繁重性世所罕见，我们在改革发展稳定中所面临矛盾和问题的规模和复杂性世所罕见，我们在前进中所面对的困难和风险也世所罕见。”② 他同时指出：“要妥善解决这些矛盾和问题、战胜这些困难和风险，就必须善于从千头万绪、纷繁复杂的事物和事物的普遍联系中抓住主要矛盾和矛盾的主要方面，同时又必须善于统筹协调、把握平衡，在事物的普遍发展中形成有利于突破主要矛盾和矛盾主要方面的合力，不断提高驾驭复杂局面、解决复杂问题能力，不断推动经济社会向前发展。”③

机遇和挑战并存，我国经济社会发展面临着两种不同的战略选择、两种截然不同的发展道路。积极抓住机遇、应对挑战，需要新的发展思想、新的发展道路。为此，“我们必须始终保持清醒头脑，立足社会主义初级阶段这个最大的实际，科学分析我国全面参与经济全球化的新机遇新挑战，全面认识工业化、信息化、城镇化、市场化、国际化深入发展的新形势新任务，深刻把握我国发展面临的新课题新矛盾。”④ 科学发展观把中国的发展确立为以人为本的科学发展道路和模式，是把握我国经济社会发展阶段性特点和规律的产物，是应对各种挑战、避免出现新的危机和陷入“拉美陷阱”的必然要求，是我国社会走向新的良性发展

---

① 胡锦涛：《高举中国特色社会主义伟大旗帜为夺取全面建设小康社会新胜利而奋斗》，人民出版社2007年版，第13—14页。

② 胡锦涛：“在纪念党的十一届三中全会召开30周年大会上的讲话”，《人民日报》，2008年12月19日。

③ 胡锦涛：“在纪念党的十一届三中全会召开30周年大会上的讲话”，《人民日报》，2008年12月19日。

④ 胡锦涛：《高举中国特色社会主义伟大旗帜为夺取全面建设小康社会新胜利而奋斗》，人民出版社2007年版，第14页。

轨道的战略选择，是指导我国经济社会全面协调持续发展的根本方针。

第三，坚持以人为本是着力解决现实矛盾和问题、战胜困难和风险的根本出路。

改革开放以来，我国取得了举世瞩目的成就，在经济高速增长、创造世界发展奇迹的同时，也积累了不少深层次、广范围的矛盾和问题。改革发展任重道远。正如胡锦涛所概括的：“我们必须清醒地看到，我国仍处于并将长期处于社会主义初级阶段的基本国情没有变，人民日益增长的物质文化需要同落后的社会生产之间的矛盾这一社会主要矛盾没有变，当前我国发展呈现出一系列新的阶段性特征。我国生产力水平总体上还不高，自主创新能力还不强，长期形成的结构性矛盾和粗放型增长方式尚未根本改变，影响发展的体制机制障碍依然存在，城乡贫困人口和低收入人口还有相当数量，农业基础薄弱、农村发展滞后的局面尚未改变，缩小城乡、区域发展差距和促进经济社会协调发展任务艰巨，社会建设和管理面临诸多新课题，党和国家工作中还存在缺点和不足，人民群众还有不少不满意的地方。在前进道路上，我们还会遇到这样那样的困难和风险。”① 具体而言，主要表现在以下几个方面。

一是城乡差距、地区差距、居民收入差距持续扩大。据统计，1997—2003年7年间，全国农民人均纯收入增量，不到城镇居民增量的1/5；城乡居民收入差距由20世纪80年代中期的1.8：1、90年代中后期的2.5：1，扩大到2003年的3.2：1；东中西部的收入差距是1：0.7：0.4。在收入分配问题上，世界银行2003年报告“推动公平增长”中指出，中国“不平等现象进一步恶化”，基尼系数已经突破国际警戒线0.45。世界经验证明，“橄榄型”的收入分配结构有利于社会的稳定，而我国目前的收入分配结构呈“倒金字塔型”，是一种非良性结构。这些问题必须高度重视而不可回避，必须逐步解决而不可任其膨胀。

二是就业和社会保障压力增加。人口总量、就业人口、老龄人口、农村劳动力转移这“四大高峰”接踵而来，就业问题十分突出。我国目前有9亿劳动力人口，就业人口大约为7.8亿，每年要安排的就业人口

① 胡锦涛：“在纪念党的十一届三中全会召开30周年大会上的讲话”，《人民日报》，2008年12月19日。

超过2000万，比所有发达国家新增劳动力的总和还要多。我国是用世界4%的资本量带动25%的劳动力人口，就业形势十分严峻。“十一五”规划提出实现“城镇新增就业和转移农业劳动力各4500万人，城镇登记失业率控制在5%”的就业和再就业目标；实现“社会保障覆盖面扩大，城镇基本养老报销覆盖人数达到2.23亿人，新型农村医疗覆盖率提高到80%以上”的目标。要实现这样的目标，依然是很不容易的，难度十分大。

三是教育、卫生等社会事业发展滞后。我国公共卫生，特别是农村公共卫生和医疗方面的投资严重不足，其费用支出占财政总支出的份额，由1980年的2.4%下降到2000年的1.71%，属于世界最低的一档，非洲最穷的国家都比中国的人均卫生支出高出1倍。世界卫生组织发布的2000年“世界卫生报告”中，中国在191个国家的卫生系统中排名第188位。我国中央财政支出占世界总数的比重很低，且不断下降。1980年我国中央财政支出占世界总数的比重仅为1.84%，1997年为1.15%，不足印度和俄罗斯的一半，中国中央财政的能力不足美国的10%。中国作为世界最大的发展中国家，本来是特别需要政府提供教育、卫生、医疗等各种公共服务的，但中央财力过低，投入严重不足，无法提供人民所需要的基本的公共服务。有学者认为，这是中国战略资源的致命点。①

四是经济发展同生态环境、自然资源的矛盾加剧。我国以占世界9%的耕地、6%的水资源、4%的森林，养活着约占世界1/4的人口。大多数矿产资源人均占有量不到世界平均水平的一半。据有关方面计算，目前我国单位GDP的能耗是世界平均水平的2.6倍，与发达国家相比差距就更大。这种粗放型的增长方式已经走到了尽头。

五是腐败问题较为严重，正处于腐败多发期。腐败是一种世界性的现象。对于腐败，世界还没有通行的界定。一般而言，腐败通常被看作是政府官员利用手中的权力出售政府资源以获取私利的行为和现象。由于腐败是一个国家经济活动的灰色领域，一个国家的腐败状况难以精确

① 晨昃：《告诉你一个真实的中国经济》，上海交通大学出版社2003年版，第73页。

统计。总部设在德国柏林的国际著名的腐败研究组织“透明国际”，主要用“清廉指数”和“行贿指数”两个指标来衡量腐败程度。从“透明国际”对我国腐败状况的评估看，我国属于腐败比较严重的国家。“透明国际”2003年对133个国家的腐败情况进行了统计，中国的“清廉指数”为3.4，排名为第66位，与2002年排名第59位相比，腐败程度有所恶化。相关研究表明，目前我国的反腐败斗争进入了战略相持阶段。在这个阶段，市场配置资源的基础性地位已初步形成，法制建设不断深入，各种体制性矛盾充分暴露并逐步在进行解决，整个社会实现重组、整合的局面初步出现。国内学者胡鞍钢在一份研究报告中指出：由于“寻租”性腐败、地下经济腐败、税收流失型腐败和公共投资与公共支出型腐败，每年所造成的各类经济损失平均在9875亿到12570亿元，占全国GDP总量比重的13.2％至16.8％之间。① 2003年全国十届人大一次会议最高人民检察院所作的报告中披露，在1998—2002年期间，贪污、贿赂、挪用公款百万元以上的大案共5541件，涉嫌犯罪的县处级以上干部12830人。胡鞍钢在2003年的一份研究报告中认为：“我国正处在经济与社会转型过程腐败多发期、群发期和并发期，同时进入改革攻坚阶段腐败与反腐败相持期、对峙期。”从各种社会问题的调查看，腐败问题是人民群众普遍关注的问题、普遍担忧的问题，也是影响我国社会稳定和经济社会平稳发展的严重问题。

第六，社会分层出现新趋势，社会秩序面临重新调整。经济和社会发展的一个重要影响，就是直接冲击传统社会的身份分层制度，使新时期的社会分层和社会结构出现新的趋势。我国传统的身份制度，主要是身份分层制度和行政性分层制度。身份分层，是依据人们的先赋、地位而将人们区分为不同身份群体的制度；行政性分层主要是通过行政划分确定人们的社会地位和身份的制度。身份分层和行政性分层制度是与我国计划经济体制结合在一起的。改革开放以来，特别是由于我国市场经济的发展，社会出现许多新的阶层，并且基本形成了一个比较明显的中间阶层——先富阶层，以及新的贫困阶层。中间阶层的规模大约占我国就业人口的13％—15％，中间阶层的力量虽然正在崛起，但整体力量还

---

① 胡鞍钢：“腐败与社会不公”，《江苏社会科学》，2001年第3期。

不够壮大。新的贫困阶层具有相当大的规模。2005年，我国政府公布的贫困人口数为2300万；有学者认为我国的贫困人口为6000万，也有的认为超过了1亿。尽管政府近年来加大了对贫困人口的救济力度，但贫困人口的总体环境和生活质量没有整体的改观。处在社会底层的贫困人口过多，是影响我国社会发展和社会安全稳定的一个重要因素。

社会分层是社会权力的分化和调整，是社会经济、政治、文化、社会资源重新分配的过程。只有公正地进行利益分配，社会资源的利用率才能提高，社会才能保持稳定。由于不同阶层在社会资源控制、分配中的权力不断分化，且有加剧之势。同时，改革的逐步推进，原来政治、经济和社会合一的秩序结构不断被打破，新的社会秩序正在形成之中。人们不再像计划经济体制下那样被附属在政治性的框架中，个人发展选择的自由空间扩大了，人的发展的自主性增强了。可见，社会分层给社会治理、社会发展、社会稳定提出了新的挑战和更高的要求。

虽然所有这些问题都是改革中的问题、发展中的问题、前进中的问题，但是，它们同样是影响我国社会全面、健康、协调和持续发展的大问题。如果不能很好有效地解决，我国社会发展就会陷入危机。而真正解决这些矛盾和问题，以往的、传统的发展理念和发展模式是难以奏效的，必须用新的发展思路来解决。

俗话说，解铃还需系铃人。人的问题必然要靠人自身来解决。但这里的人，不是个别人，不是几个英雄好汉，而是最广大的人民群众，是亿万的中国人；这里的人，也不是那种总停留在原来的老路上、固守原有思想和实践经验的人，不是那种照搬照传、迷信盛行、思想僵化的人，不是那种不思进取、素质不高的人，而是邓小平在改革开放之时所提出的那种“敢想、敢闯、敢干”的思想解放、尊重实践和坚持实事求是的“闯将”，是那种在实践中不断提高自身素质的全面发展的人。既然人是解决问题的根本，那么，就必然要求把思路转到人本身上来，转到解放人和发展人上来，转移到以人为本上来。我们党顺应历史发展的潮流，把握中国特色社会主义发展的趋势，提出以人为本，全面、协调、可持续的发展观，就是妥善解决我国现阶段面临的矛盾和问题的新的战略思路。以人为本的科学发展观实现了我国社会发展理念、发展思路的根本变革。把我国社会发展从以物的发展为中心转移到以人的发展为目的、为根本的科学发展观，是解决制约经济社会发展重大问题和矛盾的战略思想，“是我们党对社会主义现代化建设指导思想的新发展”，是我国经济社会发展的基本遵循。

实际上，真正意义上的发展，应当是经济、政治、文化、社会等各个方面相互促进的协调发展，是社会的全面进步与人的自由全面发展。改革开放以来我国经济社会发展取得的成就和存在的问题说明，任何发展绝不能单纯追求经济的增长，更不能单纯追求 GDP 的增长，而应当在经济发展的基础上实现社会的全面进步，增进全体人民的福利，促进人的自由全面发展。改革开放和社会主义成就为贯彻落实以人为本的科学发展观创造了有利的条件和历史的机遇，坚持以人为本、促进人的自由全面发展便成为当代中国社会发展的必然要求。只要我们坚持以人为本，用科学发展观统领经济社会发展全局，不断深化体制改革，扩大对外开放，认真解决长期积累的突出矛盾和问题，突破发展的瓶颈制约和体制障碍，积极进取，努力开拓，就一定能够抓住机遇，充分利用好国内外的各种有利因素，在新的更高的历史起点上取得更加辉煌的成就，不断把中国特色社会主义事业推向前进，不断朝着人的自由全面发展目标迈进。

第六章

何以能“以人为本”

以人为本，是社会存在和发展的必然要求，天经地义。但是，以人为本，并不是家常便饭，随意就能够做得到的。真正做到以人为本、实现以人为本，需要必要的条件。因此，我们不妨按照康德的方式发问：今日之中国，以人为本何以可能？也就是说，当代中国真的能够做到以人为本吗？以人为本，如果可能且具有现实性，那么，这种现实的根基究竟在哪里？

一、“以人为本”的政治前提

如前所说，以人为本，在实质上，是一种社会治理原则，是社会统治者统治、治理社会的一种理念、一种原则、一种方式。能否坚持以人为本的社会治理理念和方式，能不能把以人为本作为社会治理的首要的基本原则，最根本的在于国家统治者、社会管理者的性质，在于国家的本质和根本制度的性质，在于社会的性质及其体制、机制的完善程度。中国共产党提出以人为本，不只是一种理念、一种理论的建构，而且是治国的方略，自觉的实践。21世纪的中国，我们之所以能提出以人为本，要求坚持以人为本、做到以人为本，是由中国共产党的性质、宗旨和社会主义国家政权的性质决定的，是党的优良传统和作风发展的历史必然。

（一）马克思主义政党的本质和根本宗旨的必然逻辑

中国共产党是工人阶级的政党，是由工人阶级先进分子组成的，是由中华民族的优秀分子组成的，是中国工人阶级的先锋队，是中华民族的先锋队。工人阶级是中国先进生产力的代表者。在历史上，工人阶级是随大工业的兴起而出现的一个社会群体和集团，是最先进和最革命的阶级，是社会主义革命的领导阶级，肩负着推翻旧的阶级统治、建立社会主义制度和最终实现共产主义的历史使命。工人阶级的历史地位决定了其肩负的历史使命和责任。由于工人阶级是社会化大生产的产物，是先进的生产方式的直接承担者，代表先进的生产力，具有伟大的发展前途，也是最有政治远见，最具有组织纪律性，最大公无私的一支社会政治力量。

中国共产党是马克思主义的政党。马克思主义是工人阶级的科学世界观，也是无产阶级政党的指导思想。中国共产党自成立之日起，就在自己的旗帜上鲜明地写上了鲜红的“马克思主义”五个大字。从党的一大到十七大，我们党始终坚持把马克思主义作为指导思想，把坚持和发展马克思主义作为自己庄严的政治责任，并且“把坚持马克思主义基本原理同推进马克思主义中国化结合起来”作为自己的重要历史任务。

马克思主义政党始终把为最广大人民群众谋福利作为自己的奋斗目标，以服务人民群众、为人民群众谋利益作为自己的根本宗旨。马克思、恩格斯认为：“过去的一切运动都是少数人的或者为少数人谋利益的运动。无产阶级的运动是绝大多数人的、为绝大多数人谋利益的独立的运动。”① 解放全人类、为绝大多数人谋利益是无产阶级及其政党与其

① 《马克思恩格斯选集》第1卷，人民出版社1995年版，第283页。

他一切剥削阶级的政党与政治组织的根本区别，也是无产阶级政党先进性的集中体现。

中国共产党人明确提出，党的根本宗旨就是全心全意为人民服务。毛泽东指出："党的全部任务和责任，就是为人民谋利益，团结和带领人民群众为实现自己的根本利益而奋斗。在任何时候任何情况下，党的一切工作和方针政策，都要以是否符合最广大人民群众的利益为最高衡量标准。这是我们观察和处理问题的一个根本原则。"① 邓小平认为，我们党要把人民愿意不愿意、满意不满意、答应不答应作为制定政策的根本依据，政策好不好、行不行得通，关键看是否有利于提高人民群众的生活水平。江泽民也认为："制定和贯彻党的方针政策，基本着眼点是要代表最广大人民群众的根本利益，正确反映和兼顾不同方面群众的利益，使全体人民朝着共同富裕的方向稳步前进。"② 胡锦涛反复强调指出："党的一切奋斗和工作都是为了造福人民。"③ "只有不断提高人民群众的物质文化生活水平，改革和建设才能具有坚实的群众基础，人民群众才能始终以饱满的热情投身到中国特色社会主义的伟大事业中来。"④ 这些论述深刻反映了唯物史观的基本观点，体现了以人为本的本质内涵和要求。

胡锦涛在纪念党的十一届三中全会召开30周年大会上的讲话中详细阐述了"把尊重人民首创精神同加强和改善党的领导结合起来"这一改革开放宝贵经验。他说，30年来，"我们坚持一切为了群众、一切依靠群众，从群众中来，到群众中去，把党的正确主张变为群众的自觉行动，坚持尊重社会发展规律与尊重人民历史主体地位的一致性，坚持为崇高理想奋斗与为最广大人民谋利益的一致性，坚持完成党的各项工作与实现人民利益的一致性。我们把人民拥护不拥护、赞成不赞成、高兴

① 《毛泽东邓小平江泽民论思想政治工作》，学习出版社2000年版，第83页。

② 江泽民：《全面建设小康社会开创中国特色社会主义事业新局面》，人民出版社2002年版，第16页。

③ 胡锦涛：《高举中国特色社会主义伟大旗帜 为夺取全面建设小康社会新胜利而奋斗》，人民出版社2007年版，第15页。

④ 胡锦涛：《在学习"三个代表"重要思想研讨会上的讲话》，人民出版社2003年版，第18页。

不高兴、答应不答应作为制定各项方针政策的出发点和落脚点，一切以是否有利于发展社会主义社会生产力、有利于增强社会主义国家综合国力、有利于提高人民生活水平这‘三个有利于’为根本判断标准，坚持问政于民、问需于民、问计于民，既通过提出和贯彻正确的理论和路线方针政策带领人民前进，又从人民的实践创造和发展要求中获得前进动力。我们尊重人民主体地位，发挥人民首创精神，贯彻尊重劳动、尊重知识、尊重人才、尊重创造的重大方针，坚持全心全意依靠工人阶级，发挥我国工人阶级和农民阶级、其他劳动群众推动我国生产力发展基本力量的作用，又支持新的社会阶层发挥中国特色社会主义事业建设者的作用，使全体人民都满腔热情地投身改革开放伟大事业”。归结起来，就是“坚持执政为民、紧紧依靠人民、切实造福人民，在充分发挥人民创造历史作用中体现党的领导核心作用”。① 如果需要对此段论述再作进一步的概括，那就是我们党在改革开放的伟大事业中始终坚持了执政为民、以人为本。这既是改革开放的宝贵经验，也是改革开放取得伟大成就的根本政治保证。同时，这也是我们能够坚持以人为本、做到以人为本、实现以人为本的经验和根本政治保证。

（二）执政为民理念的集中体现

“执政为民”实际包含着两个方面的内容：一是执政，二是为民，二者是相互统一的。“执政”是为民的手段和保证；“为民”是执政的根本目标，是巩固执政地位的力量源泉。关于“执政为民”的涵义，党的十六大报告认为：“共产党执政就是领导和支持人民当家作主，最广泛地动员和组织人民群众依法管理国家和社会事务，管理经济和文化事业，维护和实现人民群众的根本利益。”② “执政为民”的根本在于让人民当家作主，人民自主、自觉地维护和实现人民群众的根本利益。党要

① 胡锦涛：“在纪念党的十一届三中全会召开30周年大会上的讲话”，《人民日报》2008年12月19日。

② 江泽民：《全面建设小康社会开创中国特色社会主义事业新局面》，人民出版社2002年版，第31—32页。

掌好权、用好权，就必须以最广大人民的根本利益为最高标准，一切为了人民群众，要运用手中的政权全心全意为人民服务、诚心诚意为人民谋利益，真正做到“权为民所用，情为民所系，利为民所谋”。

立党为公、执政为民是马克思主义的基本观点。人类社会的发展是生产力与生产关系、经济基础与上层建筑矛盾运动的结果，是先进生产力不断取代落后生产力的历史进程。人民群众是生产力中最活跃、最具有决定性的因素，是物质文明和精神文明的创造主体，是推动社会变革和历史前进的根本力量。这些思想深刻地揭示了人类社会的发展规律，阐明了人民群众的历史主体地位，为马克思主义政党确立全心全意为人民服务的宗旨提供了科学的理论依据和正确的行动指南。马克思主义政党的先进性和广泛代表性，来源于以马克思主义为指导，来源于为广大人民群众谋福利，来源于为人类的解放不懈奋斗，来源于立党为公、执政为民。

立党为公、执政为民，从根本上反映了马克思主义政党的性质和宗旨，是马克思主义政党坚持唯物史观的集中体现。马克思主义政党的一切理论和奋斗都是致力于实现最广大人民群众的根本利益。只有用马克思主义武装起来的无产阶级政党，才能始终做到立党为公、执政为民；才能始终坚持人民群众是真正英雄的观点，从群众中获得智慧和力量，把人民群众的实践创造和发展要求作为制定方针政策的根本依据；才能始终坚持人民利益高于一切，正确反映人民群众的利益和愿望，把实现最广大人民的根本利益作为一切工作的最高标准；才能始终坚持领导就是服务的观点，把从群众中来、到群众中去作为根本的工作路线，始终保持同人民群众的血肉联系，全心全意为人民服务。无论是作为无产阶级执政实践尝试的巴黎公社、列宁领导的布尔什维克和苏维埃，还是中国共产党领导的人民民主专政国家政权，都旗帜鲜明地把实现最广大人民群众的根本利益作为立党之本、执政之本。

追求执政是一切政党的共同特点。但是，为谁执政？为什么执政？依靠谁来执政？不同的政党却有不同的回答。“相信谁、依靠谁、为了谁，是否始终站在最广大人民的立场上，是区分唯物史观和唯心史观的分水岭，也是判断马克思主义政党的试金石。”①

立党为公、执政为民，是中国共产党的本质特征，是中国共产党执掌国家政权的最终目的和根本要求。“全心全意为人民服务，立党为公、执政为民是我们党同一切剥削阶级的政党的根本区别。”② 在革命战争时期，毛泽东曾提出“立党为公”、为人民服务是我们党的唯一宗旨等思想。在改革开放的新时期，邓小平反复强调，我们党要把人民拥护不拥护、赞成不赞成、高兴不高兴、答应不答应作为衡量方针政策是否可行、是否正确的标准。江泽民认为：“我们党要始终代表中国最广大人民的根本利益，就是党的理论、路线、纲领、方针、政策和各项工作，必须坚持把人民的根本利益作为出发点和归宿，充分发挥人民群众的积极性主动性创造性，在社会不断发展进步的基础上，使人民群众不断获得切实的经济、政治、文化利益。”③ 归结起来，就是“立党为公、执政为民”。胡锦涛进一步强调指出：“对于马克思主义政党来说，坚持立党为公、执政为民，实现好、维护好、发展好最广大人民的根本利益，充分发挥全体人民的积极性来发展先进生产力和先进文化，始终是最紧要的。”④

不断实现最广大人民群众的根本利益是我们党全部奋斗的根本目的。我们党成立 80 多年来的奋斗历程就是一部全心全意为人民服务、为人民谋福祉的历史。无论是革命战争年代为推翻帝国主义、封建主义及官僚资本主义“三座大山”，争取民族独立和人民解放的浴血奋战，还是建立社会主义制度、开展大规模的社会主义建设，进行社会主义改革开放及现代化建设，归根到底都是为了实现好、维护好和发展好中国最广大人民群众的根本利益。

人民群众不但是社会物质财富的创造者和精神财富的创造者，而且也是物质和精神财富的享有者。人民群众的根本利益，是关乎人民的全

① 胡锦涛：《在“三个代表”重要思想理论研讨会上的讲话》，人民出版社 2003 年版，第 16—17 页。

② 江泽民：《论“三个代表”》，中央文献出版社 2001 年版，第 161 页。

③ 江泽民：《论“三个代表”》，中央文献出版社 2001 年版，第 160—161 页。

④ 胡锦涛：《在“三个代表”重要思想理论研讨会上的讲话》，人民出版社 2003 年版，第 16—17 页。

局、长远和战略性的利益，包括经济、政治、文化和社会利益等方面。我们党始终代表人民的根本利益，就是指党的一切理论、路线方针政策和工作必须坚持把人民群众的根本利益作为出发点和落脚点，充分发挥人民群众的积极性、主动性和创造性，在社会不断发展进步的基础上，使人民群众不断获得切实的经济、政治、文化和社会利益。

公共权力在本质上是属于人民的。人民是国家权力的所有者，是社会权力的主人，各级政府的工作人员则是权力的行使者，是人民的公仆。这种委托授权的关系是社会主义国家围绕公共权力形成的基本关系。我国是社会主义国家，人民是国家的主人，国家利益一般就代表着人民的根本利益。立党为公、执政为民，最深刻地反映了中国共产党的权力观、执政观和人民观。

无论是立党为公、执政为民，还是以人为本，都是要不断满足人民群众的根本要求，实现人民群众的根本利益。判断一个执政党是不是立党为公、执政为民，是不是坚持以人为本，关键是看党的一切工作能否最终体现和实现最广大人民的根本利益。实现最广大人民群众的根本利益，不仅要带给人以看得见、摸得着的实际利益，而且要正确处理整体与具体利益、长远与眼前利益、全局与局部利益之间的多重关系，还要合理协调个人利益、集体利益、国家利益之间的关系，统筹兼顾，不断使人民群众各种正当要求和利益得到全面满足、协调实现。中国共产党之所以要始终代表先进生产力的发展要求和先进文化的前进方向，最根本的就在于坚持立党为公、执政为民，满足和实现人民群众日益增长的物质文化生活需要、维护最广大人民的根本利益。发展先进生产力和先进文化是实现最广大人民根本利益的基础和前提，实现广大人民根本利益则是发展先进生产力和先进文化的目的和归宿。这不仅是立党为公、执政为民的根本要求和根本途径，而且是贯彻落实以人为本的科学发展观的根本要求和根本途径。因此，实现人民群众的愿望，满足人民群众的需要，维护人民群众的根本利益是我们党立党和执政的最高目的，也是“以人为本”的根本出发点和落脚点。

党的十六届四中全会认真总结了中国共产党执政以来，特别是改革开放以来党执政的历史经验。主要有：（1）坚持党在指导思想上的与时俱进，用发展着的马克思主义指导新的实践。（2）坚持推进社会主义的自我完善，增强社会主义的生机和活力。(3) 坚持抓好发展这个党执政兴国的第一要务，把发展作为解决中国问题的关键。党领导人民建设社会主义的根本任务就是解放和发展生产力，增强综合国力，满足人民群众日益增长的物质文化生活需要。(4) 坚持立党为公、执政为民，始终保持党同人民群众的血肉联系。要牢记全心全意为人民服务的根本宗旨，坚持权为民所用、情为民所系、利为民所谋，实现好、维护好、发展好最广大人民群众的根本利益，保证人民群众共享改革开放的成果。(5) 坚持科学执政、民主执政、依法执政，不断完善党的领导方式和执政方式。要坚持为人民执政、靠人民执政、支持和保证人民当家作主。(6) 坚持以改革的精神加强党的建设，不断增强党创造力、凝聚力和战斗力。① 从中国共产党执政经验可见，其最核心的内容就是执政为民，全心全意为人民服务，实现好、维护好、发展好最广大人民群众的根本利益，满足人民群众日益增长的物质文化生活需要。简言之，就是坚持以人为本。

(三) 社会主义国家的本质要求

我国是人民民主专政的社会主义国家。人民民主专政是我国的国体。我国宪法明确规定：“中华人民共和国是工人阶级领导的、以工农联盟为基础的人民民主专政的社会主义国家。”我国的人民民主专政是对最广大人民群众的民主和对极少数敌对分子的专政的有机统一。绝大多数人享有民主、保障和发展人权，这是我国社会主义民主政治最大的优越性。

人民民主专政是马克思主义无产阶级专政学说和中国国情相结合的产物，其实质是无产阶级专政，又具有鲜明的中国特色。人民民主专政经历了新民主主义革命和社会主义革命、建设两个历史阶段，担负着不同的历史任务，其职能的侧重点也有所不同。在新民主主义革命时期，担负着反对帝国主义、封建主义和官僚资本主义的历史任务；社会主义

① 《十六大以来重要选编》(中)，中央文献出版社 2006 年版，第 273—275 页。

革命时期，其主要任务是实现国家的工业化，同时完成生产资料私有制的社会主义改造，消灭剥削阶级和剥削制度。社会主义制度建立以后，进入了社会主义建设、改革和发展时期，社会的主要矛盾已经不再是阶级矛盾，而是落后的社会生产和人民群众日益扩大的物质文化需求之间的矛盾，其主要任务是保卫社会主义制度和国家政权，领导和组织社会主义建设，不断扩大和保障人民民主，发展社会主义民主政治。

人民民主专政的实质就是不断发展社会主义民主，切实保障人民群众的根本利益，保证人民当家作主，同时维护国家的主权、安全、稳定和统一。人民民主专政，从理论概括而言，直接包括人民民主和专政两方面的内容，把人民民主放在首位，体现了人民民主不断扩大的趋势。从人民民主和专政的关系而言，人民民主是前提、是基础，只有保障和扩大人民民主，才能对敌人实行专政。如果不能对人民实行民主，不能切实保障人民的各项权益，保证人民当家作主的地位，就不可能有效地行使国家的专政职能，专政就会成为保证少数人民主、对人民实行压迫的工具。因此，无产阶级专政，首先必须坚持国家的一切权力属于人民，保证人民依法通过各种形式和途径管理国家事务，管理经济文化事务，管理社会事务，保证人民真正当家作主。正因如此，才有“没有民主，就没有社会主义”的历史总结，才有“人民民主是社会主义的生命”的历史结论。同时，由于现阶段资本主义在世界范围内的强势地位，各种敌对势力的存在，阶级斗争在一定范围内长期存在，并有可能激化，社会生活中各种违法犯罪活动的存在，我国政府必须在发展人民民主的基础上，发挥人民民主专政的专政职能，维护人民群众的根本利益。

在社会主义国家，人民民主就是人民当家作主，就是国家的一切权力属于人民。人民当家作主，是社会主义民主政治的本质和核心。人民当家作主，是社会主义民主政治的出发点和归宿，是人民群众的历史主体地位和人民群众占有社会生存资料的经济地位在国家政治制度中的根本体现。人民当家作主，是人民民主专政国家性质的集中体现，是社会主义政治发展的方向。随着我国改革开放的不断扩大和深入、经济社会的全面进步、人的素质的不断提高，广大人民群众政治参与的积极性不断增强。与此相适应，必须深化政治体制改革，“以保证人民当家作主为根本，以增强党和国家活力、调动人民积极性为目标，扩大人民民主，建设社会主义法治国家，发展社会主义政治文明”。“坚持国家一切权力属于人民，从各个层次、各个领域扩大国民有序政治参与，最广泛地动员和组织人民依法管理国家事务和社会事务、管理经济和文化事业；坚持依法治国基本方略，树立社会主义法治理念，实行国家各项工作法治化，保障公民合法权益。”①

社会主义愈发展，民主也愈发展。同样，民主愈发展，社会主义也愈发展。发展民主、发展社会主义，是一体两面，是同一个过程、同一条道路。民主即人民当家作主，实质上就是维护和实现最广大人民群众的根本利益，就是坚持以人民群众为本，也就是以人为本。因此，发展中国特色社会主义、发展中国特色社会主义民主政治，与坚持科学发展、以人为本是一致的。也就是说，人民民主专政的社会主义国家只要能够保证人民当家作主，就一定能够坚持以人为本。

（四）党的优良传统和作风的高度凝练

中国共产党在将近100年的奋斗历程中，创造了伟大的业绩，形成了许多优良的传统和作风。党的优良传统和作风体现在党的思想、工作、领导、学习和生活等方面，具体主要包括：一切从实际出发、求真务实，实事求是、与时俱进；理论联系实际、开拓创新、解放思想、不断重视理论建设；坚持真理，民主集中，批评和自我批评；坚持独立自主、坚定走自己的路；自力更生、艰苦奋斗，始终保持“两个务必”；坚持群众观点和群众路线，密切联系群众，全心全意为人民服务，等等。这些传统和作风是在长期的艰苦而复杂的革命实践中锤炼出来的，它以马克思主义为核心，同时继承和吸收了中华民族的优秀文化传统。

中国共产党创造性地坚持马克思主义的群众史观，形成了党的群众观点和群众路线。群众路线这个概念是中国共产党的独特创造。群众路线包含着十分丰富的内容，概括起来就是：一切为了群众，群众的利益

---

① 胡锦涛：《高举中国特色社会主义伟大旗帜为夺取全面建设小康社会新胜利而奋斗》，人民出版社2007年版，第28—29页。

高于一切；一切依靠群众，相信群众有无穷无尽的力量；密切联系群众，一刻也不脱离群众；实行“从群众中来，到群众中去”的基本领导方法和基本工作方法。这里既包括了党的根本宗旨，又包括了党的根本工作路线，是我们党的世界观和方法论。

“一切为了群众”是群众路线的基本出发点和最终归宿，“一切依靠群众”是群众路线的根本要求。中国共产党始终代表中国最广大人民群众的根本利益，党的一切工作都是为了广大人民群众、服务于广大人民群众的，全心全意为人民服务是党的根本宗旨。党领导的革命和建设，之所以能够从小到大、由弱到强、直至取得全国胜利，建立新中国，并在中国特色社会主义建设事业中取得举世瞩目的伟大成就，归根结底，靠的就是群众路线。革命也好，建设也好，改革也好，都是为了人民的利益，为了保障人民享有政治、经济、文化、社会等各方面的权利，不断满足人民日益增长的物质和文化需要；也都是依靠了人民，充分尊重和发挥人民群众的主动性和创造力，把群众的智慧和创造集中起来，上升为党的主张和国家政策，再到群众中加以贯彻实行，变为群众的自觉行动。总之，我们党领导的革命、建设和改革，如果不是为了人民群众的利益，如果没有人民群众的广泛支持和积极参与，就会一事无成。

我们党在长期的革命、建设和改革的伟大实践中，已经深深扎根于群众之中，同人民群众建立了血肉相连、生死与共的关系。但是，作为执政党，特别是在改革开放和发展社会主义市场经济条件下的执政党，能否继续发扬全心全意为人民服务、与人民群众同呼吸共命运，使我们党始终扎根于广大人民群众之中，始终代表最广大人民的根本利益，始终如一地坚持群众路线的优良传统，是新的严峻考验，是党面临和必须认真解决的重大课题。

在新的历史时期，进一步发扬党的优良传统和作风，就是要全心全意为人民服务、与人民群众同呼吸共命运、始终如一地坚持群众路线的优良传统，就是要立党为公，执政为民，就是要做到“权为民所用，情为民所系，利为民所谋”。具体而言，就是要做到：一要为人民办实事，始终履行好全心全意为人民服务的宗旨。党来源于人民，植根于人民，服务于人民。党员应牢固树立全心全意为人民服务的意识，要坚持一切以维护人民的根本利益为出发点的基本原则，围绕着怎样维护好人民的利益来推进各项工作，把精力和心思都用在为群众服务上，增强为民办事的事业心和责任感。党员干部要有立党为公、执政为民的政治情怀，为群众诚心诚意办实事、尽心竭力解难事、坚持不懈做好事，提供优质服务。二要密切联系群众，始终保持同人民群众的血肉联系。紧紧依靠人民群众，是加强和改进党的自身建设的现实要求，也是党的优良作风和政治优势。我们开展工作要把体现人民群众的意志和利益作为出发点和归宿，要始终不渝地坚持一切为了群众，一切依靠群众，从群众中来，到群众中去的根本工作路线，广泛深入地动员和组织群众，把党的方针政策落到实处，坚定不移地维护和实现最广大人民的根本利益。同时，还要坚决克服形式主义和官僚主义。形式主义和官僚主义是损害党的形象、损害党和政府同人民群众关系的一大灾害，必须下大力气加以铲除。我们要坚决摒弃独断专行、专横跋扈、官气十足、办事不公、欺压百姓等脱离群众、脱离实际的“官本位”意识和老爷作风，坚决克服贪图虚名，弄虚作假，不求实效，乐于搞“形象工程”、“政绩工程”、“路边工程”等形式主义的不良倾向。要牢固树立正确的世界观、人生观和价值观，切实端正对群众的态度，增进对群众的感情，提高密切联系群众的自觉性。同时要建立健全联系群众的制度，确保各级干部深入实际，深入基层，深入群众，倾听群众的呼声，了解群众的疾苦，时刻把群众的冷暖放在心上，切实实现好、维护好人民群众的权益。三要始终把最广大人民群众的根本利益放在第一位。实现好、维护好、发展好最广大人民群众的根本利益，是推进改革开放和现代化建设的出发点和归宿。坚持、发扬党的优良传统和作风必须体现在不断满足人民群众的物质文化生活的需要与实现人民群众的经济政治文化的利益上，必须体现在做好关心群众生产生活的各项工作和为人民群众办实事、办好事、解难事上，必须体现在不断提高广大人民群众的思想道德、科学文化的综合素质上。集中起来，就是要坚持以人为本。

我们党开展深入学习实践科学发展观活动，强调坚持“以人为本”，其中最根本、最重要的就是必须真正把人民群众当作发展成果的创造者，尊重人民群众的主体地位，发挥人民群众的创造力，同时，真正把人民群众作为发展成果的享受者，切实保证人民群众的各项权益，促进社会经济全面进步和人的全面发展。

二、“以人为本”的实践基础

以人为本，不仅要有坚实的理论准备、政治前提和历史传承，而且要有牢固的实践基础。以人为本是对我国社会主义建设实践、尤其是我国改革开放伟大实践经验的概括和总结，是来自社会主义实践、服务社会主义实践的科学结论。

（一）社会主义实践发展的必然逻辑

从本质上讲，社会主义社会是以人为本的社会，社会主义建设就是以人为本的实践活动，发展社会主义就是不断扩大和深化以人为本的过程。可以说，中国社会主义的实践进程，其实就是不断实现人民群众的根本利益的历史，就是不断以人为本的历史；新中国建立以来的社会主义革命、建设和改革，就是不断探索和坚持以人为本的历程，特别是改革开放以来的中国特色社会主义建设实践，就是不断造福人民群众、积极坚持以人为本的进程。

新中国的成立，标志着中国人民彻底摆脱了民族奴役、阶级压迫，从此站起来了，在法理和事实上成为国家和社会的主人。为了保证人民群众的主人地位，改变中国一穷二白的面貌，经过翻天覆地的社会主义改造，我国建立了社会主义制度，建立了人民民主专政的国家政权，建立了人民代表大会制度、共产党领导的多党合作和政治协商制度以及民族区域自治制度，从国家根本制度上保障了人民当家作主的社会地位。同时，我们加快生产关系的变革，初步建立了社会主义国民经济体系，确保了国民经济发展的社会主义方向，保证了生产过程中人与人之间的平等关系，在很大程度上提高了人民群众的生活水平。我们还加大了社会改造的力度，扫除了旧社会遗留的不良社会风尚和生活方式，树立了崭新的道德风尚和健康纯朴的生活方式。整个社会的面貌和人民的精神风貌发生了深刻变化。

党的十一届三中全会以来，我们党坚持解放思想和实事求是的统一，大力发扬求真务实精神，不断深化对共产党执政规律、社会主义建设规律、人类社会发展规律的认识，改革开放的伟大实践取得了巨大成就，“中国人民的面貌、社会主义中国的面貌、中国共产党的面貌发生了历史性变化”。①

对此，胡锦涛在纪念党的十一届三中全会的讲话中进行了概括总结，主要表现在以下方面：

第一，我国成功实现了从高度集中的计划经济体制到充满活力的社会主义市场经济体制的伟大历史转折。我们建立和完善社会主义市场经济体制，建立以家庭承包经营为基础、统分结合的农村双层经营体制，形成以公有制为主体、多种所有制经济共同发展的基本经济制度，形成以按劳分配为主体、多种分配方式并存的分配制度，形成在国家宏观调控下市场对资源配置发挥基础性作用的经济管理制度。在不断深化经济体制改革的同时，不断深化政治体制、文化体制、社会体制以及其他各方面体制改革，不断形成和发展符合当代中国国情、充满生机活力的新的体制机制，为我国经济繁荣发展、社会和谐稳定提供了有力的制度保障。

第二，我国成功实现了从封闭半封闭到全方位开放的伟大历史转折。我们坚持对外开放的基本国策，打开国门搞建设，加快发展开放型经济。从建立经济特区到开放沿海、沿江、沿边、内陆地区再到加入世界贸易组织，从大规模“引进来”到大踏步“走出去”，利用国际国内两个市场、两种资源的水平显著提高，国际竞争力不断增强。从1978年到2007年，我国进出口总额从206亿美元提高到2.173万亿美元，跃居世界第三，外汇储备跃居世界第一，对外投资大幅增长，实际使用外资额累计近1万亿美元。广泛深入的国际合作加快了我国经济发展，

① 胡锦涛：《高举中国特色社会主义伟大旗帜为夺取全面建设小康社会新胜利而奋斗》，人民出版社2007年版，第6页。

也为世界经济发展做出了重大贡献。①

第三，坚持以经济建设为中心，我国综合国力迈上了新的台阶。从1978年到2007年，我国国内生产总值由3645亿元增长到24.95万亿元，年均实际增长9.8%，是同期世界经济年均增长率的3倍多，我国经济总量上升为世界第四。② 到2008年，我国的国内生产总值超过30万亿元，达到30.067万亿元，比2007年增长9%。据初步预测，2008年中国经济对世界经济增长的贡献率超过了20%。③ 我们依靠自己力量解决了13亿人口吃饭问题。我国主要农产品和工业品产量已居世界第一，具有世界先进水平的重大科技创新成果不断涌现，高新技术产业蓬勃发展，水利、能源、交通、通信等基础设施建设取得突破性进展，生态文明建设不断推进，城乡面貌焕然一新。

第四，党和政府着力保障和改善民生，人民生活从总体上达到了小康水平。这30年是我国城乡居民收入增长最快、得到实惠最多的时期。从1978年到2007年，全国城镇居民人均可支配收入由343元增加到13786元，实际增长6.5倍；农民人均纯收入由134元增加到4140元，实际增长6.3倍；农村贫困人口从2.5亿减少到1400多万。④ 温家宝在2009年的政府工作报告中回顾2008年的政府工作时，其中一条成绩就是：社会事业加快发展，人民生活进一步改善。城镇新增就业1113万人；城镇居民人均可支配收入15781元，农村居民人均纯收入4761元，实际增长8.4%和8%。⑤ 在收入增加的同时，人们的生活设施和条件得到了明显改善。城市人均住宅建筑面积和农村人均住房面积成倍增加。群众家庭财产普遍增多，衣食住行水平明显提高。

第五，大力发展了社会主义民主政治，人民当家作主权利得到了更

① 胡锦涛：“在纪念党的十一届三中全会召开30周年大会上的讲话”，《人民日报》2008年12月19日。

② 胡锦涛：“在纪念党的十一届三中全会召开30周年大会上的讲话”，《人民日报》2008年12月19日。

③ 2008年数据来源：《人民日报》2009年2月27日第9版。

④ 胡锦涛：“在纪念党的十一届三中全会召开30周年大会上的讲话”，《人民日报》2008年12月19日。

⑤ 温家宝：“政府工作报告”，《人民日报》2009年3月15日。

好的保障。政治体制改革不断深化，人民代表大会制度、中国共产党领导的多党合作和政治协商制度、民族区域自治制度以及基层群众自治制度日益完善，中国特色社会主义法律体系基本形成，依法治国基本方略有效实施，社会主义法治国家建设取得重要进展，公民有序政治参与不断扩大，人权事业全面发展。爱国统一战线发展壮大，政党关系、民族关系、宗教关系、阶层关系、海内外同胞关系更加和谐。

第六，大力发展了社会主义先进文化，人民日益增长的精神文化需求得到了更好的满足。社会主义核心价值体系建设取得重大进展，马克思主义思想理论建设卓有成效，群众性精神文明创建活动、公民道德建设、青少年思想道德建设全面推进，文化事业生机盎然，文化产业空前繁荣，国家文化软实力不断增强，人们精神世界日益丰富，全民族文明素质明显提高，中华民族的凝聚力和向心力显著增强。

第七，大力发展了社会事业，社会和谐稳定得到巩固和发展。城乡免费九年义务教育全面实现，高等教育总规模、大中小学在校生数量位居世界第一，办学质量不断提高。就业规模持续扩大，全社会创业活力明显增强。社会保障制度建设加快推进，覆盖城乡居民的社会保障体系初步形成。公共卫生服务体系和基本医疗服务体系不断健全，新型农村合作医疗制度覆盖全国。

胡锦涛指出：改革开放 30 年来，我们既毫不动摇地坚持发展是硬道理的战略思想，牢牢扭住经济建设这个中心，不断解放和发展社会生产力，不断夯实我国社会主义制度的物质基础，又毫不动摇地坚持四项基本原则、坚持改革开放。党的基本路线是兴国、立国、强国的重大法宝，是实现科学发展的政治保证，是党和国家的生命线、人民群众的幸福线。30 年来，我们坚持人民创造历史这一马克思主义科学原理，真诚代表中国最广大人民的根本利益，紧紧依靠人民，最广泛地调动人民群众的积极性、主动性、创造性，从人民中汲取智慧，加强和改善党的领导，使党得到人民的充分信赖和拥护，始终发挥领导核心作用，为改革开放和社会主义现代化建设凝聚起强大力量、提供根本政治保证。30 年来，我们既积极推进经济体制改革，又积极推进政治体制改革，发展社会主义民主政治，建设社会主义法治国家，保证人民当家作主，不断推动我国社会主义上层建筑与经济基础相适应，社会主义民主政治展现出更加旺盛的生命力。30年来，我们既在深刻而广泛的变革中坚持社会主义基本制度，又创造性地在社会主义条件下发展市场经济，使经济活动遵循价值规律的要求，不断解放和发展社会生产力，增强综合国力，提高人民生活水平，更好地完成经济建设这个中心任务。30年来，我们既重视物的发展即社会生产力的发展，又重视人的发展即全民族文明素质的提高，坚持物质文明和精神文明两手抓，实行依法治国和以德治国相结合，以科学的理论武装人、以正确的舆论引导人、以高尚的情操塑造人、以优秀的作品鼓舞人，着力培育有理想、有道德、有文化、有纪律的公民，不断提高全民族的思想道德素质和科学文化素质，为改革开放和社会主义现代化建设提供强大精神动力和智力支持、营造良好舆论环境。30年来，我们既高度重视通过提高效率来增强社会活力、促进经济发展，又高度重视在经济发展的基础上通过实现社会公平来促进社会和谐，坚持以人为本，以解决人民最关心最直接最现实的利益问题为重点，着力发展社会事业，着力完善收入分配制度，保障和改善民生，走共同富裕道路，努力形成全体人民各尽其能、各得其所而又和谐相处的局面，为改革开放和社会主义现代化建设营造良好的社会环境。①

从胡锦涛对改革开放30年的成功实践和取得的伟大成就的论述看，改革开放的进程其实就是我们党、国家、政府不断解放和发展生产力，提高人的素质，尊重人的社会主体地位，保障人民群众各项权益，解决人民群众的切身利益问题，不断改善和提高人民生活质量的历程；概言之，就是不断坚持以人为本的过程。正是因为我们坚持了以人为本，中国人的社会地位、物质文化生活得到了历史性的改观，社会主义事业、改革开放的事业才能顺利推向前进。因此，我们今天大力提倡和要求坚持科学发展，坚持以人为本，不是空穴来风，不是想象中的美好幻境，而是历史发展的客观趋势和中国社会发展的必然逻辑，是中国当代社会实践发展的必然产物，是社会主义建设、改革和发展实践的必然结论。

① 改革开放30年的伟大成就，参见胡锦涛：“在纪念党的十一届三中全会召开30周年大会上的讲话”，《人民日报》2008年12月19日。

（二）改革开放宝贵经验的高度概括

改革开放和现代化建设取得了巨大的成就，也积累了许多成功的经验，归结起来，核心就是以人为本。

江泽民1998年12月18日在“纪念党的十一届三中全会召开二十周年大会”上对我国改革开放和社会主义现代化建设的历程作了全面的回顾，从11个方面概括了我们党领导改革开放和社会主义现代化建设中积累的经验。（1）坚持党的马克思主义的思想路线。党在理论和实践上的每一步前进、改革和建设的每一步前进，都是坚持党的思想路线，解放思想，实事求是的结果。（2）全面正确积极贯彻执行党在社会主义初级阶段的基本路线。（3）把集中力量发展生产力摆在首要位置。要善于利用一切机遇，利用一切条件来发展生产力。发展生产力，既要见物，又要见人，既要重视物质生产水平的提高，又要重视人的素质的提高。坚持实施科教兴国战略，努力把经济建设转到依靠科技进步和提高劳动者素质的轨道上来。党和国家的一切工作的是非得失要以邓小平提出的“三个有利于”为标准。（4）坚定不移地坚持改革开放。改革开放有利于促进生产力的发展和各项事业的全面进步，根本目的是更好地实现最广大人民群众的利益。（5）建立和完善适应生产力发展要求的经济制度和经济体制，进一步解放和发展生产力。（6）坚持建设中国特色社会主义民主政治。中国特色社会主义民主，是全国各族人民享有的最广大的民主，本质就是人民当家作主。民主政治建设要扩大人民民主，保证人民依法享有广泛的民主权利和自由，尊重和保护人权。（7）坚持物质文明和精神文明的共同进步。社会主义社会是以经济及建设为重点的全面发展、全面进步的社会。经济、政治、文化协调发展，才是有中国特色的社会主义。（8）维护和保持安定团结的社会政治局面。（9）必须为我国改革开放和社会主义现代化建设争取一个长期和平的国际环境。（10）必须把实现和维护最广大人民群众的利益作为改革和建设的根本出发点。人民是国家的主人，是决定国家前途和命运的根本利益。党的全部任务和责任就是为人民谋福利，团结和带领群众为实现自己的根本利益而奋斗。在整个改革开放和现代化建设的过程中，都要努力使工人、农民、知识分子和群众共同享受到经济社会发展的成果。（11）必须坚持、加强和改善党的领导。要全面推进党的建设，始终坚持党的性质和全心全意为人民服务的宗旨。① 这 11 条经验，中心是人民群众的利益，是人的素质的提高。

2002 年，党的十六大对我们党自十三届四中全会以来中国特色社会主义建设的经验进行了系统总结，归纳为 10 条基本经验。（1）坚持以邓小平理论为指导，不断推进理论创新。无论遇到什么困难和风险，都必须坚持党的基本理论、基本路线和基本纲领不动摇。（2）坚持以经济建设为中心，用发展的办法解决前进中的问题。发展是硬道理，必须抓住一切机遇加快发展；发展要有新思路；必须坚持扩大内需的方针，实施科教兴国和可持续发展战略，实现速度和结构、质量、效益相统一，经济发展和人口、资源、环境相协调；在经济发展的基础上，促进社会全面进步，不断提高人民生活水平，保证人民共享发展成果。（3）坚持改革开放，不断完善社会主义市场经济体制。改革开放是强国之路，必须坚定不移地推进各方面改革。（4）坚持四项基本原则，发展社会主义民主政治。推进政治体制改革，发展民主，健全法制，依法治国，建设社会主义法治国家，保证人民行使当家作主的权利。（5）坚持物质文明和精神文明两手抓，实行依法治国和以德治国相结合。必须立足中国现实，继承民族文化优秀传统，吸取外国文化有益成果，建设社会主义精神文明，不断提高全民族的思想道德素质和科学文化素质，为现代化建设提供强大的精神动力和智力支持。（6）坚持稳定压倒一切的方针，正确处理改革发展稳定的关系。要把改革的力度、发展的速度和社会可承受的程度统一起来，把不断改善人民生活作为处理改革发展稳定关系的重要结合点，在社会稳定中推进改革发展，通过改革发展促进社会稳定。（7）坚持党对军队的绝对领导，走中国特色的精兵之路。（8）坚持团结一切可以团结的力量，不断增强中华民族的凝聚力。高举爱国主义、社会主义的旗帜，加强全国各族人民的大团结，巩固和发展最广泛的爱国统一战线，调动一切积极因素，为完成祖国统一大业和实现中华

---

① 《十五大以来重要文献选编》（上），人民出版社 2000 年版，第 679—694 页。

民族的伟大复兴而共同奋斗。(9) 坚持独立自主的和平外交政策，维护世界和平与促进共同发展。始终把国家的主权和安全放在第一位，争取有利于我国发展的和平的国际环境和良好的周边环境。(10) 坚持加强和改善党的领导，全面推进党的建设新的伟大工程。

“以上十条，是党领导人民建设中国特色社会主义必须坚持的基本经验。这些经验，联系党成立以来的历史经验，归结起来就是，我们党必须始终代表中国先进生产力的发展要求，代表中国先进文化的前进方向，代表中国最广大人民的根本利益。这是坚持和发展社会主义的必然要求，是我们党艰辛探索和伟大实践的必然结论。”① 可见，出发点和归宿点就是“中国最广大人民群众的根本利益”。

党的十七大总结了改革开放以来我们党领导全国各族人民在我们这样一个十几亿人口的发展中大国摆脱贫困、加快实现现代化、巩固和发展社会主义所取得的宝贵经验。“在改革开放的历史进程中，我们党把坚持马克思主义基本原理同推进马克思主义中国化结合起来，把坚持四项基本原则同坚持改革开放结合起来，把尊重人民首创精神同加强和改善党的领导结合起来，把坚持社会主义基本制度同发展市场经济结合起来，把推动经济基础变革同推动上层建筑改革结合起来，把发展社会生产力同提高全民族文明素质结合起来，把提高效率同促进社会公平结合起来，把坚持独立自主同参与经济全球化结合起来，把促进改革发展同保持社会稳定结合起来，把推进中国特色社会主义伟大事业同推进党的建设新的伟大工程结合起来。”② 2007 年 12 月 17 日，胡锦涛在新进中央委员会委员、候补委员学习贯彻党的十七大精神研讨班开班时的讲话中进一步阐述了“十个结合”的含义和历史地位。2008 年 12 月 18 日，在纪念十一届三中全会召开 30 周年大会上，胡锦涛详细而深刻地阐述了改革开放 30 年宝贵的实践经验。在阐述“把尊重人民首创精神同加强和改善党的领导结合起来”这一条经验时，他说：“30 年来，我们坚

---

① 《十六大以来重要文献选编》(上)，中央文献出版社 2005 年版，第 6—8 页。

② 胡锦涛：《高举中国特色社会主义伟大旗帜，为夺取全面建设小康社会新胜利而奋斗》，人民出版社 2007 版，第 10 页。

持人民创造历史这一马克思主义科学原理，真诚代表中国最广大人民的根本利益，紧紧依靠人民，最广泛地调动人民群众的积极性、主动性、创造性，从人民中汲取智慧，加强和改善党的领导，使党得到人民充分信赖和拥护，始终发挥领导核心作用，为改革开放和社会主义现代化建设凝聚起强大力量、提供根本政治保证。”“人民群众是党的力量源泉和胜利之本。改革开放是人民的要求和党的主张的内在统一，是亿万人民自己的事业。我们坚持一切为了群众、一切依靠群众，从群众中来，到群众中去，把党的正确主张变为群众的自觉行动，坚持尊重社会发展规律与尊重人民历史主体地位的一致性，坚持为崇高理想奋斗与为最广大人民谋利益的一致性，坚持完成党的各项工作与实现人民利益的一致性。我们把人民拥护不拥护、赞成不赞成、高兴不高兴、答应不答应作为制定各项方针政策的出发点和落脚点，一切以是否有利于发展社会主义社会生产力、有利于增强社会主义国家综合国力、有利于提高人民生活水平这‘三个有利于’为根本判断标准，坚持问政于民、问需于民、问计于民，既通过提出和贯彻正确的理论和路线方针政策带领人民前进，又从人民的实践创造和发展要求中获得前进动力。我们尊重人民主体地位，发挥人民首创精神，贯彻尊重劳动、尊重知识、尊重人才、尊重创造的重大方针，坚持全心全意依靠工人阶级，发挥我国工人阶级和农民阶级、其他劳动群众推动我国生产力发展基本力量的作用，又支持新的社会阶层发挥中国特色社会主义事业建设者的作用，使全体人民都满腔热情地投身改革开放伟大事业。我们坚持全心全意为人民服务的根本宗旨，坚持立党为公、执政为民，通过改革发展为人民群众造福，实现好、维护好、发展好最广大人民的根本利益。”① 显而易见，这段话的核心内容就是实现好、维护好、发展好最广大人民的根本利益，就是以人为本。

无论是党执政的6条历史经验、改革开放20年的11条经验，还是1989—2002年13年中国特色社会主义建设的10条基本经验，以及改革开放30年“十个结合”的宝贵经验，其落脚点都在于通过改革和发

① 胡锦涛：“在纪念党的十一届三中全会召开30周年大会上的讲话”，《人民日报》2008年12月19日。

展的办法，不断解放和发展生产力，满足人民群众日益增长的物质文化生活需要，最大限度地实现最广大人民群众的根本利益；其根本的目标都在于使改革开放的成果、社会主义现代化建设的成果惠及最广大人民群众。这样，我国改革开放、建设中国特色社会主义的经验完全可以进一步归结为“以人为本”。改革开放、社会主义现代化建设和建设中国特色社会主义事业的主体是人民群众，动力是人民群众，根本目的就是满足人民群众的要求和实现人民群众的利益，因此，改革开放和社会主义现代化建设就是“以人为本”的。坚持马克思主义的指导，不断进行理论创新，根本点在于坚持群众观点，不断反映人民群众不断变化和发展的需要和利益，真实体现人民群众的愿望和意志，全心全意为人民服务，是坚持以人为本；坚持改革和发展，发挥人民群众的创造性和主体精神，创造更丰富的财富不断满足人民群众的需要，并在经济发展的基础上不断提高广大人民群众的素质，也是坚持以人为本；加强党的建设，使党始终成为立党为公、执政为民的党，始终做到“三个代表”，带领全国各族人民实现国家富强、民族振兴、社会和谐、人民幸福，依然是坚持以人为本。可见，改革开放和现代化建设的伟大实践，或者说，中国特色社会主义建设的伟大实践，其实就是坚定地代表人民群众的根本利益、实现、维护和发展最广大人民群众根本利益的伟大实践，就是不断坚持和深化以人为本的伟大实践。概而言之，“以人为本”是改革开放、现代化建设经验的集中体现，也是中国特色社会主义建设经验最精练的总结。

三、“以人为本”的现实根基

当前，我国社会处于新的发展阶段和改革发展的关键时期。以人为本思想的提出和科学发展观的确立，不仅是理论认识不断积累和发展的必然结果，而且是在经济发展基础上物质条件积累和社会发展的必然产物。

新中国 60 年的风雨历程，改革开放和现代化建设 30 多年的历史跨越，使我国经济实现了飞速发展，积累了较为丰厚的物质基础，社会福利事业发展迅速，人民生活水平得到较大改善，民主政治建设有了较大进步，社会主义现代化建设事业取得了显著成就，进入了全面建设小康社会阶段。我国社会主义改革开放和现代化建设事业所形成的国内国际环境、经济社会发展所取得的巨大成就为坚持以人为本、促进人的自由全面发展提供了客观基础和现实条件。

（一）日渐雄厚的物质基础

国民经济的快速增长和综合国力的大幅提升，为我国社会转到以人为本、促进人的自由全面发展的道路奠定了物质基础。

在人的温饱等基本的生存问题还没有解决的历史时期，社会发展的重点必然是物的增长，发展经济是压倒一切的根本问题。物质财富的增多、经济总量的扩大是整个社会追求的主要目的。可以说，在以解决温饱问题为重点的历史阶段，物的发展从根本上要重于人的发展，是社会发展的根本目的。前资本主义社会和商品经济发展中前期，人们对物质财富的囤积、对商品的膜拜，就是物重于人的表现。这个历史阶段，由于人们关注的重心是经济、是财富的集聚，为了财富的增长，可以不顾由财富产生的环境的承受能力、一味地掠夺大自然，可以牺牲生产财富的主体——劳动者，为了财富可以榨干人的最后一滴血。马克思对资本的揭露深刻地说明了这种状态。马克思说，资本来到世界，从头到脚，每个毛孔都沾满了血和肮脏的东西。当然，重物不重人的发展具有历史的内在逻辑。因为，发展物，从根本上讲，也是为了人、为了人的发展。但由于社会制度、发展观念的限制，物的发展往往不能为人的发展服务，物的发展奴役人的发展。我国是社会主义国家，必须具备强大而坚实的物质实力，必须坚持以经济建设为中心，大力发展物质文明。但是，物的发展不是社会主义社会的最高目的，人的全面自由发展才是社会主义的最高价值目标。

以人的自由全面发展为本的发展观是建立在我国具有相当的经济实力和物质基础之上的。根据我国社会发展的实际和国际社会发展的经验，温饱问题的解决、人均国内生产总值达到 1000 美元时，社会发展目标的重心就必须转移，即由以物为中心转移到以人为根本上来，促进社会全面进步和人的自由全面发展。

2003 年，是我国经济发展具有标志性意义的一年。作为反映整体经济实力的综合性指标——国内生产总值，突破 11 万亿元，人均国内生产总值突破 1000 美元，达到 1090 美元，标志着我国经济发展水平跨上了新的历史台阶。据国家统计局的统计，2003 年国内生产总值 116694 亿元，按可比价格计算，比上年增长 9.1%，加快 1.1 个百分点。其中，第一产业增加值 17247 亿元，增长 2.5%，减慢 0.4 个百分点；第二产业增加值 61778 亿元，增长 12.5%，加快 2.7 个百分点；第三产业增加值 37669 亿元，增长 6.7%，减慢 0.8 个百分点。在第三产业中，金融保险业增长 6.9%，批发和零售贸易餐饮业增长 6.6%，房地产业增长 5.3%。① 经过几年的发展，到 2007 年，我国国内生产总值由 1978 年的 3645 亿元增长到 24.95 万亿元，年均实际增长 9.8%，是同期世界经济年均增长率的 3 倍多，我国经济总量上升为世界第四。到 2008 年，我国的国内生产总值超过 30 万亿元，达到 300670 亿元，比 2007 年增长 9%。② 与此同时，国家财政收入自 2003 年突破 2 万亿元，告别了过去那种捉襟见肘的“吃饭财政”时代；2008 年，国家财政收入达到了 6.13 万亿元，已经具备了建立公共财政的条件，具备了在保持经济平稳发展的基础上把社会发展的重点目标转换为以人为本的现实条件。可以说，改革开放以来的巨大发展、我国经济实力的增强，为我国转向以人为本的发展道路奠定了比较雄厚的物质基础。我们党提出以人为本的科学发展观，确定我国经济社会坚持以人为本、实现科学发展的道路选择，正是对这种客观现实条件进行正确判断、科学分析所得出的历史结论。

尽管国内生产总值的增长是一个国家综合国力的集中体现，但是，它只能作为要求社会发展目标转移的一个方面的经济因素，并不能代替或囊括其他经济因素的制约。以人为本的经济因素还包括社会生产力、

① 国家统计局：《中华人民共和国 2003 年国民经济和社会发展统计公报》，2004 年《政府工作报告》。

② 2008 年数据来源：《人民日报》2009 年 2 月 27 日。

特别是科学发展的水平。改革开放以来，我国社会生产力水平迅速提高，特别是进入21世纪以来，发展尤为迅速，成效尤为显著，可以说进入到了经济社会发展的新阶段。

（1）农业特别是粮食生产得到加强。农业是国民经济的基础，是人们生活基本需要得以满足的保证。只有农业发展、尤其是粮食生产达到了一定的水平——即从温饱达到总体小康的水平，整个社会才有可能转向以人为本的发展轨道，才能从以解决温饱的物质生活需要为主转变到以满足人的精神文化和发展人本身为主的轨道上来。2004年以来，我国对农业、特别是粮食生产十分重视，采取了一系列有利于农业发展和惠农的政策，改变了前些年农业缓慢发展、粮食生产连年减少的局面，农业特别是粮食生产连续丰收，农民的收入也不断增长，我国农业的基础地位得到进一步巩固。2004年，全国全年粮食产量46947万吨，比上年增加3877万吨，增产9.0%；棉花产量632万吨，增产30.1%；油料产量3057万吨，增产8.8%；蔬菜、水果在扩大优质品种的基础上平稳发展。① 2005年，我国粮食播种面积10427万公顷，粮食总产量达到48401万吨，在2004年增产3875万吨的基础上再增产1454万吨，增长3.1%。在主要经济作物中，棉花产量570万吨，油料产量3078万吨，糖料产量9551万吨；渔业生产稳定发展，水产品产量5100万吨。② 2008年，全国粮食种植面积10670万公顷，比上年增加106万公顷；棉花种植面积576万公顷，减少17万公顷；油料种植面积1271万公顷，增加139万公顷；糖料种植面积193万公顷，增加13万公顷。全年粮食产量52850万吨，比上年增加2690万吨，增产5.4%。其中，夏粮产量12041万吨，增产26%；早稻产量3158万吨，与上年基本持平；秋粮产量37651万吨，增产6.7%。③ 农业的丰收，农产品价格特别是粮食价格基本平稳，进一步巩固了农业的基础地位，对防止粮食危机和通胀、保持国民经济平稳发展和社会稳定起到了重要的支撑作用。

（2）工业生产保持较快增长。工业是国民经济的支柱，是综合国力

---

① 国家统计局：《中华人民共和国2004年国民经济和社会发展统计公报》。

② 国家统计局：《中华人民共和国2005年国民经济和社会发展统计公报》。

③ 国家统计局：《中华人民共和国2008年国民经济和社会发展统计公报》。

的重要体现。工业发展的水平是衡量一个国家社会生产力水平的重要标志。2003年以来，我国工业生产、特别是能源等基础产业发展很快，装备制造业技术水平进一步提高，高新技术产业发展迅速。2003年，全国全部工业增加值53612亿元，比上年增长12.6％，其中规模以上工业企业（即国有工业企业及年产品销售收入500万元以上的非国有工业企业）增加值增长17.0％。工业产品销售率98.1％，比2002年提高0.1个百分点。① 2005年工业增加值76190亿元，比2004年增长11.4％％。② 2008年，全年全部工业增加值129112亿元，比上年增长9.5％。规模以上工业增加值增长12.9％，其中国有及国有控股企业增长9.1％；集体企业增长8.1％，股份制企业增长15.0％，外商及港澳台商投资企业增长9.9％；私营企业增长20.4％。③

（3）产业结构进一步改善。“十五”期间，第一、二、三产业占国内生产总值的比重分别为13％、51％和36％；第一产业从业人员占全社会从业人员的比重从1978年的70.5％下降为44％，二、三产业从业人员比重分别是23％和33％；城镇化从1978年的17.9％上升为43％，1998年以来年均提高1.4个百分点，进入了快速增长期。产业结构是社会生产力发展水平的一个重要指标。一般而言，第一、二产业的比重越大，生产力水平就越低；反之则越高，劳动者的生产时间就越少，剩余时间则越多。剩余时间的增多，在很大程度上为坚持以人为本、促进人的自由全面发展提供了社会基础。

（4）基础设施和基础产业明显加强。在城镇化、工业化的带动下，各类投资迅速增加，全社会大规模固定资产投资快速增长。“十五”期间是我国基础设施和基础产业投资最多、发展最快的时期。“十五”期间全社会固定资产投资为29.5万亿元；其中2005年达到88604亿元，5年的年增长速度高达20.2％（按累计法计算），比“九五”时期年增长速度高出9％。5年间，全国新建公路35万公里，其中高速公路2.4万公里，超过2000年以前全国高速公路的总长度，新建铁路投产里程

① 国家统计局：《中华人民共和国2003年国民经济和社会发展统计公报》。

② 国家统计局：《中华人民共和国2005年国民经济和社会发展统计公报》。

③ 国家统计局：《中华人民共和国2008年国民经济和社会发展统计公报》。

7.63万公里，港口万吨级码头泊位新增吞吐能力45232万吨；西气东输管道工程、青藏铁路、三峡工程等一批对经济社会长远发展起重大促进作用的项目相继建成投产、发挥效益。

近几年来，为统筹城乡发展，固定资产的投资更多的向中西部、向农村地区倾斜，向与广大人民群众生活息息相关的民生工程倾斜。以2003年和2008年为例进行比较，即可见一斑。2003年全年全社会固定资产投资55118亿元，比上年增长26.7%。国有及其他经济类型投资中，东部地区投资24666亿元，增长33.6%；中部地区投资10092亿元，增长33.1%；西部地区投资7171亿元，增长26.4%。① 2008年全年全社会固定资产投资172291亿元，比上年增长25.5%。从城乡看，城镇投资148167亿元，增长26.1%；农村投资24124亿元，增长21.5%。从地区看，东部地区投资87412亿元，比上年增长20.9%；中部地区投资45384亿元，增长32.6%；西部地区投资35839亿元，增长26.9%。②

（5）科技实力进一步提高。改革开放以来，“科学技术是第一生产力”日渐深入人心，科教兴国战略实施顺利。国家对科技的投入力度逐渐加大，研究与实验发展经费支出不断增多。2003年全国科学研究与试验发展（R&D）经费支出1520.1亿元，比上年增长18.1%，占国内生产总值的1.3%，其中基础研究经费86亿元。年末国有企事业单位共有各类专业技术人员2834.4万人。全年国家安排了1573项科技攻关计划项目和4479项“863”计划项目，新安排高技术产业化示范工程项目274项，滚动安排重大技术装备研制项目15项，新建国家工程研究中心9家，安排国家重点实验室改造项目46项。认定国家级企业（集团）技术中心302家。全年共取得省部级以上科技成果29870项。③ 2008年全年研究与试验发展（R&D）经费支出4570亿元，比上年增长23.2%，占国内生产总值的1.52%，其中基础研究经费200亿元。全年国家安排了922项科技支撑计划课题、1205项“863”计划课题。新

① 国家统计局：《中华人民共和国2003年国民经济和社会发展统计公报》。
② 国家统计局：《中华人民共和国2008年国民经济和社会发展统计公报》。
③ 国家统计局：《中华人民共和国2003年国民经济和社会发展统计公报》。

建国家工程研究中心 7 个，国家工程实验室 51 个。① 高技术领域成绩显著。在航空领域，从 2003 年到 2008 年，“神舟”五号、“神舟”六号、“神舟”七号载人航天飞行圆满成功，使我国成为世界上第三个独立掌握载人航天技术的国家。重大科技成果转化的步伐明显加快。科学技术的发展推动了我国经济快速发展，并为我国社会经济又好又快发展注入了新的不竭动力，也为以人为本、促进人们科学文化素质的提高和人的全面发展提供了科技、智力支撑。

（6）对外开放达到新的水平。改革开放是我国发展的必由之路。中国的发展离不开世界的发展，中国的发展必须融入世界、必须把握世界发展的趋势。从 20 世纪 70 年代末 80 年代初开始，我国对外开放的广度和深度继续拓展，由单纯的特区建设发展成为 21 世纪的全方位、多领域的开放格局。国际竞争力在对外贸易与经济交往中得到进一步增强。我国成功加入世界贸易组织就是一个标志。我国紧紧抓住加入世界贸易组织带来的机遇，迎接挑战，使对外开放达到了一个新的水平。2003 年进出口总额比 2002 年增长 37.1%，是 20 世纪 80 年代以来增长最快的一年；总规模达到 8512 亿美元，居世界第四位，贸易大国的地位进一步确立。② 2005 年，我国进出口贸易总额达 14221 亿美元，比 2000 年增长 199.8%，平均每年增长 24.6%，比“九五”时期平均增长速度快 13.6 个百分点。2005 年，我国出口 7620 亿美元，比 2000 年增长 205.8%，平均每年增长 25.0%，比“九五”时期平均增长速度快 14.1个百分点；进口 6601 亿美元，比 2000 年增长 193.3%，平均每年增长 24.0%，比“九五”时期平均增长速度快 12.7 个百分点。③ 2008 年，全年货物进出口总额 25616 亿美元，比上年增长 17.8%。其中，货物出口 14285 亿美元，增长 17.2%；货物进口 11331 亿美元，增长 18.5%。进出口差额（出口减进口）2955 亿美元，比上年增加 328 亿美元。④ 通过与各国的经济、贸易交往和文化交流，既实现了我国与世

① 国家统计局：《中华人民共和国 2008 年国民经济和社会发展统计公报》。

② 国家统计局：《中华人民共和国 2003 年国民经济和社会发展统计公报》。

③ 国家统计局：《中华人民共和国 2005 年国民经济和社会发展统计公报》。

④ 国家统计局：《中华人民共和国 2008 年国民经济和社会发展统计公报》。

界各国全方位的互利共赢与共同发展，又促进了我国经济社会的发展。

（二）逐步健全的政治保障

社会改革整体推进，社会主义民主政治建设和精神文明建设的不断发展，为我国经济社会发展转移到以人为本、促进人的全面发展的道路上来提供了政治保障和精神动力。

我国体制改革在重要领域和关键环节取得重大突破，社会主义市场经济体制逐步完善，与市场经济发展相适应的社会主义政治体制和文化体制逐步建立和完善。

（1）党的领导进一步加强和完善，党的全面建设取得新的成绩。党内民主、党的领导体制机制不断完善，领导方式逐步向以人为本的方向转变。2004 年，党的十六届四中全会通过的决议，中心议题就是要加强和改善党的领导，提高党的执政能力。我们党是我国坚持以人为本、促进人的全面发展的坚强领导核心。党的领导的进一步加强和完善为我国社会目标的转移奠定了坚实的领导基础。

（2）各项改革全面稳步推进。2003 年，党的十六届三中全会通过的《中共中央关于完善社会主义市场经济体制若干问题的决定》，系统提出了新时期深化经济体制改革的总体框架，在这一纲领性文件的指引下，经济体制改革迈出新的步伐。财税金融体制改革取得突破；国有经济布局和结构调整、国有企业改革取得重大进展，《国务院关于鼓励支持和引导个体私营等非公有制经济发展的若干意见》等政策法规的颁布和实施，进一步改善了非公有制经济的发展环境；农村综合改革试点成效显著，特别是在农村税费改革取得重大突破，全面取消农业税，使农民负担大幅度降低。

（3）政府法制建设取得新成果。党的十六大明确提出深化行政管理体制改革的任务，十六届二中全会通过了《关于深化行政管理体制和机构改革的意见》。国务院根据这个意见形成了《国务院机构改革方案》，并经第十届全国人民代表大会第一次会议审议通过后，2003 年开始实施这一改革方案。新一届政府根据党的十六大和十六届二中全会精神，国务院和省级政府进行了机构改革。这次改革，按照完善社会主义市场经济体制和推进政治体制改革的要求，坚持政企分开，以及精简、统一、效能和依法行政的原则，紧紧抓住转变政府职能这个关键，着力解决行政管理体制和机构设置中的一些突出矛盾和问题，为改革开放和现代化建设提供组织保证。国务院机构改革已经顺利完成，省级政府机构改革也基本到位并有序推进，政府职能转变进展明显。行政管理体制改革有了新的突破，行政管理能力增强，特别是《行政许可法》、《公务员法》的颁布实施，大大减少和规范了行政审批的数量与行为，各级政府更多地靠经济手段和法律手段管理经济和社会公共领域。

（4）各项社会改革取得新的进展。社会保障、住房、科技、教育、文化等方面的改革也有条不紊地推进。

（5）文化体制改革积极推进，文化建设取得好的效果。2003 年，文化领域各部门坚持以邓小平理论和“三个代表”重要思想为指导，围绕党和国家工作的大局，积极推进文化建设和文化体制改革，文化领域各项工作都呈现出蓬勃发展的新局面，取得了令人瞩目的成绩。

（6）政治环境安定和谐，社会环境稳定安全。

不断完善的市场经济体制，为激活社会活力、促进经济发展创造了有利条件，为人的发展奠定了物质基础；社会主义政治建设和文化建设既为实行以人为本、促进人的自由平等发展解除了体制障碍，也为坚持以人为本、促进人全面发展确立了制度保障和政治保证。

（三）不断改善的社会环境

文化教育等社会事业的蓬勃发展，为我国社会转到以人为本、促进人的自由全面发展的轨道上来提供了良好的社会环境。

以人为本、促进人的自由全面发展离不开社会事业的发展。只有社会事业发展到一定水平和一定阶段，实行以人为本的社会发展模式才有现实性。坚持以人为本的发展是一个庞大的社会系统工程。人的需要、人的发展、尤其是自由而全面的发展涉及到社会生活的各个领域、各个方面，与各项社会事业息息相连。社会事业是关乎民生的事业，一个国家对社会事业发展的重视程度、社会事业的发展方向、发展水平，在很大程度上反映和体现着人的地位、人的需要、人的发展等状况。社会事业的发展是实行以人为本的重要条件之一。

十六大以来，以人为本，全面协调可持续发展的理念不断深入人心，各项社会事业得到蓬勃发展。

（1）教育事业快速发展。改革开放以来，我国政府坚持教育优先发展的方针，不断加大对基础教育的投入力度，增加对农村和西部偏远地区的教育补贴，义务教育普及率逐年提高，普通高中的办学条件不断改善，高等教育办学规模明显扩大，职业教育迅速发展，教育结构持续改善。2003 年，全国研究生教育招生 26.9 万人，在校研究生 65.1 万人，毕业生 11.1 万人。全国普通高等教育招生 382.2 万人，在校生 1108.6 万人，毕业生 187.8 万人。各类中等职业教育招生 504.1 万人，在校生 1240.2 万人，毕业生 343.8 万人。全国普通高中招生 752.1 万人，在校生 1964.8 万人，毕业生 458.1 万人。全国初中招生 2220.1 万人，在校生 6690.6 万人，毕业生 2018.4 万人。普通小学招生 1829.4 万人，在校生 11689.7 万人，毕业生 2267.9 万人。特殊教育招生 4.9 万人，在校生 36.5 万人。幼儿园在园幼儿 2004 万人。① 到 2008 年，全年研究生教育招生 44.6 万人，在校研究生 128.3 万人，毕业生 34.5 万人。普通高等教育招生 607.7 万人，在校生 2021.0 万人，毕业生 512.0 万人。各类中等职业教育招生 810.0 万人，在校生 2056.3 万人，毕业生 570.6 万人。全国普通高中招生 837.0 万人，在校生 2476.3 万人，毕业生 836.1 万人。全国初中招生 1856.2 万人，在校生 5574.2 万人，毕业生 1862.9 万人。普通小学招生 1695.7 万人，在校生 10331.5 万人，毕业生 1865.0 万人。特殊教育招生 6.2 万人，在校生 41.7 万人。幼儿园在园幼儿 2475.0 万人。②

（2）公共卫生事业逐步加强。国家逐步改革医疗卫生体制，提高医疗卫生服务质量，加快公共卫生体系建设，取得明显成效。非典疫情发生后，中央和地方政府增加了卫生投入，应对突发公共卫生事件应急机制逐步建立，医疗救治和疾病预防控制机构得到较大加强。2003 年全国共有卫生机构 30.5 万个，其中医院、卫生院 6.4 万个，妇幼保健院

① 国家统计局：《中华人民共和国 2003 年国民经济和社会发展统计公报》。

② 国家统计局：《中华人民共和国 2008 年国民经济和社会发展统计公报》。

（所、站）3058个，专科疾病防治院（所、站）1811个。医院和卫生院床位290万张。卫生技术人员424万人，其中执业医师和执业助理医师183万人，注册护士124万人。全国疾病预防控制中心（防疫站）3600个，卫生技术人员15.9万人。卫生监督检验机构755个，卫生技术人员1.5万人。乡镇卫生院4.5万个，床位66.8万张，卫生技术人员90.7万人。[①] 2004年，全国1410个县级和250个省、市（地）级疾病预防控制中心基本建成，290所紧急救援中心也陆续开工，基本建成了有效应对重大疫情的公共卫生网络体系。[②] 2008年全国共有卫生机构30.0万个，其中医院、卫生院6万个，社区卫生服务中心（站）2.8万个，妇幼保健院（所、站）3020个，专科疾病防治院（所、站）1344个，疾病预防控制中心（防疫站）3560个，卫生监督所（中心）2591个。卫生技术人员492万人，其中执业医师和执业助理医师205万人，注册护士162万人。医院和卫生院床位369万张。乡镇卫生院3.9万个，床位82万张，卫生技术人员87.4万人。[③]

（3）文化事业得到长足发展。文化基础设施建设得到加强，图书馆、博物馆等文化基础设施建设稳步推进。2003年年末全国共有艺术表演团体2587个，文化馆2892个，公共图书馆2708个，博物馆1519个。广播电台282座，中、短波广播发射台和转播台744座，电视台320座，教育台62个。全国有线电视用户10508万户。生产故事影片140部，科教、纪录、美术片61部，特种影片1部。出版全国性和省级报纸243.6亿份，各类期刊29.9亿册，图书67.5亿册（张）。年末全国共有档案馆3978个，已开放各类档案5583万卷（件）。[④] 到2008年，全国共有艺术表演团体2575个，文化馆3171个，公共图书馆2825个，博物馆1789个。广播电台257座，电视台277座，广播电视台2069座，教育台45个。有线电视用户16342万户，有线数字电视用户4503万户。年末广播节目综合人口覆盖率为96.0%；电视节目综合

① 国家统计局：《中华人民共和国2003年国民经济和社会发展统计公报》。

② 国家统计局：《中华人民共和国2004年国民经济和社会发展统计公报》。

③ 国家统计局：《中华人民共和国2008年国民经济和社会发展统计公报》。

④ 国家统计局：《中华人民共和国2003年国民经济和社会发展统计公报》。

人口覆盖率为 97.0%。全年生产故事影片 406 部，科教、纪录、动画和特种影片 73 部。出版各类报纸 445 亿份，各类期刊 30 亿册，图书 69 亿册（张）。年末全国共有档案馆 3987 个，已开放各类档案 7267 万卷（件）。①

（4）社会保障事业不断加强。2003 年年末全国参加基本养老保险人数为 15490 万人，比上年增加 753 万人。其中参保职工 11638 万人，参保的离退休人员 3852 万人。全国参加失业保险的人数为 10373 万人，增加 191 万人。全国参加医疗保险的人数为 10895 万人，增加 1494 万人。其中参保职工 7977 万人，参保退休人员 2918 万人。全国企业参加基本养老保险离退休人员 3551 万人，绝大部分实现了养老金按时足额发放；全国有 195 万国有企业下岗职工进入再就业服务中心，进入再就业服务中心的人员全部按时足额领到了基本生活费和代缴了社会保险费；全国领取失业保险金人数为 415 万人，比上年减少 25 万人；全国共有 2235 万城镇居民得到政府最低生活保障，增加 170 万人。② 到 2008 年，全国参加城镇基本养老保险人数为 21890 万人，比上年末增加 1753 万人。其中参保职工 16597 万人，参保离退休人员 5293 万人。参加城镇基本医疗保险的人数 31698 万人，增加 9387 万人。其中，参加城镇职工基本医疗保险人数 20048 万人，参加城镇居民基本医疗保险人数 11650 万人。参加城镇医疗保险的农民工 4249 万人，增加 1118 万人。参加失业保险的人数 12400 万人，增加 755 万人。参加工伤保险的人数 13810 万人，增加 1637 万人。其中参加工伤保险农民工 4976 万人，增加 996 万人。参加生育保险的人数 9181 万人，增加 1406 万人。2729 个县（市、区）开展了新型农村合作医疗工作，新型农村合作医疗参合率 91.5%。新型农村合作医疗基金累计支出总额为 429 亿元，累积受益 3.7 亿人次。全年城市医疗救助 513 万人次，比上年增长 16.0%。农村医疗救助 936 万人次，增长 148.0%。民政部门资助农村合作医疗的人数达 2780 万人次。2008 年，全国领取失业保险金人数为 261 万人。全年 2334 万城市居民得到政府最低生活保障，比上年增加

① 国家统计局：《中华人民共和国 2008 年国民经济和社会发展统计公报》。

② 国家统计局：《中华人民共和国 2003 年国民经济和社会发展统计公报》。

62 万人；4291 万农村居民得到政府最低生活保障，增加 725 万人。①

（5）体育事业不断进步。改革开放以来，我国全民健身运动蓬勃发展，越来越多的人投入到强身健体的体育运动和锻炼当中，体质得到加强，竞技体育的成绩不断提高。2004 年，我国运动健儿在 27 个项目中共获得了 106 个世界冠军，7 人 2 队 16 次创 16 项世界纪录。在雅典奥运会上，我国运动员共获得金牌 32 块，银牌 17 块，铜牌 14 块，金牌数居世界第 2 位，奖牌总数居世界第 3 位。在雅典残疾人奥运会上，我国运动员共获得金牌 63 块，银牌 46 块，铜牌 32 块，金牌数和奖牌总数均列第 1 位，创造历史最好成绩。② 到 2008 年，全年运动健儿在 24 个项目中共获得了 120 个世界冠军，11 人 2 队 16 次创 16 项世界纪录。在北京奥运会上，我国运动员共获得 51 枚金牌，21 枚银牌，28 枚铜牌，奖牌总数 100 枚，位列奥运会金牌榜第一，奖牌榜第二。在北京残奥会上，我国运动员共获得 89 枚金牌，70 枚银牌，52 枚铜牌，蝉联金牌榜和奖牌榜的第一位。③ 全民健身运动蓬勃发展。我国不断由体育大国向体育强国迈进，体育事业蓬勃发展，人们参加体育活动的积极性空前高涨，体育活动逐渐丰富，健康水平不断提高。

虽然社会事业的发展还存在不少问题，发展很不平衡，还不能完全适应以人为本、促进人的自由全面发展的要求。但是，根据社会发展的基本规律和世界各国发展的经验，从当前我国社会事业取得的成绩和社会事业发展的势头看，我国已经具备了转变社会发展目标的客观条件和社会环境。我国社会发展的目标完全可以由着重解决人们的温饱、满足基本生存需要转向全面实现小康、促进人的多方面协调发展的需要的轨道上来。我国社会发展的客观环境已经初步具备了“以人为本”、推动人的全面自由发展的现实基础。另外，从改变社会事业滞后的状况和促进社会事业快速全面发展的需要、以及整个经济生活全面协调可持续发展来讲，适时转变我国社会发展的目标，转变发展方式，坚持以人为本，促进人的自由全面发展，更具有现实的紧迫性和重要性。

① 国家统计局：《中华人民共和国 2008 年国民经济和社会发展统计公报》。
② 国家统计局：《中华人民共和国 2004 年国民经济和社会发展统计公报》。
③ 国家统计局：《中华人民共和国 2008 年国民经济和社会发展统计公报》。

(四) 日趋成熟的民心指向

民心所向，事之所为。民心所指，事之所归。因此，任何路线、方针、政策、措施和各项工作必须以人民群众愿意不愿意、喜欢不喜欢、答应不答应，人民群众的需要能不能满足为客观依据和基本趋向。只有从群众中来，才能够到群众中去。经过改革开放几十年的发展，我国人民群众安居乐业、生活水平显著提高，随之而来的是广大人民群众有了对生活质量和水平的更高追求，有了对发展自身、实现自我更强烈的愿望，有了对社会环境、社会管理、社会生活条件更美好的向往，……人们的更高、更美、更强烈的现实需要与利益诉求，是我国社会经济发展转到以人为本、促进人的自由全面发展的道路上来的迫切需要和强大动力。人们生活的改善，以及对美好新生活的需要和愿望，为我国社会坚持以人为本、实现以人为本奠定了坚实的群众基础。

改革开放以来，我们党始终坚持把不断提高我国人民的生活水平、改善社会环境作为改革开放的重点。随着我国经济总量的不断增大、社会经济结构的不断改善，就业人口和劳动人口的就业率不断提高，社会保障不断扩大，社会条件日渐优良，生活环境日益美化，人们的物质、精神文化生活水平得到显著提高。

(1) 劳动力人口就业比较充分。就业是民生之本、发展之基。党和政府一直十分重视就业这一关系民生的重大问题。改革开放之初，国家极力控制失业人口的比例，甚至要实现零失业率。随着经济改革和社会改革的不断推进，国家每年将控制失业率作为政府工作的重要指标，想方设法满足劳动人口的就业愿望，千方百计扩大就业人口的比重。我国政府出台了一系列扩大就业的政策措施，到 21 世纪初，市场导向型的就业机制初步形成，公共就业服务体系逐步建立，就业规模逐步扩大。2003 年年末全国就业人员 74432 万人，比上年末增加 692 万人。其中城镇就业人员 25639 万人，增加 859 万人。全年有 440 万下岗失业人员实现了再就业。年末城镇登记失业率为 4.3%，比上年末上升 0.3 个百分点。[1] 2005年，就业人员总规模已达到7.6亿人，90%以上的劳动力人口实现了就业和再就业；城镇登记失业率稳定在4%左右，其中2005年登记失业率为4.2%；农村劳动力向城镇和非农产业的转移继续稳步推进，2005年农村劳动力外出务工的人数达到1.26亿，农民人均工资性收入达到1175元，占农民人均纯收入的36.1%。[2] 尽管受各种因素、特别是世界经济形势的影响，我国的就业压力很大，就业问题依然是一个十分重大的社会问题。但党和国家、各级政府和社会各界对此都十分关心，十分重视，想方设法、千方百计增加就业机会，扩大就业门路。

（2）城乡居民收入水平持续提高，储蓄规模继续扩大，生活条件不断改善，生活质量逐步提高。2003年全国城镇居民人均可支配收入8472元，扣除物价上涨因素，实际增长9.0%；农村居民人均纯收入2622元，实际增长4.3%。居民家庭恩格尔系数（即居民家庭食品消费支出占家庭消费总支出的比重），城市为37.1%，比上年降低0.6个百分点；农村为45.6%，降低0.6个百分点。农村贫困人口为2900万人。[3] 2005年，城镇居民人均可支配收人达10493元，扣除价格因素，比2000年实际增长58.3%，年均增长9.6%，比“九五”时期平均增长速度快3.9个百分点，是改革开放以来的各个五年计划时期增长速度最快的；农村居民家庭人均纯收入达3255元，扣除价格因素，比2000年实际增长29.2%，年均增长5.3%，比“九五”时期平均增长速度快0.6个百分点，增长速度仅次于“六五”时期。到2005年年底，城乡居民人民币储存款余额达14.1万亿元，比2000年年末增加了7.7万亿元。人们收入的增加、生活条件的改善，必然会激发新的需求和向往更美好的新生活的强烈愿望。

（3）城乡市场繁荣活跃，居民消费水平登上新台阶。“十五”时期城乡市场商品供应充裕，已基本不存在供不应求的商品，消费者的选择余地大大扩展，商品销售较旺。2005年，社会消费品零售总额达到67177亿元，比2000年增长71.8%，5年间年均增长11.4%，比“九

① 国家统计局：《中华人民共和国2003年国民经济和社会发展统计公报》。

② 国家统计局：《中华人民共和国2005年国民经济和社会发展统计公报》。

③ 国家统计局：《中华人民共和国2003年国民经济和社会发展统计公报》。

五”时期平均增长速度快0.8个百分点。居民消费结构明显改善，生活质量继续提高。2005年城镇居民家庭恩格尔系数为36.7%，农村居民家庭恩格尔系数为45.5%，分别比2000年降低2.7个和3.6个百分点。在耐用消费品中，电话普及率由2000年年末的20.1部/百人提高到2005年年末的57部/百人，其中移动电话普及率由6.8部/百人提高到30部/百人。城镇居民每百户拥有的家用汽车由2000年年末的0.5辆提高到2005年年末的3.4辆，农村居民每百户拥有的摩托车由21.9辆提高到41辆。城乡居民的居住条件和生活环境进一步改善。城镇居民人均住房使用面积由2000年年末的18平方米扩大到2005年年末的21.3平方米；农村居民人均住房面积则由24.8平方米扩大到29.7平方米。

（4）贫困人口及低收入者继续得到关爱，社会保障程度提高。经过政府和各方面的努力，我国实现由改革开放开启时的整体贫困到21世纪初的总体小康的发展目标，贫困人口持续下降，到2005年年末，农村贫困人口为2365万人，比2000年减少844万人，比1980年减少几个亿，贫困发生率降低到2.5%左右。党和政府采取多种措施，改革和完善城镇职工基本养老和基本医疗、失业、工伤、生育保险制度，建立健全与经济发展水平相适应的社会保障体系。到2005年年末，全国有17444万人参加了基本养老保险，有10648万人参加了失业保险，有13709万人参加了医疗保险。2005年有2233万城镇居民得到最低生活保障。社会救济和优抚安置政策逐步完善，农村社会保障工作开始起步。

（5）人口和计划生育工作取得新进展。坚决实行控制人口数量、提高人口质量的计划生育政策，实现了我国人口控制的目标，2005年年末全国总人口为130756万人。人口出生率、死亡率和自然增长率基本呈下降趋势。2005年人口出生率、死亡率和自然增长率分别为12.40‰、6.51‰和5.89‰，其中人口出生率和自然增长率分别比2000年下降1.63‰和1.69‰，死亡率比2000年微增0.06个千分点。

（6）旅游等娱乐休闲活动不断增多。随着人们生活水平的提高，娱乐休闲活动占日常生活的比重逐渐提高。以旅游为例，我国居民出境旅游和在国内旅游的人数持续增长。2003年全年国内出境人数达2022万人次，增长21.8%。其中因私出境1481万人次，增长47.2%，占出境人数的73.2%。国内旅游人数达8.7亿人次，因受“非典”疫情的严重影响，下降0.9%；旅游总收入3442亿元，下降11.2%。[①] 2004年，全年国内出境人数达2885万人次，增长42.7%。其中因私出境2298万人次，增长55.2%，占出境人数的79.7%。全年国内旅游出游人数达11亿人次，增长26.6%；旅游总收入4711亿元，增长36.9%。[②] 2008年，国内居民出境人数达4584万人次，增长11.9%。其中因私出境4013万人次，增长14.9%，占出境人数的87.5%。国内出游人数达17.1亿人次，增长6.3%；国内旅游收入8749亿元，增长12.6%。[③] 从出游人数的增长看，人们社会生活的需求在增加，满足需要的形式也在不断丰富，由此，对社会服务、尤其是公共服务的条件和质量也随之不断提高。

总体上讲，人的需要是一个层级递增的序列系统。马克思认为，人有生存、享受和发展的需要；马斯洛认为，人有安全、爱、自尊、交往和自我实现的需要，人的需要的满足是从低级到高级不断递增的过程，当低层次的需要得到满足之后，人就有了实现高一级或更高一级需求的欲望和行动。胡锦涛很明确地指出：“我们的事业在发展，社会在进步，人民群众的利益要求也在发展。”[④] 根据社会发展的要求、人们变化和发展的利益需要，丰富原有的理论和制定新的路线方针政策，不仅具有历史的必然性，而且更要有历史的自觉性和主动性。正如胡锦涛所说：“实现群众的愿望，满足群众的需要，维护群众的利益，是一个动态的不断发展的过程。我们要细心体察群众愿望和利益要求的变化，使我们的政策措施更全面、更准确地反映群众利益，使我们的工作更好地、更有力地体现群众的利益。”[⑤] 我国社会进入21世纪，基本实现总体小康，人们的生活水平有了新的提高，安居乐业的水平也有新的提高。尽管这

---

① 国家统计局：《中华人民共和国2003年国民经济和社会发展统计公报》。

② 国家统计局：《中华人民共和国2004年国民经济和社会发展统计公报》。

③ 国家统计局：《中华人民共和国2008年国民经济和社会发展统计公报》。

④ 《十六大以来重要文献选编》（上），中央文献出版社2004年版，第404页。

⑤ 《十六大以来重要文献选编》（上），中央文献出版社2004年版，第404—405页。

种小康还是低水平、不全面、发展还很不平衡的，还有几千万低收入、温饱问题没有解决的人口，但绝大多数人的基本生活有了较好的保障，基本实现了“衣食无忧”，人的生存问题得到总体解决。基本的温饱解决后，人就要去享受生活，更要发展自己。人不仅要过温饱的生活，而且要过自尊的、体面的、舒适的、个性化的生活，更要过自由的、个性充分发展的、自我实现的有价值有意义的生活。在温饱不再成为人们日常生活所牵挂的问题的时代，人们关注的中心点和根本点不会是物、而是人自身；社会生活的重点就不会再是物质财富的堆积，而是精神生活的丰富。人自身的发展和自由必然成为每个人关注的焦点，也必然是社会的工作重心。对人的重视、对人的尊重、对人的素质的要求、对人的价值和意义的肯定、对人的个性发展的提倡和自我实现的褒奖等，是人们的普遍需要和迫切要求，也必然成为“温饱后时代”的社会主题。所以说，我们党提出的以人为本的科学发展观是顺应我国社会发展要求的一个历史产物，符合我国社会发展的实际和我国人民发展的内在需要，反映了当代中国人的意志和心声，代表了全体中国人的根本利益。这也是以人为本的科学发展观一提出就深得人们拥护、就能深入人心的根本原因。

任何理论、任何政策、任何施政纲领和措施，只要是人民需要的，只要能够反映人民的心声，只要能够满足人民的愿望，实现人民的利益，就必然有强大的群众基础，必然会得到人民群众的衷心拥护和支持，也必然能成功实现。

第七章

如何“以人为本”

以人为本，作为一种思想，无疑十分深刻却又抽象；作为一个社会治理的首要原则，无疑十分明了却很不容易做到。否则，人类社会早就成为了一个以人为本的社会。今天，我们党把以人为本作为治理国家、促进社会发展的执政兴国理念和根本原则，大力提倡和坚决要求以人为本。那么，如何贯彻科学发展观，做到以人为本，把以人为本落实到社会生活的方方面面，深入到每项社会实践活动之中呢？

党的十七大报告指出，坚持以人为本，就是“要始终把实现好、维护好、发展好最广大人民的根本利益作为党和国家一切工作的出发点和落脚点，尊重人民主体地位，发挥人民首创精神，保障人民各项权益，走共同富裕道路，促进人的全面发展，做到发展为了人民、发展依靠人民、发展成果由人民共享”。① 温家宝在 2008 年 9 月 20 日“关于深入贯彻落实科学发展观若干重大问题”的专题报告中强调，以人为本，“实质上就是要把发展的成果体现在提高人民生活水平上，体现在满足人民

① 胡锦涛：《高举中国特色社会主义伟大旗帜为全面夺取建设小康社会新胜利而奋斗》，人民出版社 2007 年版，第 15 页。

物质文化需求上，体现在实现人的全面发展上”。①

胡锦涛在全党深入学习实践科学发展观活动动员大会暨省部级主要领导干部专题研讨班上的讲话中强调指出：“科学发展观核心是以人为本。我们党的一切奋斗和工作都是为了造福人民。我们推动科学发展，根本目的就是要坚持尊重社会发展规律与尊重人民历史主体地位的一致性，坚持为崇高理想奋斗与为最广大人民谋利益的一致性，坚持完成党的各项工作与实现人民利益的一致性，坚持保障人民权益与促进人的全面发展的一致性，做到发展为了人民、发展依靠人民、发展成果由人民共享。我们要着力把最广大人民的根本利益作为贯彻落实科学发展观的根本出发点和落脚点，尊重人民主体地位，发挥人民首创精神，保障人民各项权益，努力兴办人民群众希望办的实事好事，使贯彻落实科学发展观的过程成为不断为民造福的过程，成为不断提高人民生活质量和水平的过程，成为不断提高人民思想道德素质、科学文化素质和健康素质的过程，成为不断保障人民经济、政治、文化、社会权益的过程，让发展成果惠及广大人民群众。”② 这是我国现阶段、乃至整个中国特色社会主义建设实践过程中，推动科学发展、坚持以人为本的科学指南。

从以上关于以人为本的论述可见，坚持和做到以人为本，就是要不断推进科学发展，“实现好、维护好、发展好最广大人民的根本利益”。具体而言，就是要尊重人的主体地位，保障人的各项权益，提高人的生活质量和水平，提高人的全面素质，促进人的自由全面发展。

一、尊重人的主体地位

人是社会的主体。以人为本必定首先要确立人的主体地位，保证人

① 温家宝：“关于深入贯彻落实科学发展观若干重大问题”，《求是》2008 年第 22 期。

② 胡锦涛：“在全党深入学习实践科学发展观活动动员大会暨省部级主要领导干部专题研讨班上的讲话”，《求是》2009 年第 1 期。

的主体地位。尊重、保证人的主体地位，说到底，就是保证人民当家作主。人民当家作主，就是人民真正成为社会的主人，成为国家事务和社会公共事务的管理者，成为国家最高权力的拥有者。国家意志真正体现的是人民意志，国家和社会管理是按照每个人自己的意愿进行和实施的。尊重、保证人的主体地位，保证人民当家作主，其实就是实现人民民主。“人民民主是社会主义的生命。发展社会主义民主政治是我们党始终不渝的奋斗目标。”“人民当家作主是社会主义民主政治的本质和核心”，必须坚持“扩大人民民主，保证人民当家作主”。[①] 人民当家作主是我国社会主义政治体制改革的根本。

（一）民主制度是人民当家作主的根本保障

制度是属于社会上层建筑的范畴，带有根本性、全局性、稳定性和长期性。制度建设是中国特色社会主义政治文明首要的基本内容，是以人为本、促进人的自由全面发展的根本保障。要坚持以人为本，首先必须要从制度上保证人的主体地位，保证人民当家作主。并通过制度保障人在经济、政治、文化、社会等方面的发展权利和利益来体现人民当家作主的主体地位。制度是以人为本、人民当家作主得以实现的现实空间和根本保证。

制度包括一般层面的制度和具体层面的制度，它真实地影响、制约、塑造人的活动，为人的活动提供规则、标准、模式，将人的活动引入到可合理预期的轨道，给人提供从事活动的现实空间。[②]

制度不仅直接规定着人的社会地位，规范、制约着人的活动范围、行为方式、社会关系，而且规约人的思想观念、价值取向。制度体系是在一定的思想意识指导下建立的，制度本身蕴涵着一定的文化价值体系，是一定价值观念、伦理精神的实体化、具体化。制度实际上也就是

---

① 胡锦涛：《高举中国特色社会主义伟大旗帜为全面夺取建设小康社会新胜利而奋斗》，人民出版社 2007 年版，第 28—29 页。

② 参见徐春：《人的发展论》，中国人民公安大学出版社 2007 年版，第 379 页。

实现社会价值的规范体系。制度通过一定的组织形式、运作程序、基本权利义务分配和安排等方式确定人的社会地位，引导、制约人的行为，整合人的德性。①

不同性质、内容和结构的社会制度，对人的地位、基本权利和义务等有不同的规定，对人的活动空间有不同的限定，对人生存和发展所起的作用也不一样。那么，什么样的制度能够保障人民当家作主的社会地位呢？无疑，必定是民主制度。

民主制度是保证人民当家作主的基本政治制度。科恩认为：“民主即民治。”“民主的实质是社会成员参于社会的管理，它就是自治。”“民主是一种人民自治的制度。”“民主即人民自己管理自己，人民即统治者。”“只有以民主的方式管理社会时才能充分实现社会自主——人与人相互关联的个人生活中的自主。”② 马克思在《黑格尔法哲学批判》中指出：“在民主制中，国家制度本身只表现为一种规定，即人民的自我规定。在君主制中是国家制度的人民；在民主制中则是人民的国家制度……在这里，国家制度不仅自在地，不仅就其本质来说，而且就其存在、就其现实性来说，也在不断地被引回到自己的现实的基础、现实的人、现实的人民，并被设定为人民自己的作品。国家制度在这里表现出它的本来面目，即人的自由产物。”马克思进而认为：“民主之独有的特点是：国家制度在这里毕竟只是人们的一个定在环节。”“民主制从人出发，把国家变成客体化的人。”在民主条件下，“不是国家创造人民，而是人民创造国家”。“在民主制中，不是人为法律而存在，而是法律为人而存在；在这里法律是人的存在，而在其他国家形式中，人是法定的存在。民主制的基本特点就是这样。”③

为什么说民主制、民主政治是人民当家作主的根本保障呢？马克思对此说的很明白：“在民主制中，国家制度、法律、国家本身，就国家是政治制度来说，都只是人民的自我规定和人民的特定内容。”也就是

---

① 参见吴向东：“制度与人的全面发展”，《哲学研究》2004 年第 8 期。

② 科恩：《论民主》，商务印书馆 1988 年版，第 6 页、第 7 页、第 10 页、第 273 页、第 274 页。

③ 《马克思恩格斯全集》第 3 卷，人民出版社 2002 年版，第 39—40 页。

说：“国家制度在这里表现出它的本来面目，即人的自由的产物。”① 民主，就其实质而言，就是全体社会成员、全体公民掌握国家最高权力。在民主政体下，每个人完全平等地执掌国家最高权力，从而完全平等地享有政治自由；这样，国家法律、政治权力不仅体现和反映人们自己的意志，而且使国家权力按照社会成员自己的意志运行。民主，其实就是国家最高权力体现全体人民的意志，国家统治和社会管理权力的运行不是以权力行使者的意志为转移，而是以全体社会成员的意志为依归。从根本上讲，民主则意味着全体人民共同享有政治自由，全体人民成为了国家的主人、社会的主体。

毫无疑问，民主是人民掌握国家权力的政治制度。但是，从权力的本性而言，不管权力被谁掌握，总具有无限扩张性或被滥用的倾向，致使权力最终会侵犯个人自由与个人权利，甚至沦为“多数人的暴政”。正如“权力导致腐败，绝对权力导致绝对腐败”一样。托克维尔因此认为：“民主政府的本质，在于多数对政府的统治是绝对的，因为在民主制度下，谁也对抗不了多数。”如此，国家最高权力在一定情势下就有可能被多数人用来对抗他们的对手——少数人或个人，从而使权力被滥用。托克维尔分析道：“如果多数不团结得像一个人似地行动，以在观点上和往往在利益上反对另一个也像一个人似地行动的所谓少数，那又叫什么多数呢？但是，如果你承认一个拥有无限权威的人可以滥用他的权力去反对他的对手，那你有什么理由不承认多数也可以这样做呢？”② 这样，民主、多数人的民主，还并不能完全保障每个人的主体地位，还不能完全避免个体自由、权利被无故非法侵害的可能。因此，民主作为国家权力也必须受到必要的限制。这种限制是什么呢？那就是确立宪法在国家政治生活的至上地位，确保人民当家作主的地位，就是保证人的主体地位。因此，坚持以人为本、实行以人为本，尊重和保障每个人在社会生活中主体地位，保障人民当家作主，就必须建立民主政体、健全民主制度，真正使每个社会公民掌握最高国家权力，平等地享有政治

① 《马克思恩格斯全集》第3卷，人民出版社2002年版，第40—41页。

② 托克维尔：《论美国的民主》上卷，第282页、第288页；转引自王海明：《新伦理学》（下册），商务印书馆2008年版，第1659页。

自由。

我国是社会主义的国家。宪法规定，我国是人民民主专政的国家，国家的一切权力属于人民。人民民主专政的国家政权，体现了全体人民的意志，在国体上确立了人民民主、人民当家作主的社会地位。同时，我国的政体实行的是人民代表大会制度，通过人民代表大会制度，全体人民直接或间接地执掌国家最高权力。全国人民代表大会及其常设机构——全国人民代表大会常委会是国家最高权力机关。从而在政体上保证人民当家作主的地位。但是，我国的民主制度、政治体制还不健全，人的主体地位、人民当家作主的地位还没有得到完全保证。因此，必须按照以人为本的要求，进一步完善和健全社会主义民主制度，切实保障人民的主体地位，保障人民当家作主。

（二）健全民主制度

人的主体地位、人民当家作主的地位需要民主制度、宪政民主来保障。党的十七大报告指出，尊重人的主体地位，首先必须“扩大人民民主，保证人民当家作主”。“要健全民主制度，丰富民主形式，拓宽民主渠道，依法实行民主选举、民主决策、民主管理、民主监督，保障人民的知情权、参与权、表达权、监督权。”①

发展中国特色社会主义民主政治，发展人民民主，保证人民当家作主，其主要路径就是加强民主制度建设，完善民主体制，从各个领域、各个层次、各个方面扩大公民有序政治参与，推进社会主义民主政治制度化、规范化、程序化，保证人民当家作主。

第一，坚持和完善人民代表大会制度。人民代表大会制度是我国的根本政治制度，是我国人民当家作主的根本途径和最高实现形式，是我国社会主义民主政治的重要制度载体。人民代表大会制度是适应我国国情、体现我国特点的政体，具有其他政体无可比拟的先进性和生命力。

人民代表大会制度，是由人民选举产生的代表组成各级国家权力机

---

① 胡锦涛：《高举中国特色社会主义伟大旗帜为全面夺取建设小康社会新胜利而奋斗》，人民出版社2007年版，第29页。

关，并通过国家权力机关组织其他国家机关，代表人民行使权力。人民代表大会制度自建立以来，经过50多年的发展，制度不断完善，人大工作不断推进，人民民主不断扩大和深入，有力地保障了人民当家作主。党的十七大对进一步完善人大制度提出了一系列的重要举措，主要有：支持人民代表大会依法履行职能；保障人大代表依法行使职权，密切人大代表同人民群众的联系，逐步实行城乡按相同人口比例选举人大代表；加强人大常委会制度建设，优化组成人员的知识结构和年龄结构；保证各级人大代表必须由民主选举产生、对人民负责、受人民监督；保证人民依法通过各种途径和形式管理国家事务和社会事务，管理经济、文化和社会事业；发挥人民代表的作用，使国家的立法、决策、执行、监督等工作更好地体现人民的意志，保障人民群众的主人翁地位；发挥人民代表大会的监督作用，保证国家权力在阳光下运行，切实维护人民群众的各项权益。

第二，坚持和完善中国共产党领导的多党合作与政治协商制度。中国共产党领导的多党合作与政治协商制度是我国的一项基本政治制度，是我国政治生活中发扬民主的重要形式，对扩大人民民主、保障人民当家作主具有重要作用。邓小平说：“在中国共产党领导下，实行多党派的合作，这是我国具体历史条件和现实条件所决定的，也是我国政治制度中的一个特点和优点。”① 胡锦涛认为：“人民政协是我国政治体制的重要组成部分，在我国政治生活中具有不可替代的作用。它是我国民主党派参政议政、团结合作的重要场所，有利于使各民主党派的意见和主张在国家政治生活中得到充分表达。它具有广泛的代表性和包容性，有利于吸收各民族、各团体、各阶层、各方面人士参与国事。它实行民主协商、求同存异的工作原则，有利于广开言路、集思广益、尊重多数、照顾少数，促进决策的科学化、民主化。它坚持把发展民主和加强团结统一起来，有利于形成融洽和谐、生动活泼的局面。坚持和完善人民政协这种民主形式，既符合社会主义民主政治的本质要求，又体现了中华民族兼容并蓄的优秀文化传统，具有鲜明的中国特色，是我国社会主义

---

① 《邓小平文选》第2卷，人民出版社1994年版，第205页。

民主政治的一大优势。”①

坚持和完善中国共产党领导的多党合作与政治协商制度，要围绕民主和团结两大主题，进一步推动政治协商、民主监督、参政议政的制度化、规范化和程序化；把政治协商纳入政府决策程序，完善民主监督机制，提高参政议政的实效；加强人民政协自身建设，在扩大人民民主、促进社会主义民主政治建设等方面发挥更大更好的作用。

第三，坚持和完善民族区域自治制度。民族区域自治制度是我国的一项基本政治制度。民族区域自治制度，有利于国家的集中统一和各民族的自主平等有机结合起来，有利于把国家总的路线方针政策和各民族的具体实际、特殊情况有机结合起来，有利于保障各族人民、特别是各少数民族人民当家作主的政治权利和各种合法权益。

根据我国宪法和民族区域自治法等法律规定，我国实行民族区域自治地区的人民享有广泛的自治权利。他们选出的人大代表组成的权力机关享有自主管理本民族、本地区内部事务的权利，享有制定自治地区条例和单行条例的权利；各族人民群众享有宗教信仰自由的权利；享有使用和发展本民族文字、按照传统习俗习惯生活及进行社会活动的权利和自由；享有自主安排、管理、发展本地区、本民族经济建设事业、自主发展教育、科技文化事业等其他各项权利。

由于历史、地理条件等方面的原因，总体而言，各少数民族地区的经济文化还相对比较落后，人民的政治权利和其他权益的保障还相对不足。在新的历史条件下，要全面深入贯彻科学发展观，统筹兼顾，统筹区域发展，进一步完善民族区域自治制度和其他各项政策措施，促使各少数民族地区加快发展，保障少数民族人民的合法权益，促使少数民族人民在国家政治和社会生活中平等享有各种权利，平等享有发展成果。

第四，坚持和完善基层群众自治制度。基层群众自治制度是中国特色民主政治制度的重要组成部分，是人民当家作主最有效、最直接、最广泛的途径和形式。党的十七大首次把基层群众自治制度作为一项基本政治制度纳入我国社会主义民主政治制度体系之中，对保障人民当家作

---

① 《十六大以来重要文献选编》（中），中央文献出版社 2006 年版，第 339—340 页。

主、扩大人民民主具有重大作用。

基层民主是我国全体公民，尤其是广大工人、农民、知识分子和各阶层人士，在基层政权机关、工作单位、各社会组织以及社会生活的各个领域中依法直接行使民主权利，具有全民性和直接性等特点。基层民主不仅是一种民主管理制度，而且是国家制度民主的具体化，是社会主义民主最广泛而深刻的实践。人民是社会主义国家的主人。尊重人民的主体地位，保障人民当家作主，首先必须用制度保证每个社会公民在他们直接生活、工作的各个领域享有和能够依法行使各项管理社会事务的权力，使其经济、政治、文化和社会权益能够得到真正保障。基层民主是社会主义民主最广泛、最直接的民主实践，是保障和实现最广大人民群众在整个国家政治、经济、文化和社会生活中当家作主的基础，也是人民当家作主最直接、最充分的体现。

“人民依法直接行使民主权利，管理基层公共事务和公益事业，实行自我管理、自我服务、自我教育、自我监督，对干部实行民主监督，是人民当家作主最有效、最广泛的途径，必须作为发展社会主义民主政治的基础性工程重点推进。”因此，必须大力“发展基层民主，保障人民享有更多更切实的民主权利”。发展基层民主，应切实做好以下几个方面的工作：一要健全基层党组织领导的充满活力的基层群众自治机制，扩大基层群众自治范围，完善民主管理制度，把城乡社区建设成为管理有序、服务完善、文明祥和的社会生活共同体。二要全心全意依靠工人阶级，完善以职工代表大会为基本形式的企事业单位民主管理制度，推进厂务公开，支持职工参与管理，维护职工合法权益。三要深化乡镇机构改革，加强基层政权建设，完善政务公开、村务公开等制度，实现政府行政管理与基层群众自治有效衔接和良性互动。四要发挥社会组织在扩大群众参与、反映群众诉求方面的积极作用，增强社会自治功能。①

① 胡锦涛：《高举中国特色社会主义伟大旗帜　为全面夺取建设小康社会新胜利而奋斗》，人民出版社2007年版，第30页。

（三）依法治国

“依法治国是社会主义民主政治的基本要求。”依法治国，就是人民群众在党的领导下，依照宪法和法律规定，通过各种途径和形式管理国家事务、管理经济文化事业、管理社会公共事务，保证国家各级权力、各项工作都依法运行，实现社会主义民主法律化、制度化、程序化，保证国家法律和制度不因领导人的改变而改变，不因领导人看法和注意力的转移而改变，保证国家权力在法律规定的范围内行使。依法治国的核心是确保宪法和法律在国家政治生活的绝对权威，任何人、任何组织都没有超越宪法和法律的特权。

发展社会主义民主政治，扩大人民民主，保证人民当家作主，必须“坚持依法治国基本方略，树立社会主义法治理念，实现国家各项工作法治化，保证公民合法权益”。[①] 众所周知，民主政体、宪政民主是尊重人的主体地位、实现人民当家作主的根本保证。而民主制度必然要求依法治国，实现国家各项工作法治化。民主意味着国家权力掌握在全体公民手中，每个公民执掌国家最高权力。国家最高权力机关是由人民选举的代表所组成，代表人民的意志。国家宪法和法律是全体公民意志的体现。而宪法作为国家根本大法是国家政治生活的根本指针，是国家权力运行的根本依据。法治，顾名思义，则是指依照宪法和法律治理国家和社会。而在民主国家，由于人民是国家的统治者，宪法和法律便是人民意志的集中体现。因此，法治，其实就是按照人民的意志治理国家。依法治国，其实就是依照人民的意志治国，就是全体公民按照自己的意志治理国家、管理国家公共事务。法治国家，由于国家权力必须在宪法和法律规定的范围之内运行，绝对不能超出宪法和法律的范围之外，因此便极大的保证了人民当家作主的政治地位，亦即保证了人民在整个社会公共生活中的主体地位。由此可见，民主政体则是国家权力依法行使的政治制度，民主即为法治。民主、法治、民治、公民的政治自由、人民

---

① 胡锦涛：《高举中国特色社会主义伟大旗帜　为全面夺取建设小康社会新胜利而奋斗》，人民出版社 2007 年版，第 30—31 页。

当家作主，在本质上都是一致的，是相同的。

民主和法治相互依赖、相互促进、互为一体。民主是法治的基础，法治是民主的保证。没有民主就没有法治，没有法治就没有民主。只有人民掌握政权、执掌国家最高权力，实现民主政体，才能把人民自己的意志和意愿上升为国家意志——国家法律，国家法律才是人民意志的集中体现，才能建立起自己的法律制度。同时，公民的基本权利和民主权利，以及国家经济、政治、文化和社会生活各个方面的民主制度、民主结构、民主形式和民主程序，必须要由法律加以确认、规范，并通过国家的强制力予以保证实施。①

具体而言，依法治国，建设法治国家，必须按照党的十七大的部署，做好以下工作：坚持科学立法、民主立法，完善中国特色社会主义法律体系。加强宪法和法律实施，坚持公民在法律面前一律平等，维护社会公平正义，维护社会主义法制的统一、尊严、权威；推进依法行政；深化司法体制改革，优化司法职权配置，规范司法行为，建设公正高效权威的社会主义司法制度，保证审判机关、检察机关依法独立公正地行使审判权、检察权；加强政法队伍建设，做到严格、公正、文明执法；深入开展法制宣传教育，弘扬法治精神，形成自觉学法守法用法的社会氛围；尊重和保障人权，依法保证全体社会成员平等参与、平等发展的权利。②

（四）深化政治体制改革

人民民主不仅要由国家根本政治制度来明确和保障，而且要通过具体制度来落实和保证实施。我国社会主义基本政治制度符合国情，从根本上保证了人民在国家和生活中的主体地位，人民从根本上能够以国家和社会主人的身份参与国家和社会事务的管理，有利于保障人民民主，

---

① 参见马克思主义理论研究和建设工程重点教材《毛泽东思想和中国特色社会主义理论体系概论》，高等教育出版社 2008 年版，第 164—165 页。

② 胡锦涛：《高举中国特色社会主义伟大旗帜 为全面夺取建设小康社会新胜利而奋斗》，人民出版社 2007 年版，第 31 页。

有利于提高人民管理国家和社会事务的主体性和创造力。但是，我国不仅根本制度还不完善，而且政治体制也存在诸多缺陷，在很大程度上限制了人民民主，妨碍了人民当家作主，阻碍了人的主体作用的发挥。因此，必须在健全人民民主制度、建设法治国家的同时，加快推进政治体制改革。

政治体制是国家根本政治制度的具体表现形式和实现形式，主要是指国家领导制度、组织制度、工作制度等具体制度。人的主体地位、当家作主的地位和作用，都是通过这些具体的政治制度来体现和落实的。社会生活纷繁复杂，国家政治权力也复杂多样，而且权力的辐射范围很广。因为，国家最高权力是要通过国家的行政权力、司法权力等来具体实施的，并且是通过各级政府机关、司法机关具体落实的。如果政治体制不完善，不仅不能保证人民的权力会得到正当行使，而且也不能保证人民让渡出去的权力不会被滥用。这样，国家根本制度就不能落实到具体的社会生活之中，人的主体地位和当家作主的主人翁地位就没有得以体现和保证。我国的政治体制还很不完善，为此，必须深化政治体制改革。

深化政治体制改革的根本，就是保证人民当家作主。“深化政治体制改革，必须坚持正确政治方向，以保证人民当家作主为根本，以增强党和国家活力、调动人民积极性为目标，扩大社会主义民主，建设社会主义法治国家，发展社会主义政治文明。”① 深化政治体制改革，必须坚持国家一切权力属于人民，从各个层次、各个领域扩大公民有序参与政治，最广泛地动员和组织人民依法管理国家事务和社会事务、管理经济和文化事业。

深化政治体制改革，必须做好以下方面的工作。一要加快行政管理体制改革，建设服务型政府。行政管理体制改革是深化改革的重要环节，要抓紧制定行政管理体制改革总体方案，着力转变职能、理顺关系、优化结构、提高效能，形成权责一致、分工合理、决策科学、执行顺畅、监督有力的行政管理体制。健全政府职责体系，完善公共服务体

① 胡锦涛：《高举中国特色社会主义伟大旗帜　为全面夺取建设小康社会新胜利而奋斗》，人民出版社 2007 年版，第 29 页。

系，推行电子政务，强化社会管理和公共服务。二要完善司法体制，坚持司法为民、公正司法，推进司法工作机制改革，建立公正、高效、权威的社会主义司法制度，发挥司法维护公平正义的职能作用。三要完善制约和监督机制，保证人民赋予的权力始终用来为人民谋利益。确保权力正确行使，让权力在阳光下运行。要坚持用制度管权、管事、管人，建立健全决策权、执行权、监督权既相互制约又相互协调的权力结构和运行机制。健全组织法制和程序规则，保证国家机关按照法定权限和程序行使权力、履行职责。完善各类公开办事制度，提高政府工作透明度和公信力。①

二、保障人的各项权益

人的权益，其实就是人在社会中作为人的权利与利益，是人之为人的权利和利益，是人成其为人的权利和利益，包括人的经济、政治、文化、社会权益等等。以人为本，根本在于保障人的权益。

（一）尊重和保障人的基本权利

经济自由、政治自由、思想自由和机会均等是人的根本利益，是人的基本权利的基本内容。尊重和保障人的基本权利，最主要的是必须保障人的经济自由权、政治自由权、思想自由权和获得发展机会的均等权。

1. 保障人的经济基本权利

经济自由权利，就是每个人享有的从事经济活动、获得经济利益——生产、分配、交换和消费的自由，就是每个人没有外在强制从而能

① 参见胡锦涛：《高举中国特色社会主义伟大旗帜　为全面夺取建设小康社会新胜利而奋斗》，人民出版社2007年版，第31页。

够按照自己的意愿从事经济活动、获得经济收益。从人权的角度讲，这是人的经济人权。人的经济权利可分为两类：一类是满足人们必要的、起码的、最低的物质需要的经济权利，这就是经济人权；另一类主要是满足人的比较高级的物质需要的经济权利，即所谓的非人权经济权利。经济自由并不就是物质财富的最终获取，更不是物质利益的最大化获得，根本在于经济活动的自由。因为，经济自由根本在于提供人们从事经济活动的机会、条件。正如哈耶克所言：“自由提供的只是种种机会。”阿马蒂亚·森认为，自由可分为目的性自由和工具性自由。经济自由是工具性自由，是“个人分别享有的为了消费、生产、交换的目的而运用其经济资源的机会”。而一个人所具有的经济权益，将取决于其所拥有的或可资运用的资源以及交换条件。① 所以，经济自由绝不是什么高级的经济权利，而是人的最为基本的经济权利，是每个人必须的、起码的经济权利，是一种人权。因此，每个人都应该享有经济自由。为此，亚当·斯密认为：“无论如何，禁止大众制造他们自己能够制造的东西，不准他们把资财与劳动投放到他们认为对自己最有利的地方，这是对神圣人权的公然侵犯。”②

经济自由是人实现自身物质利益的基本条件，是满足人自身生存和发展需要的必要前提。人只有拥有经济自由权——经济人权，才能具有生存和发展的基本保障。从一定意义上讲，人失去经济自由，就等于失去了获取生存和发展所需要的资源的机会，就失去了生存和发展的物质基础和物质保障。有生命的个人是社会历史的第一个历史前提。而要能够拥有这个前提，人必需进行生产——物质生活资料的生产，以满足人的衣食住行等基本生活需要。这是人自身和社会存在的基本前提，也是社会发展的决定力量。因此，以人为本、保障人权，首先必须保障人的经济人权，保障人的经济自由。

人的所有活动都必定有结果，不管结果是好、是坏，是大、是小。同样，任何经济活动也必然有经济结果。那么，什么样的经济活动最能

① 阿马蒂亚·森：《以自由看待发展》，中国人民大学出版社 2002 年版，第 31—32 页。

② 转引自王海明：《新伦理学》（中册），商务印书馆 2008 年版，第 1032 页。

够带来更多、更好的结果呢？也就是说，什么样的经济活动，或者说人们在什么样的经济制度和经济体制下的活动最有效率呢？无疑，最有效率的经济活动必定是各种生产要素能够最大化地发挥其效能的活动。众所周知，任何生产活动的实体性要素由劳动者和生产资料所构成，劳动者和生产资料的结合方式制约生产效率，但起决定性作用的因素是劳动者。劳动者的效率直接决定生产的效率。那么，劳动者在何种状态下，他（她）的劳动最有效率呢？毫无疑问，是按照自己的意愿从事的经济活动最有积极性和创造力。人类生产发展的历史表明，迄今为止，惟有市场经济能够极大地体现生产者的意志自由，能够极大地使生产者按照自己的意志从事经济活动，从而推动经济的快速发展和社会财富的持续增长。因此，只有在市场经济体制下，每个人的经济活动才是按照劳动者自己的愿望进行的，每个人才享有经济自由。人类历史，特别是我国社会主义建设的实践，充分证明了市场经济是人类社会最有效的资源配置方式，是最能发挥人的主体作用和创造性的经济体制。根源在于市场经济最能够实现人的经济自由。

改革开放以来，特别是 1992 年以后，我国把建立和完善社会主义市场经济体制作为经济体制改革的目标，把坚持社会主义基本制度同发展市场经济结合起来，发挥社会主义制度的优越性和市场配置资源的有效性，使全社会充满改革发展的创造活力。30 多年改革开放的实践充分证明，我们既在深刻而广泛的变革中坚持社会主义基本制度，又创造性地在社会主义条件下发展市场经济，使经济活动遵循价值规律的要求，不断解放和发展社会生产力，增强综合国力，提高人民生活水平，更好地实现经济建设这个中心任务。在新的历史条件下，我们要大力推进社会主义经济体制改革，进一步发展社会主义市场经济，"积极探索能够极大解放和发展社会生产力、充分发挥全社会发展积极性的体制机制，放手让一切劳动、知识、技术、管理、资本的活力竞相迸发，让一切创造社会财富的源泉充分涌流"。①

2. 保障人的政治基本权利

① 胡锦涛："在纪念党的十一届三中全会召开 30 周年大会上的讲话"，《人民日报》2008 年 12 月 19 日。

政治自由是人们因为没有外在强制而能够按照自己的意愿从事政治活动的状态，也就是人们按照自己的意志管理国家事务和社会事务。政治，从本质上讲，就是权力统治、权力治理。政治自由就是使国家的政治权力按照人们自己的意志来行使，或者说，权力的运用是人们自己意志的体现或以自己的意志为转移的。一个人只有拥有政治权力，才能使权力按照自己的意志行事，才能拥有政治自由；否则，就不可能有政治自由。因此，政治自由，是人们拥有最高国家权力的自由，每个人掌握着最高国家权力，国家最高权力体现人民的意志。也就是说，国家的政治权力——最高国家权力，不是掌握在少数统治者手中，而是掌握在人民手中。

在权力的实际运行中，只有掌握权力的人才能运用权力。而在任何国家和社会体系中，权力的掌握者，只能是统治者和管理者；被统治者是不可能掌握权力的，而只能服从权力的管理。因此，说到底，政治自由就是权力拥有者自由地运用权力管理国家、管理社会，就是运用权力的自由。

政治自由——运用权力管理国家、社会事务之自由，从客观本性上讲，只为统治者所拥有。这是事实。但是，这并不意味着政治自由只为统治者所享有，而被统治者不能享有政治自由的权力，也并不意味着被统治者不能成为社会的统治者，成为社会的主人。问题在于，被统治者在什么样的社会才能成为社会的主人、成为统治者呢？无疑，只有在全体社会成员（公民）都直接或间接地掌握国家最高权力的社会，每个人才能真正享有和拥有政治自由。而社会公民拥有最高权力的社会无疑只能是民主社会。因为，民主，就是全体公民直接或间接掌握最高权力的政治，是全体公民按照自己的意志从事政治活动的政治。在民主社会，拥有最高权力的人是全体公民，公民是社会的统治者；运用权力管理社会事务的人是人民选举出来的“代理者”，是社会的“公仆”，同时，任何权力的行使和运行是在法律规定的范围内而不能超出法律或在法律之上，并且始终在人们的监督之下。因此，科恩认为：“民主即民治。”“民主的实质是社会成员参与社会的管理，它就是自治。”“民主是一种人民自治的制度。”“民主即人民自己管理自己，人民即统治者。”科恩进而说：“之所以说民主即民治，就是因为在这种制度下，人民，亦即社会成员，参加决定一切有关社会的政策。管理的指导方面的职能对说明自治是极为重要的；众多的人共享指导职能就使得民主成为可能。”“只有以民主的方式管理社会时才能充分实现社会自主——人与人相互关联的个人生活中的自主。只有在民主政体下，全体社会成员才能拿出自己的规则来管理共同事务，并将自己置于这些规则的制约之下。”①

这样一来，社会成员、尤其是被统治者是否拥有政治自由，就是一个社会成为民主社会的一个根本标志，也可以说是社会成为以人为本的社会的一个根本标志。以人为本的社会必定是一个每个人都享有政治自由的社会——民主社会。因为，在民主社会，必定是全体社会成员掌握最高权力，统治者和被统治者在掌管最高权力上是一致的、平等的。社会重大事务的决策是全体社会成员的意志的反映和体现，社会管理和统治是按照全体人民共同的意志进行的，最根本的是体现了最广大人民群众的意志。如果每个公民都享有政治自由，都有了管理社会事务的权力，法律、制度、政策都反映了人民的意愿、体现了人民的意志，那么，我们至少可以说，这个社会在政治社会中是以人为本的，社会政治是以人为本的政治，或者可以说，这个社会实现了以人为本的低级形态——即把人当人、把人作为人的政治社会。

为什么说每个人都应该且必须享有政治自由呢？从人权的角度看，政治自由是人的一种基本权利，即是一种人权。马克思指出：“人权的一部分是政治权利，只有同别人一起才能行使的权利。这种权利的内容就是参加这个共同体，而且是参加政治共同体，参加国家。这些权力属于政治自由的范畴。”② 由于政治自由是一种人权，而人权就必须人人平等享有，所以，每个人都应该享有政治自由。也就是说，每个人都应该完全平等地执掌国家最高权力，完全平等地促使国家政治、权力运行体现和反映自己的意志。这是民主政治的一个基本依据和标志，也是以人为本的一个根本依据和标志。

为什么以人为本、保障人权，必须使每个人都享有政治自由呢？如

---

① 科恩：《论民主》，商务印书馆1988年版，第6页、第273页、第7页、第10页、第274页。

② 《马克思恩格斯全集》第1卷，人民出版社1956年版，第436页。

前所说，政治自由和经济自由一样是人作为人的基本权利，是一种人权。是人权，就应该人人享有。而以人为本，根本在于保障人的利益，使人的主人地位真正回归人自身，人真正是社会的人，人具有人应该具有的权利和尊严；社会毫无限制地尊重人的主体地位，保障人的价值和尊严。而人最基本、最重要的价值和尊严，无非就是人在社会中是一个人，是一个具有自己独立意志、自身需要的、能够在法律约束下自由行动的有个性的人。如果社会能够保障每个人的政治自由，则意味着人的自由意志得到了保障，即保障了一个人作为人的自由意志及其活动，也就是保障人本身。而人的根本就是人本身。可见，保障人的政治自由，就是保障人本身。因此，政治自由是以人为本的基本内容，是以人为本的根本前提。只有一个人能够按照自己的意志管理国家共同事务，能够完全平等地执掌国家最高权力，国家的根本法律、法规、社会的重大规章和制度体现了公共意志，一个人的其他意志、其他行为自由才能够得到平等的享有和保障。因此之故，人的政治自由是决定其他自由，是实现其他一切自由的基础和根本保障。人无政治自由则在社会公共生活中无“本”之位，人之“本位”不能在社会公共生活中体现和贯彻，便根本谈不上以人为本。所以，以人为本，则必然要保障人的政治自由，使人成为社会的主人。

每个人（公民）享有政治自由，直接或间接地掌握国家最高权力，能够使国家的政治活动按照自己的意志进行，亦即国家权力的施行者和社会管理者（政府）不是按照其自身的意志而是按照人民的意愿行使公共权力。这是一个社会是否是民主社会的标志，也是以人为本的一个根本指标，还是检验一个社会是否是以人为本社会的一个标准。因此，要做到以人为本，就必须给人以政治自由，使人民成为社会的主人、成为国家最高权力的拥有者，真正当家作主。

3. 保障人的思想自由权利

思想自由就是人获得和传达思想的活动的自由。而获得和传达思想的主要活动无非是言论和出版。因此，思想自由就是言论自由和出版自由。

人是理性的动物。人有思想、有理性是人区别于其他动物的一个本质特征。由于每个人的社会关系的不同，人与人之间的区别，主要体现在思想、思维方式等方面，并由此而引起的行为方式的不同。思想的自由和独立是人之所以自由和独立的一个重要指标。从这个角度看，思想自由也是一种人权。剥夺人的思想自由，就是剥夺人权，保障人的思想自由，就是保障人权。

思想是行动的先导。人的一切行动都是由思想发动的。没有思想就没有行动，没有理性的思想就没有理性的行动；没有先进的思想就不可能有先进的行动。没有革命的理论，就没有革命的运动。总体而言，一个人思想越先进、理性越发达，其成就也就越大；一个社会思想越发达，所得的真理就越多，科学文化就会越昌盛，社会也就会越发达。思想的多样、文化的昌盛，是社会全面进步繁荣的重要内容和条件。思想、文化的“第一号琴手”必定会演奏出社会整体繁荣的历史乐章。这是历史发展的一个重要特点和规律。相反，思想僵化、文化萎靡的社会，一定不是繁荣的，甚至会被历史所淘汰。邓小平在1978年曾郑重地指出：一个民族，一个国家、一个党，如果思想僵化，迷信盛行，没有一点生机，是要亡党亡国的。

而一个社会思想发展迅速、科学文化繁荣的一个根本条件是社会保障人的思想自由，保障不同思想的存在和交流，也就是保障言论和出版自由。正如许多思想家所言，自由是真理诞生的必要条件，是财富的发源地，是人们幸福的源泉。一个社会的言论、出版越自由，它所获得的真理就越多，科学文化就越发达，那么，社会创造财富的速度也就越迅猛，社会财富也就越多，社会就会越先进、越富足、越昌盛，生活在这个国家、社会里的人们就会越幸福。反之，言论闭塞、思想禁锢，它所获得的真理就越少，科学文化就越荒芜，社会就越没有活力，社会财富就越少。社会越贫穷落后，生活其间的人们就越不幸。因此，说到底，思想自由是一个社会的科学、艺术和文化繁荣的根本条件，是一个社会的精神财富得以大发展的根本条件，因而也是一个社会的物质财富得以不断增进的根本条件。简言之，思想自由是社会一切进步的根本条件。再者，人的思想自由、精神生活的丰富要比物质生活的富足更长久、更高级，追求人的精神需要的满足和自由是人脱离动物界的一个本质区别，是人作为精神性存在的一个根本标志。思想的自由、文化的繁荣是人最大的享受和幸福。既然如此，社会何不保障人的思想自由呢？何不保障人的言论和出版自由呢？以人为本，从更高的角度看，不就是要满足人的精神需要、实现人的精神生活的自由和富足吗？不就是要实现人的精神性存在的本质需要吗？

诚然，人的思想有高尚和低俗之分、有正确和错误之别。反对思想自由者总认为思想自由会给社会带来严重的不良后果，谬误和错误思想的传播会把人和社会引入歧途，因此主张禁止错误思想、错误言论的发表、出版和传播。但是，我们知道，马克思主义认为，真理和谬误是对立统一的。真理与谬误相对立而存在、相斗争而发展。同时，真理和谬误在一定条件下相互转化。如果禁绝错误思想，正确的思想、真理的存在就会丧失条件，就会丧失生命力，真理就没有了生命力，就会成为教条。真理一旦成为教条，也就转换为谬误。再说，社会以什么标准判定一个思想，尤其是新的思想是一种谬误呢？在人类科学和思想发展史上，把真理作为谬误而禁绝的悲剧多得很。因此，正如极力主张言论完全自由的思想家密尔所言：“我们决不能确定我们所力图窒息的意见是一种错误的意见；即使我们能确定，要窒息它也仍然是一种罪恶。”[①] 再进一步说，思想、言论自由固然会有危险，固然会带来危害，但是，与禁绝思想、窒息言论所带来的危害比较起来，哪个更大？哪个更恶劣呢？翻开人类发展史，无疑可知，发展迅速、创造社会财富多的历史时期必然是思想相对自由的阶段；社会停滞不前、腐化衰败的历史阶段必然是思想僵化、文化萎靡的时期。同样，财富积聚迅速、科技文化发达的国家，必定是思想、言论相对自由的民主国家，而那些专制国家则是落后贫穷的国家。

当然，社会给予和保障人的思想自由，也必然要建立防止言论自由所具有的风险的机制。而这个机制，也只有通过思想自由才能建立起来，而绝不是禁止思想自由。思想自由的风险是建立在思想自由的基础之上，并通过思想自由来化解错误思想所带来的风险和危害。同时，建立思想自由所带来后果的追究机制：让每一个人必须对发表、出版、传播自己的思想所带来的后果承担法律责任。正如潘恩所言：“人想说什么话，事先无需得到许可，但事后却要为自己说的话所铸成的大错负

① 转引自王海明：《新伦理学》（中册），商务印书馆2008年版，第1038页。

责。同样地，一个人在出版物中发表错误言论，他也要像亲口说出的那样对错误负责。”① 法国的《人权宣言》宣称：“自由传达思想和意见是人类最宝贵的权利之一。因此，每个公民都有言论、著述和出版的自由。但在法律所规定的情况下，应对滥用此项自由负担责任。”②

4．保障人的机会平等权利

机会平等的权利，就是每个人获取发展自身的各种机会的平等权利，是参与社会竞争的平等权利。如前所述，人的权利分为基本权利和非基本权利。基本权利是人权，是每个社会成员生而有之的，是无需通过竞争获取的权利。人的基本权利的获得，不需要竞争，也不需要机会。而非基本权利并不是按照决定公平原则进行分配的，因为一个人的才能、品德、贡献不一样，其承担的社会责任也不一样，社会给予他（她）的权利也不同。国家主席和公司职员的责任、贡献是不同的，社会决不可能给予他们二者一样的权利。同样是公司职员，一个能力强、品德高尚且贡献突出，一个能力、品德一般，业绩平平，社会给予他们二者的利益也决不可能均等。可见，非基本权利是通过竞争、通过一个人的贡献而获取的。这样，就意味着有的人能够获得非基本权利，而另外的人则不能获得非基本权利。同时还意味着，社会提供的机会也是有限的，不可能在每个人之间均等分配，也就是说不可能像分配基本权利一样被每个人所同时享有，因此，机会不可能同时被每一个人获取和利用。然而，尽管获取非基本权利的机会不可能同时给予每一个人，只有最具有能力者才适合获得那个机会，也只有最适合者才能最大化地利用好那个机会，为社会做出更大的贡献。但是，机会的提供者应该像所有的人开放，就是说每个人不管能力如何、品德如何，都有机会去竞争那个机会，社会不能对不同的群体和个人有任何歧视和偏斜。进而言之，非基本权利不可能同时给予每一个人，但必须给予每一个人均等地获得非基本权利的机会，而不管这个人天资如何、家庭出身怎样，是何种民族、信仰什么等等，且必须按照其所做出的贡献来分配，即授予其权

① 《资产阶级政治家关于人权、自由、平等、博爱言论选录》，世界知识出版社 1963 年版，第 52 页。

② 转引自王海明：《新伦理学》（中册），商务印书馆 2008 年版，第 1039 页。

利。使不同能力、不同贡献的人，获得与其能力、贡献相符的非基本权利。总而言之，“社会所提供的发展才能、做出贡献、竞争职务和地位以及权力和财富的非基本权利的机会，是全社会每个人的基本权利，是全社会每个人的人权，应该人人完全平等”。① 只有如此，社会才能实现按劳（贡献）分配，各尽所能。而一个人分配到适应他能力的位置，才能做出最佳的贡献。螺丝钉只有在适合螺丝钉的位置才能发挥其应有的作用，钢板只有在适合钢板的场所才能发挥其功效。大才小用或小才大用，都是浪费，都是不公平；或者说，贡献大者获小利、贡献小者获大利，或不管贡献大者、小者都获同样的利，都是不公正的。社会的不公正，最根本表现在社会资源分配和使用的不公正，表现在人们获取社会资源的机会的不公正。机会的不平等，必然造成结果的不公正。同时，获取机会的不公正，最直接的后果必然是社会资源的浪费，对社会资源最大的浪费就是人力资源的浪费。可见，以人为本，就必然要求实现机会平等，真正让每个人积极有序地参与社会竞争，获得适合每个人能力的社会职位，这既能充分发挥人的潜能，又能为社会做出更大的贡献，创造更多更好的财富。

机会平等可以分为两类：一类是“竞争权利的机会平等”，是竞争非基本权利——获得职务、地位、权力和财富等目标的机会平等。这种获取非基本权利的机会应该是平等地向所有人开放，并按照每个人的德才表现和贡献进行授予，促使社会成员各尽所能，按劳所得。另一类机会平等是“发展潜能的机会平等”，是竞争非基本权利的手段的机会平等，主要是受教育的机会平等。就是要实行教育公平，使每个人均等地接受教育，发挥每个人的德与才，提高综合素质和能力，让每个人都有进一步获得非基本权利机会的基础和主观条件。教育公平是实质的、深层次的机会平等。

机会平等，也可称之为机会自由。也就是说，每个人都有获得社会提供的获取财富、权力等各种更高利益的种种机会的自由，有获得利用社会公共资源发展自身潜能、实现自身价值的机会的自由。机会平等，意味着每个人都有同样的机会，必然也意味着每个人都有这种自由。不

① 王海明：《新伦理学》（中册），商务印书馆2008年版，第914页。

管人们愿不愿意利用这样的机会和自由，而根本在于社会有没有提供给予每个人相同的机会。这是问题的关键。一个社会，一个以人为本的社会，不仅要公平地提供每个人获得更高职位、更大权力、更多财富的机会，而且要尊重不同的个体对待各种社会机会的选择及其态度，保障每一个体对各类社会机会选择的自由。

（二）依法公正保障人的非基本权利

人的权利可分为基本权利和非基本权利。非基本权利就是人们获取基本权利之上的社会权利，亦即获取基本利益之外的其他利益。举例说，有饭吃、且要吃饱是基本权利，不仅要吃饱，而且还要吃好、吃出品味则是非基本权利；不贫穷是基本权利，要富贵是非基本权利；享有选举权和被选举权，平等拥有国家最高权力是基本权利，而获得较高社会职务则是非基本权利；……基本权利的分配，每个人都应该且必须平等享有，任何人不能多，也不能少，且具有优先性。非基本权利的分配能不能绝对平等呢？

显然不能。根据社会权利分配的贡献原则和平等原则，一个人对非基本权利的拥有是根据其对社会贡献的大小进行分配的，一个人对社会的贡献大，那么其享有的非基本权利就越多；反之，一个人的贡献小，那么其享有的非基本权利也相应地就少，其从社会获得的利益也就少。也就是说，一个人的非基本权利是根据贡献的不同而按照一定比例进行分配的，非基本权利的分配原则是比例平等原则。比如说，每个人都享有从事社会经济活动的基本权利，这是绝对的；但每个人的能力大小不同，劳动态度不一，劳动时间、劳动强度等方面的差异，劳动的份额、结果自然也不一样，社会对其劳动成果的分配则只能根据其劳动的时间或结果进行分配，多劳者多得，少劳者少得，不劳者则不得。这样才是公正的。如果一个社会，不管人们劳动的状况如何、劳动的成果如何，多劳少劳一个样，干与不干一个样，在非基本权利的分配上搞绝对平均主义，那么，不管这个社会在基本权利分配上如何平等，也是一个不公正的社会。

根据公正的经典定义，所谓公正，就是给人应得，就是给人应该得到的。正如穆勒所说：“公正就是给每个人得到他应得的东西（利益或损害）；而不公正则是每个人得到他不应得的利益或损害。”当代伦理学家麦金太尔认为：“正义是给每个人——包括给予者本人——应得的本分。”[①]“应得”的是什么呢？何谓一个人的“应得”呢？一个人凭什么“应得”呢？

显而易见，一个人的应得，必定与他的所作所为相关，也就是说，一个人的行为是其应得的源泉。应得是社会、他人给予一个人的回报。但是，社会、他人给予的回报，从质上讲，与被给予者的行为有可能一致，也可能不一致。显然，只有与被给予者行为性质一致的回报才是公正的，否则，就是不公正。比方说，恩将仇报、以怨报德、以德报怨，则都是不公正。从量的角度看，一个人的所得有可能多于、或小于、或等于这个人的作为；毫无疑义，回报多于、小于付出都必是不公正，而只有等于付出的回报，即对等的回报，才是公正。正如亚里士多德所言：“公正是具有均等、平等、相等、比例性质的回报。”概而言之，公正就是等质且等量的回报或交换行为，即等利交换或等害交换。公正即是等利害交换的行为。

公正，可分为社会公正和个人公正。正如艾德勒所说：“公正，主要讲来，可以分为两个领域。一个关涉个人与他人或有组织的共同体——国家——之间的公正（这是个人行为者的公正——引者[②]）。另一个领域则是关于国家——它的政府、法律、政治制度和经济管理——与构成国家人口之间的公正（这是国家、社会行为的公正——引者）。”[③]王海明先生更确切地解释道：“所谓个人公正，便是个人为行为主体的公正，是个人所进行的等利（害）交换行为。”“社会公正则是社会为行为主体的公正，是社会所进行的等利（害）交换行为，如法院判决杀人者偿命、借贷者还钱等等。”[④]但是，社会尽管是所有人的社会，然而，能够代表社会意志的并不是每个人，而是那些特殊人物。那些特殊人物无

① 转引自王海明：《新伦理学》（中册），商务印书馆2008年版，第770页。

② “引者”为原引者——王海明先生，下同。

③ 转引自王海明：《新伦理学》（中册），商务印书馆2008年版，第779页。

④ 王海明：《新伦理学》（中册），商务印书馆2008年版，第779页。

疑是社会的领导者和管理者。因此“社会公正，说到底，乃是社会领导者管理活动的公正，是管理行为的公正”。[①] 社会最根本的公正是社会公正，而不是个人公正。

从社会的视角看人与社会的关系，社会的存在和延续是个人存在和延续的前提。没有他人、没有社会，任何个人都无法作为一个“人”生存下来，人的一切所得无不来源于他（她）所在的社会。既然如此，作为社会的人，从人性上讲，每个人都希望从社会获得更多的利益，以满足自身的需要。而在任何历史时期，社会的财富相对于人无限发展的欲望、需求，以及整个社会成员的需求而言，总是有限的，社会资源总是处于匮乏状态。人的欲望、需要的无限性同社会资源、财富有限性的矛盾和冲突，便是社会公正的起源和前提的基本条件。因为，要使个人存在，就必须维持社会的存在；而要维持社会的存在，就必须维持个体的存在。这就必然要求合理进行资源分配，使每个人都能获得相应的社会资源——生存和发展的资本。不然，社会必将陷入“人与人”的战争状态，最终被摧毁，而使人类覆灭。那么，社会如何分配资源呢？无疑，公正地分配资源是社会存在的重要前提，是社会发展的基本要求。

社会资源，对每个人来说，最根本、最重要的无疑是人的权利。如前所言，人的权利可分为基本权利和非基本权利。因此，社会公正主要就是公正分配人的基本权利和非基本权利。

人的基本权利必须按照绝对平等原则进行分配，人人所拥有的基本权利是均等的，每个人所享有的基本权利是一样的，不能给予这个人的多，给予那个人的少，而应该是人人一样多。这是最重要的社会公正。但是，人的非基本权利按照比例平等的原则进行分配，也是社会公正的一个重要方面。由于每个人的天资、禀赋、后天努力程度、家庭出身等各种偶然因素的作用，其对社会贡献的质和量都是不一样的。因此，社会就应该按照人们贡献的不同分配资源，当然这种分配必须是与人们之间的贡献成正比例关系——比例平等。每个人所得的多少是与其对社会贡献的大小成正相关的。如果非基本权利不是按照比例平等原则分配，而是按照完全平等原则分配，这个社会便是一个不公正的社会。一个不

① 王海明：《伦理学原理》，北京大学出版社2005年第2版，第224页。

公正的社会必定是个无效率的社会。一个无效率的社会必然是一个无竞争的社会，而一个无竞争、无效率的社会也必然是一个财富不丰富、人们懒散的社会。相反，如果非基本权利按比例平等原则分配，则会调动人的自觉能动性，激发人的创造欲望、竞争意识，社会生产效率必定提高，社会财富必将丰富，人的生活必将改善。今天，在发展中国特色社会主义事业的伟大征途上，我们讲“尊重劳动、尊重知识、尊重人才、尊重创造”，其实质就是要尊重和保障人的不同的贡献，保障人的非基本权利。只有如此，人们才会想干事业、努力干事业、竭力干成事业，一切劳动、知识、技术、管理、资本的活力才能竞相迸发，一切创造社会财富的源泉才能充分涌流，中国特色社会主义的伟大事业才能取得新的胜利。

当然，我们也要看到，一个人的能力强、机会好、贡献大，的确应该获得更多的社会资源，享有更多、更好的生活条件。但是，任何人的贡献，无论其个人能力有多强，他（她）都是在社会中活动和创造的，人一旦离开社会，就不可能有任何的贡献。社会是每个人的联合共同体，同时社会资源又是很有限的，一个人的较大贡献则意味着他（她）较他人而言利用了更多的社会资源。因此，正如罗尔斯所说，获得社会利益、资源较多者应该且必须给较少者以相应的补偿，而且，从社会获得利益越少者，社会给其的补偿应该且必须更多，也就是说，给予补偿者应该根据其获利的程度按比例予以补偿——获利者越少，给予的社会补偿就应越多。这就是罗尔斯著名的补偿原则。如果社会不能坚持补偿原则和建立补偿机制，就会造成生活资源分配不公，必然导致两极分化，两极分化达到一定程度，则必然造成社会动荡、社会分裂，甚至致使社会消亡。

以人为本，保障人的各项权益，既要切实保障人的基本权利的平等分配和享有，也要保障人的非基本权利按照比例平等原则分配。公平正义，是以人为本的要求，也是以人为本的内容。以人为本，则必须坚持公正正义。一个未能公平地保障人们各项权益的社会，不能算是一个以人为本的社会。只有公平正义地保障了人们的各项权益，才能说真正坚持了以人为本、做到了以人为本。因此，以人为本，就应该且必须公正地保障人的各项社会权益。

（三）保障和改善民生

保障和改善民生，是以人为本之本。民生不保，民不聊生，人连基本的生存需要都不能满足了，人都不成其为人了，还谈什么以人为本呢。没有民生的保障，就根本不是以人为本。因此，以人为本，首要的、根本的就是保障和改善民生。

社会建设是保障和改善民生的基本前提和重要条件。“社会建设与人民幸福安康息息相关。必须在经济发展的基础上，更加注重社会建设，着力保障和改善民生”。① 加强社会建设，就要“把实现好、维护好、发展好最广大人民的根本利益作为党和国家一切工作的出发点和落脚点，坚持发展为了人民、发展依靠人民、发展成果由人民共享，优先发展教育，大力促进就业，不断提高城乡居民收入，加快建立覆盖城乡居民的社会保障体系，加快发展医疗卫生事业，切实加强社会管理，加强生态文明建设，努力使全体人民学有所教、劳有所得、病有所医、老有所养、住有所居”。②

加强社会建设，保障民生、改善民生、发展民生，必须高度重视、认真解决群众最关心、最直接、最现实的利益问题。从解决群众最关心、最直接、最现实的利益问题入手，为群众多办好事、实事。“这是坚持以人为本的必然要求，也是坚持发展为了人民、发展依靠人民、发展成果由人民共享的必然要求”。③

第一，实施积极就业政策，千方百计扩大就业。

就业是人类永恒的主题。就业是公民的一项基本权利，受法律保护。党的十六大报告指出：“就业是民生之本。扩大就业是我国当前和今后长时期重大而艰巨的任务。”要“千方百计扩大就业，不断改善人

---

① 胡锦涛：《高举中国特色社会主义伟大旗帜　为夺取全面建设小康社会新胜利而奋斗》，人民出版社 2007 年版，第 37 页。

② 胡锦涛：“在纪念党的十一届三中全会召开 30 周年大会上的讲话”，《人民日报》2008 年 12 月 19 日。

③ 《求是》2006 年第 1 期。

民生活”。[1] 党的十六届三中全会强调要“把扩大就业放在经济社会发展更加突出的位置”。十七大报告强调，要“实施扩大就业的发展战略，以创业带动就业”。[2] 温家宝指出：“就业是民生之本，关系到亿万劳动者及其家庭的切身利益，是实现科学发展、促进社会和谐的重要基础。”“要把扩大就业摆在经济社会发展的突出位置。”[3]

我国就业问题主要表现在以下方面：一是基数大，劳动人口增长快。未来的十几年，我国16岁以上的人口将以年均550万人的规模增长，到2020年劳动年龄人口将高达9.4亿。这样一个庞大的就业队伍，放在世界任何一个国家，都是一个恼人的难题，就是放在整个世界来考虑，也是一个不容易解决的问题。二是农村剩余劳动力转移困难。三是劳动者素质低，劳动力结构不合理。劳动者素质偏低是制约我国经济和社会发展的重要因素。四是新增劳动力就业不充分，失业人数逐年上升。

毫无疑问，在世界上人口最多的国家解决就业问题，是一项极为艰巨的任务。但由于就业问题的存在，不仅影响人民生活水平的提高，影响人的素质的发展，还会影响社会主义和谐社会的建设。因此，“我们要用百倍的努力，把这项关系民生之本的大事做好”。[4]

解决好就业问题，关乎国计民生，关乎发展稳定。要进一步把扩大就业摆在经济社会发展更加突出的位置，坚持实施积极的就业政策。要坚持在发展中解决就业问题，逐步确立有利于扩大就业的经济结构和增长模式，千方百计增加就业岗位，加快发展就业容量大的第三产业、中小企业和劳动密集型产业，形成更多的就业增长点。要切实转变政府职能，积极创造就业环境和岗位，继续落实就业再就业的各项优惠政策，

---

① 江泽民：《全面建设小康社会 开创中国特色社会主义事业新局面》，人民出版社2002年版，第30页。

② 胡锦涛：《高举中国特色社会主义伟大旗帜 为夺取全面建设小康社会新胜利而奋斗》，人民出版社2007年版，第38页。

③ 温家宝：“关于深入贯彻落实科学发展观的若干重大问题”，《求是》2008年第21期。

④ 《十一届全国人大一次会议〈政府工作报告〉辅导读本》，人民出版社2008年版，第35页。

加强政府就业指导和服务，抓好就业培训，加大对促进就业资金的投入，鼓励劳动者自主创业和自谋职业，促进多种形式就业。要建立促进扩大就业的有效机制，高度重视大学毕业生就业和各类下岗失业人员再就业，认真解决就业困难人群的就业问题，进一步维护农民工合法权益，努力创造更加公平公正的就业环境。

第二，完善和健全社会保障体系，保障人民基本生活。

党的十六大报告认为：“建立健全同经济发展水平相适应的社会保障体系，是社会稳定和国家长治久安的重要保证。”① 十七大报告强调指出：“社会保障是社会安定的重要保证”，要“加快建立覆盖城乡居民的社会保障体系，保障人民基本生活”。②

现代社会，完善的社会保障体系是社会的“稳定器”、经济运行的“减震器”和社会公平的“调节器”。完善社会保障体系，是深化经济体制改革、完善社会主义市场经济体制的重要内容，是调整优化经济结构的必然要求，是保障广大劳动者基本生活、维护社会稳定的需要，对社会经济发展和人自身的发展具有重要意义。

社会保障是维持人民正常工作生活的基本保证。社会保障能够为公民提供国民最低生活标准的需要，能够为在市场竞争中的不幸失败者或失去竞争能力的人们提供基本生活保障，能够保障生活困苦者维持国民的最低生活水平，能够使社会中的任何一个人不因各种天灾人祸而失去最基本的生活来源。一句话，社会保障能够保证人的生命权和生存权。这是人最基本的权利，也是以人为本之根本。因为只有人的存在，才能谈以人为本。

我国在不断发展社会主义市场经济的过程中，党中央、国务院坚持以人为本，高度重视社会保障事业的发展，以养老、失业、医疗、工伤、生育等保险为主要内容的社会保障体系不断完善，社会保险事业取得了新的成就。正如温家宝所说：“近几年，我国社会保障进入发展最

---

① 江泽民：《全面建设小康社会 开创中国特色社会主义事业新局面》，人民出版社2002年版，第28页。

② 胡锦涛：《高举中国特色社会主义伟大旗帜 为夺取全面建设小康社会新胜利而奋斗》，人民出版社2007年版，第39页。

快的时期。城镇职工基本养老和医疗保险参保人数分别突破 2 亿人、1.8 亿人；做实基本养老个人账户试点扩大到 11 个省份；在连续三年提高企业退休人员养老金标准的基础上，今年起再连续提高三年；城市最低生活保障制度不断完善，去年开始在全国农村全面建立最低生活保障制度，城乡社会救助体系进一步健全。这些措施发挥了保障城乡居民基本生活、维护社会稳定、推动经济发展、促进社会公平和增进国民福利的作用。”①

但是，我们要清醒地看到，“目前的社会保障体系还存在着城乡发展不平衡、覆盖面窄、统筹层次较低、转移接续难、基金支付压力大等突出矛盾”。因此，“我们必须坚持‘广覆盖、保基本、多层次、可持续’的方针，加快完善覆盖城乡居民的社会保障体系”。“当前，要突出抓好基本养老、基本医疗、最低生活保障制度等重点，逐步提高统筹层次和保障水平，制定全国统一的社会保险关系结转办法”。② 要进一步健全社会保障的法律法规，逐步建立社会保险、社会救助、社会福利和慈善事业相衔接的覆盖全体公民的社会保障体系。

第三，加快发展医疗卫生事业，提高人的健康素质。

人首先是自然的有机体。生存权是人最基本的权利，是其他一切权力的物质前提，也是历史存在和发展的第一个前提。而人口、计划生育工作、社会医疗卫生事业与人的生存权、发展权直接相连、息息相关。切实做好人口和计划生育工作，对保持国民经济的持续快速协调发展、提高人们的生活质量、促进人和自然的和谐、协调人的发展和经济社会发展具有十分重要的意义。医疗卫生事业是保障人的生存权益的一个重要前提条件。社会医疗卫生条件好，服务体系健全，就有利于人的生存和发展，相反，人们生存、生活的难度就会加大，就会危害人的存在和发展，人的生命、健康就有危险。可以说，人口和计划生育工作、社会医疗卫生事业发展的状况在很大程度上决定着人的发展水平和持续发展

① 温家宝：“关于深入贯彻落实科学发展观的若干重大问题”，《求是》2008 年第 21 期。

② 温家宝：“关于深入贯彻落实科学发展观的若干重大问题”，《求是》2008 年第 21 期。

能力。加快发展医疗卫生事业，做好人口和计划生育工作，提高人的健康素质，是以人为本的基础性内容，也是以人为本的基本要求。

发展医疗卫生事业，做好人口和计划生育工作，不断提高人口素质和人们的健康水平，一直是党和政府高度重视的事情。新中国成立、特别是改革开放以来，党中央和政府对人口和计划生育工作、发展医疗卫生事业、加强医疗卫生工作，出台了一系列的决策和政策，人口和计划生育工作、医疗卫生事业得到了全面发展。我国医疗卫生事业发展很快，公共卫生条件不断改善，医疗资源不断扩大，技术诊断和服务不断发展，人民群众的健康水平明显提高，人均期望寿命从建国初期的35岁上升到2005年的71.8岁，经济发展快、医疗条件好的地区甚至接近发达国家的水平，婴儿和孕产妇的死亡率大幅降低。

总体上看，我国人口和计划生育工作取得了巨大成绩、医疗卫生水平已有了较高的水平。但是，由于各种因素的共同作用，也存在许多问题，有的问题还比较严重。我国人口发展的突出问题是：（1）人口总量过大，预计总人口到21世纪30年代可能达到15亿；（2）人口素质总体不高，我国总人口文盲率为6.72%，人口健康素质较差，残疾人口将近7000万，有4%—6%的新生婴儿为残疾儿；（3）人口结构比例矛盾突出；劳动年龄人口居高不下、流动人口庞大、人口老龄化加速到来、出生人口性别比例持续升高等。我国的医疗卫生事业发展存在着诸如医疗资源人均水平较低、配置不均衡、医疗保健制度不健全等问题，出现了人们看病难、看不起病等现象，影响了人们的身体健康，危害了人们的生存和发展权益。因此，我们要从贯彻科学发展观、促进人的全面发展的高度来考虑人口和计划生育工作、医疗卫生事业的发展问题，坚持用科学发展观统领我国的人口、计划生育工作以及发展医疗卫生事业，倡导科学健康文明的生活方式，提高群众公共卫生和健康意识，帮助人们培养良好的生活习惯，广泛开展全民健身活动，提高人的身体素质。

第四，维护社会安全稳定，保障人的生命财产安全。

以人为本，促进人的全面发展，需要做许多方面的工作，保持社会安宁、稳定、有序也是一项重要的基础性工程。安全稳定的社会环境是以人为本的基本条件。没有安定团结的社会环境，社会生产不能顺利进行，社会活动无法正常开展，人也无法安居乐业。如果社会整个乱哄哄的、乱糟糟的，人们提心吊胆地生活，那么，人还有什么“本位”呢？人的“本位”怎么能够得以保证和实现呢？试想，一个人连基本的生活都得不到保障，还能谈什么别的呢？可以说，没有稳定安全的社会生活环境，就根本谈不上以人为本。人身没有安全，生活不得安宁，以人为本就是一句空话。

当前我国社会总体形势较好，社会大局基本稳定有序。但同时也存在大量不稳定、不和谐的因素，有些问题还相当严重。因各种矛盾和问题引发的群体性事件和群众集体上访事件增多，群体性暴力事件呈上升趋势；社会治安形势比较严峻，刑事犯罪和经济犯罪是影响社会治安的突出问题，青少年犯罪、流动犯罪占相当大比重，有组织的犯罪有所增加；对敌斗争形势错综复杂；各种重大突发事件时有发生；利用互联网进行违法犯罪活动比较突出，利用和针对网络的违法犯罪呈高发事态；食品安全、医药安全形势不容乐观，社会公共安全受到各类因素干扰，风险较大；生产安全问题依然突出……这些问题的大量存在使我国的安全稳定受到严重威胁。

以人为本，从最基础的视角看，就是要以人的生命、财产安全为本，切实保障人们的生命、财产安全。保发展，是为了保民生；保稳定，也是为了保民生。保持生活安全稳定，保证人的生命财产安全，必须切实做好以下方面的工作：

一要正确处理改革、发展和稳定的关系。正确处理改革、发展、稳定三者之间的辩证关系是贯彻科学发展观、坚持以人为本的基本要求和应有之义。改革、发展、稳定是关系社会发展和人自身发展大局的重大问题，三者是辩证统一的。发展是硬道理，解决中国所有问题的关键是靠发展；改革是发展的动力，是我国走向现代化的必由之路；稳定是改革和发展的基本前提，没有稳定的社会局面，什么事也干不成。把改革的力度、发展的速度和社会可以承受的程度协调统一起来，既保持生机和活力又谋求社会秩序的和谐稳定，在社会政治稳定中推进改革、发展，在改革、发展中实现国家和社会的长治久安。随着社会改革的不断深入、各种利益关系的复杂化，人民内部矛盾以及其他矛盾更加复杂，日益成为影响社会稳定的重要因素。因此，必须高度重视和妥善解决改革中因利益调整而引发的矛盾，妥善协调各方利益关系，避免矛盾的激化；必须加强社会治安综合治理，依法严厉打击各种犯罪活动，保障人民群众生命财产安全，为人们的安居乐业和正常生活创造良好、稳定、安宁的社会环境。

二要做好食品安全和安全生产工作。温家宝认为：“食品药品安全和安全生产是人民群众最关心、最直接、最现实的利益问题，是需要常抓不懈、不可有丝毫放松的重大民生问题。绝不能以损害人民健康、甚至牺牲职工生命来换取增长，谋求利益。”① 温家宝要求，各级政府和领导干部在这个问题上都必须有清醒的认识、鲜明的立场、严明的纪律、有力的举措。要落实领导责任，强化行政问责。要切实加强对研发、生产、流通、消费等各个环节的监管，整顿市场秩序，提高食品、药品质量，让人民群众吃得放心、用得放心。“安全责任重于山”，各级领导干部要树立起“抓经济发展是政绩，抓安全生产也是政绩”的观念，切实贯彻安全第一、预防为主、综合治理的方针，坚持标本兼治、重在治本，使全国安全生产形势尽快出现根本好转。

三要加强和改善社会治理。适应社会结构和社会生活多样化、多元化的发展，社会治理从思想理念到方式方法都必须彻底改革和转换，必须从过去的统治式的管理转换为服务性的治理，从过去高高在上的对立性的管理转换为主体间平等的治理，从过去的人治转变为法治，从过去政府的行政主导式管理转换为民间、基层的自治。要根据社会发展的情势适时制定和完善村民委员会组织法、城市居民委员会组织法、社会团体、民间组织等方面的法律法规，促进社会成员自我管理、自我教育、自我服务，促使各种公益或互益性质的社会组织的管理规范化和法制化。

第五，大力发展教育事业，推进教育公平。

教育涉及每个人的根本利益，关乎每一个社会个体的发展。教育公平是社会公正的实质内容。教育公平不仅是保证人的基本权利的重要内容，而且是促进每个人自由全面发展的重要保证。从这个角度看，保障

① 温家宝：“关于深入贯彻落实科学发展观的若干重大问题”，《求是》2008年第21期。

每个人平等接受教育的权利、保证每个社会个体公平地享有社会教育资源，是一个人的人权。教育公平是社会公平的基础，教育不公平则社会不公平。著名伦理学家罗尔斯在《正义论》中大力倡导社会必须保障人们平等接受教育的权利，这是实现社会正义的根本内容。阿马蒂亚·森也反复强调，必须实现教育公平。教育公平是消灭贫穷、推动社会财富增长的基本保障。

教育为社会主义现代化建设服务、为人民服务一直是我国社会主义的教育方针。这一方针实际上就是要大力发展教育事业，促进教育公平，保证每个人的教育权利、平等享有教育机会和资源，最终促进人的自由全面发展。胡锦涛指出：“教育是民族振兴的基石。教育公平是社会公平的重要基础。”① 温家宝认为：“教育作为国家发展的基石，事关民族兴旺、人民福祉和国家未来，是百年大计、千秋工程。只有一流的教育，才有一流的人才、一流的国家实力，才能建设一流国家。”② 这几年，我们在发展教育事业、推动教育公平等方面取得了较大成绩。比如大幅度增加了教育投入，在全国城乡实行了免费义务教育，把农村义务教育全面纳入公共财政保障范围，建立健全了普通本科高校、高等和中等职业学校奖助学金制度，促进各级各类教育协调发展。但是，总体上讲，教育还不适应全面建设小康社会的新要求，教育公平问题还没有得到应有的解决。目前，城乡之间、区域之间、学校之间，教育发展不平衡，义务教育的师资和办学条件的差距较大，公共教育资源的配置和使用还缺乏有效的监督和管理，等等。

在新的历史阶段，教育事业坚持以人为本，促进教育公平，就是要“办好人民满意的教育”。继续实施科教兴国、人才强国的发展战略，落实教育优先发展的战略要求。加快调整教育结构，全面实施素质教育，促进教育协调发展，着力完成“普及、发展、提高”三大任务。（1）要全面推进素质教育。全面贯彻党的教育方针，坚持以人为本，培养德、

① 胡锦涛：《高举中国特色社会主义伟大旗帜 为夺取全面建设小康社会新胜利而奋斗》，人民出版社 2007 年版，第 37 页。

② 温家宝：“关于深入贯彻落实科学发展观的若干重大问题”，《求是》2008 年第 21 期。

智、体、美、劳全面发展的社会主义公民，努力促进每个人自觉、主动、快乐、活泼、健康地成长。(2) 围绕建设社会主义新农村和提高国民素质的战略要求，把农村义务教育摆在重要的战略地位，进一步普及义务教育。(3) 以中等职业教育为重点，加快发展职业教育。(4) 切实提高高等教育质量和培养创新人才的能力。(5) 全面提高教师队伍建设。(6) 继续深化教育管理体制改革，大力推进教育改革和制度创新。(7) 大力发展远程教育，推进教育信息化建设。(8) 促进各级各类教育协调发展，大力发展多形式、多层次的继续教育，营造全民学习、终身学习的浓厚氛围，推动建立学习型社会。

第六，制定和完善发展社会事业的法律和制度。

加强社会领域的立法和制度建设，是推动社会建设与经济、政治、文化建设协调发展的客观需要，是以人为本、促进人的自由全面发展的新任务。社会领域的立法和制度建设直接关乎人的生存、发展权利等内容，是人类社会政治建设的重要成果，是人的生存、发展权利的根本保障。建立和完善发展民主政治、保障公民权利、推动社会事业、健全社会保障、规范社会组织、加强社会管理等方面的法律法规，就是直接保障人的发展权利。制定和完善发展社会事业的法律和制度，一要完善义务教育、职业教育、成人教育等方面的法律法规，保障公民平等享有受教育的权利；二要制定初级卫生保障法，建立健全覆盖全社会的公共医疗卫生服务体系；三要制定和完善促进文化事业发展的法律法规，保障每个公民公平享有公益文化服务的权利。

三、改善和提高人的生活水平

以人为本，同改善、提高人的生活质量和水平有着本质的联系。以人为本，必须着眼于满足人的需要，不断改善人的生活状况，提高人的生活质量和水平。

(一) 为了能够“创造历史”，人必须能够生活

人是社会的主体，是历史的创造者。这是马克思主义的基本观点。

同样，人创造历史，服务社会，是为了生活，为了更好地生活。这也是马克思主义的基本观点。

生产方式是马克思主义社会历史观的一个基本范畴。马克思把它表述为满足人们物质资料的生活的生产方式，或为人们“保证自己生活的方式”，或人们“生活的生产”。马克思、恩格斯多次把自己的历史观、社会观表述为“人的生活的直接生产过程”、“直接生活的生产和再生产”、“满足人的生活需要的生产”、“社会生活的生产”、“生命的再生产”、“生产生活”，等等。马克思、恩格斯在《德意志意识形态》中认为：任何哲学、历史观的前提，是“现实的个人”，“是他们的活动和他们的物质生活条件，包括他们已有的和由他们自己的活动创造出来的物质生活条件”。因而“我们首先应当确定一切人类生存的第一个前提，也就是一切历史的第一个前提，这个前提是：人们为了能够‘创造历史’，必须能够生活。但是为了生活，首先就需要吃喝穿住以及其他一些东西。因此第一个历史活动就是生产满足这些需要的资料，即生产物质生活本身，而且这是这样的历史活动，一切历史的一种基本条件，人们单是为了能够生活就必须每日每时去完成它，现在也和几千年前一样都是这样。……因此任何历史观的第一件事情就是必须注意上述基本事实的全部意义和全部范围，并给予应有的重视”。① 马克思、恩格斯还把人的本质和人的生活及其条件联系起来，认为人的生活和人的自身具有统一性，生活是怎样的，人本身就是怎样的。“人们用以生产自己的生活资料的方式，首先取决于他们已有的和需要再生产的生活资料本身的特性。这种生产方式不应当只从它是个人肉体存在的生产者方面加以考察。它在很大程度上是这些个人的一定的活动方式，是他们表现自己生活的一定方式、他们一定的生活方式。个人怎样表现自己的生活，他们自己就是怎样”。② 上述观点是构成唯物史观理论大厦的基石，被恩格斯誉为马克思最伟大的两个“发现”之一。正如马克思在《＜政治经济学批判＞序言》中所指出的那样：“我所得到的、并且一经得到就用于指导我的研究工作的总的结果，可以简要地表述如下：人们在自己生活的

---

① 《马克思恩格斯选集》第1卷，人民出版社1995年版，第78—79页。

② 《马克思恩格斯选集》第1卷，人民出版社1995年版，第67—68页。

社会生产中发生一定的、必然的、不以他人的意志为转移的关系，即同他们的物质生产力的一定发展阶段相适合的生产关系。这些生产关系的总和构成社会的经济结构，即有法律和政治的上层建筑竖立其上并有一定的社会意识形式与之相适应的现实基础。物质生活的生产方式制约着整个社会生活、政治生活和精神生活的过程。不是人们的意识决定人们的存在，相反，是人们的社会存在决定人们的意识。……我们判断一个人不能以他对自己的看法为根据，同样，我们判断这样一个变革时代也不能以它的意识为根据；相反，这个意识必须从物质生活的矛盾中，从社会生产力和生产关系之间的现存冲突中去解释。”① 在马克思表达唯物史观的这段经典话语中，他所强调的依然是在《德意志意识形态》中所建立的人们“物质生活的生产”这个理论前提。马克思十分强调物质生活资料的生产在社会发展中的基础性地位，但这种强调始终是从社会概念出发的，强调社会是由生活需要和满足这些需要所必需的生产劳动两部分共同构成的。在唯物史观所构建的社会体系中，物质资料的生产活动具有基础性地位，但生产总是以人的社会生活的满足和实现为本原性、本体性的前提的。正是如此，人的“生活的生产”是历史存在和发展的前提，也是社会生产的归宿。物质生活资料的生产方式决定了这个社会的存在和发展，也决定人自身的生活以及本质。所以，在马克思主义的理论视野中，社会生活，更确切地说，人的生活是人从事生产活动的出发点和落脚点。马克思、恩格斯也正是从此理论前提出发来确定无产阶级及其政党的历史任务和设想未来社会的发展状况和特征的。在《共产党宣言》中，他们明确认为，无产阶级夺取政权、建立新社会后必须尽快增加社会生产的总量。由于资本主义的生产关系严重阻碍了生产力的发展，限制了社会生产总量的增加，因此必须废除之。恩格斯在《社会主义从空想到科学的发展》中认为：把生产资料从资本主义生产方式的桎梏中解放出来，“是生产力不断地加速发展的唯一先决条件，因而也是生产本身实际上无限增长的唯一先决条件”。② 恩格斯还认为，废止资本主义的生产方式还不够，还必须实现生产资料的社会所有制。

① 《马克思恩格斯选集》第2卷，人民出版社1995年版，第32—33页。

② 《马克思恩格斯选集》第3卷，人民出版社1995年版，第757页。

他说：“生产资料的社会占有，不仅会消除生产的现存的人为障碍，而且还会消除生产力和产品的有形的浪费和破坏，这种浪费和破坏在目前是生产无法摆脱的伴侣，并且在危机时期达到顶点。此外，这种占有还由于消除了现在的统治阶级及其政治代表的穷奢极欲的挥霍而为全社会节省出大量的生产资料和产品。通过社会生产，不仅可能保证一切社会成员有富足的和一天比一天充裕的物质生活，而且还可能保证他们的体力和智力获得充分自由地发展和运用。”因此，社会占有了生产资料，社会生产自觉地、有组织地进行，便可以消除纯粹商品社会中的“个体生存斗争”。于是，“人在一定意义上才最终地脱离了动物界，从动物的生存条件进入真正人的生存条件。人们周围的、至今统治人们的生活条件，现在受人们的支配和控制，人们第一次成为自然界的自觉的和真正的主人，因为他们已经成为自身的社会结合的主人了”。① 可见，无产阶级及其政党的根本任务，以及未来社会发展的目的必须要落脚在人们生活条件的改善和人自身能力的发展上。

列宁在建立人类历史上第一个社会主义国家政权后，在曲折的发展征途中进一步清醒地认识到：“一个社会主义政党能够做到大体上完成夺取政权和镇压剥削者的事业，能够做到直接着手管理任务，这在世界历史上是第一次。我们应该不愧为完成社会主义革命的这个最困难的（也是最能收效的）任务的人。……这是一项最困难的任务，因为这是要用新的方式去建立千百万人生活的最深刻的经济的基础。……只有解决（大体上和基本上解决）这项任务后，才可以说，俄国不仅成了苏维埃共和国，而且成了社会主义共和国。”因此，当无产阶级夺取政权的任务完成之后，“必然要把创造高于资本主义社会的根本任务提到首要地位，这个根本任务就是：提高劳动生产率”。② 而要完成这个根本任务，一方面要保证大工业的物质基础；另一方面，提高人民群众的文化教育水平和提高劳动者的纪律、工作技能、改善劳动组织等。在列宁看来，建成社会主义的一个根本标志就在于“建立千百万人生活的最深刻的经济的基础”，并且通过提高劳动生产率，不断改善和提高千百万人

① 《马克思恩格斯选集》第3卷，人民出版社1995年版，第757页。

② 中共中央党校：《马列著作选编》，中央党校出版社2002年版，第515页。

的生活。

毛泽东在领导中国人民进行革命和社会主义建设过程中，坚持了马克思主义的上述基本观点。井冈山革命时期，1933 年在中央革命根据地南部十七县经济建设大会上，毛泽东指出：“革命战争的激烈发展，要求我们党员群众，立即开展经济战线上的运动，进行各项必要和可能的经济建设事业。”为什么呢？他回答道：“现在我们的一切工作，都应为着革命战争的胜利，……为着改善人民群众的生活。”在 1934 年召开的第二次全国工农兵代表大会上，毛泽东专门论述了“关于群众的生活问题”。他说：“我们要胜利，一定还要做很多的工作。领导农民的土地斗争，分土地给农民；提高农民的劳动热情，增加农业生产；保障工人的利益；建立合作社；发展对外贸易；解决群众的穿衣问题、吃饭问题、住房问题、柴米油盐问题、疾病卫生问题、婚姻问题。总之，一切群众的实际生活问题，都是我们应当注意的问题。”① 新中国成立前夕，毛泽东发表了著名的《论人民民主专政》，他郑重提出：“严重的经济建设任务摆在我们面前。我们熟悉的东西有些快要闲置起来了，我们不熟悉的东西正在强迫我们去做。这就是困难。”为此，“我们必须克服困难，我们必须学会自己不懂的东西。我们必须向一切内行的人们（不管什么人）学习经济工作”。② 只有搞好经济工作，实行工业化和现代化，才能摆脱几千年来贫穷落后的面貌，才能巩固人民民主专政的国家政权，才能建立和巩固社会主义制度，才能建设一个富足的新中国，才能改善和提高全体中国人民的生活水平。

党的十一届三中全会前后，邓小平在深刻反思了我国社会主义建设的曲折过程、思考中国社会主义的发展战略时，就把社会生产力的发展和人民物质文化生活的提高作为评价正确的政治领导成果的标准。他指出：“我们是社会主义国家，社会主义制度优越性的根本表现，就是能够允许社会生产力以旧社会所没有的速度迅速发展，使人民不断增长的物质文化生活需要能够逐步得到满足。按照历史唯物主义的观点来讲，

---

① 《毛泽东选集》第 1 卷，人民出版社 1991 年第 2 版，第 119 页、第 136—137 页。

② 《毛泽东选集》第 4 卷，人民出版社 1991 年第 2 版，第 1480—1481 页。

正确的政治领导的成果，归根结底要表现在社会生产力的发展上，人民物质文化生活的改善上。”① “生产力发展的速度比资本主义慢，那就没有优越性，这是最大的政治，这是社会主义和资本主义谁战胜谁的问题。生产力总是需要发展的。外国人议论中国人究竟能够忍耐多久，我们要注意这个话。我们要想一想，我们给人民究竟做了多少事情呢?”② “我们一定要根据现在的有利条件加速发展生产力，使人民的物质生活好一些，使人民的文化生活、精神面貌好一些。”③ 因此，“在社会主义国家，一个真正的马克思主义政党在执政以后，一定要致力于发展生产力，并在这个基础上逐步提高人民的生活水平”。1986 年 4 月，他进一步指出：“社会主义的任务是发展生产力，增强社会主义国家的力量，使人民的生活逐步得到改善。”在 1992 年著名南方谈话中，邓小平更加尖锐地指出：“不坚持社会主义，不改革开放，不发展经济，不改善人民生活，只能是死路一条。”④ 他还说，社会主义社会发展生产力，成果是属于人民的。从这些论述可见，邓小平是从马克思主义执政党和社会主义的根本任务的高度来看待改善人民生活问题的。在邓小平看来，社会主义制度优越性的根本表现，就是能够允许社会生产力以旧社会所没有的速度持续平稳发展，使人民不断增长的物质文化生活需要能够得到满足。一切为了人民，一切为了改善人民群众生活，就是共产党执政的根本宗旨，是发展社会主义的根本要求。共产党执政、发展社会主义，根本在于改善和提高人民生活水平。

“三个代表”重要思想把“代表中国最广大人民群众的根本利益”作为归宿。江泽民认为：发展先进生产力和先进文化，是实现最广大人民根本利益的基础条件，不断发展先进生产力和先进文化，归根到底都是为了满足人民群众日益增长的物质文化生活需要，不断实现最广大人

① 《邓小平文选》第 2 卷，人民出版社 1983 年版，第 128 页。

② 中共中央文献研究室：《邓小平年谱》（1975—1997），中央文献出版社 2004 年版，第 380 页。

③ 《邓小平文选》第 2 卷，人民出版社 1983 年版，第 128 页。

④ 《邓小平文选》第 3 卷，人民出版社 1993 年版，第 28 页、第 157 页、第 370 页。

民群众的根本利益。[①]

科学发展观坚持了马克思主义的根本观点，依然把改善和提高人民的生活水平作为以人为本的主要内容。胡锦涛在纪念毛泽东同志诞辰110周年座谈会上的讲话中指出：“实现好、维护好、发展好最广大人民群众的根本利益，始终是我们党全部奋斗的最高目的，始终是我们党观察和处理问题的根本原则。”因此，在新的历史条件下，“我们必须始终坚持一切为了群众、一切依靠群众，坚持立党为公、执政为民，不断实现好、维护好、发展好最广大人民群众的根本利益。……把党的正确主张变为群众的自觉行动，最广泛地动员广大人民群众为实现自己的利益和美好生活而团结奋斗”。[②] 在十七大报告中，他说：“党的一切奋斗和工作是为了造福人民。”要始终做到“发展为了人民，发展依靠人民，发展成果由人民共享”。在开展深入学习实践科学发展观的活动中，胡锦涛要求全党必须“进一步实现好、维护好、发展好最广大人民群众的根本利益”，必须把“贯彻落实科学发展观的过程成为不断为民造福的过程，成为不断提高人民生活质量和水平的过程”。[③] 可见，为民造福、提高人民的生活质量和水平，既是科学发展观和以人为本的重要内容，又是贯彻落实科学发展观、坚持以人为本的根本要求和目的。

（二）努力推进科学发展，最终实现共同富裕

人要生活必须进行生产，必须发展社会生产力，发展民主政治，发展社会主义文化事业。没有发展，就没有生活质量的改善和生活水平的提高。因此，科学发展观，第一强调的就是发展，发展是科学发展观的第一要义。但是，科学发展观所强调的发展，不是一般意义上的发展，而是“以人为本、全面协调可持续的科学发展”，是促进经济社会又好又快的发展。科学发展是推进当代中国社会发展的源泉，是改善人们的

① 《江泽民文选》第3卷，人民出版社2006年版，第281页。

② 《十六大以来重要文献选编》（上），中央文献出版社2005年版，第646页。

③ 胡锦涛：“努力把贯彻落实科学发展观提高到新水平”，《求是》2009年第1期。

生活质量、提高人们生活水平，最终实现共同富裕的根本途径和保证。

第一，坚持经济建设和社会建设协调发展。统筹兼顾是贯彻科学发展观的根本方法。社会主义经济建设、政治建设、文化建设、社会建设和生态建设等是相互联系、互为条件和相互促进的。要使经济建设又快又好发展，必须统筹经济建设和社会建设的关系，加快社会建设的步伐，优先发展教育和科学事业，大力发展医疗、卫生、文化、体育事业，解决群众最关心的实际问题和困难，改革社会制度，维护社会公平正义，维持社会稳定，激发社会创造活力，使社会建设和经济建设相互协调，共同发展。

第二，促进区域协调发展。由于我国地域广大，人口众多且分布不平衡，各地区自然条件各异、历史发展不平衡，采取“均等发展”战略，实现同步富裕不符合实际；改革开放以来的“非均衡发展”战略，允许和鼓励一部分地区先富起来，以先富带动后富，最终实现共同发展、共同富裕的目标。这是符合我国国情的发展战略构想。我国的改革开放是从东到西、从沿海到内地逐步推进的，这有力地推动了我国经济社会的发展。但是，与此同时，地区发展的不平衡、不协调问题开始突出，且差距不断拉大。区域发展的不平衡不协调成为制约我国经济社会整体发展的一个重大问题。地区间发展差距拉大、不同地区间人们生活水平的悬殊，背离了社会公平公正原则，与实现共同富裕的社会主义本质要求不相符合，与我国全面建设小康社会的目标不相适应。坚持以人为本和科学发展，就要实现全国各区域的全面协调发展。

第三，加快转变经济发展方式。转变经济发展方式是实现经济社会持续快速协调健康发展的重要着力点，是促进经济健康快速协调持续发展的关键。

长期以来，我国经济保持持续快速发展，现代化建设取得巨大成绩。但是，我国经济的快速发展在很大程度上是以粗放式为主，主要通过扩大投资规模、大量消耗资源来实现。我国单位产出的能耗和资源消耗远远高于国际先进水平。我国创造同等产值的能耗不仅远远高于美国、德国、日本等发达国家，而且还高于许多发展中国家。日本每取得100美元的国内生产总值消耗的能源相当于13kg石油，德国为18kg石油，美国为35kg石油，加拿大为50kg石油，而我国每创造100美元的

GDP 耗费的能源高达 187kg 石油。阿尔及利亚为 154kg 石油，印度为 132kg 石油，埃及为 105kg 石油，津巴布韦为 94kg 石油，委内瑞拉为 93kg 石油。[①] 资源的高消耗，带来环境的严重污染，生态环境不堪重负。同时，我国经济的高速增长和规模的不断扩大，能源、原材料等重要资源对国际市场的依赖程度不断增大，国家经济安全成为重要问题。现实表明，粗放型经济增长方式已经远远落后于时代。因此，必须转变经济发展方式。加快经济发展方式的转变，必须真正把经济发展建立在提高人口素质、高效利用资源、保护生态环境、注重质量效益的基础之上。这是缓解人口、资源、环境压力，实现经济社会全面协调可持续发展的根本途径。

第四，提高自主创新能力。提高自主创新能力是转变经济发展方式的中心环节。全面建设小康社会的目标对我国科学技术事业的发展、特别是科技创新活动提出了更高的要求。2020 年，我国人均国内生产总值要实现比 2000 年翻两番，在此期间，国民生产总值年均增长率必须保持在 7%。研究表明，即使投资率一直保持在 40%的高水平，科技对经济增长的贡献率也必须在目前水平上提高 20%，否则，这个目标将难以实现。因此，必须依靠自主创新能力的提高，逐步摆脱经济增长中“三高一低”（高投入、高消耗、高增长、低效益）的困境，提升传统产业的技术含量和附加值，引导各类生产要素向新兴产业转移，培育新的经济增长点，拓展新的生存和发展空间。这是我国实现经济社会持续发展的根本出路。

科学技术是第一生产力，是推动经济发展和社会全面进步的革命性力量。科技进步和创新对于推动经济结构优化升级、根本转变经济发展方式以及促进经济社会全面协调可持续发展具有十分重要的意义。当今世界经济发展一个明显的趋势，就是以信息技术为主要标志的高新技术革命来势迅猛，高新科技向现代生产力的转化越来越快，高新技术产业在整个经济发展中的比重不断增加。要实现经济发展方式的根本转变，促使经济又好又快发展，最重要的是要大力推进科学技术进步和创新。

提高人的科学文化素质和创新能力，是我国科技事业发展、提高自

---

① 周海林：《可持续发展原理》，商务印书馆 2004 年版，第 233 页。

主创新能力的根本出发点和归宿。建设创新型国家是惠及全民的事业，更需要全体中国人的积极参与和奋斗。科技发展要坚持为经济社会发展服务、为人民群众服务的方向，把科技创新与提高人民群众的素质和生活水平紧密结合起来，使科技创新的成果惠及全体人民群众，使科技创新成为提高人民生活水平和促进人的全面发展的重要途径和动力。

第五，进一步优化产业结构。推进经济结构调整和发展方式转变，是全面落实科学发展观的重大任务，是提高经济发展质量和效益、实现可持续发展的必由之路。产业结构不合理和技术水平低是我国经济整体素质不高的集中表现。推进产业结构优化升级对稳定经济运行和提高生产力水平、增强国家竞争力的作用十分重大。实践表明，调整产业结构，实质上是科技进步和创新以及产业化的过程。因此，只有大力提高自主创新能力，才能把握经济结构调整和经济增长方式的主导权，才能把握经济发展的主动权，才能在世界科技竞争、国际产业分工和全球经济格局中占据战略制高点。

第六，深化体制改革。在新的历史起点上全面贯彻科学发展观，坚持以人为本，把中国特色社会主义现代化建设事业继续推向前进，关键要靠改革。改革是社会主义发展的动力。要毫不动摇地坚持改革方向，坚定改革的决心和信心，提高改革决策的科学性，增强改革措施的协调性，不断完善社会主义市场经济体制，为实现科学发展提供体制和机制保障，为经济社会全面进步提供强大动力。

第七，加快实施人才强国战略，大力开发人力资源。人才资源是第一资源，是经济社会发展最重要的战略资源。推进人才强国战略、大力开发人才资源，是全面建设小康社会、实现社会发展目标的需要和保证。我国已经进入全面建设小康社会、加快推进经济社会和人的全面发展的新阶段。世界各国的发展经验教训表明，当一个国家的经济总量达到一定程度后（人均国内生产总值在1000—3000美元），单纯地靠资源和劳动力投入的粗放型经济增长方式，不可能实现经济社会的全面协调可持续发展。著名经济学家弗朗索瓦·佩鲁曾经呼吁世界、特别是第三世界国家要重视人力资源的开发，认为人力资源是所有资源中“最可贵的东西”。增加教育、智力投资，开发和发展人力资源，促进人的发展，不仅是实现经济健康、快速、可持续发展的重要手段和根本途径，而且是社会制度、体制改革创新和高效运行的重要保证。阿历克斯·英格尔斯在《人的现代化》一书中说，那些先进的制度要获得成功、取得预期的效果，必须依赖运用它的人的现代人格和现代品质。无论哪个国家，只有它的人民的心理、态度和行为，都能与各种现代形式的经济发展同步前进、相互配合，这个国家的现代化才能够真正得以实现。人的现代化是国家现代化的必不可少的因素，它并不是现代化过程结束后的副产品，而是现代化制度与经济赖以长期发展并取得成功的先决条件。[①] 因此，我国只有大力开发人力资源，加快突进人才战略，把经济社会发展的着力点放在依靠科技进步和人力资源开发上来，才是唯一出路。我国是世界第一人口大国，必须大力实施人才强国战略，开发人力资源，变人口大国为人才资源强国，把人力资源的优势转化为现实生产力。这是实现我国社会发展目标的坚强保证。

推进人才强国战略、大力开发人才资源，是全面提高我国综合国力，增强国际竞争力的迫切需要。当今世界，人才资源作为最重要的战略资源，在综合国力竞争中日益具有决定性意义。现在世界各国、特别是发达国家和新型工业化国家，正在实施创新人力资源开发战略，制定相应政策，开发本国人才资源和在世界范围内争夺优秀人才。面对世界人才竞争的激烈形势，我国必须采取措施，营造良好的人才发展环境，大力培养、吸收和使用各类人才，特别是高层次的科技创新人才，提高我国的综合国力。

人既是社会发展的手段，更是社会发展的目的；同时，人既是实现自身发展的手段，也是自身发展的目的。发展靠人的发展来推动，发展更是为了人的发展。开发人力资源的根本目的不是把人作为推动经济社会发展的手段、作为“强国”的工具，而是全面提高人的素质、推动人的全面而自由地发展。因此，坚持以人为本，促进科学发展，就是要在全社会普遍形成和真正实现发展依靠人民、发展为了人民、发展成果由人民共享的良好局面，不断满足人们日益增长的经济、政治、文化和社会以及其他权益，提高人们的生活质量和水平，最终实现共同富裕，促

---

① 参见阿历克斯·英格尔斯：《人的现代化》，四川人民出版社 1985 年版，第 6—7 页。

进人的自由全面发展。

四、促进人的自由全面发展

从最终意义上讲，以人为本，其实质是以人的自由全面发展为本。以人为本的最终的、根本的目的，就在于促进人的自由全面发展，建立"自由人的联合体"的理想社会。

（一）大力发展社会主义市场经济

人类社会的发展历程表明，一个国家、社会的经济发展越好、发展速度越快，物质财富的积累越多，同时社会财富的分配相对公平、社会成员的物质需要的相对满足程度就会越充分。根据马克思创立的唯物史观及其人的需要的思想，以及马斯洛的人的需求理论，当人的物质生活需要得到相对充分的满足之后，人的自我实现——自由全面发展的需要，就会在人的需要体系中占据主导地位，人的发展也就会越全面，个性实现也就会越充分。反之，人的生存需要、物质欲求就会越强烈，人的发展需要就会被淹没，人的素质就不能得到提升。可见，经济发展的速度、社会财富积累的水平以及社会财富分配的公正程度是人的自由全面发展的根本前提和基础。简言之，经济的发展是人的发展的前提和基础。

经济的发展是由多种因素决定的。但是，从静态上看，在任何社会历史条件下，社会生产力的构成要素——生产资料和劳动者（人）的质量和数量都是一定的；然而，人和物却会因为结合方式不同而具有很不相同的效益。社会生产关系不同，生产力各种要素的组合方式不一样，生产力的发展就不会相同，而且会出现很大的差距。我国实行的是社会主义制度，社会主义的生产关系为生产力的发展提供了根本制度保障。但是，生产力的各种要素的具体组合是通过生产关系的具体制度——经济体制来最终实现的。在同样的生产关系中，由于生产、分配、交换和消费的具体制度不同，对生产要素的组合和利用是不一样的。因此，必须具体选择保障经济发展和分配公正的经济体制。

问题在于，什么样的经济制度、经济体制能够极大地促进和提高人的劳动力呢？也就是说，人在什么样的条件下，积极性最高、创造力最强大呢？在当前的人类境遇中，无疑是市场经济及其体制。因为市场经济及其体制满足了人的自由本性、自由需要。经济自由既是人的内在需要、是人的基本权利，也是实现经济繁荣、社会富裕的必要的、根本的条件。

在社会生产的各种要素中，劳动者（人）是活劳动，其他的因素是死劳动。人是社会生产中最活跃、最革命、最具创造力的因素。地理条件再好、科学技术水平再高、生产工具再发达、生产条件再先进，如果人的素质不高，劳动者的劳动积极性、创造力没有调动起来，人的潜能没有发挥出来，那么，社会生产力就不能由潜在状态向现实状态转换，死劳动就不能变成活劳动，就不可能有经济的大发展。而没有经济的大发展就不会有财富的持续快速增长。社会财富不丰厚，就不会满足人的生理需求。人的生理需要的满足是人的最大需要，满足生理需要是社会的最大问题，人们必定会为解决温饱而斗争。处于这样社会生活状态的人们，无暇他顾，人自身的发展、人自我实现的需要不仅难以激发，更不可能实现。根据马克思主义的基本理论，物质财富的极大丰富不仅是未来社会的基本特征，而且是实现人的自由全面发展的社会基础。自由全面发展的人在一个物质贫瘠的社会是不可能实现的。因此，社会主义社会必须把发展社会生产力、大力发展经济作为根本任务。

各个社会主义制度的国家首先根据马克思、恩格斯对未来社会的设想，采用计划经济的方式来发展经济，但最终结果是失败的。为什么社会主义计划经济会失败呢？除了当时的社会主义不具有实行计划经济的生产力条件之外，根本还在于计划经济在社会资源的配置方面、在发挥劳动者的主动性等方面没有市场经济的灵活性、灵敏性。

人类历史的发展、社会主义社会发展的历史、特别是我国社会主义发展的历程表明，尽管计划经济在一定历史阶段也起着很重要的作用，但它决不是资源配置的最佳方式，而只有市场经济是当今时代配置资源的最佳方式，是最有效率的经济发展形式。因为，从长远、普遍和根本上看，作为生产活动最革命、最积极的因素的人，在做自己愿意做的事情的时候，也就是说是在人从事体现自己意志的活动中，亦即在自由的状态下，积极性、创造性是最高的，生产效率是最高的。当然，自由的人、人的自由并不是促进经济快速发展、财富持续增长的惟一因素，但确实是经济社会发展的最根本的、首要的因素。相对而言，市场经济比计划经济更能体现人的意志自由与经济活动自由，因此，市场经济更有利于促进人的潜能和创造力的发挥，有助于人的主体性的实现，也有利于提高社会资源的利用效率，也就更有利于社会生产力的发展和社会财富快速增长。之所以如此，根本原因在于，市场经济是一种没有外在强制的、自愿的经济，在市场经济条件下，每个“经济人”都享有其他任何经济体制下所不具有的从事经济活动的自由。

现代社会是一个要素众多、结构繁杂的有机体。社会生产、分配、交换和消费是一个复杂的过程，成千上万的人和物、无数的商品像雨点汇集大海一样涌进社会之中。人们生产什么、生产多少，消费什么、消费多少，如何消费、为什么消费等等，任何人、任何社会组织——小到行业协会大到政府部门，都是不能正确知晓和妥善解决的。正如亚当·斯密所言，这是人类的智慧或知识在任何时候都无法正确做到的。而这个靠人类个体和组织智慧难以或无法做到的事情，人类创造的一个奇妙的东西——市场，靠它的竞争机制、价格机制等却可以游刃有余地加以解决。因此，有学者认为：“竞争制度是一种通过价格和市场体系而进行无意识协调的精巧机制。它是汇聚了千百万形形色色的个人的知识和行为的信息处理器。它不具有中枢神经系统的智力，却解决可以想象到的关涉数以千计的未知的变量和关系的最复杂的问题。”① 可见，市场经济也是人类的一个伟大的发明，是实现人的经济自由的基本方式，是促进经济快速发展的经济制度。

当然，发展市场经济，并不是不要政府的有效指导和规范，但政府的指导和规范是间接的，根本表现为制定好的规则、善的章程，把社会各种积极因素引导到一个自由公正的制度规范之中，引领到有利于推动

① 转引自王海明：《新伦理学》（下册），商务印书馆2008年版，第1653页。

市场经济发展的制度体系之中。这样的市场体制才是自由公正的体系，才是好的市场经济。市场经济的善的实现，只有在善的社会体系中才能得到保障。因而，只有建立自由而公正的市场经济体制，才能有利于资源的有效配置，才能有利于人的自由，才能切实保障人的经济自由权利的实现。因此，一个国家，市场经济制度越完善，市场经济发展越充分，社会经济发展就越快、越健康，社会财富就越多，人们的生活就越能改善和提高，促进人的自由发展的物质条件就越有保障，人的自我发展、自我实现的需求便越旺盛，人也就越能发展得更自由、更全面、更协调。所以，建立自由公正的市场经济体制，大力发展社会主义市场经济是每个社会成员发展自我、实现自我需要的前提，是促进每个人自由全面发展的基础工程和根本途径。

发展社会主义市场经济是发展中国特色社会主义事业的基石，是以人为本、促进人的自由全面发展的基础。因此，发展社会主义市场经济，要不断调动和发挥全体人民群众的热情、智慧和创造力；要充分鼓励群众的发展热情、发展精神、发展能力和发展活动，推动广大人民群众积极投身到促进社会经济健康发展、科学发展的活动中去，在经济发展的基础上，不断促进社会全面进步，实现社会经济发展与人的自由全面发展的统一。

（二）大力发展社会主义民主政治

人是环境的产物，社会性是人的根本属性。人的自由全面发展必然在自由全面协调发展的社会环境中才能完整实现。当然，自由全面协调发展的社会也必然由自由全面发展的人来创造。人和社会、人和环境是相辅相成、辩证统一的。

第一，建立自由民主的社会。

自由民主的社会环境是促进人自由全面发展的根本条件。人的自由全面发展，除了发展自由公正的市场经济之外，还必须以自由民主的政治制度为基础。马克思认为，人的自由全面发展不仅要有发达的物质文明、丰富的物质财富作为基础，而且需要有自由民主的政治环境、高度发达的政治文明为前提。发达的物质文明和政治文明及其统一是人自由全面发展的最重要的外在环境。

如前所述，自由是人最深刻的内在需要。实现人的自由也是人类社会追求的根本价值之一，是社会发展的价值指归。人的发展和人的自由是正相关关系。自由是人的发展的目的，也是人的发展的基本条件和手段。一个人只有在成为自身的主人、能够自主支配自身的前提下，才有可能根据自己的个人兴趣、爱好以及社会需要发展自身的潜能，发展自身。人越自由，人就愈发展，人的素质就越全面、越均衡、个性也越健全，人格也越完整。反之，人越没有自由，人就越不成其为人，人只是社会中某个环节的工具，人就愈没有个性，人格则愈单一、愈扭曲，就愈是龚自珍笔下的"病梅"。可见，人愈自由，则人愈发展；人愈发展，则人愈自由；这是人的自由和发展关系的基本定律。

问题是靠什么才能保证人的自由呢？或者说，人怎么才能享有真正的自由呢？尽管人们对自由的理解千差万别，自由也像一个"变色龙"似的变动不定。但是，自由是与民主紧密相连的，自由只能在民主政治中才能实现，民主是自由的必要前提，无民主即无自由；同样，无自由也无民主。对此，大家的认识基本是共通的。正如弗洛姆所说："在一个社会中，惟有当个人、个人的成长与幸福是文化的目标与意义时，唯有当个人不必受到任何外在于他的权威——无论是国家、还是经济机器——的奴役和操纵时，唯有当个人的良知与理想不是外在需要的派生物、而是真正属于他的，并且表达了源出于他的自我独特性的目的时，总之，唯有在这么一个高度民主的条件下，才有可能实现真正的自由。"①

民主制度之所以能够成为自由的必要条件和前提，根本在于民主是国家最高权力执掌在全体社会成员、全体公民手中，被统治者和统治者一同享有最高权力，且坚持一人只有一票的平等原则。这样，每个社会公民，无论所处社会地位的高低、拥有财富的多寡、文化程度如何，宗教信仰如何，都同等地直接和间接地掌握国家最高权力，直接或间接地使国家政治按照自己的意志运行。因此，无论这个社会如何不自由，该

① 埃里希弗洛姆：《对自由的恐惧》，国际文化出版公司 1982 年版，第 192 页；转引自徐春：《人的发展论》，中国人民公安大学出版社 2007 年版，第 390 页。

社会必定是一个拥有政治自由的社会。反之，如果一个国家没有实现民主，那么，国家最高权力便必定没有掌握在全体公民手中，被统治者则不可能执掌国家最高权力，国家政治则不可能按照社会全体成员的意志运行，因而，就不能拥有政治自由。概而言之，有民主，必定有政治自由，必定是政治自由的社会；反之，无民主，必定没有政治自由，必定不是政治自由的社会。所以说，民主是实现政治自由或政治自由社会的充分且必要条件，是基本前提。①

民主是实现政治自由的充分且必要条件，但还不是实现自由社会的充分且必要的条件。因为，如果一个社会是政治自由社会，则意味着每个公民都执掌国家最高权力，每个公民的其他社会自由，如思想自由、经济自由、人的发展自由等等，也都能体现自己的意志，因而是有保证的。相反，如果每个公民没有政治自由，则意味着统治者、国家权力不是按照自己的意志运转，社会生活的运行就不能按照公民自己的意愿、而是以统治者的意志为转移的。这样，公民的其他自由根本没有了保证。因此，政治自由决定其他一切社会自由，是实现其他一切社会自由的根本保证。所以，没有民主就没有政治自由，就没有自由社会。民主是自由社会的必要条件。

社会主义社会是自由民主的社会。众所周知，无论是理论形态的社会主义，还是实践形态的社会主义，有很多种不同的形式，但只有科学社会主义理论是提倡建立和实现自由民主的社会主义社会、并提出了合理的实现途径和依靠力量的。因此，科学社会主义是自由民主的社会主义的理论和实践。马克思主义的创始人在设想未来社会时曾郑重指出：未来新社会就是“每个人自由发展”的“联合体”。② 1894 年 1 月 3 日，意大利人卡内帕给恩格斯写信，请求恩格斯为即将在日内瓦出版的《新纪元》周刊的创刊号题词，而且要求尽可能用简短明了的词句来表达未来社会主义新纪元的基本思想，以区别于伟大诗人但丁对旧纪元所作的“一些人统治，另一些人受苦难”的界定。恩格斯斟酌再三，最后引用了他和马克思在《共产党宣言》中共同写的一段话作为回答，他说：

① 参见王海明：《新伦理学》（中册），商务印书馆 2008 年版，第 1040 页。

② 《马克思恩格斯选集》第 1 卷，人民出版社 1995 年版，第 294 页。

“我打算从马克思的著作中给您找出一则您所期望的题词。……但是，除了《共产党宣言》中下面这句话，我再也找不出更合适的了：‘代替那存在着阶级和阶级对立的资产阶级旧社会的，将是这样一个联合体，在那里，每个人的自由发展是一切人的自由发展的条件。’。”[①]中国共产党把建立人民民主、自由的社会主义新中国作为根本的奋斗目标，把实现共产主义社会作为自己的最高理想。毛泽东在1944年给秦邦宪的信中谈到：解放个性是民主对封建革命必然包括的，“被束缚的个性如不得到解放，就没有民主主义，也就没有社会主义”。[②]1945年，毛泽东在中共七大所作的政治报告中提出了抗战胜利后的建国目标，那就是，要建立一个独立的、自由的、民主的、统一的、富强的新中国。他还专门讲了人民的自由和个性解放问题。他说：“我们在纲领中提出了废止一党专政，成立联合政府，……以及其他许多经济的文化的和民众运动的要求，就是为着解开套在人民身上的绳索，使人民获得抗日、团结和民主的自由。”“自由是人民争来的，不是什么人恩赐的。……中国人民争得的自由越多，有组织的民主力量越大，一个统一的临时的联合政府便越有成立的可能。这种联合政府一经成立，它将转过来给与人民以充分的自由。”“人民的言论、出版、集会、结社、思想、信仰和身体这几项自由，是最重要的自由。”他还说：“有些人怀疑中国共产党人不赞成发展个性，……其实是不对的。民族压迫和封建压迫残酷地束缚着广大人民的个性发展，束缚着私人资本主义的发展和破坏着广大人民的财产。我们主张的新民主主义制度的任务，则正是结束这些束缚和停止这种破坏、保障广大人民能够自由发展其在共同生活中的个性。”[③]“不能设想每个人不能发展，而社会有发展，同样不能设想我们党有党性，而每个党员没有个性，都是木头，一百二十万党员就是一百二十万块木头。”[④]1947年，在新年祝辞中，毛泽东豪情满怀地展望：“在不久的将

① 《马克思恩格斯选集》第4卷，人民出版社1995年版，第730—731页。

② 《毛泽东书信选集》，人民出版社1983年版，第239页。

③ 《毛泽东选集》第3卷，人民出版社1991年版，第1058页、第1069—1070页。

④ 《毛泽东文集》第3卷，人民出版社1996年版，第416页。

来，自由的阳光一定要照遍祖国的大地。”① 共产党人从来不隐瞒自己的政治主张。建立自由民主的新中国，保障人民的自由发展，发展人的个性，其实就是中国共产党人更郑重、更深远的政治主张。因此，在新世纪新阶段的中国，当自由、民主的旗帜更加鲜艳之际，我们更不能忘记这种主张，而要更坚定地努力实现这种主张，实现这种庄严的政治宣言。邓小平明确指出：没有民主，就没有社会主义。党的十七大报告指出：“发展社会主义民主政治是我们党始终不渝的奋斗目标。”②“社会主义愈发展，民主也愈发展。”③ 同样，我们可以进一步认为，民主、自由愈发展，社会主义也愈发展；民主、自由、社会主义愈发展，人也发展得愈自由、愈全面。

当然，社会主义社会是一个长期发展的过程，社会主义的自由、民主的实现也是一个长期的历史过程。社会主义的自由、民主的实现，需要不断创造经济的、政治的、文化的和社会的各种条件，需要不断探索中国特色社会主义民主、自由的具体实现形式，以保障人民依法管理国家和社会事务、管理国家经济、文化和社会事业，真正当家作主，从而实现自由民主的社会主义社会。不管路途如何遥远，道路如何曲折，我们相信，自由民主的社会主义中国一定能够为人的自由发展创造更加有利的条件，人的自由全面发展和自由全面和谐发展的社会主义一定能够胜利实现。

第二，消除异化。

异化是坚持以人为本、促进人的自由全面发展的一大障碍。人要自由全面地发展就必须消除对人的异化。人要自由，就必定要消除异化。有异化，则无人的自由；同样，人有自由，则必定无异化。消除异化是促进人自由全面发展的重要条件和根本途径。

异化，从最一般的意义上讲，就是事物向与自身相对立的他物转

① 《毛泽东文集》第4卷，人民出版社1996年版，第211页。

② 胡锦涛：《高举中国特色社会主义伟大旗帜 为夺取全面建设小康社会新胜利奋斗》，人民出版社2007年版，第28页。

③ 胡锦涛：《高举中国特色社会主义伟大旗帜 为夺取全面建设小康社会新胜利奋斗》，人民出版社2007年版，第33页。

化，是事物自身转化为异于自身的他物的过程及结果。在马克思主义的论域中，特别是在马克思《1844 年经济学哲学手稿》中，异化则主要是指人的不自由、受奴役和被强制的异己行为及其状态。[①] 人的异化，最根本的是劳动异化，或异化劳动。劳动不仅是人类社会发展的决定性因素，而且劳动直接创造人本身。劳动不仅创造人，而且发展人。人的存在和发展是与生产劳动一致的，不仅与生产什么一致，而且与怎么生产一致。“劳动不仅表现在结果上，而且表现在生产行为中，表现在生产活动本身中”。劳动是人的本质，人的本质是自由自觉的活动。劳动异化，则意味着人的本质的异化。在异化状态下，人成为“非人”。正如马克思所说：“劳动对工人来说是外在的东西，也就是说，不属于他的本质；因此他在自己的劳动中不是肯定自己而是否定自己，不是感到幸福，而是感到不幸，不是自由地发挥自己的体力和智力，而是使自己的肉体受折磨、精神受摧残。因此，工人只有在劳动之外才感到自在，而在劳动中则感到不自在，他在不劳动时觉得舒畅，而在劳动时就觉得不舒畅。因此，他的劳动不是自愿的劳动，而是被迫的强制劳动。”马克思进而认为：“劳动的异己性完全表现在：只要肉体的强制或其他强制一停止，人们会像逃避瘟疫那样逃避劳动。外在的劳动、人在其中使自己外化的劳动，是一种自我牺牲、自我折磨的劳动。最后，对工人来说，劳动的外在性表现在：这种劳动不是他自己的，而是别人的；劳动不属于他；他在劳动中也不属于自己，而是属于别人。在宗教中，人的幻想、人的头脑和人心灵的自主活动对个人发生作用不取决于他个人，就是说，是作为某种异己的活动、神灵的或魔鬼的活动发生作用。同样，工人的活动也不是他的自主活动，他的活动属于别人，这种活动是他自身的丧失。”[②] 也就是说，异化劳动是在不自由、被强制状态下做出的丧失自身的活动。在这种异化状态的劳动中，人的劳动不是出于自己的需要，也不是满足自身的需要，人作为人的价值和意义不仅没有体现，反而给丧失殆尽了，进而变成自身的对立物。人为什么会在劳动中丧失自身而成为自己的对立物呢？根本原因在于人在劳动中是不自由

① 《马克思恩格斯全集》第 3 卷，人民出版社 2002 年版，第 270 页。

② 《马克思恩格斯全集》第 3 卷，人民出版社 2002 年版，第 270—271 页。

的，是受奴役、被强制的。因此，要消除异化，根本在于消除对人的强制和奴役，给人自由。从另一个方面来说，要给人自由，或者说，人要实现自由，则必然要消除非法强制、消除强权奴役，也就是建立一个自由民主的社会。从这个角度看，消除异化和保障自由、扩大民主走的是同一条路。

异化的根源，从根本上讲，是外在的，是社会强加于人的。而社会无疑是经济、政治、思想文化、社会各类组织的有机体。从起因上看，造成异化的原因，必然有经济的、政治的、思想的、文化的、社会组织的等等。消除异化，则意味着消除造成异化的经济的、政治的、思想文化的、社会组织的等根源。而在这些根源中，归根结底，经济根源无疑是最基础的、最深刻的。从最根本、最长远、最重要角度来看，不言而喻是政治根源。因为，政治不仅是一种强制统治，而且是一种权力强制，是最严重、最严厉的社会强制统治。从复杂性、普遍性的角度看，无处不在的异化无疑是社会异化。因此，消除异化就是要消除经济异化、政治异化、思想异化、社会异化。但由于政治异化是最严重、最高的制度化的异化，因此，消除异化及其根源，最重要的是要消除政治异化及其根源。消除经济、文化、社会异化及其根源也必然要通过消除政治根源来解决。消除政治异化及其根源是消除其他异化及其根源的根本保证。政治异化的根源没有消除，其他的异化便不可能消除。因此，消除异化及其根源首先必须消除政治异化及其根源。所以说政治解放是人的解放的首要的、基本的条件。

人类社会进入国家形态以来，政治统治就是人类社会管理的基本形式。根据马克思主义的国家观，国家的本质就是一个阶级压迫另一个阶级的工具。国家政权通过一定的政治法律制度及其建立在此基础之上的强制机关，诸如军队、警察、法庭、监狱等设施，对社会进行权力统治和强制管理。因此，国家从来就是一部分人——在经济上占统治地位的阶级，为维护其根本利益而建立起来的一种具有强制性的暴力机关。这样，在私有制下的阶级社会，国家的根本目的就是维护剥削阶级对被剥削阶级的经济剥削和政治压迫，维护其在经济上的统治地位。因而，在阶级社会，绝大部分人是不自由的，是受奴役的。从这个角度讲，消除异化、实现自由，最重要的是要消灭国家。为此，马克思主义强调，无产阶级不仅必须消灭国家，而且要消灭无产阶级自身。恩格斯认为：“随着阶级的消失，国家也不可避免地要消失。在生产者自由平等的联合体的基础上按新方式来组织生产的社会，将把全部国家机器放到它应该去的地方，即放到古物陈列馆去，同纺车和青铜斧陈列在一起。”① 也只有到那时，国家将“迄今所夺取的一切力量，归还给社会机体”，建立新的“联合体”。② 这种新的联合体才真正成为了社会的代表，即成为每个社会成员的代表，完全为全体国民谋利益，以满足每一个加入这个有机体的成员的社会需要。

无产阶级专政是促使阶级消亡和国家消亡的过渡形式。马克思认为：无产阶级专政，“不过是达到消灭一切阶级和进入无阶级社会的过渡”。列宁也认为：“资本主义国家由无产阶级国家（无产阶级专政）代替，不能通过‘自行消亡’，根据一般规律，只能通过暴力革命。”但是，“无产阶级国家的消灭，即任何国家的消灭，只能通过‘自行消亡’”。③ 毛泽东也说：我们要以人民民主专政作为条件，强化人民的国家机器，“使中国有可能在工人阶级和共产党的领导下，稳步地由农业国进入工业国，由新民主主义进到社会主义社会和共产主义社会，消灭阶级和实现大同”。④ 由此可以看出，无产阶级专政的国家是国家的最后形式，也是最好的形式。原因在于无产阶级专政国家是最大多数人享有民主，是人民群众当家作主。民主是多数人的民主，而不是像剥削阶级专政的国家那样，民主只是少数人的民主，而多数人处于被剥削和被压迫的地位。

尽管如此，无产阶级专政的国家毕竟依然具有“国家”的本性，它并不是最美好的。正因如此，无产阶级专政的社会，也还存在政治异化。我国的无产阶级专政（人民民主专政）的国家政权是在经济文化相对落后的基础上建立起来的，政治制度和政治体制还不够完善，加之我国传统社会没有民主的基础，专制传统和文化却持久而深厚，政治异化

① 《马克思恩格斯选集》第4卷，人民出版社1995年版，第174页。

② 《马克思恩格斯选集》第3卷，人民出版社1995年版，第58页。

③ 《列宁选集》第3卷，人民出版社1995年版，第127—128页。

④ 《毛泽东选集》第4卷，人民出版社1991年版，第1476页。

依然存在于社会生活的许多方面。所以，我国民主政治建设之路依然漫长而艰巨。但是，不管道路如何漫长、任务如何艰巨，民主自由的方向是既定的，发展中国特色社会主义民主政治的目标是始终不渝的。从发展历程讲，人民民主专政是实行共产主义社会的过渡形式，人民民主专政的社会必然要被更高级的社会形态所代替，也必然要把一切来自社会的权力归还给社会，自行走向消亡，进入无阶级的社会——共产主义社会。为此，必须按照科学发展观的要求，坚持以人为本这个根本标准，深化政治体制改革，完善人民民主的国家制度，保证民主自由社会的实现，为促进人的自由全面发展创造政治条件、提供有利的政治环境和根本的政治保证。

第三，废止官本位。

官本位是中国传统社会一种影响十分广泛和深远的社会价值取向和精神心理追求。有学者把官本位的基本内涵归纳为：“其一，公共权力的运行以‘官’的利益和意志为根本的出发点和落脚点，人治的统治模式将公权力私有化，置统治权力于法律约束之上；其二，严格的上下等级制度，下级对上级为马首是瞻，上级对下级拥有绝对的权力，上下级之间形成权力的人身依附关系；其三，以是否为官、官职大小、官阶高低为尺度，或参照官阶级别来衡量人们的社会地位和人生价值的社会价值尺度；其四，普遍存在敬官、畏官的社会心理，以官为本、以官为尊、以官为准。”① 官本位使得人人追权逐利，把捞到一官半职和把官越做越大作为人生最高的价值追求；人生的一切都在为能当官、当稳官、当大官服务。学习是为了当官，即学而优则仕；做一个有道德人是为了当官；婚嫁也在为当官服务；甚至孝敬父母也成为了当官的筹码；……整个社会形成了一种权力至上的对权力顶礼膜拜的文化，同时也形成了一种既敬畏权力又不惜一切追逐权力的社会心理。

官本位，就是权力本位，以官为本，其实质就是以权为本。以权为本，即是对以人为本的直接否定。因此，不废止官本位，不终结以权为本，就不可能有“人本”，就不可能做到以人为本。要坚持以人为本，

---

① 李自立、李晓岩：《官本位政治文化：对以人为本的否定》；转引自王小章：《中国社会心理学》，浙江大学出版社 2008 年版，第 58 页。

则必须废止官本位。官本位是在一定的经济、政治、社会环境中产生和发展起来的。要废止官本位，则必然要铲除官本位得以产生、巩固和延续的政治和社会根源。

根据马克思主义的观点，国家权力归属于哪个阶级，是国体；国家权力、尤其是最高权力如何组织和运行，也就是权力如何掌握、如何组织和运行，是政体。如前所述，在民主政体下，国家最高权力归全体公民所有，全体社会成员执掌国家最高权力，国家最高权力直接或间接地掌握在人民手中，国家权力的运行、行使是人民意志的体现。国家法律，特别是作为国家根本大法的宪法，是全体公民意志的体现。民主政体社会是法治社会。法治社会的权力依法行使。依法行使权力，其实就是依人们的意愿行使权力。试想，在民主自由社会，权力的拥有和行使都是全体公民意志的体现，人们还会对权力顶礼膜拜吗？还会不惜一切去追逐、获取权力吗？答案自然是否定的。这样，官本位、权力本位、权力崇拜等，则只存在于那种国家权力不被人民或社会大多数成员所掌握的社会。国家权力被极少数人掌握、或被一个人所掌握，绝大部分人都没有权力，都不能保护自己的利益，所以，人们便会不遗余力地要求获得权力，以保护自己的利益。如果人们难以获取权力，也会千方百计地依附权力。于是，人与人的依赖关系便成了权力依赖关系。依附权力的人便成了权力的奴隶或工具。在君主专制政体下，最高统治者以下的人，都是臣民，都是权力的膜拜者、依附者。整个社会就成为了权本位、官本位的社会。

中国的封建社会与世界各国封建社会形态的历史相比，出现的时间最早，延续的时间最长，是最典型的封建社会形态。中国自秦始皇灭六国废除分封制、建立郡县制以来，虽然在历史上出现过多次的分裂局面，但在大多数时间里是中央集权的君主专制制度占统治地位。国君拥有国家最高权力、拥有国家一切权力，也拥有国家全部财富，且“四海”之内的臣民也是他（她）的财富。“普天之下，莫非王土；率土之滨，莫非王臣”，即此之谓也。由于国君拥有一切权力，也是国家的全部财富的唯一所有者，其他所有的人的利益、财富都是国王施舍授予的，且离皇权越近的人，获得的利益越多，官越大，财富就越多，官越小，财富也越少；同时，国君对社会财富的分配主要限于为“官”者，官与民相比较，再小的官，或者只要是个官，有个官衔，甚至无论真与假，其获得的社会财富要多得多。加之，在传统社会的政治权力框架中，权力制衡机制作用不大，国君享有一国之绝对权力，地方的最高行政长官、部门最高行政官员则掌握地方、部门之绝对权力，亦即绝对地掌握所辖地方、部门之所有财富。权力和财富的绝对对等，则必然出现对权力的膜拜，必然出现官本位。

中国传统社会还是一个以血缘伦理为根基、以官为本位的人治社会，社会经济、政治、文化以及社会生活都以血缘关系为基础，以道德伦理为规约，形成一个牢固而持久的“家国同构、君父同格”的社会结构，并以宗法家长专制进行社会统治。在这种“家天下”的社会结构中，王权统治既是宗法社会的产物，又是通过等级森严的宗法制度来施行的。基于宗法制度的祖先崇拜、血缘亲情、宗法道德以及由此衍生的心理归属感，是王权统治的起点。宗法制度的核心是父权至上，且神圣不可侵犯。

时至今日，传统社会的惯性力量依然还在延续，官本位依然还有较大较深的影响。官本位等封建文化思想是我国社会主义民主政治建设的一个很大的限制，既是我国社会主义民主政治建设的一大障碍，也是深入学习实践科学发展观、以人为本的一道深厚屏障。可以说，官本位是对以人为本的直接否定。

当代中国，既然要以人为本，就必须废止官本位、权本位。由于官本位是与国家政体和政治体制直接联结在一起的，废止官本位，就必须深化我国政治体制改革，完善民主政体，扩大人民民主，保证人民当家作主。只有人民当家作主，官本位才不会有市场。人民当家作主，人民成为了社会的主人，也就成为了自己发展自己的主人。

（三）促进社会主义文化大发展

社会主义文化，是促进人的自由全面协调发展的精神支柱，是体现人的发展程度的重要标志。发展有利于促进社会和谐的思想文化，是构建和谐社会的重要任务，也是促进人的自由全面发展的重要内容。

第一，科学发展观视域中的文化建设。

文化建设在科学发展观中具有重要的地位，加强文化建设是实现经济社会科学发展的基本内容。科学发展观赋予文化建设以新的内涵。首先，“以人为本”是中国特色社会主义文化建设的核心内容。文化在本质上是“人化”。文化的根本目的是用来“化人”的。不同的文化有不同的“化人”作用。人作为文化的产物，在不同的文化环境中，会生成不同素质、不同境界的人。也就是说，不同的人创造不同的文化，不一样的文化又生成不一样的人。由此，文化的性质、文化的发展方向、文化的不同内容、文化的不同形式，在很大程度上直接决定着人的发展形态。我国的文化是社会主义的文化。在今天，中国文化建设必须坚持以人为本。以人为本是文化建设的根本目标，是检验文化建设的标准。中国特色社会主义文化建设的直接目的是为全体中国人民提供文化产品和文化服务，营造良好的有利于人的生存和发展的文化环境，改造和丰富人的主观世界，促进人的自由全面发展。为此，文化建设，从根本上说就是建设“以人为本”、促进人全面而自由发展的“精神家园”和“精神生态环境”。其次，以人为本规定了文化建设的发展方向。文化的社会主义本质直接决定文化建设的内容和方向。毛泽东早就指出，中国的文化必须坚持为社会主义服务，为人民服务。第三，以人为本规定着文化建设的标尺。先进性是社会主义文化建设的基本内容。社会主义文化是先进的文化，保持文化的先进性是文化建设首要的基本任务。然而，何谓先进文化？如何衡量先进与落后？衡量的标准是什么？这个标准就是以人为本。以人为本的文化就是先进的文化，背离以人为本的文化就是落后的文化。因此，中国特色社会主义文化建设、和谐文化建设，就是要在价值层面贯彻和体现以人为本的发展理念，把最广大人民群众的根本利益、人的自由全面发展作为发展文化和建设社会主义精神文明的最终目的；在技术层面，要坚持文化的开放性和包容性，保持文化的创新能力，把我国的社会主义文化建设成为全面体现时代发展要求和先进生产力发展要求的新文化，充分促进社会生产力的解放和发展、推动社会全面进步和人的自由全面发展的和谐文化、先进文化。

科学发展观赋予了文化建设更为重要的任务。第一，文化建设要推动中国特色社会主义社会全面进步。社会是经济、政治、文化、生态环境的统一体，社会发展是多维度的统一。中国特色社会主义社会是全面发展的社会。科学发展观把社会建设从经济、政治、文化“三位一体”扩展为经济、政治、文化、社会、生态的“多位一体”的发展目标。文化建设贯穿于社会全面建设之中，对社会全面进步起着重要作用。文化渗透在社会生活的各个方面和领域，文化建设是中国特色社会主义建设的思想保证、智力支持和精神动力，是我国综合国力的重要标志。第二，文化建设要促进人的自由全面发展。实现人的自由全面发展是社会主义的本质要求，是科学发展观的核心内容和目标。文化建设在塑造完美个性、促进人的自由全面发展上具有独特的作用。人的自由全面发展的实现固然离不开历史的、社会的、经济的、政治的发展状况，但是如果社会没有形成有利于人的发展的社会文化环境，即便有发达的经济、民主的政治，悠长的历史，也不可能自发地把人培育成为全面的、具有丰富个性的人。资本主义社会，发达的经济社会造就了“单向度的人”。在我国改革开放以来的较长一段时期内，经济社会取得了长足发展，人们的生活水平也大有提高，但却出现了一些经济、社会、生态环境和人自身建设等方面的问题，特别是在精神文化领域，道德沦丧、价值观扭曲、腐败堕落，拜金主义、享乐主义等思想蔓延。我国社会发展出现的这种不平衡、不协调的状况，严重制约了我国社会经济的全面进步和人的全面发展。文化建设坚持以人为本，就必须坚持以人的自由全面发展为价值导向和根本目标，彻底改变文化领域中不利于人健康、全面自由发展的低俗之风，创造积极向上、丰富多彩的文化产品，建立有利于人的发展的文化环境，形成促进人的全面发展的社会主义文化，为人的自由全面发展提供健康、丰富的文化资源和自由和谐的文化氛围。

科学发展观为文化建设提出了新的要求。文化建设是中国特色社会主义建设的重要组成部分。全面协调可持续发展也是文化建设的基本要求。文化建设是一个复杂的系统，具有整体性、层次性、开放性和全局性。文化建设要坚持“统筹兼顾”的根本方法，统筹城乡文化发展，统筹不同区域文化发展，统筹经济建设、民主政治建设和文化建设；要深化文化体制改革，加强文化自主创新能力建设，增强全球化背景下文化的竞争力；要坚持“双百”方针，形成多种文化和谐发展、充满生机与活力的文化“生态”；要合理利用和开发各种文化资源，调整文化发展结构和布局，增强文化的可持续发展能力，为人的全面自由发展提供不竭的精神动力和文化源泉。

第二，促进人的自由全面发展是文化建设的根本取向。

党的十七大报告指出，兴起社会主义文化建设新高潮，推动社会主义文化大发展大繁荣，就是要激发全民族的文化创造力，提高国家文化软实力，更好地保障人民群众的基本文化权益，丰富人民群众的社会文化生活，提升人民群众的精神风貌。

文化作为人类一个独特的领域，对人的精神生活的丰富和人的自由全面发展发挥着独特而重要的作用。但是，由于在生产力和社会经济发展落后的历史阶段，人的需要主要集中在对经济、物的满足上，生存的需要压倒一切。文化因其对社会经济、政治发展的依赖性，即社会经济对文化的决定作用以及政治对文化的制约作用，文化的发展远远落后于人的需要，对人的发展的促进作用十分有限。当社会生产力发展到一定程度，人们的基本生活需要得到满足的时候，确切地说，当社会由温饱、基本小康进入全面小康的历史阶段，人的发展的需要超过了生存需要，对文化的发展提出了新的更高的要求。经过几十年的改革开放和现代化建设，我国人民群众的物质生活水平有了很大提高，恩格尔系数平均已降到0.5以下，城市到了0.4以下，人民群众精神文化需求增长迅速，消费能力大大增强，鉴赏水平大大提高，呈现出多层次、多形式、多样性的特点。我国已经进入全面建设小康社会阶段，促进和实现人的全面发展是小康社会的重要任务和目标。进入21世纪，面对改革发展稳定的繁重任务，面对世界各种思想文化的相互激荡，我们要更好地把全国各族人民的意志和力量凝聚起来，万众一心地为实现全面建设小康社会的宏伟目标而奋斗，就必须大力加强中国特色社会主义文化建设，不断为改革开放和现代化建设提供有力的思想保证、精神动力和智力支持。李长春认为：“小康社会既要满足人民群众物质生活的需要，也要满足人民群众精神文化的需要，既要有经济的健康发展，也要有人的全面发展，既是人的知识水平普遍提高的社会，也是全民终身学习的学习型社会。所有这一切都依赖和要求文化的高度繁荣和发展。”① 我国社会发展和人的发展的现实和特点，迫切要求文化发展必须从满足人的生存

① 《十六大以来重要文献选编》(上)，中央文献出版社2005年版，第339页。

需求转变为促进人的自由全面发展上来，文化建设必须坚持以人为本这一根本价值取向。以人为本，从根本上讲就是以人的自由全面发展为本。人的自由全面发展既是未来社会发展的基本原则，也是社会主义的本质要求。文化建设贯彻以人为本的科学发展观，最根本的在于把以人为本、促进人的自由全面发展作为社会主义文化建设的根本价值取向。只有把以人为本、促进人的自由全面发展作为文化建设的价值取向，才能坚持文化建设的正确方向，不断培育社会主义“四有”新人，培育德、智、体、美、劳全面发展的社会主义事业的建设者，推动社会的全面进步和人的自由全面发展。可以说，文化建设的根本任务和最终目的是以人为本，促进人的自由全面发展。

文化建设与以人为本、促进人的自由全面发展具有一致性。文化建设与以人为本在内容上具有一致性。文化的本质特性在于多样性的“和谐”，全面发展的人的根本特性也在于全面性的“和谐”。人的全面发展的实现不仅需要雄厚的物质基础、坚强的政治保障，而且需要良好的思想文化条件。如果一个社会没有先进的、多样的、和谐的文化，也意味着社会发展的不协调，一个发展不协调的社会，作为社会主体的人的发展也必然是不协调、不全面的。文化建设与促进人的自由全面发展在价值目标上具有同一性。文化建设的目标有很多，诸如为社会的巩固奠定思想基础、提供思想保证，为经济社会全面协调发展提供精神动力等等，但最根本的目标在于促进人的全面协调发展。文化建设与促进人的自由全面发展在作用上具有互动性。文化环境是人的发展的重要条件，有利于促进人的自由全面发展；同样，自由而全面发展的人是文化的建设主体，有利于推动文化的全面发展和繁荣。

文化建设要为推动以人为本和促进人的自由全面发展发挥重要作用。首先，文化建设要为促进人的自由全面发展提供良好的思想文化条件。建设社会主义文化就是要在全社会形成共同的理想信念、道德规范、价值取向，为实现全体人民在政治上、道义上、精神上的全面发展提供思想基础。以人为本、促进人的全面发展是社会主义社会的核心价值原则。如果全社会树立了以人为本的价值原则，社会经济、政治、文化以及社会生活的各个方面、各个领域都能够坚持以人为本，社会建设的着力点放在人的发展上来，那么，这个社会就有利于以人为本的落实，有利于人的素质的全面提高。其次，文化建设要为以人为本、推动人的自由全面发展提供强有力的精神支撑。人是处于一定文化环境中的人，离开了文化，人将不成其为人。文化从根本上讲是为人的、“化人”、“育人”的。文化的内在功能决定了文化建设必须坚持正确的方向和价值导向。社会主义社会的本质和价值目标，决定社会主义文化的本质和价值取向必须坚持为人民服务、以人为本。社会主义文化的本质和根本价值取向又决定着文化的内在功能及其发挥。为此，社会主义文化建设必须坚持以人为本，发挥其有利于培养人们形成协调发展的思想意识、思维方式的作用，为促使社会成员更加重视经济社会发展的全面性、协调性和可持续性，进而为推动社会主义和谐社会的发展和人的自由全面发展提供思想文化资源和精神力量。再次，文化建设要促使整个社会形成以人为本、促进人的自由全面发展的良好文化氛围。人的本质的实现、人的全面发展依赖于全面和谐的社会关系。全面发展、和谐发展的文化对化解社会矛盾、形成良好的人际关系具有催化和统摄作用。社会主义社会虽然并不是没有矛盾和冲突的共同体，但必须是一个各种社会力量、各种社会矛盾能够在稳定有序的环境中和平解决的共同体。化解社会矛盾、平衡各种力量需要合理的社会制度、体制和机制，也需要思想文化的积极作用。文化建设有助于人们形成以人为本、全面和谐发展的基本价值取向，形成人人追求和谐、维护和谐的社会意识，形成人与人之间和睦相处、互利互助的社会关系。因此，从这个角度上说，社会主义文化建设不仅是以人为本、实现人的本质的根本内容，而且是以人为本、促进人的自由全面发展的根本条件。

第三，大力发展社会主义文化，促进人的自由全面发展。

当今世界，文化与经济、政治相互交融，是综合国力的重要组成部分和重要标志，文化成为推进社会经济发展的重要力量。文化的力量深深熔铸在人的生命力、创造力之中，集中体现在提升人的精神境界、促进人的素质全面提高和促进人的解放和发展的伟大实践之中。文化建设坚持以人为本，就是要努力建设体现时代精神、富有民族特点、有利于促进人的自由全面发展的社会主义文化；就是要把发展社会主义文化放到更加突出的位置，充分发挥文化启迪思想、陶冶情操、传授知识、鼓舞人心的积极作用，不断满足人民群众日益增长的精神文化需求，努力培育社会主义新公民，促进人的自由全面发展。

1. 要加强思想道德建设，提高人的思想境界和道德情操。思想道德素质是人的基本素质，是立人修身之本。加强思想道德建设，是增强人的生命力和创造力、保持积极昂扬向上的精神状态的强大思想保证和精神动力。

加强思想道德建设，第一位的是要加强马克思主义在意识形态领域的指导地位，为人的自由全面发展提供科学的理论指导和思想武装。马克思主义是指导人们获得自身解放和幸福的学说，是以人的自由全面发展为最终目标的人类解放理论。马克思曾因此认为，他们提出的理论是自然的、彻底的人道主义。马克思主义具有崇高的人文情怀和人道精神。在今天，人文精神是对人性、人的主体地位、价值尊严的无限关注和高扬，是关于人生的一种终极关怀和价值取向，它着眼于人类命运和归宿、幸福与完善、发展与进步的理性思考，是人对真善美的永恒追求，表现为人的一种超越实用理性、追求价值理性、审美情操的价值观，是人类文化的基础。人文精神属于人类意志情感范畴，本质上是一种珍惜人和人的自我实现的内在精神和博大情怀。把培育和弘扬人文精神作为社会主义文化建设的一项重要任务和工作，是坚持和发展马克思主义的应有之义，是促进人的自由全面发展的根本要求。

2. 要弘扬民族精神和时代精神，提高人的精神境界。伟大的民族精神和时代精神是鼓舞人奋发向上的精神旗帜，是中国人民精神风貌的集中体现，是激发社会活力和人的生命力、创造力的强大动力。大力弘扬以爱国主义为核心的民族精神和以改革创新为核心的时代精神是发展先进文化的永恒主题。

整个社会要运用多种手段、采取多种方式，大力倡导一切有利于发扬爱国主义、集体主义、社会主义的思想和精神，大力倡导有利于改革开放和现代化建设的思想和精神，大力倡导有利于社会进步、民族团结、人民幸福的思想和精神，大力倡导用诚实劳动实现美好生活的思想和精神，使全体人民群众始终保持积极有为、昂扬向上的精神状态。

3. 要发展教育和科学事业，全面提高人的科学文化素质。中国作为世界上人口最多的发展中国家，要彻底摆脱贫穷和落后，实现经济社会全面持续发展，实现富裕和强盛，最根本的在于依靠科技进步和人力资源的开发与使用，以及全体社会成员整体素质的提高，即依赖于人的全面发展。没有人的全面发展，没有人的现代化，就没有社会的现代化。而人的现代化、人的自由全面发展，在很大程度上取决于科学文化和教育事业的发展。

一要充分发挥教育、科技在现代化建设中的基础性、先导性和全局性的作用。社会主义社会的最终目的在于促进人的自由全面发展。人是生产力中最活跃的因素，教育是培养人的活动。我国是个拥有 13 亿人口的大国，经济、文化还比较落后，科技力量薄弱，自然资源相对贫乏。我国的发展不能单纯依赖自然资源、依靠资金、设备搞建设，而要把发展的基点建立在依靠人的力量、依靠教育的发展，开发巨大的人力资源，使人的发展成为经济社会发展的动力。

二要弘扬科学精神，传播科学知识，提高人的科学素质和科技创新能力。胡锦涛指出：科技创新和科学普及是科技工作的两个重要方面。广大科技工作者要承担起向全社会传播科学知识、科学方法、科学思想、科学精神的重任。要大力宣传和普及科学技术知识，培育科学精神和科学方法，使广大人民群众更多地了解科学技术知识和科技创新成果，更好地接受科学知识和科学技术的武装，在全社会进一步形成讲科学、爱科学、用科学的浓厚氛围和社会风尚，不断提高全民的科学文化素质和科技创新能力。

三要建设创新文化。建设创新文化，首先必须破除阻碍科技创新的旧文化，诸如轻视知识、轻视人才的“官本位”文化，墨守成规、不敢冒险的“经验主义”文化，注重实用、轻视理论的“实用”文化，打击创新、排除新奇的“专制”文化，缺乏自强和自信意识的“退守”文化等等。其次要更新观念，确立创新文化的价值体系：大力倡导百家争鸣、追求真理的风格，倡导敢为人先、敢冒风险的态度；倡导勇于创新、敢于竞争和宽容失败的精神；形成尊重劳动、尊重创造、尊重知识、尊重人才的社会风尚；增强民族自信心和自豪感。再次要培育有利于激发创新活力和培育创新文化的制度体制。

4. 积极发展文化事业和文化产业，丰富人民群众的精神文化生活。丰富健康的文化生活是衡量人们生活质量的重要标志，也是实现人的全面发展的重要因素。随着我国经济社会的加速发展，人们的生活水平不断提高，对精神文化生活提出了新的更高要求。因此，必须积极发展文化事业和文化产业，发展社会主义先进文化，就是发展面向现代化、面向世界、面向未来的、民族的科学的大众的文化；加大政府、社会对文化事业的投入，加快建立覆盖全社会的完备的公共文化服务体系。公共文化服务体系主要包括先进文化理论服务体系、文艺精品创作服务体系、文化知识传播服务体系、文化娱乐服务体系、文化传承服务体系、以及农村、社区文化服务体系。尊重文化建设的客观规律，发挥人们的创造性，创造大量具有鲜明时代精神和民族气息的精神文化产品，营造有利于人民群众健康成长的思想文化环境，适应和满足人民群众的精神文化需求，为人的自由全面发展创造和提供丰富的文化资源、文化服务。

5. 深化文化体制改革，解放和发展人的文化创造力。我国社会的迅速发展，使文化赖以生存和发展的经济基础、体制环境、社会条件发生了深刻变化，给文化建设和发展带来了重大影响，文化建设也取得了长足进展。但是，文化建设无论是在思想认识、文化观念，还是在管理体制、工作方式等方面都存在着很多差距，与科学发展的要求、与以人为本、尤其是促进人的自由全面发展的目标还不适应，具体表现为：人民群众的生活水平已基本从温饱转变为小康，文化发展与人民群众日益增长的精神文化需要、发展自身、实现自身的愿望不相适应；我国已经进入全面建设小康社会的发展阶段，文化发展与全面建设小康社会的要求不相适应；我国已经实现由计划经济体制向社会主义市场经济体制的转变，现行文化体制与社会主义市场经济体制不相适应；以加入世界贸易组织为标志，我国对外开放进入了新阶段，文化发展与我国对外开放的新形势不相适应；世界高新技术的飞速发展，数字技术的应用和互联网的普及，带来文化创新和传播领域的重大革命，我国文化发展的现状与世界高新技术飞速发展和应用的形势不相适应。①

要改变这些不相适应的状况，“根本出路在改革”。“改革是发展先进文化、实现全面建设小康社会目标的必然要求，是积极应对加入世贸

① 参见《十六大以来重要文献选编》（上），中央文献出版社2005年版，第338—340页。

组织后的新形势、参与国际文化竞争的重要举措，是加快文化建设，构建丰富多彩文化市场的强大动力，是保证宣传文化工作贴近实际、贴近社会生活、贴近群众，面向现代化、面向世界、面向未来的根本途径”。①

深化文化体制改革，解放和发展文化生产力，是时代发展的要求，是促进人的自由全面发展的重要任务。要按照科学发展观的要求，通过社会文化体制改革，不断解放和发展文化生产力，积极调动广大人民群众的创造力，促进文化事业全面繁荣和文化产业蓬勃发展，创造出更加丰富灿烂的中华文化，不断满足人民群众日益增长的文化精神需要，促进和实现人的自由全面发展，为人类文明进步做出新的更大的贡献。

（四）统筹人与自然和谐发展

以人为本，必须统筹人与自然和谐发展。统筹人与自然和谐发展，反映了我国经济社会所面临的资源、环境、人口、生态等新问题、新挑战和新要求，体现了我们党实现、维护和发展最广大人民群众的根本利益、促进人的全面发展的愿望和决心，是我国社会发展观念、发展道路、发展实践的重大战略转变。

第一，统筹人与自然和谐发展的理论思考。

统筹人与自然和谐发展，就是要高度重视资源和生态环境问题，处理好经济建设、人口增长与资源利用、生态环境保护的关系，加快建设资源节约型和环境友好型社会，增强可持续发展的能力，推动整个社会走向生产发展、生活富裕、生态良好的文明发展道路。

1. 人与自然关系的哲学分析。

人和自然的关系是人类历史首要的、基本的关系。对这一基本关系的认识和处理，表现为人的自然观和发展观，人类在不同历史时期的存在和发展类型，首先受制于人类的自然观和发展观。

在古代，人们就凭借经验和简单的知识，提出了许多关于人与自然

① 参见《十六大以来重要文献选编》（上），中央文献出版社 2005 年版，第 340 页。

关系的朴素认识，主张人与自然的浑然一体，具有朴素的辩证法。西方哲学史在苏格拉底、柏拉图以前，早期的自然哲学关于人与世界、自然、万物的关系的学说，主要是“天人合一”，即人与自然不分；古希腊哲学家提出了“灵魂说”，赋予自然界以“灵魂”，相信天体的运行和人世的变迁，都受“灵魂”的支配。中国古代哲学的“天人合一”思想，更是崇尚天地与人的和谐一致。孟子主张天与人相通，人性乃“天之所与”，天道有道德意义，而人享受天道，因此，人性才是有道德意义的。老庄主张“天人合一”。他们认为“道”是宇宙万物之根本，人亦以“道”为本。老子提出：“人法地，地法天，天法道，道法自然。”《庄子·外篇》也认为：“汝身非汝有也。……孰有之哉？曰：是天地之委形也。”中国古代思想家提出大量关于遵循自然规律、保护自然等论述，尽管具有很强烈的伦理色彩和道德意义，但已经朴素地认识到，包括人在内的自然是一个完整的生命存在，人类只有融入其中，才能与自然共同存在和发展，体现了人与自然和谐发展和可持续发展的思想。当代著名生态哲学家卡普拉高度评价了古代“天人”和谐共存与发展的思想，认为这些思想“强调本源的惟一性和自然与社会现象的能动本性”，“提供了最深刻和最美妙的生态智慧的表述之一”。①

工业社会的到来，机械的轰鸣声打破了自然界的宁静，工业革命的号角摧毁了自然经济的基础，形而上学代替了古代朴素的辩证法。“人是自然界的主人”、“人是世界的主宰”等类似的主张占据了统治地位。培根提出“知识就是力量”的响亮口号，认为“人的知识和人的力量是合而为一”的，由知识武装起来的人类在自然面前是无所不能的。笛卡尔明确提出把主体与客体对立起来，视“主客二分”为哲学主导原则，破除了古代主客合一的哲学思维方式，开创了借助科学人类就可以“使自己成为自然的主人和统治者”的思维方式和行为方式，形成了人与自然相割裂的机械自然论。与此同时，一些目光敏锐的思想家，也觉察到了工业革命、知识、科学技术将给人类带来不幸。卢梭已经觉察到了工业社会将可能对人类的发展、幸福造成危害，并对工业革命的扩张提出

---

① 参见和转引自周海林：《可持续发展原理》，商务印书馆2004年版，第192页。

了警告。马尔萨斯、穆勒等人，也较早认识到了人类消费的物质限制。

工业文明的发展，出现了日趋严重的人口资源环境问题，威胁着人类的生存和发展。人们不断反思关于人与自然关系的传统思想和活动方式。解铃还需系铃人。20 世纪后半叶，人类对传统的发展思想、机械的自然观的反思更为深刻和系统。1980 年 3 月 5 日，联合国向全世界发出呼吁：“必须研究自然的、社会的、生态的、经济的以及利用自然资源过程中的基本关系，确保全球持续发展。”1987 年，世界环境与发展委员会在《我们共同的未来》的报告中指出：“过去我们关心的是发展对环境带来的影响，而现在我们则迫切地感到生态的压力，如土壤、水、大气、森林的退化对发展所带来的影响。在不久以前我们感到国家之间在经济方面相互联系的重要性，而现在我们则感到国家之间在生态学方面的相互依赖的情景，生态与经济从来没有像现在这样互相紧密地联系在一个互为因果的网络之中。”2002 年，联合国可持续发展大会在约翰内斯堡召开，大会通过的《可持续发展执行计划》和《约翰内斯堡政治宣言》认为，发展是人类共同的主题，经济、社会、环境是可持续发展的三大支柱，水、能源、健康、农业和生物多样性等是实现可持续发展的五大优先领域。

通过对历史的反思，人类深刻认识到，人是引发生态环境恶化的根本因素。生态危机，实质上是人的危机。人与自然之间存在着实践关系、认识关系和审美关系，人与自然的联系是丰富多样的，人与自然的物质、能量、信息交换的方式也是多种多样的。如果人们单纯以对自然改造、从自然界获取所需的物质、能量的方式来对待自然，就很容易使人和自然的关系产生破缺。工业革命以来的人类实践，从表面上看，似乎取得了改造自然的正效应，而实际上却出现了自然对人生存发展的负效应。恩格斯曾经深刻地指出：“我们不要过于陶醉于我们人类对自然界的胜利。对于每一次这样的胜利，自然界都对我们进行报复。每一次胜利，起初确实取得了我们预期的结果，但是往后和再往后却发生了完全不同的、出乎预料的影响，常常把最初的结果又消除了。”① 因此，解决问题的唯一出路在于实现人自身的革命，用科学、道德、审美的多维

① 《马克思恩格斯选集》第 4 卷，人民出版社 1995 年版，第 383 页。

眼光看待自然和人的关系，变革传统的思维定势和行为方式，确立新的思维方式和活动方式，实现人与自然的和谐发展，实现人类的可持续发展。

2. 人与自然和谐发展的马克思主义观。

马克思主义具有丰富的人与自然和谐共处、和谐发展的思想，实现人与自然和谐发展是马克思主义的一贯主张。

从本原上看，"人直接地是自然存在物"，是"自然界的一部分"。马克思指出："人在肉体上只有靠这些自然产品才能生活，不管这些产品是以食物、燃料、衣着的形式还是以住房等等的形式表现出来。在实践上，人的普遍性正是表现为这样的普遍性，它把整个自然界——首先作为人的直接的生活资料，其次作为人的生命活动的对象（材料）和工具——变成人的无机的身体。……人靠自然界生活。这就是说，自然界是人为了不致死亡而必须与之不断交往的人的身体。所谓人的肉体生活和精神生活同自然界相联系，也就等于说自然界同自身相联系，因为人是自然界的一部分。"① 自然界是人类产生、生存和发展的前提。但人并不是像其他自然物那样直接地依赖于自然界，人从自然界满足需要的方式也不同于其他自然物，其他生物是自动和直接地作用于自然界，而人与自然的联系是通过劳动实践这个特殊的中介来进行和实现的。

从人的生存和发展看，自然界是人类生存发展的必要条件。人依赖于自然而存在和发展。首先自然为人类提供生存发展的场所。离开适合人类生存的自然界，人类便无法生存。其次，自然界为人类提供生产资料，人与自然的物质、能量交换是人类存在和发展的物质基础。马克思把"人类历史的第一个前提"，确定为"有生命的个人的存在"和"他们与自然界的关系"。有生命的个人要维持自身的存在，就必须进行物质生活资料的生产。而自然资源是物质生产、社会经济发展的基本要素。社会生产、经济活动作为一种现实的物质运动，是以一定的物质资源为基础的。没有生产资料，就没有生产力；没有生产力的提高和发展，就没有人类的发展和社会的进步。然而，地球的物质资源是有限性的存在。这样，就产生了物质生产、经济活动的基本矛盾——人类物质

① 《马克思恩格斯全集》第3卷，人民出版社2002年版，第272页。

需求的扩张性或无限性与资源的有限性之间的矛盾。人类正是在不断认识和解决这一矛盾中前进的。人类对这一矛盾的认识和解决在很大程度上决定着人类存在和发展的水平。因为，自然对人类的先在性和人类对自然界的依赖性决定了人类的发展不能脱离自然环境；自然资源的有限性也就决定着人类发展、特别是物质生活发展的限度。

因此，人类的活动必须遵循自然规律。自然规律是独立于人、不以人的意志为转移的客观规律。人只能认识、利用自然规律，改变自然规律作用于人类的形式，但不能改变规律本身。自然规律是作为整体而存在的，也是以系统的方式作用于人的。人类改造自然环境的活动、干预自然进程的活动所引起的影响和后果绝不只是活动的对象本身、绝不只限于人类活动的当时，而是全局的和长远的。由于自然系统的多样性、复杂性及其影响的广泛性和深远性，在任何时候，自然都存在一个超出人类认识之外的“自在世界”或康德的“物自体”。这样便出现了人类认识的有限性和世界无限性之间的矛盾。于是，人类的活动基本上是在一定范围内、一定程度地遵循一定的自然规律而开展的，在更大的范围和更高的程度上，人类活动是否符合自然规律的要求，人类对此的认识是很困难的，也是难以把握的。自然环境的整体相关性、动态平衡性、自我调节自我净化的自我组织能力及其在同时态和历时态起着作用的规律，是人与自然进行物质能量交换和人对自然发生作用的制约因素，也是人作用自然、改造自然和从自然获取满足自身需要的阈限。因此，人的活动是不能超出自然所承载的限度的。如果超出自然的限度，自然系统就会遭受破坏，自然系统的自我组织能力和自我净化能力便会减弱，或以别的方式发生作用，自然界就可能改变原有的适于人类生存和发展的结构和功能，使之朝着不利于人生存和发展的方向变化和迁移，就会出现生态环境危机。所以说，生态环境危机其实就是人的生存和发展危机。

另外，由于人的理性和实践能力的有限性，人类有限的认识和实践能力难以完全、清晰地把握如此复杂多样的自然系统，更难以把握人类活动对自然和社会的作用和长远影响。恩格斯指出：“我们需要经过几千年的劳动才学会估计我们的生产行为的较远的自然影响。”① 由此，人类的行为可能在这个范围内是遵守规律的，而在更大的范围内却是与自然规律相背离的；也许此时是符合自然发展规律要求的，而彼时却是违背自然规律的。正因如此，恩格斯在19世纪末曾提醒人类说：“我们每走一步都要记住：我们统治自然界，决不像征服统治异族人那样，决不是像站在自然界之外的人似的，——相反地，我们连同我们的肉、血和头脑都是属于自然界和存在于自然界之中的；我们对自然界的全部统治力量，就在于我们比其他一切生物强，能够认识和正确运用自然规律。”“事实上，我们一天天地学会要正确地理解自然规律，学会认识我们对自然界的习常过程所作的干预所引起的较近或较远的后果。”不过，恩格斯依然满怀信心地对人类说：“自然科学大踏步前进以来，我们越来越有可能学会认识并控制那些至少是由我们最常见的生产行为所引起的较远的自然后果。”②

人与自然和谐发展是一个历史过程。人对自然规律和人的实践所产生的自然影响与社会作用的认识是一个历史过程，人对自身需要及其满足需要的方式的认识和控制也是一个历史过程，人类活动对自然规律的遵循也是有限的、具体的、历史的。处理人与自然之间的矛盾，解决环境问题，不仅取决于人对自然规律的认识和把握，而且取决于人对自身需求及其规律的调节和控制，更取决于人类的生产方式乃至整个社会制度的性质和结构。由于人们对自然系统之要素的联系及其和规律体系认识的历史性局限，由于人们对自身需要及其满足方式调节的有限性，由于私有制的生产方式与社会制度对人类自身行为作用于自然和环境的调控不当，人与自然的关系日趋紧张、矛盾日渐激化。时至今日，社会发展与自然进化处于比较严重的对立和冲突状态，生态环境自我净化功能逐渐退化、能源的结构性问题和危机逐步加剧，并成为困扰当代人类、威胁人类生存和发展的严峻课题。要从根本上解决这一问题，一是要不断提高人类的认识能力，在更大范围、更深层次把握自然系统及其规律作用的形式。二是要正确把握人的需要体系及其规律，改变人满足需要

① 《马克思恩格斯选集》第4卷，人民出版社1995年版，第384页。

② 《马克思恩格斯选集》第4卷，人民出版社1995年版，第383—384页。

的传统方式，改变人传统的对待自然的态度和作用方式，使人的活动在自然系统所能承受的范围内、在自然系统良性循环中进行和展开。人只有在遵循自然规律的前提下，才能最大限度地利用好自然，从自然界中获得最大利益。三是要建立新的社会制度，根除私有制条件下人们片面的、短视的、冷酷的对待自然的生活态度、生产方式和发展模式。

3. 可持续发展的人学意义。

科学发展观是全面协调可持续的发展观。把这种发展观作为指导当代中国经济社会和人的发展的根本指针，标志着中国特色社会主义发展观的根本转变。

首先，从以经济增长为目的转变到以社会全面发展为宗旨。传统的发展理论仅仅把社会发展看作是经济现象，其战略目标主要是追求国内生产总值的增加，并把经济增长率作为衡量社会发展水平的最重要的尺度。由于它片面地把经济总量的增加作为发展目标，使经济发展主要依靠资源和资本两驾马车拉动，也主要靠这两根支柱维持，便造成了资源的浪费与生态环境的破坏；经济增长虽然提高了人们物质生活的水平，但人们并没有随之得到真正的整体幸福。以人为本的可持续的发展观就是自然、经济、社会和人自身的协调发展，其哲学特征是要求将社会发展看作是复杂有机体的自我更新，强调发展的“系统性”和“整体性”。因此，不能孤立地强调某一方面或某些方面的发展而忽视其他方面的发展，而应该从人类整体发展的需要出发，实现社会的整体进步和人的全面发展。社会发展的目标不仅是经济总量的增加，而且是人的整体利益和幸福的增进，以及人的自由全面发展。

其次，从以发展“物”为中心转变为以发展“人”为目标。以经济增长为目的的传统发展思想和实践，看不到经济发展只是为人的发展提供物质前提和条件，把经济总量的增加作为目的，忽视人的全面发展。可持续发展观是以人的发展作为最终目标的发展观，认为发展的中心不是物而是人，是实现人的“全面性”的协调统一。可持续发展观提出代内平等原则，要求任何国家和地区的发展，不能以损害其他国家和地区的发展为代价，特别是发达国家的发展要顾及发展中国家的利益和发展需要，发达国家要对世界的可持续发展多承担责任和义务；它强调代际公平原则，要求人们树立对后代人负责的意识，担当起为后人奠定幸福生活基础的责任；它将人的不断发展作为战略目标。可持续发展观主张人与自然和谐发展，其出发点在于把人从与自然的对立境况中解救出来，促进人与自然的协调发展，推动人的永续发展。为此，“我们必须在推进发展中充分考虑资源和环境的承受力，统筹考虑当前发展和未来发展的需要，既积极实现当前发展的目标，又为未来的发展创造有利的条件，积极发展循环经济，实现自然生态和社会经济系统的良性循环，为子孙后代留下充足的发展条件和发展空间。”①

再次，从重点开发利用自然资源转变为重点开发利用人力资源。人是世界上最宝贵、最有价值的资源，是第一资源。自然资源的有限性决定了人类不能无限制、无节制地开采和利用。人类在开发利用自然资源的同时必须努力节制对资源的消耗，大力保护自然资源，为人类的持续进步创造必要的自然基础。自然资源的开发利用、自然价值的大小取决于人及其素质。自然资源的使用价值随人的能力增长而不断扩大，自然资源的开发程度、利用效率与人的发展水平在总体上是一致的。人类自身能力的提高，为自然资源的开发和利用提供了新的可能，也为人自身的开发和利用开拓了更为广阔的空间。正如罗马俱乐部在《学无止境》报告中所指出的：“人类依然拥有没有约束的想象力、创造力和道德能力等资源，这些资源可以动员来帮助人类摆脱他的困境”，“在我们自身中存在并孕育着无可比拟的发展潜力”。因此，应该“把目标放在开发人们潜在的、处在心灵最深处的理解能力和学习能力上面，以便使事态的发展最终能得到控制”。② 人自身的发展是解决人自身问题的最佳途径，人与自然的关系问题的圆满解决最终取决于人自身的发展。人的发展愈充分、愈自由、愈全面，人与自然关系就会愈和谐，人与自然的发展便愈统一。

第二，社会主义社会是人与自然和谐相处、协调发展的社会。

在批判资本主义的发展对自然环境破坏的基础上，马克思、恩格斯认为未来社会是人与自然和谐发展的社会。他们认为，当人类的活动违

① 《十六大以来重要文献选编》（上），中央文献出版社 2005 年版，第 852 页。

② 转引自周海林：《可持续发展原理》，商务印书馆 2004 年版，第 196—197 页。

背了自然规律，遭受自然规律的一次次无情报复之后，人类逐渐学会预见自身行为的后果及其影响，并在一定限度内调节和缓和这种影响。人类对自身活动的调节和控制受许多因素的制约，其中最根本的决定因素就是人类生产方式及建立在此基础之上的社会制度。马克思认为："在资本主义制度下自然界才不过是人的对象，不过是有用物；它不再认为是自为的力量；而对自然界的独立规律的理论认识本身不过表现为狡猾，其目的是使自然界（不管是作为消费品，还是作为生产资料）服从于人的需要。"① 因此，建立新的社会制度便是改变人的活动方式、生产方式，实现人与自然和谐发展的决定性环节。在《政治经济学批判大纲》中，恩格斯提出通过瓦解一切私人利益、克服资本主义社会人与人之间的矛盾，克服人与自然之间的冲突，从而"替我们这个世纪面临的大变革，即人类同自然界以及人类本身的和解开辟道路"。②

马克思、恩格斯设想，未来的新社会是人与自然自由和谐发展的社会。第一，未来社会，人们将能够自觉合理地调节人与自然的关系。由于生产者成了社会的主人，同时也成了自然界的主人，人们有能力、有觉悟在生产过程中预见和自觉控制生产对环境的影响。在共产主义社会，"社会化的人，联合起来的生产者，将合理地调节他们和自然之间的物质交换，把它置于他们共同的控制之下，而不让它作为盲目的力量统治自己；靠消耗最小的力量，在最无愧于和最适合于他们的人类本性的条件下来进行这种物质交换。但是不管怎样，这个领域始终是一个必然王国。在这个必然王国的彼岸，作为目的的本身的人类能力的发展，真正的自由王国，就开始了。但是，这个自由王国只有建立在必然王国的基础上，才能繁荣起来"。③ 第二，共产主义社会，将是"人与自然之间、人与人之间的矛盾的真正解决"。未来的新社会，人们将能够控制人类自身的生产，保持人口与资源、环境的协调。由于人的思想觉悟极大提高，科技发展达到很高水平，人对生育完全能够做到自觉控制。恩格斯曾经认为，人口数量增多到必须为其增长规定一个限度的这种抽象

① 《马克思恩格斯全集》第46卷（上册），人民出版社1979年版，第393页。

② 《马克思恩格斯全集》第1卷，人民出版社1956年版，第603页。

③ 《马克思恩格斯全集》第25卷，人民出版社1974年版，第926—927页。

可能性，是应该存在的。但是，如果说共产主义社会在将来某个时候不得不像已经对物的生产进行调整那样，同时也对人的生产进行调整，那么，正是那个社会，而且只有那个社会才能毫无困难地做到这一点。他还在《社会主义从空想到科学的发展》一文中满怀豪情地预想：社会一旦进入共产主义，“人在一定意义上才最终脱离动物界，从动物的生存条件进入真正人的生活条件。人们周围的、统治着人们的生活条件，现在受人们的支配和控制，人们第一次成为了自然界的自觉的真正的主人，因为他们已经成为自身与社会结合的主人了。人们自己的社会行动的规律，这些一直作为异己的、支配着人们的自然规律同人们相对立的规律，那时就将被人们熟练地运用，因而将听从人们的支配。……只是从这时起，人们才完全自觉地自己创造自己的历史”。“这是人类从必然王国进入自由王国的飞跃”。①

在社会主义建设的不同历史时期，中国共产党人从实际出发，运用马克思主义的基本原理，继承中华民族传统思想，从不同的角度论述了社会主义的中国必须处理好人与自然的关系，协调经济建设同人口生产、资源控制之间的关系，实现人与自然的和谐发展。毛泽东针对我国社会主义建设初期面临生产力水平低，经济发展、特别是农业生产受制于自然条件的现实，着重强调要发挥人的能动性，加强自然环境的治理和利用。他说：“‘事在人为’，在土地改良里是很重要的。自然条件相同，经济条件相同，一个地方‘人为’了，结果就好；一个地方‘人不为’，结果就不好。……实际上，精耕细作、机械化、集约化、都是‘事在人为’。”② 尊重自然规律，利用自然规律，必须发挥人的主观能动性，这是毛泽东关于人与自然关系的一个重要思想。在自然面前，人不是奴隶，发挥能动性是人尊重和利用自然规律的前提条件。他向全国人民发出号召，“一定要把淮河治好！”“要把黄河的事情办好！”充分表现了中国人的气概。改革开放初期，我国经济增长方式基本是粗放型的，经济的快速增长给生态环境造成了不同程度的破坏。针对这种实际状况，邓小平高度重视环境保护和治理工作，多次强调要合理利用资

① 《马克思恩格斯选集》第3卷，人民出版社1995年版，第757—758页。

② 《毛泽东文集》第8卷，人民出版社1996年版，第127—128页。

源，保护自然环境，号召全国人民植树造林，绿化祖国，造福后代；提出各个方面需要综合平衡，不能单打一；要通过转变经济增长方式节约资源，不仅要安排好当前的发展，还要为子孙后代着想，决不能吃祖宗饭，断子孙路，走浪费资源和先污染、后治理的路子。针对人口的过快增长，他反复强调要严格控制人口数量，保持人口与资源、环境相协调。江泽民根据经济增长集约化的世界趋势和我国经济发展处于由粗放型向集约型缓慢而艰难转变的现实，提出了一系列可持续发展的思想，并把可持续发展作为我国经济发展的战略方针。他强调，要实现经济增长方式的"两个根本转变"。转变经济增长方式是谋求人与自然和解、实现人与自然和谐发展的重要途径，全面建设小康社会，最根本的是不断解放和发展生产力，促进经济发展；发展经济要走出一条科技含量高、经济效益好、资源消耗低、环境污染少、人力资源优势得到充分发挥的新型工业化路子；始终坚持经济发展和人口控制两手抓，实现人口与资源、环境相协调，等等。党的十六届三中全会，提出了以人为本、全面协调可持续的科学发展观，更加明确地提出了中国特色社会主义建设必须按照可持续发展的要求，统筹人与自然和谐发展。在 2004 年 4 月召开的中央人口资源环境工作座谈会上，胡锦涛指出：要"坚持用科学发展观来指导人口资源环境工作"，"按照科学发展观的要求，进一步做好人口资源环境工作"。他认为，发展必须是可持续的。"可持续发展，就是要促进人与自然的和谐，实现经济发展和人口、资源、环境相协调，坚持生产发展、生活富裕、生态良好的文明发展之路，保证一代接一代地永续发展"。① 近年来，人与自然和谐发展的理念日渐深入人心，并成为我国政府的执政、施政目标。各种处理人与自然和谐关系的制度、体制机制逐渐建立和完善，我国的环境保护工作取得阶段性成果。以 2008 年为例，我国政府坚持不懈地推动节能减排和生态环境保护。中央财政安排 423 亿元资金，支持十大重点节能工程和环保设施等项目建设。全国新增城市污水日处理能力 1149 万吨，新增燃煤脱硫机组容量 9712 万千瓦。单位国内生产总值能耗比上年下降 4.59%，化学需氧量、二氧化硫排放量分别减少 4.42% 和 5.95%。近三年累计，单

① 《十六大以来重要选编》(上)，中央文献出版社 2005 年版，第 850 页。

位国内生产总值能耗下降10.08%，化学需氧量、二氧化硫排放量分别减少6.61%和8.95%。退耕还林还草成果不断巩固，推进了天然林、青海三江源等生态保护和建设工程。① 可见，从理论主张和实践探索都说明，社会主义是要求人与自然和谐发展的社会形态，社会主义的本质决定了人与自然能够协调发展。

第三，建设资源节约型和环境友好型社会。

建设资源节约型和环境友好型社会是统筹我国人与自然和谐发展的目标和重要途径。

一要牢固树立以人为本的观念。在人与自然的关系中，人是主体、也是最终目的。从根本上讲，处理好人与自然的关系，使人与自然协调发展，是为了促进人的可持续发展、永续发展。资源节约、环境保护都是涉及人的切身利益的工作，一定要把实现人的根本利益作为出发点和落脚点。要着眼于充分调动人的积极性、主动性和发挥人的创造力，着眼于满足人的全面需要和促进人的自由全面发展，着眼于提高人的生活质量和健康水平，切实为人创造良好的生产生活环境，为人类的长远发展创造有利条件。

二要坚持可持续发展战略。要坚持走生产发展、生活富裕、生态良好的文明发展道路，建设资源节约型、环境友好型社会，实现经济发展与人口、资源、环境相协调，促进人与自然和谐发展，保证代代永续发展。

三要大力发展循环经济。发展循环经济是我国推动社会经济进步和人的全面发展的必然选择。循环经济作为一种新的技术范式和新的生产力发展方式，为我国实施新型工业化道路开启了新的途径。发展循环经济，就是用新的思想调整产业结构，用新的机制去激励企业和社会追求可持续发展的新模式。

四要建设资源节约型和环境友好型社会。资源节约型和环境友好型社会，要求经济发展的方式由以牺牲环境为代价和以增加资源、资本投入为主转变为以依靠科技进步、知识创新和人力资本为主，发挥节约资源和保护环境的导向作用，促进经济方式由粗放型转变为集约型，实现

① 温家宝：“政府工作报告”，《人民日报》2009年3月15日。

人与自然的和谐发展；要引导社会建立可持续的生产和消费方式；要通过多种方式，宣传和营造崇尚环境文化与生态文明的社会氛围，逐步将环境文化、生态文明变成公民自觉遵守的道德行为规范。建设资源节约型和环境友好型社会，要以提高资源利用效率、降低污染排放和生态损耗强度为核心，以节能节水节材节地、资源综合利用和有效保护、环境明显改善为主要内容，以最少的资源消耗和环境代价获得最大的经济效益和社会效益，使人与自然协调发展，为人的安居和自由全面发展创造优美的自然和社会环境。

（五）在全球化进程中促进人的自由全面发展

全球化是当今世界发展的必然趋势和实际进程，对世界各国的发展正在产生重大影响。无论是经济社会的发展，还是人自身的发展，都离不开全球化的作用。因此，在新的发展阶段，我国必须积极参与经济全球化的新形势，适应经济全球化深入发展提出的新要求，统筹国内发展和对外开放的关系，在更大范围、更广领域和更高层次上参与国际经济技术合作和竞争，提高对外开放水平，扩大人与社会、与世界的交往，丰富人的社会关系，促进地域性个人向世界历史性个人的转变。

第一，全球化语境下的人的自由全面发展。

马克思运用唯物史观研究世界历史，并从世界历史视野出发深化唯物史观，提出了人的自由全面发展思想。我们也应该从世界历史这个大视野出发，对当今全球化条件下人的自由全面发展问题进行考察和研究。

马克思把人的发展问题纳入世界历史之中进行考察，认为人的自由全面发展是一个世界历史过程。自由而全面发展的人只能在世界历史中诞生，没有世界历史的形成，就没有人的自由全面发展。在马克思看来，一方面，世界历史性个人其实就是自由全面发展的个人，是具有“自由个性”的个人；另一方面，自由个性的个人，就是具有世界历史性的个人。由于世界历史是从民族历史转化而来的，是社会历史发展到一定的阶段的产物。这个阶段就是共产主义的高级形态，即真正的世界历史只有在共产主义才能形成。而在民族历史向世界历史转化的过程中，人也从地域性的存在转变为世界性的存在。于是，自由全面发展的个人也只有当人类历史进入世界历史阶段，即共产主义社会才能完全成为现实。因此，研究人的自由全面发展必须从人与世界历史关系及其发展的过程出发，并始终把人的发展放在世界历史之中。

马克思从世界历史的高度把人的发展概括为三个阶段或人的交往的三种历史类型。第一个历史阶段是以人的依赖关系为主的阶段。“人的依赖关系（起初完全是自然发生的），是最初的社会形态，在这种形态下，人的生产能力只是在狭窄的范围内和孤立的地点上发展着。”① 在这个阶段，人的活动具有很强的地域性，满足人的基本生存需要的物质生产活动是主要的社会实践，人的活动和发展局限在很小的地理空间之中，基本受制于血缘关系和地域关系；人与人之间的交往主要是血缘关系交往，不同社会共同体之间的交往很少，单个的人受血缘关系、地域关系、人身依附关系的重重束缚，个人几乎没有独立的人格和个性。②第二个历史发展阶段是以物质的依赖性为基础的人的独立性发展阶段。“以物的依赖性为基础的人的独立性，是第二大形态，在这种形态下，才形成普遍的社会物质交换，全面的关系、多方面的需求以及全面的能力体系。”在这个阶段，商品经济的发展、世界市场的开辟和科学技术的广泛应用，打破了血缘关系和地域关系对人的限制，使人在世界范围内形成普遍的物质交往和全面的关系，人的各方面的需求以及全面的能力体系得以满足和发展，个人独立性日渐加强。但是由于社会关系是以异己的力量同个人相对立的，“独立的个人”从人身依附关系解放出来后却陷入了物的依赖关系之中，成为了“异化的个人”或“单向度的人”。个人全面自由发展是人的发展的第三个历史阶段。马克思认为：“建立在个人全面发展和他们共同的社会生产能力成为他们的社会财富这一基础上的自由个性，是第三阶段。”③ 这个阶段，全体社会成员在社会生产过程中的地位和关系是自由平等的，在社会关系中的个人已经不再依附在某一种或某些社会关系之中，而成为真正平等、自由的个人。

① 《马克思恩格斯全集》第46卷（上册），人民出版社1979年版，第104页。

② 《马克思恩格斯全集》第46卷（上册），人民出版社1979年版，第104页。

③ 《马克思恩格斯全集》第46卷（上册），人民出版社1979年版，第104页。

换言之，人们在丰富、全面的社会关系中获得自由、全面发展，成为“自由个性”的人，成为世界历史性的个人。马克思、恩格斯指出：“共产主义和所有过去的运动不同的地方在于：它推翻一切旧的生产关系和交往关系的基础，并且第一次自觉地把一切自发形式的前提看作是前人的创造，消除这些前提的自发性，使他们受联合起来的个人的支配。”① 在自由个人的自由联合体内，整体的发展以个体的发展为基础和前提，个人的发展和社会整体的发展真正实现了一致。

总而言之，人的自由全面发展是人由地域性存在向世界历史性存在的转变的过程，是地域性的个人向世界历史性个人转化的过程。世界历史性个人是摆脱民族地域性束缚的、具有全面需要和能力体系的自由全面发展的个人。世界历史性个人的生成和共产主义社会的实现是同一个过程。

全球化作为一种客观的事实和当今世界发展的必然趋势，深刻地影响着人类社会发展和人自身发展的进程；而人的发展状态又直接制约全球化的发展。人在全球化过程中具有双重性，既是主体，又是客体；既是全球化的推动者，也是全球化的作用对象。人的全面性发展要求世界整体化，呼唤人类历史由民族史向世界历史转变，由地域性的“物”的交换扩大为世界性的自由交往。全球化是人的发展的必然结果，也是实现人的全面发展的必然途径。随着全球化的扩大和加深，人的发展的全面性也将不断扩大和深入。当今全球化对人的自由全面发展的积极作用主要体现在以下方面：

（1）全球化最基本的历史作用在于冲破地域的限制，促使地域性的人转变成为全球性的人。在前资本主义社会，人们的生产、生活局限在狭隘的地域范围内，生产能力和交往水平十分有限。常说的“靠山吃山、靠水吃水”，“一方水土养一方人”，“山这边的人不知道山那边的事”等，就是生动写照。在古代中国，人们长时间对世界的认识主要局限在本土，甚至不知道地球是圆球状的，就连孔子、孟子那些周游列国的人对大海都没有什么深切的认识，对人自身也缺乏清晰的认知。古代中国，只把本土内的人叫“人”，而不把本土之外的人当作“人”看，

① 《马克思恩格斯选集》第1卷，人民出版社1995年版，第122页。

称之为“蛮夷”。中国古代文明在当时的世界应该属于发达者之列。中国古人的地域局限、民族局限尚且到了如此偏狭的地步，其他民族的情况就更可见一斑了。启端于资本主义殖民化浪潮的世界性交往，打破了过去的地域限制。虽然资本主义是用野蛮的方式打开世界各国大门的，但毕竟使世界建立了一定程度的联系，使隔海相望的人们、被崇山峻岭阻隔的人们有了某种交流，使各种文明形态有了一定的融通。马克思对资本主义时代的东方社会、特别是大英帝国对印度古文明造成的影响的认识就很清楚地表达了他的历史主义的态度。他认为资本主义对东方社会的影响，是奇异的对联式悲歌。今天的全球化在科技和经济的推动下，来势十分凶猛、发展十分迅速，以不可阻挡之势打破各种地域界限、文化壁垒、政治束缚，不断促进各国经济、政治和文化的往来，使各民族不断融入世界，民族史逐渐向世界历史转变。正如马克思所说：全球化的到来，“过去那种地方的和民族的自给自足的闭关自守状态，被各民族的各方面的互相往来和各方面的互相依赖所代替了。物质生产是如此，精神生产也是如此”。① 帕斯卡尔·扎卡里也说：在今天的全球化时代，“一个凝固的、基于共同的民族特征的、亲缘关系的观念显然正在消亡。世界上的边界也许不会消失，但是许许多多异国的因素正在穿越世界”。②

（2）全球化扩大着人的社会联系，丰富着人的社会关系。全球化为人类筑起了一个广泛交往的世界性平台，把世界各地不同肤色、不同语言、不同文化的人们联系在一起。在全球化的进程中，人类之间的交往不断从地域性的物的依赖关系向自由个体的自由联合关系发展。普遍交往是全球化的基本条件和基本特征，是人的自由全面发展的基本条件和基本途径。马克思认为，普遍交往是人的自由全面发展的具有决定性作用的因素。个人的特性“怎样发展为多方面的或者是地方性的，它们超越地方的局限性还是仍然受地方性的拘束，……决定于世界交往的发展，决定于他和他所生活的地区在这种交往中所处的地位”。“这绝对不是人们在反思想像他们似乎消灭了或者在想像中绝对要消灭自己的地方

① 《马克思恩格斯全集》第1卷，人民出版社1995年版，第276页。

② 帕斯卡尔·扎卡里：《我是“全球人”》，新华出版社2002年版，第7页。

局限性，而只是因为在自己的经验的实际中以及经验的要求创造了世界交往的这一事实是个别的人在顺利的条件下可能超脱地方局限性”。[①] 随着世界性交往的增加，人们就从地域性的存在转向地球性的存在，“地域性的个人”逐渐被“世界历史性的、经验上普遍的个人所代替”。人在本质上是一种社会性的存在物。一方面，人只有在普遍交往基础上建立起来的丰富的社会关系中，才具有全面发展的现实基础和可能性，才能实现人的全面的社会性；另一方面，人的社会交往越宽广、社会关系越丰富，人的社会性本质就越丰富。而人的社会性的丰富、人的本质力量的增强，也意味着人对自身全面性占有能力的提高。

（3）全球化提供了有利于人的全面素质和能力发展的社会物质文化条件。在全球化时代，经济、技术的发展为社会提供了许多就业机会和劳动岗位，信息化、网络化的发展促使全球资本和资源在整个世界流动，资本、资源的流动和竞争必然带来人员的国际性流动。这样，全球化就为人的发展创造了广阔的天地和无限的机遇。在今天全球化的大潮中，世界经济的联系十分密切，社会分工的细密化也日益促使社会生产、交换、分配和消费之间的联系日益紧密化。生产、消费的世界化趋势日渐明显。在社会生产领域，生产部门的固定化被打破，生产部门的更换频率在加速。生产部门固定化的打破不断创造着新的生产部门和就业岗位，也创造着劳动交换的机会。这样，在许多发达国家，人们很难一辈子从事一种职业，一辈子干同一种工作。过去那种一件产品一个人独自完成或在一个车间生产出来的现象已经不复存在，那种一个人一辈子干一件事的时代已经过去。在消费领域，人们消费也具有全球性或世界性。世界各地的风景、各国的产品、各民族的文化恰似四通八达的河流一同汇入大海一样涌进地球的任何角落、集中在每一个人的“个人”天地。每一个人的生活环境都具有了全球性，每个人的生活空间都是世界性的。这样的情景一直发展下去，就会实现马克思所预想的人的自由全面发展的前景。他说：“在共产主义社会里，任何人都没有特殊的活动范围，而且都可以在任何部门内发展，社会调节着整个生产，因而使我可能随着自己的兴趣今天干这事，明天干那事，……这样就不会使我

---

① 《马克思恩格斯全集》第 3 卷，人民出版社 1972 年版，第 297 页。

老是一个猎人、渔夫、牧人和批判者。”① 人们在世界性的生产和日常消费中也不断实现着自身的世界化。另外，人为了适应全球化或世界性的发展趋势，就必须不断地对自身的知识结构、能力、素质等加以改造和提升，不断提高自己的综合能力和全面素质。

世界上的任何事物都具有二重性，全球化也不例外。我们许多人都在说，全球化是把双刃剑，的确也是如此。全球化既存在有利于促进人的全面自由发展的一面，同时又的确具有不利于人自由全面发展的负面影响。如果全球化的负面因素和作用不能很好的控制和克服，就会阻碍人的自由全面发展。

全球化进程中已经出现和可能出现的负面影响主要有以下几个方面。（1）人对物的关系过分依赖。今天的全球化集中表现为经济全球化，是以市场经济为主导的世界现代化运动。全球化促使世界各地的人们在世界范围内建立普遍的经济关系，而由于世界政治、文化关系的发展还远没有达到能够在世界范围内合理调节和制约经济关系。这样，市场经济在全球的发展，一方面为人创造了丰富的物质财富，人们的物质生活不断丰裕，为人的自由全面发展提供了坚实的物质基础；另一方面，也容易成为一种支配人、控制人、统治人的异己的物质力量，不断制造和强化人对物的依赖性，使人异化为“物”的奴仆。这种状况在众多发展中国家，表现得更为显著。今天我们出现的众多的“财奴”、“钱奴”、“房奴”等，就是人被“物化”的结果。在物质化的时代，人们容易把生活的目标定位于物质领域，而忽视人的精神生活和享受；也容易使人只记住了“物”，而忘却了人自身。这样，人的发展不断片面化，而成为“单向度的人”。（2）人的虚拟关系不断膨胀。全球化是信息化、网络化的产物。全球化世界就是一个信息化、网络化天地。当下世界通讯、电子、计算机网络技术的广泛运用和全球普及，创造了一个崭新的数字化世界。数字化世界打破了物质的、社会的界限，扩大了人们生存空间、缩短了人与人的时空距离，使人与人的联系便捷化、丰富化，但也会使人们生活在一个客观的“网络虚拟世界”之中，混淆、甚至颠倒真实的现实的生活世界与“虚拟世界”的关系，错误地把“虚拟世界”

① 《马克思恩格斯选集》第1卷，人民出版社1995年版，第85页。

作为人的生存的真实空间，导致人的本质的抽象化，人的本质成为“单个人所固有的抽象物”，而不是现实的社会关系的总和。(3) 人的真实的社会关系日渐贫乏。全球化社会是普遍交往的世界。人们交往范围的扩展、交流方式的增多为人的自由全面发展创造了条件。同时，由于当前全球化是在电子、信息技术的推动下不断发展起来的，发达的交往技术推动人的世界性的交往关系的建立和发展。然而，科学技术的双重性可能使人的交往活动过于依靠技术手段，甚至被技术手段所决定。一旦离开了发达的、流行的技术手段，人就不知道如何同人进行交流了。技术手段的简单化也不断简化人与人之间的关系。例如，今天人们之间的交流越来越成为以“电波”的方式进行，人与人之间的情感、理性都化作了“电波”，电波远去了，人们之间的关系也就消失了。现代生活虽然变得富足和丰富，人与人的社会空间也变得前所未有的宽广，但是，个人的社会空间却被市场的、行政的、陌生的等许多外在的事物所挤压，变得越来越小。外面的世界很广大，“我”的世界却很狭隘；外面的世界很丰富，“我”的内心却很贫乏；外面的世界很精彩，“我”却倍感孤单和无奈。人的社会交往越多，人就越不是自己；人的社会联系越广泛，人就越来越失去自我。人在茫茫人海中寻找自己，发现的只是孤独、无奈、无聊。人成为了这个世界上一只可怜的、最孤立的“虫子”，一个简单得不能再简单的生命。正如埃德加·莫林所言：全球化条件下科学技术的发展“促进了个人解放，加深了爱情和友谊，有助于你我之间的交流和所有人之间的远距离沟通”；但这种发展同时也造成个人“失去了过去的社会联系，除了匿名的和行政的联系外不再有新的人际关系”。这就是今天全球化下人的“现代病”。这是我们在不断扩大深化对外开放、融进世界和全球化过程中必须规避或尽量减少其影响的。

第二，积极应对全球化的机遇和挑战，积极推进人的自由全面发展。

科学发展观强调，我国要坚持改革开放不动摇，要实现互利共赢的开放政策，在更大范围、更广领域、更高层次参与国际合作与竞争，维护我国的发展权益，更好地推进我国经济社会全面进步和人的自由全面发展的伟大事业。

要和平、促发展、谋合作是时代的主旋律。发展事关各国人民的切身利益。没有普遍发展和共同繁荣，就没有世界和平与安宁，就不可能有人的全面发展。解决全球的发展问题，需要新的科学的发展理论作指导。人类发展的实践表明，发展是个综合概念，是以人的发展为中心的涵盖经济、政治、文化、科学、社会各方面的全面进步。弗朗索瓦·佩鲁在《新发展观》一书中对过去片面的发展观进行了全面地评判之后，认为：“面对世界历史的各种事实和现在的世界状况做出清楚的分析，看来无论如何需要从人的角度指出一条可以接受的一般研究路线，并指出每个人以及整个人类多方面的、全面的发展方向。”① 在全球化的时代，我国参与全球化的进程在加快、层次在提高，为了避免重蹈旧发展道路的陷阱，从根本上转变发展战略，我们党提出了科学发展观。科学发展观坚持以人为本，以经济社会全面发展为基础和条件，以人的自由全面发展为目标，以推动人的全面发展为重点，实现经济社会和人的全面协调可持续发展，是指导我国社会乃至当代人类社会发展的发展理论，对推动我国经济社会现代化建设和人的全面发展具有重大而深远的历史意义。

发展是世界的主题，是当今时代的最强音。维护和扩大各国人民发展的权益，是世界各国人民的共同愿望。尽管世界还不太平，发展也不平衡，大国政治，强权主义依然存在，但是，世界各国加强合作和促进共同发展的要求更加强烈、共识进一步达成，推动全球化发展的力量和因素不断增长。各国积极参与制定国际规则的积极性不断增强，主要经济大国及国际组织更加注重加强经济合作与交流，全球政治和文化发展日渐走向战略合作与对话协调，国际合作与对话的多边机制的作用明显上升，和平对话、协商谈判已经是各国解决双边和多边分歧与争端最主要的方式。中国作为社会主义国家，作为世界最大的发展中国家，作为在世界政治经济舞台上作用不断增强的国家，必须坚持走和平发展道路，实行互利共赢的开放政策，切实利用好当前有利的国际环境，通过多种积极有为的方式实现自身发展，同时，以自身发展为动力更好地推动世界各国的发展，努力实现维护世界和平与共同发展的目标，促进世

① 弗朗索瓦·佩鲁著，丰子义等译：《新发展观》，华夏出版社 1987 年版，第 175 页。

界历史的发展，为人类文明作出应有的贡献。

社会主义的本质要求和价值目标就是实现人的自由全面发展。社会主义现代化建设是促进人的自由全面发展的根本途径和现实条件。人的自由全面发展是世界历史性的存在，绝不可能在狭隘的地域范围内进行和实现。社会主义现代化同样是如此，也是一种世界历史性的存在，也只有在世界历史中才能实现。今天的全球化是打破地域历史限制、促使人类走向世界历史的一支重要力量、一支不可抗拒的力量。全球化为世界各国的发展提供的机遇前所未有，带来的挑战也前所未有。如何抓住全球化提供的机遇，同时积极应对全球化带来的挑战，是各国现代化建设面临的时代课题。社会主义社会是民族地域史走向世界历史的一个必经阶段。社会主义必须吸收人类一切文明的果实才能取得成功。孤立在世界文明之外，闭关自守、关起门来搞建设，社会主义是不可能成功的。世界社会主义各国的建设实践已经充分证实了这样一个真理：社会主义的发展离不开世界文明。邓小平曾经郑重指出：中国的发展离不开世界。他还说，不改革、不开放，就是死路一条。为此，中国必须开放，充分吸收和利用世界各国、尤其是西方发达国家先进的科学技术、先进的生产力，积极开辟两个市场，不断发展壮大自己。既然全球化的迅猛发展使得中国的社会主义现代化事业不得不在全球化的大背景下进行，既然人的自由全面发展的目标也只能在世界历史的进程中推进，既然世界历史的发展也必然在全球化中进行，那么，我们就必须主动地、自觉地摒弃地域性的人的发展的假象，走出地域性视阈的限制，在世界历史的视野下和全球化的进程中，开阔发展视野，扩大、加强同世界各国的政治、经济、文化交流与合作，充分利用全球化所创造的一切有利条件和机会，加快推进社会主义现代化建设事业，全面建设小康社会和社会主义和谐社会，并以全面的方式占有人的本质，努力促进人的自由全面发展。

第三，建设持久和平、共同发展的和谐世界，促进人的自由全面发展。

胡锦涛在联合国成立 60 周年安理会首脑会议发表的讲话中呼吁：世界各国紧密团结起来，齐心协力，“努力建设持久和平、共同繁荣的和谐世界”。从此，“建设持久和平、共同繁荣的和谐世界”便成为了当今世界发展的共同追求和共同信念。

建设和谐世界与促进人的自由全面发展是紧密相连、辩证统一的。和谐世界，是持久和平的世界，是共同发展的世界，也是人的自由全面发展的世界。倒过来讲，人的自由全面发展的世界，必定是一个和谐发展的世界。和谐发展的世界是人的自由全面发展的实现条件，也是人的自由全面发展的必然结果；同样，人的自由全面发展是和谐世界的前提，也是和谐世界的基本构成要素。人的自由全面发展与世界的和谐发展是同一个历史过程。

21世纪为人类社会发展展现了光明的前景。世界多极化和经济全球化的趋势深入发展，科技进步日新月异，世界生产力显著提高，全球经济持续保持总体增长，各类全球性和区域性合作生机勃勃，国际关系民主化不断推进。尽管人类实现普遍和平和共同发展的理想还任重道远，但是，人类正以前所未有的速度在发展、在进步。胡锦涛指出："历史昭示我们，在机遇和挑战并存的重要历史时期，只有世界所有国家紧密团结起来，共同把握机遇、应对挑战，才能为人类社会发展创造光明的未来，才能真正建设一个持久和平、共同繁荣的和谐世界。"①

胡锦涛认为，建设和谐世界，要认真做好如下工作。（1）坚持多边主义，实现共同安全。和平是人类社会实现发展目标的根本前提。没有和平，就没有世界的安宁和发展。人的全面发展也只能在和平安宁的条件下才能实现。（2）坚持互利合作，实现共同繁荣。没有普遍发展和共同繁荣，就没有真正的世界历史，就不能形成世界历史性的个人。胡锦涛指出："经济全球化应该使各国特别是广大发展中国家普遍受益，而不应该造成贫者愈贫、富者愈富的两极分化。"世界各国和各国际组织、机构要切实采取措施，使21世纪真正成为"人人享有发展的世纪"。为此，"应该积极推动建立健全开放、公平、非歧视的多边贸易体制，进一步完善国际金融体制，为世界经济增长营造健康有序的贸易环境和稳定高效的金融环境；应该加快全球能源对话和合作，共同维护能源安全和能源市场稳定，为世界经济增长营造重组、安全、经济、清洁的能源环境；应该积极促进和保障人权，努力普及全民教育，实现男女平等，

① 《十六大以来重要文献选编》（中），中央文献出版社2006年版，第995页。

加强公共卫生能力建设，使人人享有追求全面发展的机会和权利”。(3)坚持包容精神，共建和谐世界。“文明多样性是人类社会的基本特征，也是人类进步的重要动力”。应该尊重各国自主选择社会制度和发展道路的权利，互相借鉴，取长补短，推动各国根据各自的国情实现振兴和发展；应该加强不同文明的对话与交流，在求同存异中共同发展，努力消除疑虑和隔阂，使人类更加和睦，让世界更加丰富多彩；应该以平等开放的精神，维护世界多样性，使国际关系更加民主化，协力构建各种文明兼容并蓄的和谐世界。①

“在人类漫长的发展史上，各国人民的命运从未像今天这样紧密相连，休戚与共。共同的目标把我们连接在一起，共同的挑战需要我们团结在一起。让我们携手合作，共同为建设一个持久和平、共同繁荣的和谐世界而努力！”②

① 参见《十六大以来重要文献选编》(中)，中央文献出版社 2006 年版，第 995—997 页。

② 《十六大以来重要文献选编》(中)，中央文献出版社 2006 年版，第 998 页。

主要参考书目

一、著作

《马克思恩格斯选集》(第 1—4 卷)，人民出版社 1995 年版。

《马克思恩格斯全集》第 3 卷，人民出版社 2002 年版。

马克思：《资本论》第 1 卷，中国社会科学出版社 1983 年版。

《列宁选集》(第 1、2、4 卷)，人民出版社 1995 年版。

《毛泽东选集》(第 1—4 卷)，人民出版社 1991 年版。

《邓小平文选》(第 2—3 卷)，人民出版社 1994 年版、1993 年版。

《江泽民文选》(第 2—3 卷)，人民出版社 2006 年版。

《十六大以来重要文献选编》(上、中、下)，中央文献出版社 2005、2006、2007 年版。

中共中央党校：《马列著作选编》，中央党校出版社 2002 年版。

胡锦涛：《高举中国特色社会主义伟大旗帜　为全面夺取建设小康社会新胜利而奋斗》，人民出版社 2007 年版。

袁贵仁：《价值学引论》，北京师范大学出版社 1991 年版。

袁贵仁：《马克思的人学思想》，北京师范大学出版社 1996 年版。

袁贵仁等：《论人的全面发展》，广西人民出版社 2003 年版。

陈志尚：《人学原理》，北京出版社 2005 年版。

陈志尚：《人的自由全面发展论》，中国人民大学出版社 2004 年版。

夏甄陶：《人是什么》，商务印书馆 2002 年版。

王海明：《伦理学原理》，北京大学出版社 2005 年版。

王海明：《新伦理学》，商务印书馆 2008 年版。

王伟光：《科学发展观基本问题》，人民出版社 2007 年版。

赵敦华：《西方人学观念史》，北京出版社 2005 年版。

赵敦华：《简明西方哲学史》，北京大学出版社 2000 年版。

赵敦华：《现代西方哲学新编》，北京大学出版社 2001 年版。

刘放桐：《马克思主义与西方哲学的现当代走向》，人民出版社 2002 年版。

韩庆祥：《发展与代价》，人民出版社 2002 年版。

韩庆祥：《马克思开辟的道路》，人民出版社 2004 年版。

丰子义：《树立和落实科学发展观专辑》，中国人民大学出版社 2005 年版。

丰子义：《发展的理论与探索》，中国人民大学出版社 2006 年版。

周海林：《可持续发展原理》，商务印书馆 2004 年版。

祁志祥：《中国人学史》，上海大学出版社 2002 年版。

韦定广：《“世界历史”语境中人类解放主题》，人民出版社 2004 年版。

冯友兰：《中国哲学简史》，北京大学出版社 1996 年版。

冯友兰：《中国哲学史新编》，人民出版社 1999 年版。

罗荣渠：《现代化新论》，北京大学出版社 1993 年版。

李泽厚：《批判哲学的批判》，天津社会科学院出版社 2003 年版。

李泽厚：《中国古代思想史论》（上、中、下），安徽文艺出版社 1999 年版。

张一兵：《回到马克思》，江苏人民出版社 2005 年版。

张一兵：《回到列宁》，江苏人民出版社 2008 年版。

夏伟东等：《论个人主义思潮》，高等教育出版社 2006 年版。

刘本炬：《论实践社会主义》，中国社会科学出版社 2005 年版。

范宝舟：《论马克思交往理论及其当代意义》，上海科学文献出版社 2005 年版。

袁洪亮：《中国近代人学思想史》，人民出版社 2006 年版。

韩斌等：《以人为本的理论与实践问题研究》，中央党校出版社 2007 年版。

钟明华等：《马克思主义人学视域中的现代人生问题》，人民出版社

2006 年版。

陈文通:《科学发展观新论》,江苏人民出版社 2005 年版。

徐向东:《自我、他人与道德》,商务印书馆 2007 年版。

徐春:《人的发展论》,中国人民公安大学出版社 2007 年版。

赵士发:《世界历史与和谐发展》,人民出版社 2006 年版。

卫忠海:《中国现代化的理论与实践》,四川大学出版社 2008 年版。

陈忠:《规则论》,人民出版社 2008 年版。

谷春德等:《人权:从世界到中国》,党建读物出版社 1999 年版。

张维祥:《中西哲学及其思维方式比较》,国防大学出版社 2006 年版。

姜建成:《科学发展观:现代性与哲学视域》,江苏人民出版社 2008 年版。

中共中央宣传部:《科学发展观学习读本》,学习出版社 2006 年版。

中共中央宣传部:《科学发展观学习读本》,学习出版社 2008 年版。

《马克思主义文艺理论研究》编辑部:《马克思恩格斯论人性和人道主义》,光明日报出版社 1982 年版。

北京大学哲学系:《西方哲学原著选读》,商务印书馆 1981 年版。

北京大学哲学系:《人与自然》,北京大学出版社 1989 年版。

中国人学学会:《人学与现代化》,广西人民出版社 2002 年版。

《十七大报告辅导读本》,人民出版社 2007 年版。

国务院政策研究室:《十一届全国人大一次会议〈政府工作报告〉辅导读本》,人民出版社 2008 年版。

国务院政策研究室:《十一届全国人大二次会议〈政府工作报告〉辅导读本》,人民出版社 2008 年版。

《从文艺复兴到十九世纪资产阶级文学家艺术家有关人道主义人性论言论选辑》,商务印书馆 1971 年版。

萨特:《存在与虚无》,三联书店 1987 年版。

孟德斯鸠:《论法的精神》,商务印书馆 1982 年版。

阿历克斯·英格尔斯:《人的现代化》,四川人民出版社 1985 年版。

弗朗索瓦·佩鲁:《新发展观》,华夏出版社 1987 年版。

弗里德曼:《资本主义与自由》,商务印书馆 1986 年版。

波普尔：《猜想与反驳》，上海译文出版社 1986 年版。

波普尔：《开放社会及其敌人》，中国社会科学出版社 1999 年版。

康德：《法的形而上学原理》，商务印书馆 1991 年版。

黑格尔：《逻辑学》（上卷），商务印书馆 1991 年版。

哈耶克：《自由宪章》，中国社会科学出版社 1999 年版。

哈耶克：《通往奴役之路》，中国社会科学出版社 1999 年版。

休谟：《人性论》，商务印书馆 1980 年版。

托克维尔：《论美国的民主》，商务印书馆 1996 年版。

摩尔：《伦理学原理》，商务印书馆 1983 年版。

卢梭：《社会契约论》，商务印书馆 1980 年版。

孟德斯鸠：《论法的精神》（上），商务印书馆 1982 年。

科恩：《论民主》，商务印书馆 1988 年版。

保罗·库尔茨：《保卫世俗人道主义》，东方出版社 1996 年版。

皮埃尔·勒鲁：《论平等》，商务印书馆 1988 年版。

卡尔·雅斯贝斯：《时代的精神状态》，上海译文出版社 2008 年版。

哈罗德·D·拉斯韦尔：《政治学》，商务印书馆 1992 年版。

约翰·密尔：《论自由》，商务印书馆 1959 年版。

马克斯·韦伯：《新教伦理与资本主义精神》，陕西师范大学出版社 2006 年版。

丹尼尔·贝尔：《资本主义文化矛盾》，江苏人民出版社 2007 年版。

A·J·M·米恩：《人的权利和人的多样性》，中国大百科全书出版社 1995 年版。

哈贝马斯：《交往行为理论》，重庆出版社 1996 年版。

约瑟夫·熊彼特：《资本主义、社会主义与民主》，商务印书馆 2002 年版。

二、期刊、论文

陈志尚：“正确把握以人为本的科学内涵”，《北京大学学报》（社科版），2005 年第 2 期。

夏甄陶：“论以人为本”，《杭州师范学院学报》，2003 年第 3 期。

中国人民大学资料复印中心：《哲学原理》，2004 年第 1 期—2009

年第 2 期。

中国人民大学资料复印中心：《社会主义论丛》，2004 年第 1 期—2009 年第 2 期。

中国人民大学资料复印中心：《中国政治》，2004 年第 1 期—2009 年第 2 期。

中国人民大学资料复印中心：《中国特色社会主义理论》，2009 年第 1—2 期。

《哲学研究》，2004 年第 1 期—2009 年第 2 期。

李青、许小主："对'以人为本'和'以经济为中心'及其关系的理解"，《湖南学院学报》，2008 年第 6 期。

李青、许小主："对以人为本中的'人'的理解"，《云梦学刊》，2007 年第 2 期。

后　记

人生在世，最基本和最高的境地就是“立人”。立人，就是人之为人，人之成人，就是自我实现。鲁迅先生认为，一个人来到世间，且要在世间立足，“首在立人，人立而后凡事举”。就是说，立人是立事的基础。然而，要立人，首在立心、立志。“有志者，事竟成”。孔子，因“十五志于学”之抱负，才有“三十而立”之事功。

立功、立德、立言，既是人生之“志”，也是人生之境界。立功是第一层次，就是要为为社会、国家作出贡献，给他人带来幸福。立德，又是更高的层次，为社会作表率，成为人们效仿的楷模，“利莫大焉”。立言是最高的境界，“为往圣继绝学”，是最大的功业，必将彰显千秋。

人的幸福是至善，人的死亡是至恶。追求幸福、规避死亡是人的永恒希冀。幸福，尽管总在“得失”之间，但毕竟还是“在手”之物。然而，死亡，却是人无法回避的“宿命”，是人生难以承受的“痛”。由于人是理性的存在物，因为人的理性，人确切地知道生命的短暂，知道死亡的必然到来。但是，尽管死亡是如此的近在眼前，每个人都能够感觉到它的存在，感觉到它的来临，却又永远也不能亲自触摸、体验死亡的感觉。这是人生存的矛盾。人便总处在惶恐之中。可是，惶恐是无济于事的。

人生是短暂的。这是众人皆知的道理。然而，人有总是希望“永生”，长留于世，不朽于人间。功和德，如过眼烟云，大都会随人之躯体的消逝而流失，而“言”，只要是“载道”之“言”，哪怕只是“只言片语”，也能够流芳百世。立言，便是人实行永生的最佳途径。

中学时代，我的语文老师在课堂上庄严地告诉学生们说，他写了一部小说，出了一本书。“写书”、“出书”，对于一个还是中学生的我来说，是何等的神奇，又是何等的伟大。从此，我也就有了一个“伟大”的梦想。

孔子讲“三十而立”。孔子这里所说的“立”具体是指“立”什么呢？是“立功”、“立德”和“立言”之中的一个、两个或是全部呢？我没有研究和考证，也似乎没有看到这方面的论述。

我已经过了“不惑之年”，正奔“知天命”而去。跌跌碰碰，走到今天，总算写出了一本“书”，要“立言”了。按理，应该很高兴，毕竟“立言”是通向“永生”的一条通途。然而，说心里话，自己实在很“惶恐”。因为，根据我的理解，“立言”，应该是“立一家之言”、立“继绝学”之言、立“开太平”之言、立“千古绝唱”之言、立“风骚”之言。“文章千古事”，关乎人之生死、国之兴替。因此，不能不谨慎、不能不严谨。西方有哲人说过，不能言说的必须保持沉默。在此之上，我冒昧加上一句：不能好好言说的必须保持沉默。然而，扪心自问：自己所言说的这些，是好好言说的吗？

言说是人的本能，是人的需要，也是人的自由。如果有人言说得不好，或者不能好好言说，难道我们有权利不让人言说么？再者，谁能说别人言说的就不好呢？谁又能说自己言说的就是好的呢？这的确是个问题。

人活着，总是要说话的，也总是有话可说的。只要人在言说，人必定要言前人之所言，要说前人之所说。然而自己所说的有多少是真正自己的言说呢？

当今世界，由于学风不正，文风日下，学术腐败，许多的正义之士都在呼吁还学术之真，求“文以载道”。知识分子要“立言”，必须“立德”，“立德”之后方能“立言”、“立一家之言”、立“至理名言”，只有如此的“立言”，才是“立功”，即是“立德”。

尽管自己在高校工作多年，也有了个高级职称，坦率地讲，我自认为还不能称为学者，即便勉强能称之为学者，也不是真正做学问的学者。能写点东西，权是作为一种生存之道。不过，总体而言，自己还是比较谨慎的。

写后记，大多要写写感谢的话。的确，人活着，不容易。离开自己之外的他人，人根本不能活下去。需要感谢的对象很多，需要说的感激的话也很多。感谢给予自己生命的父母，感谢照顾自己生活的爱人，感谢帮助自己成长的所有的师长、亲朋好友，感谢因日夜操劳而对其疏于教育、更少照料却能理解其父的年纪尚轻的孩子，感谢关心、支持自己工作的同事；感谢这个世界的一切美好的给予。

对于写“书”立言的人来说，真正要感谢的是那些未曾谋面却能够不遗余力促使“稿件”成“书”的出版界的老师和朋友，最应该感谢的是那些读书的朋友，尤其是那些花自己的钱买书、读书且还给作者提出宝贵意见的朋友。

就写这本书而言，特别需要感谢的是我们伟大的党提出了“以人为本”这个伟大的治国理政的主张。没有这么一个伟大的课题，我写不出这几十万字。因此，谨以此书献给新中国成立60周年。

本书在写作和修改过程中，国防大学的颜晓峰教授、北京师范大学的王成兵教授、北京市委党校的詹宇国博士不吝指教。时事出版社编辑部主任苏绣芳、编辑和谐、马燕冰对本书的付梓出版花费了大量心血。在此一并感谢。

本书的第二、三、四章部分内容在张述元教授主持的国家社科基金课题“人的全面发展在中国”中有所体现，我的同事龙艳、管飞同志对第七章第三部分作出过贡献，特此说明并致谢。

“以人为本”，有说不完的话，更有做不完的事。

作　者

2009年5月17日

图书在版编目（CIP）数据

科学发展观视域中的“以人为本”/李青著．—北京：时事出版社，2009.9

ISBN 978-7-80232-279-0

Ⅰ．科…　Ⅱ．李…　Ⅲ．社会主义建设模式-研究-中国　Ⅳ．D616

中国版本图书馆 CIP 数据核字（2009）第 148602 号

出 版 发 行：时事出版社
地　　　址：北京市海淀区万寿寺甲 2 号
邮　　　编：100081
发 行 热 线：（010）88547590　88547591
读者服务部：（010）88547595
传　　　真：（010）68418647
电 子 邮 箱：shishishe@sina.com
网　　　址：www.shishishe.com
印　　　刷：北京百善印刷厂

开本：787×1092　1/16　印张：25.5　字数：392 千字
2009 年 9 月第 1 版　2009 年 9 月第 1 次印刷
定价：58.00 元